Åbo
Helsingfors
Stockholm
Reval
Wologda
Nowgorod
Nowgorod
Jaroslawl
Kasan
KASAN
Wolga
Twer
Wolga
ORDEN
Riga
Düna
Moskau
ZARENTUM MOSKAU
Rjasan
Tula
Witebsk
Smolensk
Königsberg
Wilna
Minsk
Danzig
DEUTSCHER
Njemen
GRFSM
Kursk
KGR. POLEN
Bug
Warschau
Brest
Pripet
Weichsel
LITAUEN
Kiew
CHANAT DER KRIM
CHANAT ASTRACHAN
Wolga
Krakau
Lemberg
Dnjepr
Dnjestr
Bug
Asow
Prut
Fsm.
Jassy
Moldau
(poln. Vasall)
Jedisan
CHANAT
(osman. Vasall)
Theiß
Debrecen
Ofen
UNGARN
Siebenbürgen
Budschak
Krim
Kaffa
Belgrad
Fsm. Walachei
(osman. Vasall)
Bukarest
Dobrudscha
Donau
Tiflis
Schwarzes Meer
Batum
Sarajewo
Bulgarien
Varna
Jerewan
Trapezunt
Monte-negro
(osman. Vasall)
Sofia
Cattaro
Erzurum
Skopje
OSMANISCHES REICH
Konstantinopel
Albanien
Saloniki
Angora
Anatolien
Ägäisches Meer
Korfu
(venez.)
Smyrna
Konya
Chios
(genues.)
Adana
Kephalonia
(venez.)
Athen
Andros
(venez.)
Aleppo
Zante
(venez.)
Morea
Nauplia
Naxos
(venez.)
Antiochia
Tigris
Euphrat
Bagdad
Rhodos
(Johanniter)
Cerigo
(venez.)
Zypern
(venez.)
Nikosia
Arabien
Kreta
(venez.)
Beirut
Damaskus
MAMELUKEN
Jerusalem
Benghasi
Alexandria

# Geschichte und Geschehen

## Einführungsphase Oberstufe Nordrhein-Westfalen

Autoren:
Michele Barricelli
Katja Böttche
Michael Brabänder
Christian Hecker
Silke Köhler
Georg Langen
Cornelia Meyer
Thomas T. Müller
Heinz Niggemann
Björn Opfer-Klinger
Guido Pauling
Ulrike Salbaum
Martin Wicke

Ernst Klett Verlag
Stuttgart · Leipzig

**1. Auflage** 1 5 4 3 2 1 | 14 13 12 11 10

Alle Drucke dieser Auflage sind unverändert und können im Unterricht nebeneinander verwendet werden.
Die letzte Zahl bezeichnet das Jahr des Druckes.


**Autorinnen und Autoren**:
S. 8–15: Prof. Dr. Michele Barricelli, Hannover
S. 16–19: Dr. Christian Hecker, Hamburg; Silke Köhler, Leonberg; Cornelia Meyer, Hannover; Thomas T. Müller, Mühlhausen/Thr.; Dr. Björn Opfer-Klinger, Leipzig; Guido Pauling, Hamburg
Kapitel 1.1–1.3: Katja Böttche, Bensheim
Kapitel 1.4–1.5: Martin Wicke, Köln
Kapitel 1.6: Dr. Björn Opfer-Klinger, Leipzig
Kapitel 2.1–2.7: Dr. Michael Brabänder, Groß-Gerau
Kapitel 2.8: Ulrike Salbaum, Jettingen-Scheppach
Kapitel 3.1–3.2: Georg Langen, Köln
Kapitel 3.3–3.5: Dr. Heinz Niggemann, Wetter
Kapitel 3.6: Ulrike Salbaum, Jettingen-Scheppach
S. 234–237: Prof. Dr. Michele Barricelli, Hannover
S. 238–240: Georg Langen, Köln

**Redaktion**: Dr. Björn Opfer-Klinger
**Herstellung**: Jeanette Frieberg

**Satz**: Medienbüro Schaltwarte, Leipzig
**Umschlagbild**: Demonstration von Amnesty International 2008 im australischen Sydney gegen das US-amerikanische Gefangenenlager Guantanamo
**Reproduktion**: Meyle + Müller, Medien Management, Pforzheim
**Kartenbearbeitung:** Ingenieurbüro für Kartografie Joachim Zwick, Gießen
**Druck**: Offizin Andersen Nexö, Leipzig

Printed in Germany
ISBN 978-3-12-430075-1

9 783124 300751

# Inhalt

# 2 Das christlich-europäische Abendland und der Islam 100

**Online-Link**
Mit Hilfe dieses Links gelangen Sie zu ergänzendem Zusatzmaterial. Einfach auf www.klett.de gehen und in das Link-Feld die Nummer 430075-0000 eingeben.

Online-Link
430075-0000

# Das neue Buch auf einen Blick

| | |
|---|---|
| Zielsetzung und zentrale Inhalte des Buches | Passend für die Einführungsphase in die Oberstufe bereitet Geschichte und Geschehen die Schülerinnen und Schüler nach dem Abschluss der Sekundarstufe I auf die neuen Anforderungen der Qualifikationsphase der 11. und 12. Klasse vor. Inhaltlich geschieht dies mit einer Auswahl aus drei Lerneinheiten:<br><br>1. Zeitenwende 1500 – Geburt des „modernen Menschen"?, bei dem an bereits erlerntes Wissen aus der Sekundarstufe I angeknüpft wird.<br>2. Das christlich-europäische Abendland und der Islam. Dabei werden die Schülerinnen und Schüler zu mehrmaligen Perspektivwechseln angeregt.<br>3. Menschenbild und Menschenrechte in historischer Perspektive. Ausgehend vom antiken Menschenbild und der Menschenrechtsdiskussion in der Frühen Neuzeit sieht sich dieses Kapitel mit der abschließenden Betrachtung der Französischen Revolution als Übergang zur Jahrgangsstufe 11. |
| Weiterentwicklung der Kompetenzorientierung der Sekundarstufe I | Das Buch vermittelt in vielfältiger Weise den Lernenden die für sie neuen Spielregeln auf dem Weg zum Zentralabitur. Dabei erklärt und trainiert Geschichte und Geschehen die für Oberstufe wichtigen Bewertungskriterien und methodischen Arbeitsweisen. Die starke Kompetenzorientierung der Sekundarstufe I wird konsequent weiterentwickelt und fortgeführt. |
| Vorbereitungsleitfaden für die Qualifikationsphase | Geschichte und Geschehen ermöglicht den erfolgreichen Einstieg in die Qualifikationsphase. Am Anfang des Buches werden den Schülerinnen und Schülern praxisnah die Bewertungsgrundlagen in der Oberstufe – die Operatoren und Einheitlichen Prüfungsanforderungen – erläutert. Beide Elemente finden sich in jedem Kapitel in plastischer Weise wieder. |
| Gezielte Operatoren- und Methodenschulung | Eine optimale Orientierung bietet die Auftaktdoppelseite zu Beginn eines jeden der drei Kapitel. Diese wirft grundlegende Leitfragen zu der im Kapitel behandelten Thematik auf und kündigt an, welche Operatoren schwerpunktmäßig im Kapitel trainiert werden. Der Auftaktdoppelseite folgt eine Methodendoppelseite. Jedem der drei Kapitel stellt eine bestimmte Arbeitsmethode, die zusätzlich auch auf der Auftaktdoppelseite benannt wird, in den Mittelpunkt. Im ersten Schritt wird die Interpretation von historischen Gemälden, im zweiten Schritt der Umgang mit Geschichtskarten und im dritten Schritt die Analyse von Textquellen vorgestellt und trainiert.<br><br>Eine Überblicksdoppelseite vermittelt im Anschluss den Schülerinnen und Schülern einen kurzen Einblick über die Gesamtepoche, in der die nachfolgenden Themeneinheiten einzuordnen sind. |

**Differenzierte Wege zum Erfolg**

Bewusst bietet Geschichte und Geschehen differenzierte Wege in die Qualifikationsphase. Das Buch ermöglicht die Erschließung der behandelten Themen allein an Primär- und Sekundärquellen in Wort und Bild. Benötigt der Lernende an der einen oder anderen Stelle ein ergänzendes Hintergrundwissen, ist im Anschluss an die Arbeitsmaterialien eines jeden Unterkapitels ein kurzer Grundwissenteil angegliedert. Verknüpfungen zwischen den Materialien und den erläuternden Abschnitten ermöglichen eine rasche Orientierung.

Die Arbeitsvorschläge, die jeweils am Ende des Abschnittes mit den Arbeitsmaterialien stehen, sind in ihrem Schwierigkeitsgrad nach den drei Einheitlichen Prüfungsanforderungen gekennzeichnet. Der Lernende kann dadurch den Stand seiner Vorbereitung noch besser einschätzen.

**Onlineservice als Vertiefungsangebot**

Jedem Kapitel ist ein spezieller Onlineservice mit weiterführenden Materialien sowie Link- und Literaturtipps zugeordnet. Diese können über den jeweils auf der Auftaktdoppelseite benannten Online-Link über die Klett-Homepage eingesehen und genutzt werden. Der Onlineservice ermöglicht es den Lernenden, ihr Wissen zu vertiefen und anzuwenden.

**Eigenkontrolle zum effektiven Lernen**

Um das erlernte Wissen rekapitulieren zu können, schließt jedes der drei Kapitel mit abschließenden Kontrollseiten ab. Anhand verschiedener Übungen können die Schülerinnen und Schüler noch einmal überprüfen, ob sie nunmehr die Leitfragen des Kapitels beantworten sowie die trainierten Operatoren und die behandelte Arbeitsmethode einsetzen können.

Eine Probeklausur bietet mit Blick noch einmal für jedes Kapitel einen letzten Kontrolltest.

**Mit unterschiedlichen Lerntechniken zum Erfolg**

Die Zeit nach Schulschluss ist knapp und der zu lernende Stoff meist groß. Die Schülerinnen und Schüler können sich durch individuelle Lerntechniken ihre wenigen Zeitfenster besser nutzen. Als Angebot werden ihnen dafür am Ende des Buches die Technik des Lerntagebuches und der Portfolio-Erstellung erläutert. Mithilfe dieser Lerntechniken wird ihnen der Endspurt zum Zentralabitur erleichtert.

**Was ist Geschichtsbewusstsein und wozu benötigt man es – nicht nur im Beruf?**

Warum aber eigentlich lernen für Geschichte? Nicht immer ist Jugendlichen am Vorabend der Oberstufe bewusst, welche Bedeutung Geschichte für sie haben kann und hat: gesellschaftlich und beruflich! Warum sollen Schülerinnen und Schüler lieber Geschichte im Abitur wählen anstatt z. B. Geografie?

Vor diesem Hintergrund werden dem Nutzer des Buches zunächst kurz erläutert, was eigentlich ein herausgebildetes „Geschichtsbewusstsein" bedeutet. Aufbauend darauf werden ihm verschiedene Profile von Historikern vorgestellt, die Ende der 1990er-Jahre gemeinsam an einer Universität ihr Geschichtswissen vertieft haben und dieses später in ganz unterschiedlichen Bereichen und Situationen einbringen konnten.

# Operatoren und die einheitlichen Anforderungsbereiche

**Einheitliche Prüfungsanforderungen (EPAs)**

Im föderal geregelten Bildungswesen Deutschlands gibt es in jedem der 16 Bundesländer eigene Richtlinien für die Schulfächer; sie heißen Lehrpläne, Rahmenlehrpläne, Kerncurricula oder ähnlich. Um trotzdem eine grundsätzliche schulpolitische Gemeinsamkeit zu gewährleisten und damit die Qualität von Unterricht zu sichern, hat die Kultusministerkonferenz (KMK) – das ist der Zusammenschluss der Bildungsminister der Länder – vor einiger Zeit „Einheitliche Prüfungsanforderungen" (EPA) für die Abiturprüfung in jedem Fach festgelegt. Diese sind in der einen oder anderen Form in die Prüfungsbestimmungen der Bundesländer und Lehrpläne für den vorbereitenden Unterricht in der Oberstufe eingegangen. In der „Fachpräambel" Geschichte wird ausgesagt, dass die Lerngegenstände „politische, wirtschaftliche, soziale, ökologische, geistesgeschichtliche und kulturelle Verhältnisse [sind], die das Leben des Menschen bestimmt haben bzw. noch bestimmen." Weiter heißt es, „methodisch werden die Schülerinnen und Schüler befähigt, Vergangenes zu rekonstruieren und Darstellungen von Vergangenheit auf deren Deutungen und deren Bedeutung für sich selbst zu befragen" unter Berücksichtigung von „Multiperspektivität, Kontroversität und Methodenpluralismus". Zielbestimmung ist, dass das Fach Geschichte „zur personalen und sozialen Orientierung" sowie zu einer „Kultur der wertgebundenen Toleranz in einer pluralen Gesellschaft" auf der Grundlage „unserer pluralistischen Rechts- und Gesellschaftsordnung" beitragen soll.

**drei Anforderungsbereiche**

Das Dokument benennt ferner die Teilkompetenzen bzw. Lernbereiche, die zur Ausbildung der beschriebenen historischen Kompetenz nötig sind, das sind die Sach-, Methoden und Urteilskompetenz. Alle drei zusammen zeigen sich in der „Fähigkeit zur sinnbildenden Darstellung von Geschichte" (Narration), welche die Schülerinnen und Schüler in die Lage versetzt, „am öffentlichen Diskurs über Geschichte teilzunehmen" (narrative Kompetenz). Um den Kompetenzerwerb zielgenau anleiten und überprüfen zu können, werden, und das ist neu, drei so genannte Anforderungsbereiche (AFB) unterschieden:

**AFB I** – Reproduktion: Wiedergabe von Sachverhalten im gelernten Zusammenhang unter Benutzung eingeübter Arbeitstechniken; Unterscheidung zwischen Quelle und Darstellung, Bestimmung der Quellenart; Entnahme von Informationen

**AFB II** – Reorganisation und Transfer: Erklären, Bearbeiten und Ordnen bekannter Inhalte; Anwendung gelernter Inhalte und Methoden auf neue Sachverhalte; Herstellung von historischen Zusammenhängen; Analyse von Quellen und Darstellungen

**AFB III** – Reflexion und Problemlösung: Reflexiver Umgang mit neuartigen Problemstellungen; selbstständige Formulierung von Begründungen, Deutungen, Wertungen; Entfaltung einer multiperspektivischen Argumentation; Entwicklung historischer Urteile unter Beachtung historischer wie gegenwärtiger moralischer und normativer Kategorien

**„erfolgreich durch das Abitur"**

Natürlich geht es damit weiterhin um die aus dem gesamten Geschichtsunterricht bekannten Arbeitsverfahren wie das „Interpretieren von Quellen", „Erörtern von Deutungen historischer Sachverhalte", „Erarbeiten von begründeten Sach- und Werturteilen". Doch vollziehen sich die (i.d.R. kognitiven) Tätigkeiten nunmehr auf den genannten drei Leistungsniveaus. Um den Schwierigkeitsgrad einer Aufgabe bestimmen zu können, werden – auch dies kannte man früher nicht – den AFB so genannte Operatoren („handlungsinitiierende Verben") zugeordnet, die folgendermaßen erläutert werden:

## Fachspezifische Beschreibung der Anforderungsbereiche

| Der **Anforderungsbereich I** umfasst das Wiedergeben von Sachverhalten aus einem abgegrenzten Gebiet und im gelernten Zusammenhang unter rein reproduktivem Benutzen eingeübter Arbeitstechniken. | Der **Anforderungsbereich II** umfasst das selbstständige Erklären, Bearbeiten und Ordnen bekannter Inhalte und das angemessene Anwenden gelernter Inhalte und Methoden auf andere Sachverhalte. | Der **Anforderungsbereich III** umfasst den reflexiven Umgang mit neuen Problemstellungen, den eingesetzten Methoden und gewonnenen Erkenntnissen, um zu eigenständigen Begründungen, Folgerungen, Deutungen und Wertungen zu gelangen. |
|---|---|---|
| Dies erfordert vor allem Reproduktionsleistungen, insbesondere:<br><br>- Wiedergeben von grundlegendem historischen Fachwissen<br>- Bestimmen der Quellenart<br>- Unterscheiden zwischen Quellen und Darstellungen<br>- Entnehmen von Informationen aus Quellen und Darstellungen<br>- Bestimmen von Raum und Zeit historischer Sachverhalte | Dies erfordert vor allem Reorganisations- und Transferleistungen, insbesondere:<br><br>- Erklären kausaler, struktureller bzw. zeitlicher Zusammenhänge<br>- sinnvolles Verknüpfen historischer Sachverhalte zu Verläufen und Strukturen<br>- Analysieren von Quellen oder Darstellungen<br>- Konkretisieren bzw. Abstrahieren von Aussagen der Quelle oder Darstellung | Dies erfordert vor allem Leistungen der Reflexion und Problemlösung, insbesondere:<br><br>- Entfalten einer strukturierten, multiperspektivischen und problembewussten historischen Argumentation<br>- Diskutieren historischer Sachverhalte und Probleme<br>- Überprüfen von Hypothesen zu historischen Fragestellungen<br>- Entwickeln eigener Deutungen<br>- Reflektieren der eigenen Urteilsbildung unter Beachtung historischer bzw gegenwärtiger ethischer, moralischer und normativer Kategorien |
| Dem Anforderungsbereich I entsprechen die folgenden Operatoren:<br><br>- nennen, aufzählen<br>- bezeichnen, schildern, skizzieren<br>- aufzeigen, beschreiben, zusammenfassen,<br>- wiedergeben | Dem Anforderungsbereich II entsprechen die folgenden Operatoren:<br><br>- analysieren, untersuchen<br>- begründen, nachweisen<br>- charakterisieren<br>- einordnen<br>- erklären<br>- erläutern<br>- herausarbeiten<br>- gegenüberstellen<br>- widerlegen | Dem Anforderungsbereich III entsprechen die folgenden Operatoren:<br><br>- beurteilen<br>- bewerten, Stellung nehmen<br>- entwickeln<br>- sich auseinandersetzen, diskutieren<br>- prüfen, überprüfen<br>- vergleichen |

| | | |
|---|---|---|
| Übergeordnete Operatoren, die Leistungen **in allen drei Anforderungsbereichen** verlangen | **interpretieren** | Sinnzusammenhänge aus Quellen erschließen und eine begründete Stellungnahme abgeben, die auf einer Analyse, Erläuterung und Bewertung beruht. |
| | **erörtern** | Eine These oder Problemstellung durch eine Kette von Für-und-Wider- bzw. Sowohl-als-Auch-Argumenten auf ihren Wert und ihre Stichhaltigkeit hin abwägend prüfen und auf dieser Grundlage eine eigene Stellungnahme dazu entwickeln. Die Erörterung einer historischen Darstellung setzt deren Analyse voraus. |
| | **darstellen** | Historische Entwicklungszusammenhänge und Zustände mithilfe von Quellenkenntnissen und Deutungen beschreiben, erklären und beurteilen. |
| Operatoren, die Leistungen im **Anforderungsbereich I** (Reproduktion) verlangen | **nennen**<br>**aufzählen** | Zielgerichtet Informationen zusammentragen, ohne diese zu kommentieren. |
| | **bezeichnen**<br>**schildern**<br>**skizzieren** | Historische Sachverhalte, Probleme oder Aussagen erkennen und zutreffend formulieren. |
| | **aufzeigen**<br>**beschreiben**<br>**zusammenfassen**<br>**wiedergeben** | Historische Sachverhalte unter Beibehaltung des Sinnes auf Wesentliches reduzieren. |
| Operatoren, die Leistungen im **Anforderungsbereich II** (Reorganisation und Transfer) verlangen | **analysieren**<br>**untersuchen** | Materialien oder historische Sachverhalte kriterienorientiert bzw. aspektgeleitet erschließen. |
| | **begründen**<br>**nachweisen** | Aussagen (z. B. Urteil, These, Wertung) durch Argumente stützen, die auf historischen Beispielen und anderen Belegen gründen. |
| | **charakterisieren** | Historische Sachverhalte in ihren Eigenarten beschreiben und diese dann unter einem bestimmten Gesichtspunkt zusammenfassen. |
| | **einordnen** | Einen oder mehrere historische Sachverhalte in einen historischen Zusammenhang stellen. |
| | **erklären** | Historische Sachverhalte durch Wissen und Einsichten in einen Zusammenhang (Theorie, Modell, Regel, Gesetz, Funktionszusammenhang) einordnen und begründen. |
| | **erläutern** | Wie Operator „erklären", aber durch zusätzliche Informationen und Beispiele verdeutlichen. |
| | **herausarbeiten** | Aus Materialien bestimmte historische Sachverhalte herausfinden, die nicht explizit genannt werden, und Zusammenhänge zwischen ihnen herstellen. |
| | **gegenüberstellen** | Wie Operator „skizzieren", aber zusätzlich argumentierend gewichten. |
| | **widerlegen** | Argumente dafür anführen, dass eine Behauptung zu Unrecht aufgestellt wird. |

Operatoren, die Leistungen im **Anforderungsbereich III** (Reflexion und Problemlösung) verlangen

| | |
|---|---|
| **beurteilen** | Den Stellenwert historischer Sachverhalte in einem Zusammenhang bestimmen, um ohne persönlichen Wertebezug zu einem begründeten Sachurteil zu gelangen. |
| **bewerten Stellung nehmen** | Wie Operator „beurteilen", aber zusätzlich mit Offenlegen und Begründen eigener Wertmaßstäbe, die Pluralität einschließen und zu einem Werturteil führen, das auf den Wertvorstellungen des Grundgesetzes basiert. |
| **entwickeln** | Gewonnene Analyseergebnisse synthetisieren, um zu einer eigenen Deutung zu gelangen. |
| **sich auseinandersetzen diskutieren** | Zu einer historischen Problemstellung oder These eine Argumentation entwickeln, die zu einer begründeten Bewertung führt. |
| **prüfen überprüfen** | Aussagen (Hypothesen, Behauptungen, Urteile) an historischen Sachverhalten auf ihre Angemessenheit hin untersuchen. |
| **vergleichen** | Auf der Grundlage von Kriterien historische Sachverhalte problembezogen gegenüberstellen, um Gemeinsamkeiten, Unterschiede, Teil-Identitäten, Ähnlichkeiten, Abweichungen oder Gegensätze zu beurteilen. |

**Geschichte reflektieren und kritisch diskutieren**

Zukünftig sollen Schülerinnen und Schüler der Oberstufe durchgehend auf der Grundlage der drei Anforderungsbereiche bewertet werden. Es ist daher wichtig, dass nicht nur die Lehrkräfte, sondern alle Lernenden die AFB und zugehörigen Operatoren kennen und nutzen. Der Umgang mit entsprechenden Aufgabenarten ist kontinuierlich zu entwickeln und zu üben. Aus diesem Grund wird in den einzelnen Kapiteln dieses Buches die Verfügung über die Operatoren besonders systematisch und Schritt für Schritt aufgebaut. Aber über die Formalia einer (Abitur-)Prüfung hinaus bieten die EPA eigentlich noch mehr: Im Vergleich zu den nicht immer transparenten Regelungen früherer Zeiten schaffen sie ein wirksames Mittel, das allen am Geschichtsunterricht Beteiligten eine Verständigung über ihr Tun ermöglicht, Arbeitsanforderungen klarstellt, Ergebnisse vergleichbar macht sowie die Bewertung erbrachter Leistungen vereinheitlicht.

# Was ist eigentlich Geschichtsbewusstsein?

Dass ein Mensch gesundheitsbewusst oder umweltbewusst ist, lässt sich an seinem Verhalten ablesen, aber woran erkennt man einen „geschichtsbewussten" Menschen? Früher hätte man vielleicht gesagt: Dieser kann viele historische Ereignisse zusammen mit den zugehörigen Jahreszahlen aufsagen, kennt die Lebensdaten wichtiger Persönlichkeiten aus der Geschichte, kann erklären, wann Länder und Staaten entstanden sind und wie sie sich entwickelt haben. Das ist natürlich alles richtig, doch wird heute mit dem Begriff Geschichtsbewusstsein weitaus mehr als nur die Verfügung über ein Wissen von der Vergangenheit verbunden. Man findet es bei einem Menschen, der die Erfahrungen von früheren Generationen nutzt, um seine Gegenwart kritisch wahrzunehmen und die Zukunft verantwortungsbewusst zu gestalten. Durch die Beschäftigung mit der Vergangenheit weiß dieser Mensch, dass das Wesen unserer Welt und damit der Geschichte die Veränderung ist, dass alles „irgendwie" geworden ist und auch wieder anders werden kann. In seinem Denken verknüpft er also die drei Zeitdimensionen miteinander. Dies ist ein erstes Zeichen von Geschichtsbewusstsein.

**Sultan Saladin**
*(Salah al-Din al-Ayyubi), 1137–1193, zeitgenössische Miniatur, ca. 1180*

Um die Vergangenheit auf Gegenwart und Zukunft beziehen zu können, muss man sie zunächst einmal ausreichend gut kennen. Gewiss trifft man im Geschichtsunterricht auf viele alte Texte und Bilder, die von früheren Zeiten erzählen, und trotzdem stehen uns dort die historisch gewesenen Dinge zum Zwecke ihrer Erforschung durchaus nicht so unmittelbar zur Verfügung wie die Untersuchungsobjekte in anderen Schulfächern, z. B. ein Dinosaurierskelett im Biologie-, oder ein Vulkan im Erdkundeunterricht. Man kann vielmehr, was einmal passiert ist, nur mithilfe von Überresten (wie alten Münzen oder Burgruinen), Quellen (wie Urkunden und Fotografien) oder Zeugenaussagen (z. B. von den Verfolgten des nationalsozialistischen Regimes) indirekt erschließen. Die gewissenhafte Auswertung derartiger Belege liefert den Fachleuten zwar viele Erkenntnisse über die Vergangenheit. Um die Einzelteile Stück für Stück zu systematischen Aussagen zusammenzufügen – um also Vergangenheit zu „rekonstruieren" –, müssen die Forscherinnen und Forscher ihre Quellen jedoch erst deuten, das heißt mit einem Sinn versehen. Geschichte existiert also nicht an und für sich, sondern wird aus Überbleibseln und Erinnerungen „gemacht". Die Einsicht in den Charakter von Geschichte als einer nachträglichen „Konstruktion", die der Sinnbildung über Zeiterfahrung dient, gehört damit wesentlich zum Geschichtsbewusstsein.

Die aus der methodisch gesicherten historischen Forschung hervorgehenden „Darstellungen" oder „Erzählungen" – die Geschichtsschreibung – können sich indessen deutlich voneinander unterscheiden. So sagt und begründet die Historikerin A, dass das Deutsche Reich am Ausbruch des Ersten Weltkrieges 1914 eine entscheidende Mitschuld trug, während Historiker B, der genau dieselben Quellen studiert hat, die Ansicht vertritt, dass Deutschlands Verantwortung kaum größer war als die der anderen am Krieg beteiligten Staaten. Diese Kontroversität der Geschichte ist – auch wenn vielen es schwer fällt, es zu akzeptieren – weder eine Verwirrung bei den Forscherinnen und Forschern noch ein Fehler im System. Die geradezu notwendige Unterschiedlichkeit von historischen Darstellungen folgt zunächst einfach daraus, dass, wie oben erwähnt, unser Wissen von der Vergangenheit sehr unvollkommen ist, da immer nur Ausschnitte früheren Geschehens überliefert wurden (oft auch zufällig). Noch wichtiger ist jedoch, dass die über die Vergangenheit erzählten

**Sultan Saladin**
*französische Zeichnung, ca. 1584*

Geschichten von der Fragestellung, der Quellenauswahl und dem Standort des Historikers oder der Historikerin abhängen. Werden jene verändert, verändert sich regelmäßig auch das Ergebnis der Forschung. Daher spielt für die Interpretation von historischen Fachtexten immer die Persönlichkeit desjenigen, der eine entsprechende Aussage macht, eine Rolle, etwa seine Vorbildung, seine gesellschaftliche Stellung, seine politische Haltung. Schon seit den Anfängen der modernen Geschichtswissenschaft im Zeitalter der Aufklärung (spätes 18. Jahrhundert) weiß man, dass der „Sehepunkt" bzw. Blickwinkel – es heißt auch: die Perspektive – die Arbeit des Historikers oder der Historikerin entscheidend mitbestimmt. Mehr noch: Überhaupt nur die Betrachtung eines Gegenstandes aus ganz verschiedenen Blickwinkeln (z. B. mit den Augen der Beherrschten und der Herrschenden, der Nehmenden und Gebenden, von Alten und Jungen, Männern und Frauen, Reichen und Armen) führt zu etwas Ähnlichem wie „Wahrheit" und „Objektivität" im Umgang mit der Vergangenheit. So stellen sich etwa die Geschehnisse eines mittelalterlichen Kreuzzugs aus der Sicht eines fränkischen Kreuzritters, einer Frau in seiner Begleitung, eines arabischen Heerführers, des Kaisers von Byzanz oder eines syrischen Bauern völlig unterschiedlich dar. Weil also für jede historische Erkenntnis Multiperspektivität unabdingbar ist, weiß ein geschichtsbewusster Mensch, dass es die eine und richtige Geschichte nicht geben kann, sondern immer nur verschiedene Deutungen über ein und dasselbe vergangene Geschehen. Folglich wäre es auch sinnlos und falsch zu fragen, wie es „wirklich" oder „eigentlich" gewesen ist.

Trotz lückenhafter Überlieferung und subjektiver Sinngebung (Deutung) ist es jedoch nicht in das Belieben des Einzelnen gestellt, was er sagt, wenn er tatsächlich etwas Historisches zum Ausdruck bringen möchte. Das gilt besonders deswegen, weil das Lehren und Lernen von Geschichte ein Mittel dafür sein soll, dass die Völker und Staaten auf dieser Erde in Frieden miteinander leben können. Das große Leid, das Menschen ihren Mitmenschen im Laufe der Jahrtausende immer wieder angetan haben, soll erforscht und ausgesprochen werden, die Verantwortlichen sollen benannt (ggf. bestraft) und der Opfer soll gedacht werden. Das muss so sein, weil das Erinnern eine Kulturleistung ist, die auch erzieherisch wirken kann. Durch sie kann eine schreckliche Geschichte „aufgearbeitet", Vergangenheit „bewältigt" werden, wie man in Deutschland manchmal sagt. Zwar macht uns ein detailliertes historisches Wissen nicht automatisch zu besseren Menschen. Auf jeden Fall jedoch hilft Geschichtsbewusstsein in Form des Sprechens, nicht des Schweigens über die Vergangenheit, uns auf dem Weg zu Eintracht und Versöhnung voranzubringen.

Häufig jedoch bleibt diese Idee eines „richtigen" Geschichtsbewusstseins eine Illusion. Besonders in der Politik wird Geschichte für je eigene Interessen (eines Einzelnen, einer Gruppe oder Partei, eines Volkes) in Anspruch genommen, indem absichtlich oder fahrlässig die Vergangenheit einseitig dargestellt, Vorbildliches hervorgehoben und Unbequemes unterdrückt wird. Derartige Erzählungen, so verzerrt und monoperspektivisch sie sein mögen, können sich im Bewusstsein eines Kollektivs (z. B. einer Familie, einer Berufsgruppe, der Bevölkerung einer Stadt, einer Region, eines Landes) festsetzen und damit zum Mythos werden. Der Ursprung vieler „Nationen" und Religionen beruht auf solchen mythischen Erzählungen, die von großen Königen oder geistlichen Stiftern berichten, von gewonnenen (manchmal auch verlorenen und umso bitterer gerächten) Schlachten, von überragenden Leistungen und politischen Großtaten wie der Eroberung ferner Länder oder einer erfolgreichen Revolution. Es ist nicht so, dass damit über die Vergangenheit immer Lügen verbreitet würden, aber die Geschichte wird in diesen Erzählungen zurechtgebogen, soll vor allem das Eigene idealisieren und das Fremde herabsetzen. Diese

Mechanismen der Inanspruchnahme von Geschichte wirken seit Jahrtausenden. Und auch wenn im 21. Jahrhundert – schon aufgrund der besseren Bildung breiter Bevölkerungsschichten und der Vereinfachung des Informationsaustauschs insbesondere mittels digitaler Medien – Geschichtspolitik in der Regel nicht mehr so schamlos betrieben werden kann wie in früheren Zeiten, gehören Verfälschungen und einseitige Auslegungen der Geschichte vor allem in weniger demokratisch verfassten Gesellschaften zum Alltag. Selbst in mehreren europäischen bzw. westlich orientierten Ländern hat es bis zuletzt Versuche von Regierungen gegeben, etwa auf die Geschichtslehrpläne Einfluss zu nehmen, um damit die Untaten und Verbrechen der eigenen Nation in der Vergangenheit aus dem Gedächtnis zu tilgen. Geschichtsbewusstsein bedeutet hier, dass man als Staatsbürger und Teilnehmer an politischen Diskussionen diese taktische Verwendung historischer Argumente durchschaut und weiß, dass die Geschichte oft zur Begründung und Rechtfertigung gegenwärtiger Interessen durch Verweis auf behauptete oder vermeintliche Verhältnisse, Ereignisse und Handlungen in der Vergangenheit benutzt bzw. missbraucht wird. Es wurde zwar oben gesagt, dass Geschichte nicht „wahr" und nie wertfrei sein kann, aber in der historisch-politischen Auseinandersetzung kommt es eben darauf an, dass ein öffentlicher Redner oder eine Rednerin deutlich macht, aus welchen Quellen er bzw. sie sein oder ihr Wissen schöpft (d. h. sachlich bleibt und keine falschen Tatsachenbehauptungen aufstellt), und sich dazu bekennt, dass anders Denkende zu abweichenden Schlüssen kommen könnten.

Immer gibt es trotz zugestandener Pluralität und notwendigem Nebeneinander von historischen Deutungen auch eine gemeinsame Verantwortung vor der Geschichte. Doch nur allmählich gelingt es, durch neue Bildungsanstrengungen, internationale Begegnungen und kulturellen Austausch ein allgemein geteiltes, die Menschen auf der Erde verbindendes Geschichtsverständnis zu schaffen. In das damit entstehende positive kollektive Gedächtnis gehören natürlich die Licht- und Schattenmomente der universellen geschichtlichen Entwicklung, die zahllosen gelungenen und gescheiterten Lebens- und Gesellschaftsentwürfe, die allmählichen, wenn auch selten geradlinigen Fortschritte, die die Menschheit im Laufe der Jahrtausende in Richtung von Zivilisation und Völkerverständigung gemacht hat. Gemeint sind die Erzählungen über die Durchsetzung der Demokratie gegen die Machtinteressen einzelner Herrscher, die Einhegung des Krieges durch zwischenstaatliche Abkommen, die Anerkennung der Gleichberechtigung aller Menschen unabhängig von Geschlecht, Alter, Herkunft, sozialem Status und körperlicher Verfassung. Somit hilft uns historisches Wissen, unseren Horizont zu erweitern, verschiedene Kulturen wahr- und anzunehmen sowie die noch anstehenden Aufgaben zu formulieren, damit diese Eine Welt für alle auf ihr Lebenden lebenswert wird. Ein solch grenzenloser Anspruch verlangt allerdings, dass wir nicht nur die eigene(n) Geschichte(n) kennen, sondern ebenso die unserer Nachbarn und entfernt von uns Lebenden, von „Einheimischen" und „Migranten", von denen, die (scheinbar) „so sind wie wir", und jenen, die uns (noch) fremd erscheinen. Klug wäre, dass wir gegenseitig ins Erzählen kommen, dass wir anderen zuhören, vertraute Orientierungen mit ungewohnten Sinnbildungen vergleichen und voneinander lernen. Auf diese Weise wird Geschichtsbewusstsein am Ende zu einem Geschichtenbewusstsein, das so vielfältig ist wie die ganze Welt und trotzdem die Einheit und Zusammengehörigkeit von uns allen verbürgt.

Am Anfang stand die Frage, woran man wohl einen „geschichtsbewussten" Menschen erkennen könne. Zumindest dürfen wir jetzt sagen: Geschichtsbewusstsein trägt dazu bei, dass ein Mensch fachspezifische historische Kenntnisse, die er in der

**Sultan Saladin**
*verkörpert durch den Schauspieler Ghassan Massoud im Spielfilm „Königreich der Himmel" (Großbritannien/Spanien/USA 2005)*

Schule, in den Medien, durch den Besuch von historischen Stätten und Museen oder durch das Gespräch mit Zeitzeugen erwirbt, für die Orientierung in seiner Lebenswelt nutzen kann. Erst die Fähigkeit zur kritischen Beschäftigung mit Geschichte – die sich ausdrückt in der bewussten Prüfung der vielen unterschiedlichen Geschichten, die über die Vergangenheit erzählt werden – ermöglicht jedem Einzelnen die Teilhabe am gesellschaftlichen Leben und zur Verantwortungsübernahme für die Zukunft. Ein geschichtsbewusster Mensch nun ist in der Lage, auf der Grundlage von reichhaltigem, multiperspektivischem Wissen, von analytischer Kompetenz und historischer Urteilskraft vernünftig begründete Entscheidungen zu treffen, Alternativen zu erwägen und geschichtlich unsinnige Auffassungen abzulehnen. Das bedeutet, er oder sie kann einen Weg zu Selbst- und Mitbestimmung in unserer modernen Zeit finden. Und genau deswegen ist Geschichtsbewusstsein als eine anspruchsvolle intellektuelle Leistung ein wesentliches Ziel historischen Lernens in der Schule. In diesem Buch werden Sie Gelegenheit erhalten, konkrete Anwendungsbeispiele für die hier verhandelten Probleme zu untersuchen. Dabei geht es um die Wandlung des Weltbildes um 1500, den bald friedlichen, bald kriegerischen Kontakt zwischen Christen und Moslems im Mittelalter sowie die Entwicklung von Staatsformen seit der Antike bis heute. In allen Fällen wird es wichtig sein, auf das Konzept vom Geschichtsbewusstsein einzugehen, um beurteilen zu können, wie sich die Selbstwahrnehmung der historisch Handelnden veränderte, mit welchen Argumenten Konflikte ausgetragen oder beigelegt wurden und wie wir heute in einer globalisierten Welt über diese Etappen der Menschheitsgeschichte denken.

**Arbeitsvorschläge**

○○● a) Lesen Sie den Text aufmerksam und fassen Sie die für das Geschichtsbewusstsein aufgezählten Merkmale in Stichpunkten zusammen. Ordnen Sie diese nach Wichtigkeit und Bedeutung; begründen Sie Ihre Entscheidung.

○●● b) Erläutern Sie, warum sich die Darstellungen verschiedener Historikerinnen und Historiker über ein und dasselbe Ereignis in der Vergangenheit voneinander unterscheiden (können). Untersuchen Sie dafür zunächst Themen, die Sie aus dem bisherigen Geschichtsunterricht kennen, z. B. das „Epochenjahr 1989", den „American Dream" oder den Nationalsozialismus.

●●● c) Im Text wird behauptet, in politischen Diskussionen wird gern auf historische Argumente zurückgegriffen. Suchen Sie in der Tagespresse, in Fachliteratur und/oder im Internet nach solchen Debatten und beurteilen Sie, ob der Bezug auf die Geschichte im gegebenen Zusammenhang vernünftig oder unzulässig ist. Ermitteln Sie die Motive der Rednerinnen und Redner für ihre Aussagen.

○●● d) Das kollektive Gedächtnis beeinflusste auch frühere Völker: Informieren Sie sich z. B. über Leben und Taten des Sultan Saladin (1137–1193) und betrachten Sie die verschiedenen Abbildungen aus mehreren Jahrhunderten. Interpretieren Sie die Darstellungen im Hinblick auf Entstehungszeit und -ort, Bildinhalt sowie -gestaltung und beurteilen Sie die Aussageabsicht, die hinter der Anfertigung der jeweiligen Zeichnung/des Spielfilms stand.

●●● e) Im 21. Jahrhundert verändert sich die Art der medialen Aufbereitung von Geschichte rasant, vor allem durch die Entwicklung im Film-, Fernseh- und Computerbereich. Nehmen Sie Stellung zu der Aussage: „Jedes neue Medium hat auch Einfluss auf unser Geschichtsbewusstsein. Um Geschichtsbewusstsein ausbilden zu können, benötigen wir daher vor allem Medienkompetenz."

# Geschichte in Beruf und Gesellschaft

Wozu ist Geschichte eigentlich gut? Warum muss man Geschichte in der Schule pauken?
Immer wieder wird die Berechtigung des Faches Geschichte als gleichwertige Disziplin besonders neben wirtschaftsnahen Fächern wie Wirtschaftskunde oder Naturwissenschaften in Frage gestellt. Aber ist Geschichte allenfalls von Bedeutung, um Doktorarbeiten zu schreiben oder Geschichtslehrer zu werden? Das natürlich auch, doch ist das bei weitem nicht alles!

Mehrere Absolventen, die in der zweiten Hälfte der 1990er-Jahre gemeinsam an der Universität Göttingen Geschichte studierten, stellen sich diesen Fragen.

**„In einer globalisierten Wirtschaftswelt sind historische Einsichten wichtig.“**

**Dr. Christian Hecker, Banker**

***Wie kommt ein Banker zur Geschichte?***
*Eigentlich ist mein Interesse an Geschichte so richtig geweckt worden, als ich im Alter von 13 Jahren von Ost-Berlin aus den Fall der Berliner Mauer und die anschließende Wiedervereinigung beider deutscher Staaten miterleben konnte. So habe ich für mich ganz persönlich und anschaulich erfahren, wie ein epochales geschichtliches Ereignis mein Leben und das Leben vieler meiner ehemaligen Mitschüler „umgekrempelt“ hat. Auch in den Folgejahren konnte ich in Ost und West bei verschiedenen Anlässen erleben, wie unterschiedliche historische Erfahrungen Menschen prägen können.*

*So habe ich dann später nach dem Abitur neben meinem Hauptfach Volkswirtschaftslehre auch noch Mittlere und Neuere Geschichte studiert, um meine Neugier auf Vergangenes zu stillen.*

***Blieb Geschichte also nur ein Hobby?***
*Inzwischen arbeite ich seit mehreren Jahren als Diplomvolkswirt in der Banken- und Finanzmarktaufsicht. Dabei prüfe ich in erster Linie, inwieweit die Banken in Deutschland die für sie geltenden gesetzlichen Bestimmungen einhalten und damit die Einlagen der Sparer gesichert sind. Rückblickend kann ich mit Gewissheit sagen, dass mir mein Geschichtsstudium auch dabei geholfen hat, ökonomische Zusammenhänge besser zu verstehen. So kann ein Blick in die Geschichte dazu beitragen, die Hintergründe gegenwärtiger Probleme in Wirtschaft und Gesellschaft besser zu durchdringen und wahrzunehmen, welche Weichenstellungen und in der Vergangenheit begonnenen Entwicklungsprozesse noch heute Auswirkungen auf unser Leben haben.*

*Auf diese Weise lässt sich beispielsweise leichter verstehen, warum in Teilen der Welt noch immer ein hohes Maß an Armut vorherrscht oder inwiefern Arbeitsverhältnisse bei uns in Deutschland anders organisiert sind als in den USA. Gerade in einer Welt, die zunehmend durch wirtschaftliche Globalisierungsprozesse gekennzeichnet ist, können solche Einsichten von großem Wert sein. Auch in Anbetracht der derzeitigen Wirtschafts- und Finanzkrise hilft eine historische Betrachtung bei der Einordnung der gegenwärtig beobachteten ökonomischen Probleme. Deutlich wird dabei zum einen das Ausmaß der augenblicklichen Krisenerscheinungen und zum anderen die Vielschichtigkeit der Wechselwirkungen zwischen den Aktivitäten in Unternehmen, Banken, Gewerkschaften, Interessenverbänden und Politik.*

**Cornelia Meyer, Jugendreferentin**

***Wann begeisterte sie erstmals Geschichte?***
*Mein Interesse für Geschichte wurde vor allem durch die Auseinandersetzung mit dem Nationalsozialismus geweckt. Schon in der 5. Klasse habe ich diverse Kinderbücher zu dem Thema gelesen und früh eine KZ-Gedenkstätte mit meinen Eltern besucht. Die Frage, was Menschen dazu gebracht hat, sich aktiv am Holocaust zu beteiligen, beschäftigt mich immer wieder, denn die Deutschen, die so unfassbare Verbrechen begangen haben, sind ja nicht so sehr verschieden von den Leuten heutzutage.*

*Für mich ist es spannend, dem Denken und Handeln von Menschen in früheren Zeiten auf den Grund zu gehen. Auch wenn Geschichte sich nie eins zu eins wiederholt, kann man immer wieder Parallelen erkennen und eventuell Gefahr abwenden.*

***… und wie ging es dann weiter?***
*Ich wollte mehr über das Leben früherer Generationen erfahren und habe deshalb Geschichte studiert, den Studiengang Mittlere und Neuere Geschichte, also grob die Zeit von ca. 500 bis 1960. Mein zweites Fach war Pädagogik. Mein Ziel, in einer KZ-Gedenkstätte tätig zu werden, ließ sich zunächst nicht realisieren; eine interessante Stelle gab es für mich jedoch beim Volksbund Deutsche Kriegsgräberfürsorge e. V. Dieser Verein pflegt die Gräber der deutschen Soldaten und Zivilisten aus den beiden Weltkriegen in 45 Ländern. Als Bildungsreferentin hatte ich die Aufgabe, Schülerinnen und Schülern die Hintergründe zu erläutern und mit ihnen auf Kriegsgräberstätten auch in Deutschland auf Spurensuche zu gehen. Unter dem Motto „Aus der Geschichte lernen" stand auch die Durchführung von Projekttagen gegen Rassismus, um deutlich zu machen: Das Gedankengut der Nazis ist leider nicht verschwunden, deshalb muss man sich immer wieder mit der Geschichte auseinandersetzen und heute Zivilcourage zeigen.*

*Für diese Arbeit war es sehr wichtig, Geschichtskenntnisse mitzubringen, um Fragen zu beantworten, Zusammenhänge zu erkennen und zu recherchieren. In meinem aktuellen Job spielt Geschichte leider kaum eine Rolle. Mein Traumjob bleibt die Arbeit in einer Gedenkstätte.*

**Guido Pauling, NDR-Hörfunkjournalist**

***Wieso interessierten Sie sich für Geschichte?***
*Geschichtliche Ereignisse dienen in heutigen Debatten immer wieder als „Argumente" – nicht selten in instrumentalisierter, entstellter Form. In etwa so: „schon damals hat … und deshalb muss heute …"; gerne auch: „die aktuelle Lage erinnert fatal an …", und am liebsten: „dies ist das größte/aufwändigste … seit …". Für einen aufgeklärten Zeitgenossen lohnt sich historische Grundbildung, um solche Behauptungen hinterfragen zu können. Geschichtskenntnisse sind Kenntnisse der Entwicklung von Städten, von Gesellschaften, von Nationen und Völkern; ganz allgemein also von menschlichem Handeln und Denken, von menschlichem Leben und Zusammenleben. Je besser ich mich in Geschichte (z. B. Hamburgs, Deutschlands, Europas, Asiens, Geschichte der Familie, der Arbeiter, des Reisens usw.) auskenne, desto mehr weiß ich von den Menschen.*

*Ich habe im Hauptfach Osteuropäische Geschichte studiert, mich darin bald auf die Sowjetunion spezialisiert, über die ich mehr wissen wollte als das, was man Zeitungen entnehmen kann. Die Nebenfächer a) Slavische Philologie und b) Mittlere und Neuere Geschichte lieferten mir den kulturellen Hintergrund, nämlich a) russische und polnische Sprache und Literatur und b) die Entwicklung Westeuropas in Mittelalter und Neuzeit als Vergleich.*

### ... und was bringt Ihnen nun das Verständnis um sowjetische Geschichte beim Radio?

*Im Geschichtsstudium habe ich gelernt, mit diversen Quellen umzugehen (Urkunden, Briefe, Reden, Sitzungsprotokolle, Flugblätter, Tagebücher usw.). Als Journalist habe ich nun im Grunde dieselbe Aufgabe, wenn ich Quellen auswerte (Pressemitteilungen, Reden, Interviews, Augenzeugenberichte etc.). Das heißt, die im Studium gelernten Arbeitsmethoden nützen mir tagtäglich. Natürlich sind nicht bei jedem Thema meine Geschichtskenntnisse, also das Inhaltliche gefragt. Und doch nützen auch sie mir stets aufs Neue, etwa bei einem Beitrag über Tschetschenen im Exil, über den 125. Todestag des Schriftstellers Iwan Turgenjew oder über Verstimmungen im deutsch-polnischen Verhältnis. So halte ich ein Geschichtsstudium für einen Journalisten geradezu für ideal.*

**Thomas T. Müller, Museumsdirektor**

### Hatten Sie besondere Vorbilder, die Sie für Geschichte „gewinnen" konnten?

*Als Schüler war ich begeistert von den Abenteuern des Film-Archäologen Indiana Jones. Die Vorstellung, selbst irgendwann auf „Schatzsuche" zu gehen, sorgte schließlich für meine Entscheidung, Ur- und Frühgeschichte zu studieren. Naja, außerdem hatte ich eine Geschichtslehrerin, die es verstand, uns Historie wirklich anschaulich und lebendig zu vermitteln. Also entschloss ich mich, darüber hinaus auch Mittlere und Neuere Geschichte zu studieren. Außerdem wählte ich Kunstgeschichte als drittes Fach aus.*

*Während des Studiums merkte ich dann, dass mir die Beschäftigung mit alten Handschriften und Urkunden mehr lag als das Ausgraben mit Pinsel und Pinzette. Außerdem schickte mich einer meiner Professoren ins Universitätsarchiv, um dort als wissenschaftliche Hilfskraft zu arbeiten. Die Arbeit gefiel mir so gut, dass ich mich schließlich nach dem Studium auf eine Stelle in einem Stadtarchiv bewarb und auch fünf Jahre lang dort tätig war. Nun grub ich also nicht in Ägypten oder Lateinamerika nach „Schätzen", sondern in alten Folianten und Aktenbündeln.*

### Eine ständige Schatzsuche?

*Inzwischen trage ich als Direktor eines größeren Museumsverbundes u.a. die Hauptverantwortung für die archäologischen, kultur- und kunsthistorischen Sammlungen des Hauses. Außerdem bin ich für die Planung der Sonder- und Dauerausstellungen zuständig und muss die Personalentscheidungen fällen. Angewiesen bin ich dabei natürlich auf die Mithilfe zahlreicher Kollegen. So gibt es für jede Sammlung des Museumsverbundes einen eigenen Fachreferenten und für die Sonderausstellungen werden Kuratoren eingesetzt, die sich um die Auswahl der Exponate und die Gestaltung kümmern.*

*Am Ende muss ich aber immer selbst entscheiden, ob und wie eine Exposition gezeigt werden kann. Dabei hilft mir sehr, dass ich neben den Forschungen auf meinen Spezialgebieten, wie z.B. der Reformationsgeschichte, während des Studiums mindestens einen Überblick über fast alle Fachbereiche erhalten habe, die durch unsere Sammlungen abgedeckt werden.*

*Die Indiana-Jones-Filme mag ich immer noch, doch um Schätze zu entdecken, muss man nicht erst große Expeditionen unternehmen, manchmal reicht dafür schon der Weg ins nächste Museum.*

**Silke Köhler, Interne Kommunikation**

### Wie früh begann bei Ihnen die Begeisterung für Geschichte?

*Geschichte hat mich schon in der Kindheit fasziniert. Was mich besonders interessiert hat, waren die Menschen. Wie haben sie in vergangenen Zeiten gedacht, gefühlt, gehandelt? Wie haben sie unsere heutige*

*Kultur und unser Denken geprägt? Fast jede Woche war ich in der Stadtbücherei und habe gelesen, gelesen, gelesen. Ich wollte unbedingt die Zusammenhänge verstehen und begreifen, warum die Menschen in bestimmten Zeiten so und nicht anders gehandelt haben. Und was wir fürs Heute und jetzt daraus lernen können.*

*Mein Berufswunsch stand schon lange vor dem Abitur fest: Ich wollte Journalistin werden! Reisen, Menschen kennen lernen, schreiben. Das war genau mein Ding! Ich entschied mich dazu, Geschichte und Politik sowie Kommunikationswissenschaften zu studieren. Nebenbei arbeitete ich als Reporterin für eine Tageszeitung. In der Woche beschäftigte ich mich mit Martin Luther, Wilhelm II. und Walter Ulbricht, an den Wochenenden schrieb ich als Lokalreporterin über Lesungen, Konzerte und Schützenfeste. Dieser Kontrast und die Mischung aus Theorie und Praxis haben mir unheimlich viel gebracht – fachlich, aber auch menschlich.*

*Mein Berufsweg hat mich schließlich in die Wirtschaft geführt. Heute verantworte ich die Interne Kommunikation eines Industrieunternehmens und arbeite sehr eng mit Betriebswirten, Ingenieuren und Physikern zusammen. Als Historikerin bin ich so etwas wie eine Exotin. Dennoch profitiere ich im Job sehr davon, was ich im Studium gelernt habe. Eine ausführliche, systematische Recherche zum Beispiel. Ich kann mich in kürzester Zeit in Themen einarbeiten und sie von unterschiedlichen Perspektiven beleuchten. Außerdem gelingt es mir sehr schnell, Abstraktes zu konkretisieren und in Worte zu fassen. Geschichte an sich ist für mich heute fast nur noch Hobby – es sei denn, ich bearbeite ein unternehmenshistorisches Thema für das Mitarbeitermagazin. Dann läuft die Geschichtswissenschaftlerin in mir zur Höchstform auf.*

**Dr. Björn Opfer-Klinger, Schulbuchredakteur**

*Geschichte ... das fand ich schon mit zehn oder zwölf Jahren spannend. Wie hat Hannibal seine Elefanten eigentlich übers Meer nach Europa bekommen? Warum hat sich unsere Welt, unsere Kultur so entwickelt, wie sie heute ist? Als Schüler habe ich den Fall der Mauer, das gerade beginnende Auseinanderbrechen Jugoslawiens und die Diskussion um eine „deutsche Leitkultur“ und „westliche Wertegemeinschaft“ miterlebt. Das warf viele Fragen auf und ich suchte Antworten. Jede Antwort reizte aber zum Weiterfragen ... und das hörte nicht mehr auf.*

*Ich habe Geschichte und Politikwissenschaft studiert. Später habe ich mir Grundlagen in Betriebswirtschaft und Marketing angeeignet. Heute bin ich Schulbuchredakteur. Dabei muss ich Lehrmaterialien von der Idee und der Kostenkalkulation über die Autorensuche bis zur Drucklegung betreuen. Dies muss nach Maßgabe der jeweiligen Lehrpläne der Bundesländer, dem Bedarf der Schulen und den wirtschaftlichen Interessen des Verlages geschehen.*

*Geschichte ist dafür von großer Bedeutung. Um gute Schulbücher betreuen zu können, muss ich komplexe Sachverhalte rasch erfassen und unter ganz unterschiedlichen Fragestellungen auf wenig Platz für jugendliche Lernende und studierte Lehrende erklären können.*

*Geschichtswissen ist für mich aber auch wichtig, unabhängig von meiner Arbeit, viele Ereignisse deuten und einordnen und bei gesellschaftlichen Fragen mitdiskutieren und mitgestalten zu können. Geschichte ist für mich ein unverzichtbarer Bestandteil eines Allgemeinwissens für jeden, der aktiv und mit offenen Augen durchs Leben gehen will.*

# 1 Zeitenwende 1500 – Geburtsstunde des „modernen" Menschen?

## Leitfragen

Aus der Rückschau zeigt sich, dass in der Zeit von ca. 1350 bis 1600 ausgehend von Italien in Europa tief greifende Wandlungsprozesse in beinahe sämtlichen Bereichen des Lebens einsetzten: in Wirtschaft, Wissenschaft und Technik, im Verhältnis des Staates zu Kirche und Untertanen, auf dem Gebiet von Kunst und Kultur. Rapide nahm in diesem Zeitraum auch die Zahl der wissenschaftlichen Entdeckungen und Erfindungen zu, deren Spuren bis in unsere Gegenwart reichen.

Wie veränderte sich die Wahrnehmung des Individuums?

Welche Ideen entwickelten Wissenschaftler und Künstler der Zeit?

Wie wirkt sich das neue Selbstverständnis auf wirtschaftliche Prozesse aus?

Inwiefern kann die Frühe Neuzeit seit der Renaissance als Beginn der Moderne und Zeitenwende gesehen werden und welche Bedeutung hat diese Epoche für unser heutiges Denken?

**Der Nürnberger Schreibmeister und Mathematiker „Johann Neudörffer mit seinem Sohn"**
*Ölgemälde 101 x 92 cm von Nicolas Neufchatel* (in Großformat im **Online-Link** 430075-0101), *1561. Mithilfe exakter Beobachtungen überträgt der Schüler die Beziehungen komplexer geometrischer Körper in sein Schulbuch.*

1300 | 1350 | 1400

**1314 – 1321**
Dante
*Göttliche Komödie*

**1304 – 1374**
Francesco Petrarca wird mit seinen Gedichten zum Mitbegründer des Humanismus.

**1397**
Gründung der Banco Medici

**1418 – 1434**
Kuppel des Florentiner Doms, erbaut von Filippo Brunelleschi

Online-Link
430075-0100

Operatoren

Bei der Arbeit an diesem Thema müssen Sie sich daher immer wieder bewusst machen, wovon sich die Menschen um 1500 abgrenzten, das heißt welche mittelalterlichen Zustände der Neuerung zugrunde lagen und inwiefern die Entwicklung Einfluss auf unsere heutige Zeit ausübt. Die übergeordneten Operatoren dieser Unterrichtseinheit sind daher „beschreiben", „erläutern" und vor allem „vergleichen".

Methoden

Das neue Zeitgefühl äußerte sich in hohem Maße in künstlerischen Werken. Diese sind neben den Texten Quellen für das Selbstverständnis der Zeit und ihres Denkens. Ein Methodenblock hilft Ihnen, die Arbeit mit historischen Bildern zu trainieren.

Un missionnaire du moyen âge raconte qu'il avait trouvé le point où le ciel et la Terre se touchent...

**Durchbrechung des alten Weltbildes**
*Holzschnitt von Camille Flammarion, Paris 1888. Im 19. Jahrhundert wurde die Vorstellung von einem „dunklen Mittelalter" herausgebildet, wonach die Bildung der Antike unter den Verwüstungen der Völkerwanderung sowie der dogmatischen Zensur der christlichen Kirche verschwunden sein soll. Dahinter stand das Bedürfnis der „aufgeklärten" Neuzeit, sich polemisch von der vorhergehenden Zeit abzugrenzen.*

1450 | 1500 | 1550

**um 1450**
Erfindung des Buchdrucks

**ca. 1485**
Raffael
*Die Verzückung des heiligen Franziskus*

**1492**
Kolumbus „entdeckt" Amerika.

**1498**
Vasco da Gama erreicht Indien.

**1510–1511**
Raffael
*Schule von Athen*

**1517**
Beginn der Reformation

**1569**
Gerhard Mercator veröffentlicht erste umfassende Weltkarte.

## Politik

In Westeuropa tobt der sog. Hundertjährige Krieg (1339–1453) zwischen Frankreich und England. Die französische Monarchie steht phasenweise vor ihrer dynastischen Auslöschung. Schließlich verliert jedoch England alle Besitzungen auf dem Kontinent.

Im Mittelmeer rivalisieren die Handelsmächte Genua und Venedig um den Fernhandel mit Asien und Nordafrika.

Palazzo Pubblico in Siena

In Norditalien entstehen Stadtrepubliken. Die katholische Christenheit ist durch das „Große Schisma“ (1378–1417) gespalten.

Während Frankreich im Hundertjährigen Krieg die Oberhand gewinnt, entwickelt sich das Herzogtum Burgund zu einer bedeutenden Regionalmacht.

Im Norden schließen sich die skandinavischen Königreiche in der Kalmarer Union, im Osten Polen und Litauen in einer Personalunion zusammen.

In Florenz beherrscht seit 1434 die Familie Medici den Stadtrat und stellt zeitweise auch die Päpste.

## Kultur

Byzantinische Christusikone, ca. 12. Jahrhundert

In Europa dominiert noch die religiöse Kunst der Kirchenmalerei, in der Architektur erlebt die Gotik ihre Blütezeit.

Es werden in zunehmender Zahl Universitäten gegründet (Prag 1347, Florenz 1349, Köln 1388). Das bisherige Bildungsmonopol der Kirche geht verloren.

Die frühen Humanisten entdecken die Literatur und Philosophie der griechischen und römischen Antike neu. Die Techniken der Rhetorik und des Schreibens gewinnen neue Bedeutung. Bildung entwickelt sich zu einem Ideal der städtischen Oberschichten und des Adels. Wohlhabende Bankiers, Kaufleute u.a. fördern als Mäzene Künstler und bauen große Privatsammlungen von Kunstwerken auf.

## Wirtschaft

Mehrjährige Pestepidemien reduzierten in den 1340er-Jahren die europäische Bevölkerung um schätzungsweise ein Drittel.

Dem folgt eine Krise in der Agrarproduktion. Demgegenüber vergrößert sich die Stadtwirtschaft. Es kommt zur Differenzierung und Spezialisierung des Handwerks, aber auch zu Konflikten zwischen den erstarkenden Zünften und den patrizischen Kaufleuten um die Macht in der Stadtverwaltung.

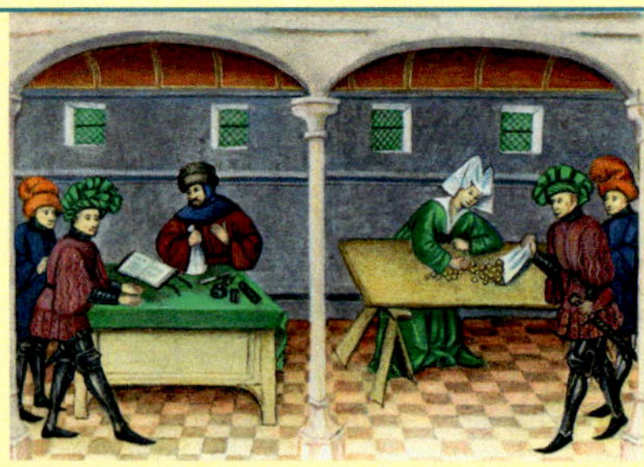

Ausgehend von Italien entwickelt sich ein modernes Bank- und Kreditgeschäft.

Flandern entwickelt sich neben Norditalien zu einem starken Wirtschaftsraum.

Der Aufstieg der Stadtwirtschaft ist verbunden mit einem Aufschwung des Fernhandels. In Nordeuropa entwickelt sich dadurch das Städtebündnis der Hanse zu einem wirtschaftlichen und politischen Machtfaktor.

1300 | 1350 | 1400

Während die Osmanen Konstantinopel erobern, endet auf der Iberischen Halbinsel das muslimische Königreich Granada. Kastilien und Aragon schließen sich zusammen (Spanien). Portugiesen und Spanier suchen mit Expeditionen den Seeweg nach Indien. Kolumbus gelangt dabei nach Amerika.

England wird durch blutige Thronstreitigkeiten erschüttert (Rosenkriege 1455–1485).

Die norditalienischen Stadtstaaten wie Florenz, Venedig oder Mailand erreichen den Höhepunkt ihrer Macht.

1495 Reichsreform im Heiligen Römischen Reich Deutscher Nation

Die Habsburger steigen durch geschickte Heiratspolitik zur wichtigsten Herrscherdynastie in Europa auf (deutsche Kaiser, Könige von Spanien, ...). Diese kämpft mit Frankreich um die Vorherrschaft in Italien. Im östlichen Mittelmeer und auf dem Balkan entwickelt sich das Osmanische Reich zu einem mächtigen Gegenspieler.

Durch Kirchenkritiker wie Luther, Calvin und Zwingli kommt es zur Reformation und damit zu einer Spaltung der Kirche in großen Teilen Europas.

Zwischen 1519 und 1522 gelingt einer spanischen Flotte unter Fernando Magellan erstmals eine Weltumsegelung.

Mit Künstlern wie dem Maler Jan van Eyck (1380–1441) oder dem Florentiner Architekten Filippo Brunelleschi (1377–1446) entstehen besonders in Flandern und in Norditalien neue Darstellungsformen. Diese finden u. a. Ausdruck in dem 1435 von dem Architekten und Kunsttheoretiker Leone Battista Alberti (1404–1472) veröffentlichten Buch über die Malkunst („De pictura"). Nunmehr gewinnen die Zentralperspektive und die naturgetreue Darstellung an Bedeutung.

Die Renaissancekünstler profitieren dabei auch von neuen wissenschaftlichen Erkenntnissen der Optik in der muslimischen Welt des Mittelmeeres.

Kopf des toten Christus, Albrecht Dürer 1503

In allen Bereichen der Kultur gehen Künstler wie Michelangelo, Albrecht Dürer oder Leonardo da Vinci neue Wege natürlicher Darstellung.

Mit neuer Kartographie (1474 Toscanelli-Karte, 1492 Behaim-Globus) verändert sich die Wahrnehmung.

Ausgehend von Mainz verbreitet sich in ganz Europa das Druckverfahren mit beweglichen Lettern.

1513 veröffentlicht der Florentiner Niccoló Machiavelli seine Schrift „Der Fürst".

Mit Schriften von Kopernikus (1543 „De revolutionibus orbium colestium") und später von Johannes Kepler und Galileo Galilei entwickelt sich – gegen den Widerstand der Kirche – ein neues Weltbild.

Durch Studien u. a. von Andreas Vesalius (1544 „De humani corporis fabrica") und Paracelsus wird der Weg zur modernen Anatomie eröffnet.

Die Architektur der Renaissance verbreitet sich auch nördlich der Alpen.

Großkaufleute und Unternehmer schließen sich immer häufiger in überregional oder international agierenden Gesellschaften zusammen.

Das Verlagswesen und die moderne Buchführung verbreiten sich. Zu den besonders erfolgreichen Wirtschaftszweigen entwickeln sich das Textilgewerbe (z. B. England, Flandern, Florenz), der Bergbau (Ostalpen, Harz, Thüringer Wald) und teure Manufakturprodukte (Geschütze aus Nordfrankreich, Spiegel aus Venedig, ...)

Mit dem 1498 gefundenen Seeweg nach Indien gewinnt Europa mehr Anschluss an den Handel im Indischen Ozean. Die Seidenstraße verliert hingegen an Bedeutung.

Unternehmerfamilien wie die Augsburger Fugger und Welser bauen international auftretende Handelsimperien auf und werden zu wichtigen Finanziers von Fürsten, Päpsten und Königen.

In der Karibik beginnt auf Basis afrikanischer Sklavenwirtschaft der Plantagenanbau.

1450 | 1500 | 1550

# Methode: Historische Bilder analysieren

## Bilder als historische Quellen

Welche Einsichten über vergangene Zeiten können Bilder als Quellen vermitteln? Zunächst liefern sie Informationen über die Sachkultur einer Zeit. Auch wenn es dem Künstler eigentlich um etwas ganz anderes ging, kann man aus Bildern oft viel über Wohnen, Kleidung, Arbeit oder Technik in der Zeit, zu der sie entstanden, erfahren. Gemälde spiegeln auch Wertvorstellungen gesellschaftlicher Gruppen, Bewusstseinshaltungen, soziale Beziehungen, alltägliche Verhaltensweisen und Gefühle der Menschen wider. Bilder sind jedoch nicht nur Abbildungen vergangener Realität, sondern auch Deutungen. Sie zeigen, wie der Künstler etwas gesehen hat oder wie er es die Betrachter des Bildes sehen lassen wollte. Meist sind Bilder mit einer bestimmten Wirkungsabsicht entstanden: Sie sollten Herrschaftsvorstellungen darstellen oder rechtfertigen, religiöse oder andere „Welt-Bilder" verbreiten, die Gegner in politischen oder religiösen Auseinandersetzungen angreifen, umgekehrt die eigene Sache vertreten und ihre Anhänger mobilisieren. Auch diese Interessen und Absichten lassen sich anhand von Bildern erkennen und untersuchen. Allerdings reicht es dafür nicht aus, die Bilder selber zu analysieren. Wie bei Texten muss man den engeren oder weiteren historischen Zusammenhang ins Auge fassen: In welcher Situation ist das Bild entstanden, wer waren die Künstler und gegebenenfalls der Auftraggeber, an wen sollte es sich richten und was sollte es bewirken, wie wurde es präsentiert oder verbreitet, wie vom Publikum aufgenommen? Um solchen Fragen nachzugehen, benötigt man Zusatzinformationen zu den Bildern.

**1 Die Gesandten**
*Doppelporträt (Öl/Harztempera auf Holz, 207 x 209 cm) von Hans Holbein dem Jüngeren, Frühjahr 1533* (in Großformat im **Online-Link** 430075-0102)

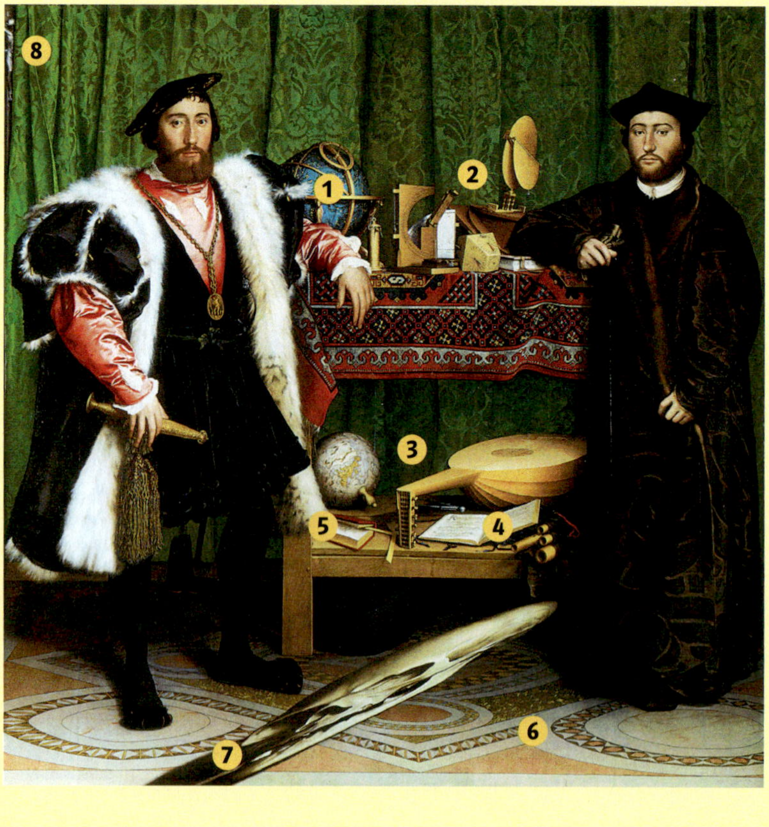

**Symbolik**

Auf der teppichbedeckten oberen Tischplatte steht ein **Himmelsglobus** (1), der zu astronomischen und auch astrologischen Studien genutzt werden konnte. Daneben sind eine Reihe mathematisch-physikalischer Instrumente aufgereiht (2). Im Gegensatz zum Himmelsglobus und den Instrumenten zur Vermessung der Gestirne liegen auf dem Zwischenbrett Gegenstände der irdischen Sphäre (3). Ganz links befindet sich ein **Handglobus**. Daneben liegen ein **Zirkel** und eine **Rechenlehre** für Kaufleute. Unter dem Globus liegt halb geöffnet **Peter Apians** 1527 erschienenes Werk **„Eyn newe und wohlbegründete underweysung aller Kauffmanss Rechnung"** (4), daneben mit aufgeschlagenen Seiten **Johann Walthers „Geystliches Gesangsbüchlein"** (5), gedruckt 1524 in Wittenberg. Noten und Verse lassen zwei Luther-Lieder erkennen: „Komm heiliger geyst herregott" und „Mensch wiltu leben seliglich", die auf die Zehn Gebote verweisen. Der **Fußboden** (6) bezieht sich konkret auf London, dem Aufenthaltsort der beiden Gesandten. Es handelt sich um eine Kopie des römischen Mosaikfußbodens im Presbyterium der Westminster Abbey. Im Gegensatz zur realistischen Darstellung der geschilderten Gegenstände und des Marmorfußbodens steht eine rätselhafte, vor ihm schwebende Form. Bei genauem Hinsehen erkennt man einen riesenhaften zum Amorph [Amorphose = altgriechisch für Umformung; Bilder, die nur unter einem bestimmten Blickwinkel erkennbar sind] **verzerrten Totenschädel** (7), dessen starke Verkürzung bei der Betrachtung von rechts oben aufgehoben wird. Totenschädel als Zeichen der Vergänglichkeit kommen oft auch auf der Rückseite von Bildnissen vor. In der oberen linken Ecke, durch den grünen Vorhang fast verhüllt, ist ein kleines **silbernes Kruzifix** (8) zu finden, dessen Schrifttafel die Buchstaben IN(RI) erkennen lässt. Es mahnt in Zeiten des Religionskonfliktes zur Einheit des Christentums.

## Arbeitsschritte

Genau wie Texte muss man Bilder sorgfältig interpretieren. Bei der eigentlichen Interpretation kann man sich gut an dem folgenden Schema orientieren:

**Bildbeschreibung**

Beschreibung dessen, was auf dem Bild zu sehen ist.

**Bildanalyse**

Erschließen von Thema und Inhalt; Untersuchung der Darstellungsmittel:
- Gattung bzw. Darstellungstechnik: Gemälde, Holzschnitt, Kupferstich, …
- inhaltlicher Bildtypus: Personenbild, Landschaftsbild, Karikatur, …
- Größe und Präsentationsform: Einzelbild oder Reihe, privat oder öffentlich
- Komposition: Bildaufbau, Verhältnis von Vorder-, Mittel- und Hintergrund, Anordnungsschema (Diagonale, Dreieck o. a.), hervorstechende Einzelelemente
- Perspektive: Aufsicht oder Untersicht (Vogelperspektive oder Froschperspektive), Zentralperspektive, unperspektivische Darstellung, Verhältnis zum Betrachter
- Proportionen: Verhältnisse einzelner Teile von Körpern oder Bauten
- Lichtführung: Hervorhebung einer Person oder eines Gegenstandes durch Helligkeit, gleichmäßige Beleuchtung oder Hell-Dunkel-Kontraste, sichtbare oder verdeckte Lichtquelle
- Farbigkeit: dominante Farben, Farbkontraste oder Ton-in-Ton, flächige Farbgebung oder Konturen, naturalistische oder symbolische Farbgebung
- Figurendarstellung: Bewegung oder Ruhe, Mimik, Gestik

**Bildinterpretation**

Zusammenfassende Deutung der Bildaussage im historischen Entstehungszusammenhang. Jede Zeit hat ihre besondere künstlerische Handschrift. Vor allem im Mittelalter und in der Frühen Neuzeit haben die Haltungen von Figuren oder bestimmte Gegenstände eine tiefere Bedeutung. Den Zeitgenossen waren diese Bedeutungen vertraut, für uns ist es heute oft sehr schwer, sie zu entschlüsseln.

# 1.1 Politische Zustände und Ideen an der Schwelle zur Neuzeit

## Neues politisches Selbstverständnis in Italien

**1 Die Gute und die Schlechte Regierung**

*Ausschnitte des insgesamt 14 m langen Freskenzyklus „Effetti del Buon Governo in città" (1338/40) von Ambrogio Lorenzetti (1290–1348)* (**Online-Link** 430075-0103).

*Im Jahr 1309 wurde die Verfassung der toskanischen Republik Siena ins Italienische übersetzt. Diese legt alle Rechte und Pflichten für Adlige, Bürger und Behörden fest und enthält zahlreiche Vorschriften für das städtische Leben. Das wertvolle Werk sollte darum im Rathaus, dem Palazzo Publico, ausgestellt werden.*
*Dreißig Jahre später erhält der Maler Lorenzetti von den regierenden Beamten den Auftrag, die Vorzüge der Republik malerisch darzustellen.*
*In der Form einer Allegorie stellt er die Tyrannei und die gute Regierung einander gegenüber.*
*Als schlechte Regierung wird ein teufelsähnlicher Herrscher gezeigt, der begleitet wird von Grausamkeit, Verrat, Betrug, Wut, Zwietracht und Krieg. Überwölbt wird die Tyrannei von den Lastern Geiz, Hochmut und Eitelkeit. Die Gerechtigkeit liegt gefesselt am Boden.*
*Die gute Regierung trägt ein Gewand in Sienas Stadtfarben. Die Füße der „Guten Regierung" ruhen auf der sienesischen Wölfin (Gründungsmythos der Stadt), über ihr schweben die drei christlichen Tugenden Glaube (fides), Liebe (caritas) und Hoffnung (spes). Zu ihren Seiten sitzen drei der vier weltlichen Kardinaltugenden, die Gerechtigkeit (iustitia), die Tapferkeit (fortitudo) und die Besonnenheit (temperantia; mit einer Sanduhr), ergänzt durch die Klugheit (prudentia), die Hochherzigkeit (magnanimitas) und den Frieden (pax). Die Gerechtigkeit sitzt ein zweites Mal links im Bild. Über ihr schwebt die vierte Kardinaltugend, die Weisheit (sapientia). An den Waagschalen stehen die austeilende Gerechtigkeit (iustitia distributiva) und die ausgleichende Gerechtigkeit (iustitia commutativa). Darunter steht die Eintracht (concordia; mit einem Hobel) vor den Bürgern.*

## 2 Wie soll sich ein Fürst verhalten?

*a) Niccoló Machiavelli wurde 1469 in Florenz geboren und war dort nach dem Jurastudium im diplomatischen Dienst tätig. Nach der Rückkehr der Medici (1494 aus Florenz vertrieben) 1512 war seine Karriere als „Staatsdiener" beendet. In erzwungener politischer Untätigkeit schrieb er unter anderem sein Hauptwerk „Il Principe" (Der Fürst), das er 1514 publizierte. Hier untersucht er die Bedingungen erfolgreicher Politik.*

Einen Fürsten darf es daher nicht kümmern, der Grausamkeit bezichtigt zu werden, wenn er dadurch bei seinen Untertanen Einigkeit und Ergebenheit aufrechterhält; er erweist sich als milder, wenn er nur ganz wenige Exempel statuiert, als diejenigen, die aus zu großer Milde Missstände einreißen lassen, woraus Mord und Raub entstehen; denn hierdurch wird gewöhnlich einem ganzen Gemeinwesen Gewalt angetan, während die Exekutionen auf Befehl des Fürsten nur gegen Einzelne Gewalt üben. [...]

Daraus ergibt sich die Streitfrage, ob es besser ist, geliebt als gefürchtet zu werden oder umgekehrt. Die Antwort ist, dass man das eine wie das andere sein sollte; da es aber schwerfällt, beides zu vereinigen, ist es viel sicherer, gefürchtet als geliebt zu werden, [...]. Denn man kann von den Menschen im Allgemeinen sagen, dass sie undankbar, wankelmütig, unaufrichtig, heuchlerisch, furchtsam und habgierig sind; und solange du ihnen Gutes erweist, sind sie dir völlig ergeben: Sie bieten dir ihr Blut, ihre Habe, ihr Leben und ihre Kinder, wenn [...] die Not fern ist; kommt diese dir aber näher, so begehren sie auf. Ein Fürst, der sich völlig auf ihre Versprechungen verlassen hat, ohne andere Vorbereitungen zu treffen, ist dann verloren; denn Freundschaften, die man durch Geld und nicht durch Großmut und Seelenadel erwirbt, hat man zwar bezahlt, aber man besitzt sie nicht und kann sie in Zeiten der Not nicht in Anspruch nehmen. Auch scheuen sich die Menschen weniger, einen zu verletzen, der sich beliebt macht, als einen, den sie fürchten; denn die Liebe wird durch das Band der Dankbarkeit aufrechterhalten, das, weil die Menschen schlecht sind, von ihnen bei jeder Gelegenheit des eigenen Vorteils wegen zerrissen wird; die Furcht aber wird durch die Angst vor Strafe aufrechterhalten, welche dich niemals verlässt.

Gleichwohl darf ein Fürst nur so viel Furcht verbreiten, dass er, wenn er dadurch schon keine Liebe gewinnt, doch keinen Hass auf sich zieht; denn er kann sehr wohl gefürchtet werden, ohne verhasst zu sein; dies wird ihm stets gelingen, wenn er das Eigentum seiner Bürger und Untertanen sowie ihre Frauen respektiert. Und wäre er auch gezwungen, einen hinrichten zu lassen, so tue er dies, wenn dafür eine entsprechende Rechtfertigung und ein offensichtlicher Grund bestehen; vor allem aber muss er das Eigentum anderer achten; denn die Menschen vergessen schneller den Tod ihres Vaters als den Verlust ihres Erbes. [...]

Wie löblich es für einen Fürsten ist, sein Wort zu halten und aufrichtig statt hinterlistig zu sein, versteht ein jeder; gleichwohl zeigt die Erfahrung unserer Tage, dass diejenigen Fürsten Großes vollbracht haben, die auf ihr gegebenes Wort wenig Wert gelegt und sich darauf verstanden haben, mit List die Menschen zu hintergehen; und schließlich haben sie sich gegen diejenigen durchgesetzt, welche auf die Redlichkeit gebaut hatten. [...]

Ein kluger Herrscher kann und darf daher sein Wort nicht halten, wenn ihm dies zum Nachteil gereicht und wenn die Gründe fortgefallen sind, die ihn veranlasst hatten, sein Versprechen zu geben. Wären alle Menschen gut, dann wäre diese Regel schlecht; da sie aber schlecht sind und ihr Wort dir gegenüber nicht halten würden, brauchst auch du dein Wort ihnen gegenüber nicht zu halten. [...]

Auch hat es noch nie einem Fürsten an rechtmäßigen Gründen gefehlt, um seinen Wortbruch zu verschleiern. Für einen Fürsten ist es also nicht erforderlich, alle [...] guten Eigenschaften wirklich zu besitzen, wohl aber den Anschein zu erwecken, sie zu besitzen. Ich wage gar zu behaupten, dass sie schädlich sind, wenn man sie besitzt und ihnen stets treu bleibt; dass sie aber nützlich sind, wenn man sie nur zu besitzen scheint; so musst du milde, treu, menschlich, aufrichtig sowie fromm scheinen und es auch sein; aber du musst geistig darauf vorbereitet sein, dies alles, sobald man es nicht mehr sein darf, in sein Gegenteil verkehren zu können. Man muss nämlich einsehen, dass ein Fürst, zumal ein neu zur Macht gekommener, nicht all das befolgen kann, dessentwegen die Menschen für gut gehalten werden, da er oft gezwungen ist – um seine Herrschaft zu behaupten –, gegen die Treue, die Barmherzigkeit, die Menschlichkeit und die Religion zu verstoßen. Daher muss er eine Gesinnung haben, aufgrund derer er bereit ist, sich nach dem Wind des Glücks und dem Wechsel der Umstände zu drehen und – wie ich oben gesagt habe – vom Guten so lange nicht abzulassen, wie es möglich ist, aber sich zum Bösen zu wenden, sobald es nötig ist.

Ein Fürst muss also sehr darauf achten, dass nie ein Wort über seine Lippen kommt, das nicht von den vorgenannten fünf Eigenschaften geprägt ist, und dass er, wenn man ihn sieht und hört, ganz von Milde, Treue, Aufrichtigkeit, Menschlichkeit und Frömmigkeit erfüllt scheint. Und es gibt keine Eigenschaft, deren Besitz vorzutäuschen, notwendiger ist, als die letztgenannte.

*Zit. nach: Niccoló Machiavelli: Il Principe/Der Fürst. Hrsg. von Philipp Rippei. Stuttgart 1986, S. 129, 131, 135, 137, 139.*

*b) Zum gleichen Thema äußert sich der humanistische Gelehrte Erasmus von Rotterdam in seiner Schrift. „Erziehung des christlichen Fürsten", die er dem 1515 volljährig gewordenen künftigen deutschen Kaiser Karl V. widmete. Nach seinem Theologiestudium in Paris und verschiedenen Reisen durch Europa warb Erasmus für eine Erneuerung des Christentums auf der Grundlage der Bergpredigt. Im gleichen Sinne wollte er auch Politik und Gesellschaft reformieren:*

Eines nur muss der Fürst beim Regieren bedenken, eines das Volk bei der Wahl des Herrschers, nämlich das Wohl der Allgemeinheit, nachdem alle persönlichen Gefühle ausgeschaltet wurden. Und je weniger es rechtlich möglich ist, den Gewählten auszutauschen, umso sorgfältiger ist die Wahl zu treffen, damit uns nicht die Unbesonnenheit einer einzigen Stunde lange anhaltende Qualen bereite.

Wo das Fürstentum erblich ist, wird der Herrscher nicht gewählt. [...] Da hängt die Hoffnung auf einen guten Herrscher vor allem von der richtigen Erziehung ab, die umso sorgfältiger durchgeführt werden muss, damit das, was durch das Fehlen des Wahlrechtes eingebüßt wurde, durch umsichtige Erziehung ausgeglichen wird. [...]

Was ist törichter, als einen Fürsten danach zu beurteilen, ob er gut tanze, geschickt im Würfelspiel, trinkfest und von Hochmut erfüllt sei, ob er es verstehe, das Volk auf königliche Weise auszuplündern, ob er noch anderes tue, was ich mich schäme anzuführen, obwohl sich einige nicht schämen, es zu tun? Je mehr die Masse der Herrscher danach strebt, sich von der Lebensweise und dem Verhalten des Volkes zu unterscheiden, umso mehr muss der wahre Fürst sich fernhalten von den hässlichen Auffassungen des Volkes und von seinen Interessen. Er halte es vielmehr für gemein, verächtlich und seiner unwürdig, wie der Pöbel gesinnt zu sein, dem noch nie die höchsten Werte gefallen haben. [...]

Wenn du dich als hervorragender Herrscher erweisen willst, sorge, dass dich keiner an eigenen guten Taten, an Klugheit, Seelengröße, Maßhalten und Anständigkeit übertreffe. Wenn du es für gut hältst, dich mit anderen Herrschern zu messen, glaube nicht, dass du dann überlegen bist, wenn du ihnen einen Teil ihres Machtgebietes entreißt oder ihre Truppen in die Flucht schlägst, sondern dann, wenn du unbestechlicher, weniger geldgierig, weniger anmaßend, weniger jähzornig und wenn du besonnener bist als sie. [...] Viel eher sollst du durch dein sittliches Verhalten Denkmäler der Tugend errichten. [...]

Sooft es dir in den Sinn kommt, dass du Herrscher bist, soll dir auch einfallen, dass du ein christlicher Herrscher bist, und du sollst erfassen, dass du dich auch von den edlen Fürsten der Heiden so viel unterscheiden musst, wie sich der Christ vom Heiden unterscheidet. [...] Auch du musst dein Kreuz tragen oder Christus wird dich nicht kennen. Du wirst fragen, welches ist aber nun mein Kreuz? Ich möchte sagen, wenn du dem Rechten folgst, wenn du niemanden gewalttätig behandelst, niemanden ausplünderst, kein Amt verkaufst, durch kein Geschenk bestochen wirst; allerdings wird dann deine Kasse weniger enthalten. Setze dich über den Verlust deines Vermögens hinweg, wenn du nur einen Gewinn an Gerechtigkeit hast. Solange du außerdem mit allen Mitteln für den Staat sorgst, wirst du ein Leben voll Sorge führen, wirst du deiner Jugend, deiner Natur und den Unterhaltungen Abbruch tun, wirst du dich in Nachtwachen und anstrengenden Beschäftigungen abhärmen. Mache dir nichts daraus, sondern suche Vergnügen im Bewusstsein des Rechten. Ebenso wirst du vielleicht, wenn du lieber Unrecht ertragen statt zum großen Schaden des Staates Rache nehmen willst, etwas von deinem Herrschaftsgebiet einbüßen. Mögest du es ertragen, indem du es für einen unermesslichen Gewinn ansiehst, dass du einer geringeren Anzahl von Menschen Schaden zugefügt hast. [...] Kannst du endlich die Herrschaft nur durch Verletzung der Gerechtigkeit, durch Blutvergießen und durch unermesslichen Schaden für die Religion schützen, dann lege sie eher nieder und weiche den Zeitumständen. Kannst du aber das Hab und Gut deiner Untertanen nur unter Gefahr deines Lebens schützen, dann ziehe den Schutz der Allgemeinheit deinem Leben vor. Aber solange du so handelst, wie es die Pflicht des echten christlichen Herrschers ist, werden vielleicht einige dich dumm nennen und sagen, du seiest zu wenig Herrscher. Stärke dein Herz, dass du lieber ein gerechter Mann als ein ungerechter Fürst sein willst. [...]

Wenn du die Städte deiner Untertanen besuchst, sollst du nicht denken: Ich bin Herr über ein so großes Gebiet, das alles ist meiner Willkür unterworfen, da ist mir gestattet, was mir beliebt. Wenn du aber denken willst, was eines guten Herrschers würdig ist, dann sollst du denken: Das ist das mir anvertraute Darlehen und ich muss wachsam sein, dass ich es besser zurückgebe, als ich es erhalten habe. Wenn du die unermessliche Zahl deiner Untertanen erblickst, hüte dich zu denken: So viele Sklaven habe ich, sondern: So viele Tausende von Menschen hängen von meiner Sorge ab, mir allein haben sie sich und ihre Habe zum Schutze anvertraut, auf mich blicken sie wie auf einen Vater [...]. Zwischen Herrscher und Volk besteht das Verhältnis gegenseitigen Austausches. Dir schuldet das Volk Steuer, Gehorsam und Achtung. Du deinerseits aber schuldest dem Volk einen guten und wachsamen Herrscher.

*Zit. nach: Werner Welzig (Hrsg.): Ausgewählte Schriften, Bd. 5. Darmstadt 1968, S. 113–203.*

**3** **Norditalienische Staaten und der Schweizer Bund der Eidgenossen um 1500**

### 4 Die Staatsordnung von Florenz

*Der berühmte Humanist Leonardo Bruni (1370–1444) war von 1427 bis zu seinem Tode Staatskanzler von Florenz. Er erläutert (vermutlich griechischen Geistlichen, die 1438 in Florenz weilten) die Eigenarten der Verfassung der Stadt:*

Die Verfassung von Florenz ist weder ganz aristokratisch noch demokratisch, sondern eine aus beiden gemischte. Dies ist offenbar; denn einige ausgezeichnete Geschlechter können wegen des Hervorragens sowohl durch Anzahl als durch Macht die Regierungsstellen in unserem Staate nicht bekleiden, welches der Aristokratie entgegen ist. Wiederum aber nimmt der Staat die Krämer und die Hefe des Volkes nicht als Vollbürger auf, welches der Demokratie entgegen ist. So, Extreme vermeidend, neigt sich unser Staat zu dem Mittelstande, vorzüglich aber zu den Adeligen und Reichen, doch nicht übermäßig Mächtigen. Eine Volksversammlung findet sehr selten statt in diesem Staate, [...] wenn nicht eine zufällige große Veränderung das ganze Staatsgebäude in Verwirrung bringt; dann wird das ganze Volk zusammengerufen und ist die oberste Behörde; – aber, wie gesagt, es geschieht selten.

Die allerhöchste Regierung im Staate haben die neun Magistratsherren, die wir Prioren oder Signoria heißen. Zwei nur von diesen sind Bürgerliche, aus den Zünften, alle Übrigen aber aus dem Adel und den Reichen. [...] Zwei große Ratsversammlungen sind in unserem Staate, die eine aus dem Volke von dreihundert, die andere aus den Adeligen von zweihundert Mitgliedern. Über die Geschäfte, die im Rate vorkommen, wird zuerst genau durch die neun und ihre Beisitzer debattiert und das von ihnen Beschlossene dem Rate aus dem Volk überbracht; geht es auch hier durch, wird es dem zweiten Rat, dem des Adels, übergeben. Geht es auch hier nochmals durch, so ist es beschlossen, und wir pflegen zu sagen, dass das auf solche Weise angenommene Gesetzeskraft habe. So wird über Krieg und Frieden, über Schließung und Trennung von Allianzen, über Untersuchung der rechtsmäßigen Verwaltung öffentlicher Behörden, über Abgaben-Freiheit und öffentliche Leistungen, kurz über alle Geschäfte verhandelt.

Immer nach Verlauf von fünf Jahren finden neue Magistratswahlen, auf folgende Weise, statt. Die neun samt ihren Beisitzern und einige andere mit ihnen im Rathause versammelt mustern die ganze Bürgerschaft. Sie stimmen dann über jeden besonders ab, und wer zwei Drittteile der Stimmen erlangt, ist gewählt, nicht aber um das Amt alsbald anzutreten, sondern als würdig Befundener es anzutreten, wenn ihn das Los trifft. [...]

Der Hindernisse [gewählt zu werden] gibt es aber viele, erstens das Alter, zweitens die Verwandtschaft, drittens die Zeit, viertens Abgaben-Freiheit. Durch das Alter werden die Jüngeren verhindert, denn es kann keiner unter den neun und ihren Beisitzern sein, der jünger ist als dreißigjahre [...]. Unter fünfundzwanzig kann auch niemand in die großen Rats-Versammlungen kommen. Die Verwandtschaft hindert auch häufig, das Amt anzutreten. Wenn nämlich mein Bruder, Vater, Sohn oder Verwandter im Amte ist, kann ich keine Staatswürde bekleiden [...]. Durch die Zeit werden verhindert diejenigen, die früher Magistratsherren waren; denn es ist nicht erlaubt, innerhalb dreier Jahre dasselbe Amt anzutreten [...]. Ein anderes Hindernis ist noch, wenn jemand die angeordnete Steuer nicht abgetragen hat oder auf eine andere Weise Schuldner des Gemeinwesens ist. – Diese Magistratspersonen, so erwählt, besorgen die Staatsgeschäfte.

Für die Privatverhältnisse sind Gerichtshöfe, andere Ordnungen und andere Beamte, keine Bürger, sondern Fremde, denn dazu werden bekannte, durch ihr Geschlecht ausgezeichnete Männer aus einigen andern Städten gewählt, die vom Gemeinwesen einen Lohn empfangen, damit sie kommen und richten in unserer Stadt. Sie sprechen Recht, strafen die schuldigen und schlechten Menschen nach den bestehenden Gesetzen.

[...] Die Zeit der Amtsführung dieser ist sechs Monate. Wenn das Ende der Amtszeit gekommen ist, werden sie geprüft und müssen über das im Amte Vorgefallene Rechenschaft ablegen. [...] Da die Staatsverfassung, wie wir sagten, gemischter Form ist, so kann man mit Grund sagen, dass einiges mehr zur Demokratie, einiges zur Aristokratie sich hinneige. Zum demokratischen Elemente gehört die kurze Dauer der Ämter. [...] Auch dies ist volkstümlich, dass wir durch Wort und Tat im hohen Grade die Freiheit ehren und bewachen als Endzweck und Ziel der ganzen Staatsverfassung. Dann auch durchs Los die Beamten zu erwählen und nicht wegen irgendeines Vorzugs, ist volkstümlich. Wiederum aber neigt sich vieles der Aristokratie. Dass zuerst über alles eine Vorberatung stattfinde, und dass nichts zum Volke komme, worüber nicht erst abgestimmt, und dass es dem Volke nicht erlaubt sei, daran etwas zu ändern, sondern dass es im Ganzen die Sache entweder billigen oder verwerfen müsse [...].

*Zit. nach: Carl Friedrich Neumann (Hrsg.): Ueber die Staatsverfassung der Florentiner von Leonhardus Arentinus. Frankfurt/M. 1822, S. 69 – 91.*

### 5 Lorenzo di Medici – Tyrann oder Wohltäter?

*Bereits in jungem Alter schrieb der florentinische Diplomat Francesco Guicciardini (1483 – 1540) eine „Florentinische Geschichte von 1378 – 1509"* (**Online-Link** 430075-0104), *in der er auch die Regierungszeit von Lorenzo di Medici würdigt:*

Lorenzo di Medici war 43 Jahre alt, als er starb, und hatte 23 Jahre an der Spitze der Regierung gestanden. [...] Und weil die Größe dieses Mannes einzigartig war und Florenz niemals einen Bürger gehabt hat, der ihm gleich gewesen wäre, auch sein Ruhm nach seinem Tode, wie Zeit seines Lebens weit verbreitet war, scheint es mir nicht unangebracht, seine Art und seinen Charakter näher zu kennzeichnen. [...]

Er genoss so großes Ansehen, dass man wohl sagen kann, dass die Stadt zu seiner Zeit zwar nicht frei, aber überreich an allem Ruhm und Glück war, die eine Stadt überhaupt haben kann. Dem Namen nach war sie frei, in Wirklichkeit aber stand sie unter der Alleinherrschaft eines ihrer Bürger. [...] Keiner von seinen Gegnern, auch von denen, die ihn herabzusetzen pflegten, hat je geleugnet, dass in ihm ein überragender und einzigartiger Geist wohnte. Jeder hat bezeugen müssen, dass in den dreiundzwanzig Jahren seiner Herrschaft über die Stadt ihre Macht und ihr Ruhm ständig zugenommen haben, sodass nur ein Tor dies bestreiten könnte. [...]

Er verlangte nach Ruhm und Ansehen mehr als irgendein anderer. [...] Er duldete nicht, dass irgendein Mitbürger ihn in Versen, Lustspielen oder Aufsätzen parodierte oder imitierte, und war sehr aufgebracht, wenn dagegen verstoßen wurde. Ebenso auch in großen Dingen; wollte er doch in jeder Hinsicht mit allen Fürsten Italiens wetteifern und ihnen gleichstehen. [...] Trotzdem war diese Ruhmsucht, aufs Ganze gesehen, lobenswert, bestand doch eine der Ursachen, warum sein Name und Ruhm allerorten, auch außerhalb Italiens, gefeiert wurden, in seinem Bestreben, Florenz an Künsten und Fähigkeiten über jede andere Stadt Italiens zu erheben. [...] Dies umso mehr, als er selbst bei seiner universalen Begabung durchaus zu urteilen verstand und die Menschen zu unterscheiden wusste, sodass alle wetteiferten, seinen Beifall zu erregen. Dazu kam seine unerschöpfliche Freigebigkeit, mit der er den Tüchtigen reichlich Unterhalt gewährte und sie mit allem notwendigen Handwerkszeug für ihre Kunstausübung versah. [...] Was seinen Charakter mehr als alles andere belastete, war sein Misstrauen. Das entsprang wohl weniger seiner Natur als dem Bewusstsein, eine freie Stadt zu beherrschen, in der die Geschäfte von den Regierenden gemäß den Gesetzen des Staates und unter dem Schein und in den Formen der Freiheit geführt werden mussten. Deshalb bemühte er sich anfangs, als er gerade Fuß zu fassen begann, so viel wie möglich solcher Bürger heranzuziehen, von denen er wusste, dass sie wegen ihrer vornehmen Abkunft, ihres Reichtums, ihrer Macht oder ihres Rufes allgemein geachtet seien. Diesen wurden, wenn sie aus solchen Häusern und Familien stammten, die dem herrschenden System zuverlässig ergeben waren, die Gesandtschaften, Sonderaufträge und ähnliche Ehrenämter übertragen; gleichwohl traute er ihnen nicht, sondern ergänzte die Signoria mithilfe von Wahlen und Ämterkauf. Die geheimsten Sachen vertraute er nur solchen an, die ihm ihr Ansehen verdankten, damit sie ohne seine Unterstützung auf keinen Anhang zählen könnten. [...] Es kam schließlich dahin, dass keine irgend bedeutsame Familienverbindung ohne seine Mitwirkung und Erlaubnis geschlossen werden konnte. Dieses Misstrauen veranlasste ihn auch, zur Kontrolle der Botschafter in Rom, Neapel und Mailand auf Staatskosten ständige Beamte zu unterhalten, die den dort residierenden Botschaftern zur Dienstleistung zur Verfügung standen, mit denen er aber besondere Verbindungen unterhielt, um von allen Vorfällen unterrichtet zu sein. Ich will es ihm nicht geradezu als Misstrauen anrechnen, dass er sich eine große Zahl bewaffneter Diener hielt, [...]. Immerhin erweckte das alles nicht den Anschein eines Freistaates und eines Privatmannes und Bürgers, sondern eines Tyrannen und einer unterjochten Stadt. Fasst man alles zusammen, so muss man abschließend sagen, dass unter ihm die Stadt ihre Freiheit verloren hat, wenngleich man keinen besseren und angenehmeren Tyrannen hätte finden können.

*Francesco Guicciardini: Florentinische Geschichte, Kap. 9. In: Geschichte in Quellen. Bd. III, hrsg. v. Fritz Dickmann. München 1966, S. 15 ff.*

## Das Heilige Römische Reich Deutscher Nation

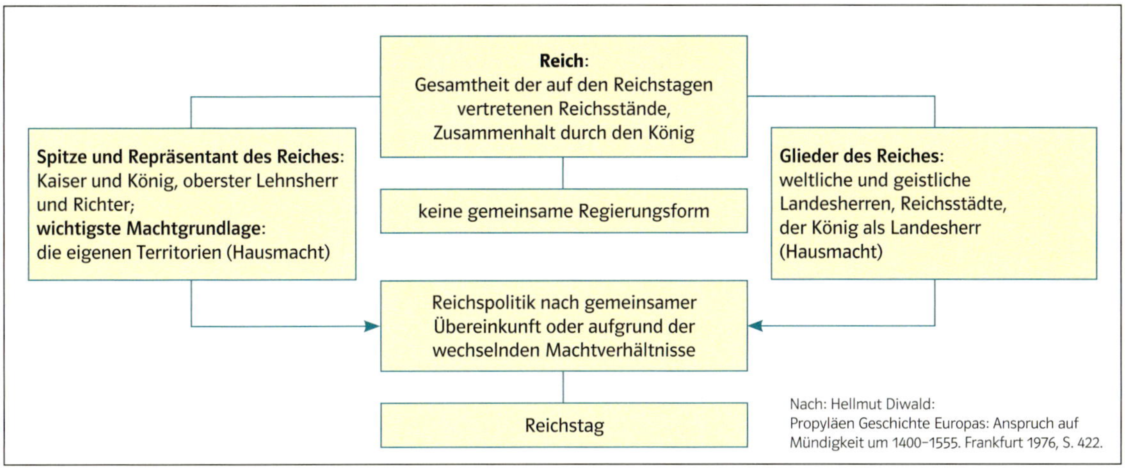


Nach: Hellmut Diwald: Propyläen Geschichte Europas: Anspruch auf Mündigkeit um 1400–1555. Frankfurt 1976, S. 422.

**6** **Die politische Struktur des Heiligen Römischen Reiches Deutscher Nation im 15. Jahrhundert**

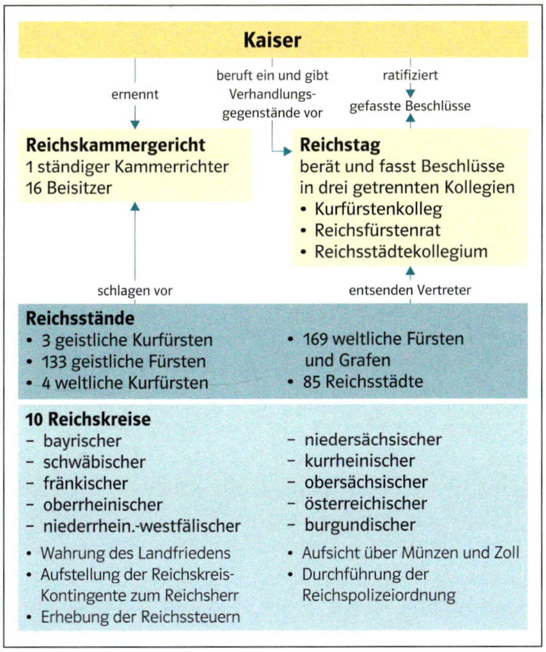


**7** **Die politische Struktur des Heiligen Römischen Reiches Deutscher Nation nach der Reichsreform 1494**

### 8 Das Reich – ein Monstrum?

*a) Der deutsche Staats- und Völkerrechtslehrer Samuel von Pufendorf (1632–1694) (Online-Link 430075-0105) in seiner (in Latein verfassten) Abhandlung „Über die Staatsform des Deutschen Reiches" (1667):*

Es bleibt also nichts anderes übrig, als dass wir sagen, Deutschland sei, wenn man es nach den Regeln der Staatslehre einordnen will, ein unregelmäßiges Gebilde und einem Monstrum ähnlich (monstro simile), das im Laufe der Zeit durch den fahrlässigen Leichtsinn der Kaiser, durch den Ehrgeiz der Fürsten und die Unruhe der Geistlichen aus einem normalen Königreich in eine so wenig kunstgerechte Form umgewandelt worden ist, dass es weder eine auch nur beschränkte Monarchie ist noch, genau genommen, irgendeine Körperschaft oder ein System von mehreren, durch ein Bündnis verknüpften Staaten darstellt, sondern eher ein Mittelding zwischen beiden. Dies erzeugt einen steten Zündstoff durch zehrende Krankheit und innere Umwälzungen, indem einerseits der Kaiser danach trachtet, die Herrschaft wieder an sich zu reißen, andererseits die Stände nach der unbeschränkten Libertät streben. […] So kann Deutschland nicht anders als durch größte Bewegungen und eine gänzliche Umwandlung aller Verhältnisse wieder in eine richtige Monarchie umgestaltet werden; überdies neigt es nach der entgegengesetzten Seite, nämlich zu einer Art Föderativsystem. Sieht man von jenem gegenseitigen Widerstand zwischen Kaiser und Ständen ab, so ist Deutschland in Wahrheit schon jetzt eine Körperschaft oder ein System von Bundesgenossen, die durch einen ungleichen Bund verknüpft sind, weil nämlich die besagten Stände verpflichtet sind, den Kaiser zu ehren und ihm Reverenz zu erweisen. [...] Wir können also die Verfassung Deutschlands am richtigsten bezeichnen, wenn wir sagen, dass sie einem System mehrerer Staaten nahe kommt, von denen einer mit monarchischem Schein ausgestattet ist und als Fürst und Bundesoberhaupt hervorragt, dass aber diese Bundes-Körperschaft von schweren Krankheiten heimgesucht ist.

*Zit. nach: E. Büssem/M. Neher (Hrsg.): Arbeitsbuch Geschichte. Neuzeit 1. Quellen. München 1977, S. 283 ff.*

***b) Die Historikerin Barbara Stollberg-Rilinger schreibt über die Struktur des Heiligen Römischen Reiches Deutscher Nation (2006):***

Wenn die Zeitgenossen selbst das Reich auf den Begriff bringen wollten, sprachen sie zumeist metaphorisch von einem Körper aus Haupt und Gliedern. Der Kaiser war das Oberhaupt, das den Körper überhaupt erst zu einem Ganzen machte. Die gemeinsame Bindung an den Kaiser stellte das älteste verbindende Element der Reichsverfassung dar. Er war oberster Lehnsherr, oberster Richter, oberster Wahrer von Friede und Recht. Allerdings war er alles andere als ein absoluter Herrscher, er stand nicht über den Gesetzen. Gemäß der traditionellen konsensorientierten Rechtsauffassung konnte er nichts an der hergebrachten Ordnung willkürlich ändern, sondern war stets auf Rat und Zustimmung der Betroffenen angewiesen. Weder hatte er das Recht, noch hatte er die Macht, gegen den Konsens der Reichsglieder etwas durchzusetzen. [...]

Dem Kaiser als Oberhaupt wurde die Gesamtheit der Glieder gegenübergestellt; die offizielle Formel lautete: Kaiser und Reich. Bei diesen Gliedern handelte es sich um Herrschaftsträger verschiedener Art: Kurfürsten, Fürsten, Grafen, Prälaten, Ritter, Städte. [...] Die Reichsglieder waren extrem unterschiedlichen Charakters: Personen und Korporationen, Klöster und städtische Kommunen, Geistliche und Weltliche, Mächtige und Mindermächtige. Das Spektrum reichte von großen Reichsfürsten auf der einen Seite, die über ganze Konglomerate von Territorien nahezu unabhängig herrschten und mit den europäischen Herrscherdynastien verschwägert waren, bis hinunter zu kleinen Reichsrittern auf der anderen Seite, die nur über ein paar Dörfer die Niedergerichtsbarkeit ausübten. [...]

Aber das Reich bestand nicht nur aus den unmittelbaren Gliedern. Die meisten Reichsstände übten ihrerseits Herrschaft über Territorien aus, in denen es wiederum andere Herrschaftsträger gab, nämlich ebenfalls Adelsfamilien, Klöster, Stifte und Kommunen, die ihnen ihrerseits als konsensberechtigte Landstände gegenübertraten. Diese „landsässigen" oder „mediaten" Stände standen zu Kaiser und Reich aber eben nur in einem mittelbaren Verhältnis. Die Landstände verhielten sich zu ihrem Landesherrn ähnlich wie die Reichsstände zum Kaiser. Wie diese dem Kaiser, so leisteten die Landstände dem Landesherrn ihre Abgaben, wie die Reichsstände auf Reichstagen, so übten die Landstände auf Landtagen Partizipationsrechte aus. [...] Das Reich war also alles andere als ein homogener Untertanenverband. Anders als bei moderner Staatlichkeit, wo alle Bürger ein einheitliches Staatsbürgerrecht genießen, alle hoheitliche Gewalt beim Staat konzentriert ist und allein von seinen Organen ausgeübt wird, wurde im Reich auf verschiedenen Ebenen autonome Herrschaft ausgeübt, und ein Glied hatte immer andere „Rechte und Freiheiten" als das andere. Über diese heterogene Vielfalt von Reichsgliedern und deren Untertanen übte der Kaiser keine einheitliche Gewalt aus. Das Reich besaß deshalb auch kein festes Territorium mit eindeutigen Gebietsgrenzen, wie es moderne Karten suggerieren. Im Laufe des Spätmittelalters und der Frühen Neuzeit vollzog sich allerdings ein Prozess zunehmender Territorialisierung; das heißt, Herrschaft verwandelte sich von einer Vielzahl verschiedener Herrschaftsrechte über Personen zu einer einheitlichen Herrschaft über ein bestimmtes Gebiet (samt allen darauf lebenden Personen). Diese territoriale Herrschaft wurde aber vor allem von einzelnen Reichsfürsten als Landesherren in ihren jeweiligen Ländern ausgebildet und nicht vom Reich in seiner Gesamtheit. Das Reich war bis zu seinem Ende kein Territorialstaat, sondern ein Personenverband, ein komplexes hierarchisches System von Personen und Korporationen, an deren Spitze der Kaiser stand und dem Ganzen symbolische Einheit und Legitimität verlieh.

*Barbara Stollberg-Rilinger: Das Heilige Römische Reich Deutscher Nation. Vom Ende des Mittelalters bis 1806. München 2006, S. 14–17.*

**9** **„Das hailig Römisch reich mit seinen gelidern"**
*Holzschnitt von Hans Burggkmair d. Ä. (Online-Link 430075-0106), 1510*
*Diese Darstellung will den Aufbau des römisch-deutschen Reiches im Spätmittelalter zeigen. In Form des Quaternionenadlers mit einem vielfältig variierten Vierer-Schema, das auf die Zahlensymbolik zurückgreift – 4 als heilige Zahl –, werden die bestehenden Hierarchien des Reiches abgebildet. Der doppelköpfige Adler galt seit 1433 als Wappentier des Kaiserreiches. In der obersten Reihe befinden sich die Wappen der Kurfürsten, darunter die der Herzöge, Markgrafen, Landgrafen, Burggrafen, Grafen, Bannerherren, Freiherren, Ritter, Städte und Dörfer. Die hier aufgeführten Wappen sind nur eine Auswahl und spiegeln nicht die tatsächliche Zusammensetzung der Reichsstände wieder.*

## 10 Kaiser und Reich

*a) Im Heiligen Römischen Reich Deutscher Nation gab es keine Reichsverfassung. Nur gewisse Reichsverfassungselemente existierten, die sich aus allgemein anerkannten Rechtsgrundsätzen und Rechtsgewohnheiten zusammensetzten, und deren Kern seit 1356 die Goldene Bulle als eine Art Reichsgrundgesetz bildete :*

II. Von der Wahl eines römischen Königs

1. Nachdem aber die mehrgenannten Kurfürsten [die Erzbischöfe von Mainz, Köln und Trier; der König von Böhmen; der Pfalzgraf bei Rhein; der Herzog von Sachsen; der Markgraf von Brandenburg] oder ihre Gesandten in die Stadt Frankfurt eingezogen sind, sollen sie [...] einen gerechten, redlichen und tüchtigen Mann zum römischen König und künftigen Kaiser [...] wählen zum Heil der Christenheit. [...]

2. [Die Eidformel:] „Ich [...] schwöre [...], dass ich gemäß der Treue, zu der ich gegen Gott und das Heilige Römische Reich verpflichtet bin, nach all meinem Verstand und meiner Einsicht mit Gottes Beistand der Christenheit ein weltliches Oberhaupt wählen will, das heißt einen römischen König und künftigen Kaiser, der hiezu geeignet ist, so wie mein Verstand und meine Einsicht mich leiten und gemäß der obbesagten Treue, und dass ich meine Stimme und meinen Wahlentscheid abgeben werde ohne alle Verabredung, Belohnung, Entgelt oder Versprechen oder wie immer dergleichen genannt werden mag – so wahr mir Gott helfe und alle Heiligen." [...]

4. Nachdem aber sie oder die Mehrzahl von ihnen an diesem Ort gewählt haben, muss eine solche Wahl gleich gehalten und geachtet werden, wie wenn sie von ihnen allen ohne Gegenstimme einhellig vollzogen wäre. [...] Und weil Nachfolgendes nach alter anerkannter und löblicher Gewohnheit bisher stets unverbrüchlich beobachtet worden ist, bestimmen auch wir und verordnen aus kaiserlicher Machtvollkommenheit, dass wer besagtermaßen zum römischen König gewählt worden ist, sogleich nach vollzogener Wahl, bevor er in irgendwelchen Angelegenheiten oder Geschäften aus Vollmacht des Heiligen Reiches seine Tätigkeit beginnt, allen und jeden geistlichen und weltlichen Kurfürsten, die bekanntlich die nächsten Glieder des Heiligen Reiches sind, alle ihre Privilegien, Briefe, Rechte, Freiheiten und Vergünstigungen, alten Gewohnheiten und auch Würden und alles, was sie vom Reich bis zum Tag seiner Wahl empfangen und besessen haben, ohne Verzug und Widerspruch durch seine Briefe und Siegel bestätigen und bekräftigen soll; und alles Vorerwähnte soll er ihnen erneuern, nachdem er mit den kaiserlichen Infeln[1] gekrönt worden ist. Diese Bestätigung aber wird der Gewählte einem jeden Kurfürsten besonders erstlich als König ausstellen und darnach als Kaiser erneuern; und er soll gehalten sein, alle Kurfürsten insgesamt und einen jeden von ihnen im Besondern dabei keineswegs zu benachteiligen, sondern im Gegenteil huldreich fördern.

*Zit. nach: Deutsche Geschichte in Quellen und Darstellung. Band 2: Spätmittelalter 1250–1495. Hrsg. v. Jean-Marie Moeglin u. Rainer A. Müller. Stuttgart 2000, S. 199 ff.*

*b) Die Wahlkapitulation Karls V. (1519)*

***Im Jahre 1519 sahen die Kurfürsten sich vor die Aufgabe gestellt, einen König und Kaiser zu wählen, der innerhalb des Reiches eine Autorität aufrichtete, die aber ihre eigenen Rechte als Landesherren weder schmälerte, noch ihnen gefährlich wurde. Überdies sollte er in der Lage sein, das Reich aus dem bestehenden Konflikt zwischen Frankreich und Spanien – Burgund – Neapel – Habsburg ohne Machtverluste herauszuhalten. Zur Wahl standen der Erzherzog Karl von Österreich, Herrscher über Burgund, Spanien und Neapel; Friedrich der Weise, Kurfürst von Sachsen sowie Franz I., König von Frankreich. Trotz der verlockenden Angebote und Versprechungen des Franzosen wurde der Habsburger gewählt. Die drohende Auseinandersetzung zwischen Karl und Franz I. versuchten die Kurfürsten durch einen Vertrag von Deutschland fernzuhalten, in den sie zugleich die verfassungsmäßigen Sicherungen aufnahmen, auf die es ihnen und den anderen größeren Reichsfürsten ankam. Dieser Vertrag ist die sog. Wahlkapitulation, auch Wahlverschreibung genannt, die Karls Bevollmächtigte 1519 unterzeichneten und die Karl vor der Krönung in Aachen 1520 beschwor.***

Wir Karl der Fünfte von Gottes Gnaden erwählter Römischer König, [...] bekennen öffentlich und tun jedermann kund: [...] dass Wir Uns [...] aus freiem, gnädigem Willen mit [...] Unseren lieben Freunden, Neffen und Kurfürsten dieser nachfolgenden Artikel verständigt und paktweise vereinigt, vertragen, diese angenommen, bewilligt und zu halten zugesagt haben, alles wissentlich in Kraft dieses Briefes. [...]

[3] Wir sollen und wollen auch insbesondere die zu früheren Zeiten abgeschlossenen [Übereinkünfte wie] die Goldene Bulle, den Königlichen Landfrieden und andere Ordnungen und Gesetze des Heiligen Reichs bestärken, erneuern und nötigenfalls mit Rat Unserer und des Reichs Kurfürsten, Fürsten und anderer Stände verbessern, wie es die zeitlichen Umstände und die Lage des Reichs erfordern werden.

[4] Darüber hinaus [wollen Wir] ein löbliches, ehrliches Regiment mit frommen, tapfern, verständigen, redlichen Personen Deutscher Nation neben etlichen Kurfürsten und Fürsten [...] aufrichten und stellen, damit die Mängel, Gebrechen und Plagen allenthalben im Heiligen Reiche abgestellt, gebessert und in gut Wesen und Ordnung gebracht werden. [...]

[5] Und bei allem sollen und wollen Wir die Deutsche Nation, das Heilige Römische Reich und die Kurfürsten, als die vorrangigen Glieder desselben, [sowie] auch andere Fürsten, Grafen, Herren und Stände bei ihren höchsten Würden, Rechten und [feudalen] Nutzungsrechten, Macht und Gewalt, jeden nach seinem Stand und Wesen, belassen ohne Unsere und jedermanns Einschränkung und Behinderung.

[6] Und [Wir wollen und sollen] ihnen zudem ihre Regalien, herrschaftliche Gewalten, Freiheiten, Privilegien, Pfandschaften und Nutzungsrechte, auch die Gebräuche und guten Gewohnheiten, so wie sie bisher gepflegt oder in Übung gewesen sind, zu Wasser und zu Lande, in guter, beständiger Form ohne jede Weigerung bestärken und bestätigen, sie auch dabei als Römischer König handhaben, schützen und schirmen, doch jedermann an seinen Rechten unbeschadet lassen.

[7] Wir lassen auch zu, dass sie, die gedachten sechs[2] Kurfürsten, zu bestimmten Zeiten gemäß der Goldenen Bulle und deren das Heilige Reich betreffenden Regelungen zusammenkommen mögen, wenn von ihrer Seite das Bedürfnis besteht und so sie ein schwerwiegendes Anliegen haben, um dieses zu bedenken und zu beratschlagen, und dass Wir [diese Zusammenkunft] auch nicht verhindern noch stören und deswegen keine Ungunst noch Widerwillen gegenüber ihnen insgesamt oder einem Einzelnen schöpfen noch entfachen, sondern uns in diesem und anderem gemäß der Goldenen Bulle gnädig und ohne Tadel halten sollen und wollen. [...]

Online-Link
430075-0107
Surftipps Erasmus von Rotterdam



[13] Wir sollen und wollen Uns darüber hinaus in Zeit dieser Unserer Regierung friedlich und nachbarlich gegenüber den benachbarten und christlichen Mächten verhalten, keinen Streit, keine Fehde noch Krieg in oder außerhalb des Reichs in seinem Namen anfangen oder unternehmen, noch irgendein fremdes Kriegsvolk ins Reich führen, ohne vorherige Kenntnis, Rat und Bewilligung der Reichsstände, zumindest aber der sechs Kurfürsten. Wenn wir aber des Reichs wegen oder das Heilige Reich angegriffen und bekriegt werden, alsdann dürfen wir Uns dagegen aller Hilfe bedienen. [...]

[15] Wir sollen und wollen auch Unsere Königlichen und des Reichs Ämter am Hof und sonst im übrigen Reich mit keiner andern Nationalität außer geborenen Deutschen, die nicht niederen Standes noch Wesens sind, sondern namhafte [bekannte/anerkannte], redliche Leute [aus dem Stand] von Fürsten, Grafen, Herren vom Adel und sonstige Personen tapferen, guten Herkommens, besetzen und versehen, auch die oben genannten Ämter bei ihren Ehren, Würden, Gefällen, Rechten und Nutzungsrechten belassen und denselben nichts entziehen oder entziehen lassen in irgendeiner Art ohne böse Absicht.

*1 Hoheitszeichen wie vor allem die Kaiserkrone*
*2 Die Kurschaft Böhmens ruhte seit den Hussitenkriegen.*

*Zit. nach: Deutsche Geschichte in Quellen und Darstellung. Band 3: Reformationszeit 1495–1555. Hrsg. v. Ulrich Köpf. Stuttgart 2001, S. 75 ff.*

**Arbeitsvorschläge**

○○● a) Beschreiben Sie die Vorstellungen von einer guten und einer schlechten Regierung und stellen Sie die jeweiligen Charakteristika tabellarisch gegenüber (M 1).

○●● b) Stellen Sie die Kriterien zusammen, die Machiavelli und Erasmus einer erfolgreichen Politik zugrunde legen. Wie beurteilen sie den Herrscher, wie sein Verhältnis zum Volk? Welches Menschenbild spiegeln diese Vorstellungen wider (M 2)?

○●● c) Informieren Sie sich über das Leben von Machiavelli und Erasmus und ermitteln Sie Ursachen für deren politische Einstellungen. (**Online-Link** 430075-0107)

●●● d) Vergleichen Sie kritisch die im Bild M 1 dargestellten Staatsvorstellungen mit den Vorstellungen von Machiavelli und Erasmus (M 2).

○○●/●●● e) Stellen Sie die demokratischen und die aristokratischen Elemente der Florentiner Stadtverfassung zusammen und beurteilen Sie die Rolle der Volks- bzw. der Ratsversammlung (M 4).

○●● f) Erläutern Sie die Vorstellung von Freiheit als „Endzweck und Ziel der ganzen Staatsverfassung" bei Leonardo Bruni (M 4).

○○● g) Skizzieren Sie ein Charakterbild von Lorenzo di Medici (M 5).

○●● h) Stellen Sie dabei die von Guicciardini genannten positiven und negativen Eigenschaften gegenüber und erläutern Sie die Herrschaftstechnik Lorenzos di Medici (M 5).

●●● i) Analysieren Sie die Argumentation von Guicciardini, die ihn zu seinem abschließenden Urteil kommen lässt (M 5).

○○● j) Beschreiben Sie den Aufbau des Heiligen Römischen Reiches Deutscher Nation (M 6, M 7).

○●● k) Erläutern Sie die sich daraus ergebenden Probleme (M 6 – M 8).

○●● l) Stellen Sie ausgehend von dem Schema M 7 wichtige Unterschiede zwischen spätmittelalterlicher und moderner Staatlichkeit zusammen.

●●● m) Diskutieren Sie, inwieweit die Besonderheiten des Heiligen Römischen Reiches bis heute nachwirken.

○●● n) Untersuchen Sie das Verhältnis zwischen Kaiser und Ständen (M 8, M 10).

○●● o) Beschreiben Sie den Aufbau des Quaternionenadlers so genau wie möglich und benennen Sie die wichtigsten Teile des Bildes. Recherchieren Sie mithilfe eines Lexikons oder des Internets die Bedeutung der einzelnen Teile (M 9).

○●● p) Erläutern Sie die Beschreibung des Reiches als „Körper aus Haupt und Gliedern" (M 9).

# Grundwissen: Politische Zustände und Ideen an der Schwelle zur Neuzeit

Der „Staat" scheint uns heute eine vertraute Größe zu sein, doch als Historiker stellen wir uns die Frage, wann und unter welchen Bedingungen Staatlichkeit, wie wir sie kennen, sich herausgebildet hat. Ihre Wurzeln liegen in der Territorialstaatsbildung des Spätmittelalters. Doch welche Charakteristika sind typisch für den frühneuzeitlichen Staat und was an ihm gilt als modern? Gibt es überhaupt „den Staat"?

## Die Staatenwelt Europas in der Frühen Neuzeit

Ein Blick auf die historische Landkarte zeigt, dass sich im Europa der Frühen Neuzeit je nach regionalen Begebenheiten und Temperamenten verschiedene Staatsbildungsprozesse vollzogen, die ebenso verschiedene Ergebnisse hervorbrachten.

➔ siehe Vorsatzkarten

In Westeuropa sind – verglichen mit dem Mittelalter – schon erste Züge der gegenwärtigen Staatenwelt zu erkennen. Die Königreiche Spanien, Frankreich und England sahen nach Größe und innerer Geschlossenheit schon so ähnlich aus wie heute. Die Historiker nennen diesen Staat „institutionellen Flächenstaat" und machen damit deutlich, dass seine Herrschaft sich schon auf ein geschlossenes Territorium erstreckte und durch staatliche Einrichtungen und Beamte vollzogen wurde, mit deren Hilfe er in gewissem Umfang Recht sprechen, Steuern erheben und auch Gehorsam erzwingen konnte. Er unterscheidet sich somit vom Personenverbandsstaat des Mittelalters, der auf den durch das Lehnssystem begründeten Bindungen zwischen einem Herrn und seinen Vasallen beruhte.

Anderswo hatte die europäische Staatenwelt um diese Zeit keine Ähnlichkeit mit dem gegenwärtigen Zustand. Osteuropa wird mit dem Königreich Polen und dem Großfürstentum Moskau von Mächten geprägt, die es heute in dieser Gestalt nicht mehr gibt. Vor allem Polen hatte durch seine dynastische Verbindung mit dem Großfürstentum Litauen zu jener Zeit eine Ausdehnung und Macht wie niemals zuvor und danach.

➔ siehe Kapitel 2.7

Im Südosten begegnet uns mit dem Osmanischen Reich eine Macht, die Europa in der Frühen Neuzeit stark beeinflusste. 1453 eroberten die Osmanen Konstantinopel und belagerten 1529 Wien. Die Abwehr dieser „türkischen Gefahr" war daher ein Unternehmen, das viele Kräfte der europäischen Herrscher bündelte.

➔ 3 S. 28

Im Süden, auf der Apenninen-Halbinsel, findet sich nirgends der uns heute gewohnte Name Italien; wir sehen hier eine verwirrende Ansammlung von Herzogtümern, Republiken und Königreichen, die zum Teil unter der Herrschaft auswärtiger europäischer Mächte standen.

## Neues politisches Selbstverständnis in Italien

➔ 1 S. 26

Doch bereits im 14. Jahrhundert zeigen sich fundamentale Veränderungen im Gefüge dieser italienischen Staatenwelt. Kaiser und Papst haben an Macht verloren. Die traditionelle Oberhoheit des Heiligen Römischen Reiches Deutscher Nation über Nord- und Mittelitalien besteht fast nur noch auf dem Pergament. Genua, Mailand, Pisa, Venedig und Florenz wurden im 12. und 13. Jahrhundert zu Zentren der europäischen Wirtschaft und erkämpften sich ihre kommunale Freiheit. Hier vermittelten Großkaufleute, Bankiers und Tuchhersteller den Waren- und Geldhandel zwischen Europa und dem Orient, beeinflussten die Politik ihrer Städte und wollten diese gesellschaftliche Stellung auch nach außen zeigen. Es bildeten sich neue Regierungsformen heraus, die durch die starke Bündelung von Kompetenzen in der Hand eines einzelnen Herrschers, des signore, charakterisiert sind.

## Das Beispiel Florenz

→ 2 S. 27f.
→ 4 S. 29f.
→ 5 S. 30

Ein genauerer Blick auf Florenz zeigt exemplarisch, wie sich diese Staatswesen entwickelten. In der Stadt herrschte faktisch eine Oligarchie der wichtigsten patrizischen Familien. An der Spitze der Stadtrepublik stand die mit Exekutivgewalt ausgestattete „Signoria". Charakteristisch für die Politik in der Stadtrepublik Florenz war der Widerspruch zwischen den Idealen der Verfassungsordnung und der tatsächlichen Machtausübung. Nur männliche Angehörige der Zünfte durften für die Ämter ausgelost werden; das waren um 1400 nur rund 4000 Männer. Das Wahlverfahren für die wichtigsten Ämter stellte sicher, dass - trotz der relativ vielen Wahlberechtigten aus den Reihen der Zünfte - nur die wenigen mächtigen Familien der Wollhändler, Bankiers und Großkaufleute die politische Herrschaft ausübten. Sieben der neun Mitglieder der Signoria, des obersten Rates, mussten aus den „höheren" Zünften kommen, zu denen die Bankiers, Großkaufleute und Wollproduzenten gehörten. Letztere hatten auch in anderen wichtigen Regierungsgremien die Mehrheit. Bei Wahlen enthielten die Ledersäcke mit den Losen nie die Namen aller amtsberechtigten Bürger. Tatsächlich hatten um die Mitte des 15. Jahrhunderts etwa nur 350 Familien Zugang zu höheren Ämtern. Die tatsächliche Macht lag in den Händen von nur wenigen Familien. Diese schlossen sich zu verschiedenen Gruppierungen und Parteiungen zusammen, die sich zeitweise heftig befehdeten.

Um 1400 bestimmte der Kampf zwischen den „Optimaten", den Interessenvertretern der patrizischen Oberschicht, und den „Popolani", den Vertretern des Volkes, die Innenpolitik. Gestützt auf die Popolani gelang schließlich der Familie der Medici der politische Durchbruch.
Sie profitierten davon, dass die Florentiner Gesellschaft sozial und ökonomisch mobil war; d. h. Mitglieder der Stadtoligarchie durchaus ins soziale Abseits geraten konnten. Anderen Familien dagegen gelang es, durch Energie und unternehmerisches Geschick zur Spitze vorzustoßen und die alten Cliquen zu verdrängen.

**Stadtansicht von Florenz 1490** *aus der Werkstatt von Francesco Rosselli* (**Online-Link** 430075-0108)

**Lorenzo di Medici (1449-1492)** *Gemälde von Girolamo Maccietti (1535-1592)*

Anfang des 14. Jahrhunderts hatte der Geldverleiher Giovanni Bicci di Medici (1360-1429) vor allem durch Geldgeschäfte mit dem Vatikan ein großes Vermögen angehäuft (→ **vgl. Kapitel 1.5**). Sein Sohn Cosimo (1389-1464) baute nicht nur die väterliche Bank aus, sondern übernahm ab 1434 auch die politische Führung in seiner Heimatstadt. Ohne jemals ein Amt zu bekleiden, lenkte er auf der Basis eines engen Beziehungsnetzes die Institutionen der Republik. So kontrollierte und beeinflusste er die Besetzung der öffentlichen Ämter durch die Gewährung von „Gefälligkeiten“ an seine Gefolgsleute. Auch sicherten finanzielle Abhängigkeiten, politisch bestimmte Kreditvergaben und die Manipulation von Steuer- und Finanzgesetzen zuungunsten politischer Gegner seinen Einfluss. Dieser Aufstieg gelang ihm, weil er sich auf seine Popularität bei den einfachen Leuten stützen konnte. Er versprach nämlich mehr Steuergerechtigkeit zugunsten der Armen und zulasten der Reichen.

Cosimos Enkel Lorenzo, genannt „der Prächtige“, führte die Medici-Herrschaft ab 1469 auf ihren Gipfel, indem er das Regiment in der Stadt ähnlich geschickt wie sein Großvater ausübte. So sorgte er z.B. dafür, dass nur Namen seiner Anhänger in die Ledersäcke kamen, aus denen die Lose für die Ämterbesetzung gezogen wurden. Auch ließ er neue Gremien einrichten, in denen nur seine Anhänger saßen. Nach einer Verfassungsänderung bestimmte ein von ihm kontrollierter „Rat der Siebzig“ die Politik. Darüber hinaus machten ihn seine Förderung der Künste und seine Kontakte mit Humanisten weit über die Stadtgrenzen bekannt und berühmt. Außerdem erwies er sich als gewiefter Diplomat in den zahlreichen Konflikten auf der italienischen Halbinsel.

Mit ausländischer Hilfe vertrieben die „Popolani“ die Medici 1494 aus der Stadt, die aber schon 1512 mithilfe päpstlicher und spanischer Truppen wieder nach Florenz zurückkehrten. 1531 schaffte Cosimo I. (1519-1574) die republikanische Verfassung ab, ließ sich zum Herzog von Florenz ausrufen und 1569 vom Papst die Würde des Großherzogs der Toskana übertragen. Diese Funktion behielt die Familie bis zu ihrem Ende im Jahre 1737.

## Das Heilige Römische Reich Deutscher Nation - ein Monstrum?

→ 6 S. 31
→ 7 S. 31
→ 8 S. 31f.

Am buntesten ist die historische Landkarte zu Beginn der Neuzeit in der Mitte Europas. Das Heilige Römische Reich Deutscher Nation war von der Idee und vom Anspruch her das größte europäische Imperium, hatte aber den Weg zur modernen Staatlichkeit noch nicht gefunden. Bis zu seinem Ende 1806 blieb es ein Personenverbandsstaat, da die durch die Grundherrschaft und das Lehnswesen geprägten personalen Herrschaftsformen fortwirkten. Daneben wurde durch die sogenannte Reichsreform seit 1495 versucht, seine Institutionen zu modernisieren. Moderne Herrschaftsformen kristallisierten sich in den einzelnen Territorien heraus, die sich innerhalb des Reiches zu Flächenstaaten entwickelten. Dieses wurde zusammengehalten von verschiedenen Klammern: Das Kaisertum war das höchste Amt des Reiches, die Reichsstandschaft band die Herrschaftsträger in das Reich ein und der Reichstag, die Reiskreise sowie das Reichskammergericht stellten gemeinsame Institutionen dar, die zur Stabilisierung beitrugen.

## Das Kaisertum - höchstes Amt im Reich

→ 9 S. 33
→ 10 S. 33f.

Das formelle Oberhaupt dieses Verbandes war der Kaiser, dessen tatsächliche Herrschaft sich auf seine Hausmacht gründete. Anders als in Frankreich und England, wo das Königtum erblich war, galt im Deutschen Reich das Wahlprinzip. Das Reich war eine Wahlmonarchie. Die Modalitäten der Wahl, die sich auf mittelalterliche Traditionen gründeten, wurden 1356 in der „Goldenen Bulle“ von Kaiser Karl IV. festgeschrieben. Drei geistliche (von Mainz, Trier und Köln) und vier weltliche (von

## Landesherrschaften – Vorreiter moderner Staatlichkeit?

Böhmen, Pfalz, Sachsen und Brandenburg) Kurfürsten „kürten" durch Wahl das Reichsoberhaupt. Wahl- und Krönungsort war seit der Frühen Neuzeit Frankfurt am Main. Seit 1508 genügte diese Kür, um „Erwählter Römischer Kaiser" zu werden. Der Papst, der im Mittelalter bei der Verleihung der Kaiserwürde maßgeblich mitgewirkt hatte, verlor seine Mitsprache. Der Kaiser lud zu Reichstagen, veröffentlichte Reichstagsbeschlüsse in seinem Namen, erklärte Krieg und Frieden und sprach Recht. Als oberster Lehnsherr verfügte er über die Vergabe von Reichsland und königlichen Rechten (Regalien).
Im Reich wurde der Kaiser als oberster Wahrer von Frieden und Recht anerkannt, doch schon die in Urkunden etc. gebräuchliche Formulierung „Kaiser und Reich" zeigt, dass der Kaiser gleichzeitig von den einzelnen Gliedern seines Reiches, d. h. den Fürsten und sonstigen Adligen, den kirchlichen Herrschaftsträgern sowie den Städten abhängig war. Diese verfügten über eine eigene Machtbasis, auf die der Kaiser nur bedingt Zugriff hatte. Als Stände des Reiches vertraten sie ihre Interessen auf dem Reichstag.
So gab es in Deutschland keinen „Kernraum" königlicher Herrschaft, wie es in Frankreich die Region um Paris war. Es blieb ein politisches Gebilde mit vielen regionalen Machtzentren, in dem mächtige Fürstenhäuser um politischen Vorrang und die Krone konkurrierten. Die Dynastie der Habsburger trugen den Sieg davon. Dank geschickter Heiratspolitik stiegen sie seit dem 15. Jahrhundert zum führenden Herrscherhaus Europas auf: Nach Maximilian I. (Kaiser 1493 – 1519) trugen sie unter Karl V. (Kaiser 1519 – 1556) die deutsche Krone sowie die Kronen Spaniens, Ungarns, Böhmens und Neapels – und wuchsen mit ihrem Machtbereich aus dem Reich hinaus.

**Kaiser Maximilian I. (1459 – 1519)** *Gemälde von Albrecht Dürer 1519*

Schon 1232 hatte der letzte mächtige Stauferkaiser, Friedrich II., den Fürsten in einer Urkunde wichtige Reichsrechte übertragen und sie erstmals als „Landesherren" bezeichnet. Infolge ihres gestiegenen Selbstbewusstseins strebten diese danach, ein geschlossenes Herrschaftsgebiet herzustellen und ihren zum Teil stark verstreuten Besitz durch Heirat, Kauf oder auch Gewalt in ihre Hand zu bekommen. Des Weiteren begannen sie eine zentrale Verwaltung und Gerichtsbarkeit aufzubauen, die von juristisch geschulten Beamten getragen wurde.
Die Vergrößerung des Besitzes, seine Verteidigung gegen andere Fürsten und der Ausbau der Verwaltung verursachten – neben der Hofhaltung – hohe Kosten. Die Einnahmen aus dem fürstlichen Grundbesitz (Domäne), aus Zöllen, Strafgeldern und Gebühren reichten dafür nicht mehr aus. Um ihre Kosten decken zu können, verlangten die Fürsten von ihren Untertanen Abgaben.
Das Recht, Abgaben und Steuern zu bewilligen, hatten sich die Landstände in Kämpfen mit dem nach größerer Herrschaft strebenden Landesherrn gesichert. Vertreter der Ritter, der Geistlichkeit und der Städte trafen sich auf Landtagen und verhandelten mit dem Landesfürsten. Ritter und Geistliche beanspruchten für sich selbst die Steuerfreiheit. Sie bewilligten aber die Steuern, die die Bauern zu entrichten hatten. Auf den Landtagen wurde auch über Gesetzgebung, Landesteilungen und andere Fragen beraten. Nicht selten kam es zwischen Landständen und Fürsten zu Auseinandersetzungen. Doch die Fürsten brauchten ihre Stände, die eine Vorform der modernen Parlamente waren.
So entwickelte sich die Staatlichkeit in Deutschland nicht auf Reichsebene, sondern in den landesherrlichen Territorien, und es entsteht eine Vielzahl von nebeneinander existierenden autonomen Teilstaaten mit jeweils eigenen Hauptstädten, die bis ins 19. Jahrhundert die deutsche Geschichte prägen.

**Kaiser Karl V. (1500 – 1556)** *Gemälde von Christoph Amberger 1532* (**Online-Link** 430075-0109)

# 1.2 Ein neues Bild vom Menschen!?

## Neuer Blick auf den Menschen

**1 Die Darstellung der Frau Welt am Wormser Dom**
*Frau Welt verkörpert die Sinnlichkeit der Welt, der der Mensch zum Opfer fällt. Vor ihr kniet anbetend ein Ritter, der von ihrer äußeren Erscheinung geblendet ist (linkes Bild). Sie offenbart ihre wahre Natur aber nur dem, der ihre Rückseite mit Kröten und Schlangen und dem ganzen Unrat der Welt sieht, also „hinter die Dinge schauen“ kann (rechtes Bild).* (**Online-Link** 430075-0110)

## 2 Menschen- und Weltbilder

*a) Papst Innozenz III. (1198–1216) über den Menschen:*

Wer gibt meinen Augen den Tränenquell, dass ich beweine den bejammernswerten Eintritt in das menschliche Dasein, beweine das schuldhafte Fortschreiten menschlichen Lebens, beweine das verdammenswerte Ende menschlicher Vernichtung? [...] Aus Erde geschaffen, in Schuld empfangen, zur Strafe geboren, tut der Mensch Böses, was er nicht soll, Verwerfliches, was sich nicht ziemt, Nutzloses, was sich nicht lohnt, wird er Nahrung für das Feuer, Köder für den Wurm, ein Haufen Dreck. [...] Geschaffen ist der Mensch aus Staub, aus Lehm, aus Asche. [...] Empfangen ist er [...] im Sumpf der Sünde. Geboren ist er für die Qual, für die Furcht, für den Schmerz und was noch elender ist: für den Tod.

*Zit. nach: Arnold Bühler: Imago Mundi. In: Geschichte in Wissenschaft und Unterricht 41, 1990, S. 485.*

*b) Die Beschäftigung der Humanisten mit der antiken Philosophie veränderte die Vorstellungen vom Menschen. Die Loslösung vom altchristlichen Weltbild wurde in Italien von Giovanni Pico della Mirandola (1463–1494) gefordert.* (Online-Link 430075-0111) *Dieser war ein Kenner der Antike und der arabischen Philosophie und Naturwissenschaft. In Konflikt mit der Kurie geriet er, als er seine Thesen in Rom öffentlich diskutieren wollte. Seine geplante Eröffnungsrede „De hominis dignitate (Über die Würde des Menschen)" wurde deshalb nie gehalten.*

Ich habe mich denn schließlich um die Einsicht bemüht, warum das glücklichste und aller Bewunderung würdigste Lebewesen der Mensch sei und unter welchen Bedingungen es möglich sein konnte, dass er aus der Reihe des Universums hervorschritt, beneidenswert nicht nur für die Tiere, sondern auch für die Sterne, ja sogar für die überweltlichen Intelligenzen. Geht das doch fast über den Glauben hinaus, so wunderbar ist es. [...]

Schon hatte Gottvater, der höchste Baumeister, dieses Haus, die Welt, die wir sehen, als erhabensten Tempel der Gottheit nach den Gesetzen verborgener Weisheit errichtet. Den Raum über den Himmeln hatte er mit Geistern geschmückt, die Sphären des Äthers mit ewigen Seelen belebt, die kotigen und schmutzigen Teile der unteren Welt mit einer Schar Lebewesen aller Art gefüllt. Aber als das Werk vollendet war, wünschte der Meister, es gäbe jemanden, der die Gesetzmäßigkeit eines so großen Werkes genau erwöge, seine Schönheit liebte und seine Größe bewunderte. Daher dachte er, als schon alle Dinge [...] vollendet waren, zuletzt an die Erschaffung des Menschen. Es gab aber unter den Archetypen keinen, nach dem er einen neuen Spross bilden konnte, unter den Schätzen auch nichts, was er seinem neuen Sohn als Erbe schenken konnte, und es gab unter den Plätzen der ganzen Erde keinen, den der Betrachter des Universums einnehmen konnte. Alles war bereits voll, alles den oberen, mittleren und unteren Ordnungen zugeteilt. Aber es hätte nicht seiner Weisheit entsprochen, bei der letzten Schöpfung gewissermaßen aus Erschöpfung zu verzagen; es hätte nicht seiner Weisheit entsprochen, aus Ratlosigkeit in einer unumgänglichen Angelegenheit unschlüssig zu sein; nicht hätte es seiner wohltätigen Liebe entsprochen, dass der, der die göttliche Großzügigkeit an den anderen loben sollte, gezwungen wäre, sie in Bezug auf sich selbst zu verurteilen.

Endlich beschloss der höchste Künstler, dass der, dem er nichts Eigenes geben konnte, Anteil habe an allem, was die Einzelnen jeweils für sich gehabt hatten. Also war er zufrieden mit dem Menschen als einem Geschöpf von unbestimmter Gestalt, stellte ihn in die Mitte der Welt und sprach ihn so an: „Wir haben dir keinen festen Wohnsitz gegeben, Adam, kein eigenes Aussehen noch irgendeine besondere Gabe, damit du den Wohnsitz, das Aussehen und die Gaben, die du selbst dir ausersiehst, entsprechend deinem Wunsch und Entschluss habest und besitzest. Die Natur der übrigen Geschöpfe ist fest bestimmt und wird innerhalb von uns vorgeschriebener Gesetze begrenzt. Du sollst dir deine ohne jede Einschränkung und Enge, nach deinem Ermessen, dem ich dich anvertraut habe, selber bestimmen. Ich habe dich in die Mitte der Welt gestellt, damit du dich von dort aus bequemer umsehen kannst, was es auf der Welt gibt. Weder haben wir dich himmlisch noch irdisch, weder sterblich noch unsterblich geschaffen, damit du wie dein eigener, in Ehre frei entscheidender, schöpferischer Bildhauer dich selbst zu der Gestalt ausformst, die du bevorzugst. Du kannst zum Niedrigeren, zum Tierischen entarten; du kannst aber auch zum Höheren, zum Göttlichen wieder geboren werden, wenn deine Seele es beschließt."

Welch unübertreffliche Großtat Gottvaters, welch hohes und bewundernswertes Glück des Menschen! Dem gegeben ist zu haben, was er wünscht, zu sein, was er will. [...] Im Menschen sind bei der Geburt von Gottvater vielerlei Samen und Keime für jede Lebensform angelegt; welche ein jeder hegt und pflegt, die werden heranwachsen und ihre Früchte in ihm tragen. Sind es pflanzliche, wird er zur Pflanze, sind es sinnliche, zum Tier werden. Sind es Keime der Vernunft, wird er sich zu einem himmlischen Lebewesen entwickeln; sind es geistige, wird er ein Engel sein und Gottes Sohn. Wenn er sich nun, mit keinem Los der Geschöpfe zufrieden, ins Zentrum seiner Einheit zurückgezogen hat, wird er, ein Geist mit Gott geworden, in der einsamen Dunkelheit des über allem stehenden Vaters alles überragen.

*Norbert Baumgarten (Bearb.): C. Pico della Mirandola, Über die Würde des Menschen. Hrsg. und eingeleitet von August Buck, Hamburg, 1990, S. 5–9.*

### 3 Licht und Finsternis

*Der Franzose François Rabelais (1494–1553) war als Dichter und Arzt berühmt (***Online-Link** 430075-0112). *In Lyon veröffentlichte er medizinische Schriften der Antike und nahm erste Obduktionen vor. Rabelais' Dichterruhm beruht auf seinen Geschichten von dem Riesen Gargantua (Vater) und Pantagruel (Sohn) (veröffentlicht 1532); die Texte enthalten jedoch nicht nur fantastische Elemente, sondern ermöglichen uns manche Einsicht in die Mentalität und Lebenswirklichkeit des 16. Jahrhunderts. So schreibt der Vater an seine in Paris studierenden Sohn:*

[Es] wird dir nützlich und heilsam sein, wenn du dich daran erinnerst, dass ich nichts an dir gespart, wohl aber alles, was in meinen Kräften stand, für dich getan habe, als hätte ich kein anderes begehrenswertes Gut auf Erden als das eine, noch mit meinen sterblichen Augen dich vollkommen und tüchtig in jeder Tugend, in Redlichkeit, Biederkeit und in allem nützlichen und ehrbaren Wissen zu sehen und dich nach meinem Tode zurückzulassen als einen Spiegel, der meine, Deines Vaters, Persönlichkeit widerstrahlen wird, ein Bild, nicht so rein vielleicht, wie ich wohl wünschte, aber doch voll eifrigen Strebens, es zu werden. Obgleich mein Vater Grandgousier gesegneten Andenkens keine Mühe und Kosten scheute, damit ich mich ausbilden und mir alle zum Leben nötigen Kenntnisse zu Eigen machen könnte, auch mein Fleiß und mein Eifer seinen Wünschen entsprachen, ja wohl noch darüber hinausgingen, so war doch die damalige Zeit, wie du leicht begreifen wirst, den Wissenschaften noch nicht so günstig wie die gegenwärtige, und ich hatte nicht eine so große Anzahl von Lehrern, wie du gehabt hast. Damals lag noch alles in der Finsternis und litt an der Unfruchtbarkeit und Barbarei der Goten, welche alle gute Literatur vernichtet hatten. Aber durch göttliche Gnade wurden während meiner Lebenszeit der Wissenschaft Licht und Würde zurückgegeben, und sie nahm einen solchen Aufschwung, dass ich, der ich als junger Mann nicht mit Unrecht für einen der Gelehrtesten meiner Zeit galt, jetzt kaum in die erste Klasse der Abc-Schüler aufgenommen werden würde. [...] Jetzt sind alle Lehrfächer wieder eingeführt, die Sprachen neu belebt: Griechisch, ohne welches heutzutage niemand auf den Namen eines Gelehrten Anspruch erheben kann, Hebräisch, Chaldäisch[1] und Lateinisch. Schöne, einwandfreie Drucke sind überall im Gebrauch, deren Herstellung erst zu meiner Zeit durch göttliche Eingebung erfunden wurde wie umgekehrt die Feuerwaffen durch satanische. Überall findet man eine Menge gelehrter, hoch studierter Professoren, reiche Bibliotheken, und meiner Meinung nach hat es weder zu Platons noch zu Ciceros, noch Papinians[2] Zeiten solche Gelegenheit gegeben, etwas Tüchtiges zu lernen, wie jetzt. Bald wird niemand in irgendeiner Gesellschaft mehr am Platze sein, der sich nicht in Minervas[3] Werkstatt geübt hat; Räuber, Henker, Abenteurer und Stallknechte sind heutzutage gelehrter als die Doktoren und Prediger meiner Zeit. Ja, was soll ich sagen? Frauen selbst und Mädchen streben nach dem Ruhm und himmlischen Manna der Gelehrsamkeit.

So habe auch ich mich trotz meines Alters gemüßigt gesehen, noch Griechisch zu lernen, was ich bis dahin nicht etwa wie Cato verachtet hatte, aber wozu mir in meiner Jugend die Gelegenheit nicht geboten wurde. Darum, mein Sohn, ermahne ich Dich, dass Du Deine Jugend wohl anwendest, um in Wissenschaft und Tugend dazuzulernen. [...] Ich setze voraus und will, dass Du die Sprachen gründlich erlernst; erstlich das Griechische, wie Quintilian[4] es verlangt; zweitens das Lateinische, ferner das Hebräische, der Heiligen Schrift wegen, und so das Chaldäische und Arabische gleicherweise. Deinen Stil im Griechischen bilde nach Platon, im Lateinischen nach Cicero. Die Historie musst du unbedingt vollständig im Gedächtnis haben, wozu dir die Kosmographien derer, die darüber geschrieben, von Nutzen sein werden. Für die Freien Künste, für Geometrie, Arithmetik und Musik habe ich dir bereits Geschmack beigebracht, als du noch ein kleiner Bube von sechs Jahren warst. Setze das nun weiter fort und erlerne die Astronomie in all ihren Gesetzen. Aber um die wahrsagerische Astrologie und um die Kunst des Lullius[5], welche nichts als Irrwahn und Torheit ist, bekümmere dich nicht. Vom Zivilrecht will ich, dass du die trefflichen Texte auswendig wissest und sie philosophisch zu analysieren verstehst. Es ist mein Wunsch, dass du dich mit den Dingen der Natur eingehend beschäftigst, so dass es kein Meer, keinen Fluss, kein Bächlein gebe, von dem du die Fische nicht kenntest. Kein Vogel der Luft, kein Baum oder Strauch, keine Staude, kein Kraut des Feldes, kein Metall im Schoß der Erde, kein Edelstein des Morgen- oder Mittaglandes darf dir unbekannt bleiben. Sorgfältig durchforsche die Schriften der griechischen, arabischen und lateinischen Ärzte und vernachlässige auch nicht die Talmudisten[6] und Kabbalisten[7]. Durch häufige Übungen in der Anatomie erwirb dir eine umfassende Kenntnis der kleinen Welt, Mensch genannt. Jeden Tag verwende einige Stunden darauf, die Heilige Schrift zu studieren, zuerst in griechischer Sprache das Neue Testament und die apostolischen Briefe, dann in hebräischer Sprache das Alte Testament. In summa, mache dich zu einem Abgrund des Wissens; denn bist du erst älter und ein Mann geworden, so ist es mit dem ruhigen und friedlichen Studium für dich vorbei, und du musst dann das Ritterwesen und das Waffenhandwerk erlernen, damit du mein Haus verteidigen und unseren Freunden in ihren Kämpfen gegen die Angriffe Übelgesinnter beistehen kannst. Und um es kurz zu sagen, ich will, dass du auch zeigest, was du gelernt hast, welches nicht besser geschieht, als wenn Du öffentlich mit und gegen jedermann disputierst und mit den gelehrten Leuten sowohl in Paris als an anderen Orten lebhaften Verkehr unterhältst. [...] Und wenn du zu der Einsicht gekommen sein wirst, dass du alles gelernt hast, was du dort lernen konntest, so kehre heim zu mir, damit mein Auge dich noch einmal sehe und ich dir meinen Segen gebe, bevor ich sterbe. dein Vater Gargantua

*François Rabelais: Gargantua und Pantagruel. Hrsg. von Horst und Edith Heintze. Frankfurt a.M. 1974. Bd. 1, S. 216–220.*

***b) Der Humanist Marsilio Ficino (1433–1499)*** (Online-Link 430075-0113) ***schreibt über das Idealbild eines humanistischen Gelehrten:***

Der humanistische Gelehrte umspannt den Himmel und die Erde; er lotet die Tiefen des Tartarus [Unterwelt in der griechischen Mythologie] aus. Weder ist ihm der Himmel zu hoch noch die Mitte der Erde zu tief. Er hat das Himmelsgewölbe vermessen und kennt die Kräfte, die es bewegen, ihre Bestimmung und ihre Wirkung und hat ihren Umfang berechnet. Wer wollte also leugnen, dass sein Genius dem Schöpfer der Himmelskörper fast gleichkommt und dass er, auf seine Weise, möglicherweise imstande ist, sie nachzuschaffen. Der Mensch will keinen über sich und keinen neben sich. Er wird das Dasein einer Oberherrschaft, die ihn ausschließt, nicht dulden. Vielmehr sucht er überall die Dinge zu beherrschen und verlangt für seine Arbeit Dank. Seine Überlegenheit auf allen Gebieten ist wie die Gottes. Und wie Gott, so beansprucht er Unsterblichkeit.

1 *Sprache der Bewohner Mesopotamiens in der ersten Hälfte des ersten Jahrtausends v. Chr.*
2 *römischer Beamter und Jurist Anfang des 3. Jahrhunderts n. Chr.*
3 *Göttin der Kunst und des Handwerks*
4 *römischer Rhetoriker um 35–100 n. Chr.*
5 *Raymundus Lullius (1233–1316), umstrittener Theologe und Philosoph, der sich intensiv mit nicht christlichen Religionen und Kulturen befasste*
6 *Kenner der jüdischen Kommentare zu den Vorschriften des Alten Testaments, die im so genannten Talmud im 5. Jahrhundert n. Chr. gesammelt worden sind*
7 *jüdische Mystiker des Mittelalters*

*Zit. nach: Erich Lessing: Die italienische Renaissance. München 1983, S. 40.*

## Wirkungen des Humanismus

**4 Darstellung des Kardinals Bessarion als Kirchenvater Augustinus von Vittore Carpaccio, 1502**
(in Großformat sowie mit Informationen zu Bessarion und Carpaccio im Online-Link 430075-0114)

## 5 Ad fontes – Neue Formen der Textkritik

*Der humanistische Gelehrte Erasmus von Rotterdam (1466–1536), der nach seinem Theologiestudium in Paris viele europäische Länder bereiste, warb für eine Erneuerung des Christentums und sah in der Einheit von humanistischer Bildung und Christentum die Basis für die Erneuerung von Politik und Gesellschaft. In seiner Vorrede zur kritischen Ausgabe des griechischen Neuen Testaments heißt es (1516):*

Ich habe nur wiederhergestellt, was durch die Zeit und die Schuld der Abschreiber verdorben worden war, indem ich dabei auch anführte, was der Übersetzer zweideutig oder zu wenig genau wiedergab; denn ich schäme mich fast, es zu sagen: An einigen Stellen hat, so sehr er sich auch davor sicher glaubte, sogar Hieronymus nicht richtig übersetzt. Und das habe ich nicht, wie man so sagt, mit leichter Hand und unbesonnen getan, sondern, nachdem ich […] die lateinischen Exemplare aufgrund des griechischen Originals geprüft und mich nicht dabei auf wenige oder beliebige verlassen hatte. Laurentius Valla versichert, sieben glaubwürdigen Codices gefolgt zu sein; ich habe bei der ersten Untersuchung vier, bei der zweiten fünf griechische Quellen benutzt. […] Dann habe ich einige sehr alte und gereinigte lateinische Vorlagen befragt und damit nicht zufrieden, die berühmtesten Autoren durchforscht und untersucht, um aufs Genaueste zu beobachten, wen sie zitieren, was sie gelesen haben, wie sie verbessern und auslegen. Und nachdem ich dies alles mit der größten Sorgfalt und Treue verglichen und überdacht hatte, bin ich dem gefolgt, was mir das Beste schien, und habe es so der Öffentlichkeit vorgelegt, dass es dennoch jeder überprüfen kann. Wenn man aber befürchtet, dass das Ansehen der Heiligen Schrift durch diese Abweichungen in Zweifel gezogen wird, so möge man nur wissen, dass schon seit mehr denn tausend Jahren weder die lateinischen noch die griechischen Handschriften in allem untereinander übereinstimmen. Das kann ja auch gar nicht anders sein bei der so großen Menge von Abschreibern, mehr noch angesichts ihrer Unwissenheit, Trägheit und Unbesonnenheit.

*Zit. nach: August Buck: Humanismus. Seine europäische Entwicklung in Dokumenten und Darstellungen. Freiburg/München 1987, S. 248.*

## 6 Christentum und Antike

*a) In seinem Buch „Convivium religiosum" (Frommes Gastmahl) schreibt Erasmus von Rotterdam (siehe M 5):*

Der Heiligen Schrift gebührt zwar überall die höchste Autorität. Trotzdem finde ich häufig genug in den Aussprüchen und Schriften der heidnischen Schriftsteller, zumal der Dichter, so viel Keusches, Heiliges und Göttliches, dass ich mir nichts anderes vorstellen kann, als ein guter Geist habe ihr Herz geleitet, als sie es niederschrieben. Und vielleicht ergießt sich der Geist Christi weiter, als wir in unserer Schulweisheit denken, und es gibt in der Gemeinschaft der Heiligen viele, die nicht in unserem Kalender stehen. […]

In dieser Hinsicht habe ich bei den heidnischen Schriftstellern nie etwas gelesen, das besser auf einen wahren Christen passt, als die Worte, die Sokrates zu Kriton sagte, nachdem er den Giftbecher getrunken hatte: Ob Gott an unserem Tun Gefallen finden wird, weiß ich nicht; jedenfalls haben wir uns ernstlich bemüht, ihm zu gefallen. So habe ich denn gute Hoffnung, dass er unser Mühen gut aufnehmen wird. Sein ganzes Sinnen und Trachten war darauf gerichtet, dem Willen Gottes zu entsprechen. Er setzte aber sein Vertrauen nicht auf seine Werke, sondern gab sich der guten Hoffnung hin, Gott werde in seiner Güte es ihm zum Guten anrechnen, dass er sich um ein tugendhaftes Leben bemüht habe.

*Zit. nach: August Buck: Humanismus. Seine europäische Entwicklung in Dokumenten und Darstellungen. Freiburg/München 1987, S. 239.*

*b) Auszug aus den „Sechs Büchern von den Schönheiten der lateinischen Sprache" des italienischen Humanisten Lorenzo Valla (1407–1457)* (**Online-Link** 430075-0115) *– einem der ersten, der die antiken Texte und auch die Bibel kritisch untersucht haben –, in dem er sich mit Bezug auf den Heiligen Hieronymus gegen den Vorwurf wehrt, zum Studium der klassischen heidnischen Werke der Beredsamkeit aufgefordert zu haben, ca. 1440:*

Ich weiß, dass einige Leute – zumal solche, die sich für besonders heilig und religiös halten – es wagen werden, diesen meinen Unterricht und meine Arbeit, in der ich die anderen Menschen ermahne, weltliche Bücher zu lesen, als eines Christenmenschen unwürdig zu verurteilen. Hieronymus bekennt nämlich, dass er vor dem göttlichen Tribunal gegeißelt worden sei, weil er allzu eifrig die weltlichen Bücher gelesen habe, und dass er angeklagt worden sei, ein Ciceronianer und kein Christ zu sein (als ob er nicht gläubig und doch ein Ciceronianer sein könnte): Schließlich habe er geschworen – und das mit fürchterlichem Eide –, die weltlichen Bücher fortan nicht mehr zu lesen.

Der Tatbestand dieses Vergehens trifft genauso auf die gegenwärtige Arbeit zu wie auf mich und die übrigen Schriftsteller, deren Eifer und Gelehrsamkeit in den weltlichen Schriften man missbilligt.

Antworten wir also ihren Anschuldigungen und erheben wir nun unsererseits Anklage gegen sie: […]

Nachdem er [Hieronymus] nämlich das zarte Knabenalter mit der gesunden Nahrung der heiligen Schriften genährt und sich in der von ihm verachteten Wissenschaft gestärkt hat und schon außer Gefahr war, ist er zur Lektüre der Heiden zurückgekehrt, entweder um sich

ihre Beredsamkeit zu leihen oder um, was sie gut sagen, zu loben, was schlecht zu tadeln – wobei er gleichzeitig dem schön Gesagten zustimmte. [...]
Nicht die Sprache der Heiden, nicht ihre Grammatik, nicht die Redekunst, nicht die übrigen Künste muss man verdammen – wo doch die Apostel griechisch geschrieben haben –, sondern die Grundsätze, die Religionen, den falschen Glauben über das Tätigsein der Tugenden: Dadurch kommen wir in den Himmel. [...]
Ich kann mich nicht enthalten, das zu sagen, was ich empfinde: Die alten Theologen [= die genannten spätantiken Kirchenväter, die antike und christliche Literatur miteinander verbanden] scheinen mir wie die Bienen zu sein, die auch im weiten Land umherschwirren und dabei den süßesten Honig und Wachs wunderbar kunstfertig zusammentragen; die neueren Theologen [die Scholastiker] dagegen sind den Ameisen ähnlich, die diebisch aus der Nachbarschaft Körner geholt haben und in ihren Schlupfwinkeln verbergen. Aber ich, was mich betrifft, will nicht nur lieber eine Biene als eine Ameise sein, sondern sogar lieber unter der Herrschaft der Bienen dienen, als ein Heer der Ameisen führen. Wir hoffen, dass dies von den jungen Menschen, die guten Willens sind, gebilligt wird – denn bei den Alten ist dies nicht zu erhoffen.

*Zit. nach: Europäische Geschichte in Quellen und Materialien. Hrsg. v. Hagen Schulze u. Ina Ulrike Paul. München 1994, S. 805–809.*

### 7 Ein humanistischer Student

*Der im elsässischen Schlettstadt geborene Reformator Martin Bucer (1491–1551) schreibt in einem Brief an den humanistischen Gelehrten Beatus Rhenanus[1] über seine Studienzeit in Heidelberg (1518):*

Wahrlich, Du bist doch immer derselbe, mein liebenswürdiger Beatus, dass Du meinen Brief mit den von mir in so elende Sprachlumpen gekleideten Thesen Luthers[2] mit keineswegs grimmiger Miene aufgenommen hast, den Dank nach dem guten Willen des Schenkenden, nicht nach dem Wert des Geschenks bemessend. [...] [Da] ich das Zeug in Windeseile zusammengeschrieben habe, weiß ich selbst am besten, dass kein einziger Satz darin ohne sprachliche Fehler ist. [...]
Was Du ferner schreibst, draußen in der Welt beginne die Philosophie zu blühen und die Scholastiker würden ungeheuer ausgelacht, das war mir ein rechter Freudenkitzel, und ich hoffe, bald werden endlich auch unsere Landsleute wieder zur Vernunft kommen, die bisher noch so krampfhaft an ihrer Barbarei und Scholastik festhalten. Immerhin habe ich meine Heidelberger Patres schon so weit gebracht, dass ich zuerst über das Lob der Torheit des Erasmus, dann auch über seine Friedensklage unseren Studenten Vorlesung gehalten habe. Der Prior nämlich begünstigt diese Initiative. [...]
Schließlich treibe ich auch, soweit es geht, etwas Griechisch; der Prior erlaubt mir, jeden zweiten Tag zu Johannes Brenz[3] zu gehen, einem hochbegabten und erstaunlich gebildeten jungen Mann, der unter Johannes Oecolampadius[4] außerordentliche Fortschritte gemacht hat. Dieser Tage hat er mir und zwei anderen Philosophen Platos Gastmahl erklärt. Um Dir ein Probestück dieses Kollegs vorzulegen, will ich Dir daraus ein Problem, über das ich in den Adagio des Erasmus gestolpert bin, unterbreiten, mit der Bitte, ob Du es mir, wenn Du Zeit findest, beheben kannst. [...]
Geschrieben in Frankfurt, am 14. September 1518, im Lärm der auf Geheiß des reizenden Herrn Froben stattfindenden Buchmesse.

*1 Aus Schlettstadt stammender deutscher Humanist, 1485–1547; er arbeitete seit 1511 mit dem Basler Buchdrucker Johannes Froben an der Herausgabe klassischer Werke.*
*2 Bucer war Dominikanermönch, studierte in Heidelberg und hörte dort eine Disputation Luthers, die ihn zu seinem Anhänger machte. Über dieses Erlebnis hatte er einen Bericht an Beatus Rhenanus geschrieben, auf den er sich hier bezieht. Bucer war später der Reformator von Straßburg.*
*3 Johannes Brenz, 1499–1570, deutscher Reformator*
*4 Johannes Oecolampadius, 1482–1531, deutscher Reformator, Prediger in Basel, half Erasmus bei der Herausgabe des griechischen Neuen Testaments.*

*Zit. nach: Nicolette Mout (Hrsg.): Die Kultur des Humanismus. Reden. Briefe. Traktate. Gespräche von Petrarca bis Kepler. München 1998, S. 198 ff.*

## Frauenbild in der Renaissance

### 8 Die Renaissance – Nichts für Frauen?

*Die amerikanische Historikerin Margaret L. King fragt nach der Rolle der Frauen in der Renaissance, 1990:*

Der Mann der Renaissance hat viele, klar umrissene Gesichter. [...] Die Frau hingegen bleibt konturenlos. Männer konnten Fürsten oder Soldaten, Künstler oder Humanisten, Kaufleute oder Geistliche, Gelehrte oder Abenteurer sein. Frauen waren nur selten in solchen Rollen zu finden – und wenn, dann waren diese nicht bestimmend für ihre Identität. Die Frau konnte nur Mutter, Tochter oder Witwe, Jungfrau oder Dirne, Hexe oder Heilige, Maria, Eva oder Amazone sein. All diese Identitäten, die ausschließlich durch ihre Geschlechtszugehörigkeit definiert waren, absorbierten sie völlig und erstickten jegliches andere Selbst, auf das sie hätten Anspruch erheben können. Über die gesamte Zeit der Renaissance hinweg sollte die Frau kämpfen, um eine Identität zu finden und sie zum Ausdruck zu bringen – doch ohne Erfolg. Denn am Ende der Epoche ist ihre gesellschaftliche und kulturelle Rolle mehr denn je durch ihr Geschlecht bestimmt

und ihre Situation hat sich keinesfalls verbessert, sondern im Gegenteil sogar verschlechtert. [...]
Trotz der großen künstlerischen und intellektuellen Leistungen, die die Renaissance hervorgebracht hat, grassierte in dieser Epoche die Furcht vor allem Unbekannten, wurde den orthodoxen kirchlichen Lehren weiterhin mit Gewalt Geltung verschafft. [...] Die hysterischen Ängste gipfelten schließlich im Hexenwahn, dessen Opfer zumeist Frauen wurden. Selbst wenn man alle anderen Indikatoren außer Acht ließe, so wären allein schon die von der kirchlichen Inquisition gegen Frauen begangenen Grausamkeiten Beweis genug dafür, dass das Zeitalter der Renaissance im Hinblick auf das weibliche Geschlecht keinesfalls diesen Namen verdient.

*Margaret L. King: Die Frau. In: Der Mensch der Renaissance. Hrsg. v. Eugenio Garin. Frankfurt a. M./New York 1990, S. 282–340; hier S. 282 u. 315. Übers. Linda Gränz*

## 9 Brauchen Frauen Bildung?

*a) In einem Dialog zwischen einem Abt und einer gebildeten Frau äußert sich Erasmus zur Bildung der Frauen:*

Antronius: Der gemeine Mann empfindet es als etwas Seltsames und Ungewohntes, dass eine Frau Latein könne. Magdala: Was zitiert Ihr den gemeinen Mann, die Menge, diesen geborenen Feind alles Guten? Was die Gewohnheit, die Lehrmeisterin aller schlimmen Dinge? Man muss sich an das Beste gewöhnen; dann wird zur Gewohnheit, was ungewohnt war, angenehm, was unangenehm war, geziemend, was für unziemlich galt. Antronius: Ich höre staunend zu. Magdala: Geziemt es sich, dass eine deutsche Frau Französisch lerne? Antronius: Ganz gewiss. Magdala: Weshalb? Antronius: Damit sie mit denen sich unterhalten kann, die Französisch reden. Magdala: Und für mich soll es unpassend sein, dass ich Latein lerne, um täglich mit so manchem Autor, so beredten, gelehrten, weisen, treuen Beratern Zwiesprache zu halten? Antronius: Die Bücher nehmen den Frauen viel von ihrem Hirnschmalz, von dem sie ohnehin zu wenig haben. Magdala: Wie viel Ihr davon besitzt, weiß ich nicht; jedenfalls will ich das, was mir beschert ist, lieber bei guten Studien aufbrauchen als bei sinnlos hergesagten Gebeten, nächtlichen Schmausereien und dem Leeren tüchtiger Humpen. [...] In Spanien und in Italien gibt es nicht wenige [gebildete] Frauen, namentlich unter den Vornehmen, die es mit jedem Manne aufnehmen könnten; in England nenne ich die Frauen aus dem Hause Morus[1], in Deutschland die Pirckheimer'schen[2] und die Blaurer'schen[3].

*Zit. nach: August Buck: Humanismus. Seine europäische Entwicklung in Dokumenten und Darstellungen. Freiburg/München 1987, S. 172.*

*b) Der Humanist Juan Luis Vives* (**Online-Link** 430075-0116) *schreibt 1523 in seinem Buch über die „Unterweisung der christlichen Frau":*

Vielen sind gelehrte Frauen verdächtig. Sie meinen, es komme bei solchen zur natürlichen bösen Anlage noch das Hilfsmittel der Bildung hinzu, um sie raffiniert zu machen. Sie bedenken nicht, dass aus demselben Grunde auch für den Mann die Bildung bedenklich ist, wenn sie einer bösen Anlage als Mittel zu Lug und List dient. Die Bildung jedoch, die ich dem ganzen Menschengeschlecht zuteil werden lassen möchte, ist nüchtern und züchtig; sie belehrt und macht die Menschen besser und ist eine ganz andere als die Bildung, welche den Menschen zu unlautern Dingen reizt und rüstet. Wie sie aber immer sein mögen, ich rede von Lebensregeln und Beispielen tugendhaften Lebens für das weibliche Geschlecht.
Wenn solche Kenntnis schädlich ist, dann sehe ich nicht ein, wie die Unkenntnis von Nutzen sein kann.
Welche Bücher kann und soll man denn lesen, wird man nun fragen. Über einige gibt es keinen Zweifel, so über die Evangelien des Herrn, die Taten der Apostel und ihre Briefe, die geschichtlichen und moralischen Erzählungen des Alten Testaments [und eine Reihe von berühmten Kirchenlehrern sowie antiken Klassikern]. Über einige muss man verständige und gelehrte Männer um Rat fragen. Die Frau darf nicht leichtsinnig dem eigenen Urteile folgen und infolge ihrer geringen Vertrautheit mit den Wissenschaften und der Literatur Falsches für wahr, Verderbliches für heilsam, Törichtes für wertvoll halten. Sie muss überhaupt wissbegierig sein, um besser zu leben. Im Urteil aber soll sie vorsichtig sein und sich nicht über Zweifel äußern, sondern das festhalten, was die Kirche mit ihrer Autorität billigt oder das übereinstimmende Urteil der Besten. Sie soll stets bedenken und sich erinnern, dass es nicht ohne Grund ist, wenn Paulus den Frauen das Amt des Redens und Lehrens in der Kirche vorenthalten hat. sondern will, dass sie den Männern Untertan seien und schweigend lernen, was ihnen Not tut.

*Zit. nach: August Buck: Humanismus. Seine europäische Entwicklung in Dokumenten und Darstellungen. Freiburg/ München 1987, S. 172 f.*

*c) Die italienisch-französische Schriftstellerin Christine de Pizan* (**Online-Link** 430075-0117) *erörtert um 1400 das Problem in ihrem Buch „Stadt der Frauen" in einem fiktiven Dialog zwischen der Autorin und der „Frau Vernunft":*

„Hat es eigentlich jenem Gott, der den Frauen so zahlreiche Begünstigungen gewährte, auch gefallen, einige von ihnen mit überlegener Intelligenz und großer Gelehrsamkeit auszuzeichnen? Außerdem: Sind sie überhaupt genügend intelligent für solche Dinge? Dies interessiert mich ganz besonders, behaupten doch die Männer mit großer Beharrlichkeit, der weibliche Verstand sei von nur geringem Auffassungsvermögen."

Antwort: „Tochter, du [sollst] erkennen, dass das genaue Gegenteil dieser ihrer Meinung zutrifft. [...] Wenn es üblich wäre, die kleinen Mädchen eine Schule besuchen und sie im Anschluss daran, genau wie die Söhne, die Wissenschaften erlernen zu lassen, dann würden sie genauso gut lernen und die letzten Feinheiten aller Künste und Wissenschaften ebenso mühelos begreifen wie jene. Zudem gibt es ja solche Frauen. [Es] verhält sich folgendermaßen: Je stärker die Frauen den Männern an Körperkraft unterlegen, je schwächer und je weniger geschickt sie zu gewissen Dingen sind, desto größere Klugheit und desto mehr Scharfsinn entfalten sie überall dort, wo sie sich wirklich ins Zeug legen."

„Was sagt Ihr da, hohe Frau? [...] Dieser strittige Punkt wird für die Männer niemals entschieden sein, es sei denn, es läge überzeugendes Material vor; denn sie würden mit dem Argument kommen, man beobachte doch allenthalben, wie unendlich überlegen die Männer den Frauen hinsichtlich ihres Wissens seien." Antwort: „Weißt du denn, weshalb Frauen weniger wissen?" „Nein, edle Frau, sagt es mir bitte." „Ganz offensichtlich ist dies darauf zurückzuführen, dass Frauen sich nicht mit so vielen verschiedenen Dingen beschäftigen können, sondern sich in ihren Häusern aufhalten und sich damit begnügen, ihren Haushalt zu versehen. Nichts aber schult vernunftbegabte Wesen so sehr wie die Praxis, die konkrete Erfahrung auf zahlreichen und verschiedenartigen Gebieten." „Edle Herrin, wenn sie also über einen aufnähme- und lernfähigen Verstand verfügen: Weshalb lernen sie dann nicht mehr?" Antwort: „Tochter, das hängt mit der Struktur der Gesellschaft zusammen, die es nicht erfordert, dass Frauen sich um das kümmern, was, wie ich dir zuvor erklärt habe, den Männern aufgetragen wurde. Es reicht, wenn sie den gewöhnlichen Pflichten, zu denen sie erschaffen wurden, nachkommen. Und so schließt man vom bloßen Augenschein, von der Beobachtung darauf, Frauen wüssten generell weniger als Männer und verfügten über eine geringere Intelligenz."

*1 Thomas Morus, 1477–1535, engl. Humanist und Staatsmann*
*2 Willibald Pirckheimer, 1470–1530, Patrizier und Humanist aus Nürnberg*
*3 Ambrosius Blaurer, 1492–1564, Reformator aus Konstanz*

*Zit. nach: Elke Kleinau/Christine Mayer (Hrsg.): Erziehung und Bildung des weiblichen Geschlechts. Eine kommentierte Quellensammlung zur Bildungs- und Berufsbildungsgeschichte von Mädchen und Frauen. Band 1. Weinheim 1900, S. 20 f.*

**10 Detail des Titelblattes einer Schrift des Weihbischofs von Trier und Hexenverfolgers Peter Binsfeld (Online-Link 430075-0118) aus dem Jahr 1591 mit dem Titel: „Tractat Von Bekanntnuß der Zauberer und Hexen. Ob und wie viel denselben zu glauben."**

## 11 Hexenverfolgung

*a) Den Glauben an magische Kräfte übernahm das Mittelalter aus der Antike. Er wurde als Aberglaube bekämpft. Zaubereien wurden vor allem dann hart bestraft, wenn sie Dritten schadeten. Seit 1350 kam es zu etlichen Verfahren in Frankreich und in der Schweiz. Schwerpunkte der Verfolgungen lagen in den Jahren 1455–1460 und 1480–1485. Im sog. Hexenhammer, einem im Jahr 1486/87 von dem Dominikaner Heinrich Kramer, genannt Institoris, verfassten, für Hexenverfolger konzipierten Handbuch, wird die Frage untersucht, warum vor allem Frauen der Hexerei verfallen. Das Frauenbild des späten Mittelalters tritt dabei deutlich hervor. Ein Ende nahmen die Verfolgungen erst im Zuge der Aufklärung in der zweiten Hälfte des 18. Jahrhunderts.*

Bezüglich des ersten Punktes, warum in dem so gebrechlichen Geschlechte der Weiber eine größere Menge Hexen sich findet als unter den Männern, frommt es nicht, Argumente für das Gegenteil herzuleiten, da außer den Zeugnissen der Schriften und glaubwürdiger Männer die Erfahrung selbst solches glaubwürdig macht. [...]

Einige Gelehrte nämlich geben diesen Grund: Sie sagen, es gebe dreierlei in der Welt, was im Guten und Bösen kein Maß zu halten weiß: die Zunge, der Geistliche und das Weib, die vielmehr, wenn sie die Grenzen ihrer Beschaffenheit überschreiten, dann eine Art Gipfel und höchsten Grad im Guten und Bösen einnehmen; im Guten, wenn sie von einem guten Geiste geleitet werden, daher auch die besten (Werke) stammen; im Bösen aber, wenn sie von einem schlechten Geiste geleitet werden, wodurch auch die schlechtesten Dinge vollbracht werden.

[...] Andere führen noch andere Gründe an, weshalb sich die Weiber in größerer Zahl als die Männer abergläubisch zeigen; und zwar sagen sie, dass es drei Gründe seien: Der erste ist der, dass sie leichtgläubig sind; und weil der Dämon hauptsächlich den Glauben zu verderben sucht, deshalb sucht er lieber diese auf. [...] Der zweite Grund ist, weil sie von Natur wegen der Flüssigkeit ihrer Komplexion leichter zu beeinflussen sind zur Aufnahme von Eingebungen durch den Eindruck besonderer Geister. [...] Der dritte Grund ist, dass ihre Zunge schlüpfrig ist, und sie das, was sie durch schlechte Kunst erfahren, ihren Genossinnen kaum verheimlichen können und sich heimlich, da sie keine Kräfte haben, leicht durch Hexenwerke zu rächen suchen. [...]

Hören wir noch von einer anderen Eigenschaft: der Stimme. Wie nämlich die Frau von Natur lügnerisch ist, so auch beim Sprechen. Denn sie sticht und ergötzt zugleich: Daher wird auch ihre Stimme dem Gesänge der Sirenen verglichen, welche durch ihre süße Melodie die Vorübersegelnden anlocken und dann töten. Sie töten, weil sie den Geldbeutel entleeren, die Kräfte rauben und Gott zu verachten zwingen.

*J. W. R. Schmidt (Bearb.): Jakob Sprenger/Heinrich Institoris: Hexenhammer. München 1982, S. 93–105.*

*b) Aus der Hexenbulle von Papst Innozenz VIII. von 1484:*

Mit sehnlichstem Verlangen wünschen wir, wie es unsere Pflicht als Hirte erfordert, dass der katholische Glaube in unseren Zeiten wachse und blühe, und dass alle ketzerische Verworfenheit weit von den Grenzen der Kirche vertrieben werde. [...] Gewisslich, es ist neulich nicht ohne große Bekümmerung zu unsern Ohren gekommen, dass in einigen Teilen Oberdeutschlandes, wie auch in den Erzbistümern, Städten, Ländern, Orten und Bistümern von Mainz, Köln, Trier, Salzburg und Bremen sehr viele Personen beiderlei Geschlechts ihre eigene Seligkeit vergessen haben und vom katholischen Glauben abgefallen sind. Sie treiben mit den Teufeln, die sich als Männer oder Weiber mit ihnen vermischen, Unzucht und töten mit ihren Bezauberungen, Liedern und Beschwörungen und anderen abscheulichen Zauber- und Hexenkünsten, mit Freveln und Verbrechen die Geburten der Weiber und die Jungen der Tiere, sie verderben die Früchte der Erden, die Weintrauben und die Baumfrüchte und quälen auch die Menschen, die Frauen, die Tiere, das Vieh und andere verschiedene Arten Tiere, außerdem richten sie die Weinberge, Obstgärten, Wiesen, Weiden, Korn und andere Erdfrüchte zugrunde und peinigen die Menschen, die Weiber, allerlei großes und kleines Vieh und Tiere mit grausamen innerlichen und äußerlichen Schmerzen und Plagen und hindern eben dieselben Menschen daran, ihre ehelichen Dienste zu leisten, die Männer, dass sie zeugen, und die Frauen, dass sie empfangen. Darüber hinaus verleugnen sie den Glauben selbst, welchen sie beim Empfang der heiligen Taufe angenommen haben, mit eidbrüchigem Munde. Und sie fürchten sich nicht, angestiftet vom Feind des menschlichen Geschlechts, überaus viele weitere Leichtfertigkeiten und Laster zu begehen. All das gefährdet ihre Seelen, beleidigt die göttliche Majestät und ist ein sehr schädliches Exempel und Ärgernis.

*Zit. nach: W. G. Soldan/H. Heppe: Geschichte der Hexenprozesse. Band I. Hrsg. v. Max Bauer. Hanau o. J. S. 248 ff. (sprachlich angepasst)*

**Arbeitsvorschläge**

○●● a) Stellen Sie anhand von M 1 und M 2 dar, welche Stellung der Mensch in Mittelalter und Renaissance innerhalb der Schöpfung einnimmt. Vergleichen Sie die diesen Ausführungen zugrunde liegenden Menschenbilder.

○●● b) Erläutern Sie, welche Handlungsspielräume für den Menschen sich der Argumentation Mirandolas (M 2 b) zufolge ergeben.

○○●/○●● c) Fassen Sie die zentralen Gesichtspunkte, die aus der Sicht Rabelais' (M 3) sein Zeitalter bestimmen, zusammen.

○●● d) Erläutern Sie, welche Bildungsvorstellungen und Erziehungsziele Rabelais beschreibt (M 3).

●●● e) Ein Göttinger Gelehrter bemerkte im 18. Jahrhundert: „Mehr als das Gold hat das Blei die Welt verändert. Und mehr als in der Flinte das Blei im Setzkasten." Diskutieren Sie diesen Satz unter Berücksichtigung der entsprechenden Äußerungen – vielleicht auch der Skepsis – Gargantuas ( M 3).

○●● f) Arbeiten Sie die Rolle des christlichen Glaubens bei Mirandola (M 2 b) und Rabelais heraus (M 3).

○●● g) Untersuchen Sie Merkmale des humanistischen Gelehrten im Gemälde von Carpaccio unter dem Gesichtspunkt des Verhältnisses zu Gott und zu der Natur (M 4).

○○● h) Beschreiben Sie die einzelnen Arbeitsschritte, mit denen Erasmus bei seiner Herausgabe des griechischen Neuen Testaments vorgegangen ist. Welche geistige Haltung wird hier deutlich (M 5)?

○●● i) Erläutern Sie die Wertschätzung, die Erasmus den heidnischen Schriftstellern entgegenbringt (M 6 a).

●●● j) Diskutieren Sie, ob die Argumente, mit denen die Wertschätzung von Erasmus untermauert wird, tragfähig sind (M 6 a).

○●● k) Arbeiten Sie anhand des Textes von Valla (M 6 b) das zentrale Problem heraus, das sich „fortschrittlichen" Gelehrten ab Mitte des 15. Jahrhunderts bei ihrer literarischen und wissenschaftlichen Beschäftigung stellte.
Legen Sie dabei die im Text vertretenen unterschiedlichen Positionen und Argumente dar.

○●● l) Untersuchen Sie die Rolle der Universitäten bei der Ausbreitung humanistischen und reformatorischen Gedankengutes. Beachten Sie dabei, in welchem Verhältnis die Gelehrten zueinander standen (M 7).

○○● m) Schreiben Sie einen Brief eines Humanisten an seinen Freund, in dem dieser den neuen Zeitgeist und seine Interessen beschreibt (M 3 – M 7).

○○● n) Skizzieren Sie das Frauenbild, das in den Quellen jeweils zutage tritt (M 9 a – M 9 c).

●●● o) Vergleichen Sie die jeweiligen Haltungen zur Frauenbildung und diskutieren Sie, wie diese zum Welt- und Menschenbild der neuen Zeit passten (M 9 a – M 9 c).

○●● p) Recherchieren Sie verschiedene Lebensschicksale von Frauen an der Wende vom Mittelalter zur Neuzeit und stellen Sie dar, inwiefern sie an den Errungenschaften der Zeit teilhatten oder auf der anderen Seite gehemmt wurden. (**Online-Link** 430075-0119)

○●● q) Mit welchen Begründungen klagte man Frauen als Hexen an? Erörtern Sie, welche Missverständnisse damit verbunden waren (M 10, M 11).

●●● r) Nehmen Sie Stellung zu den Thesen Kings (M 8).

# Grundwissen: Ein neues Bild vom Menschen!?

## Aufbruch in eine neue Zeit

„Jetzt fahren wir heraus […] in großer Fahrt. Denn die alte Zeit ist herum, und es ist eine neue Zeit. Seit hundert Jahren ist es, als erwarte die Menschheit etwas […] Die Städte sind eng, und so sind die Köpfe. Aberglauben und Pest. Aber jetzt heißt es: da es so ist, bleibt es nicht so. Und es ist eine große Lust aufgekommen, die Ursachen aller Dinge zu erforschen […] Denn wo der Glaube tausend Jahre gesessen hat, eben da sitzt jetzt der Zweifel.“

So lässt Bertolt Brecht Galileo Galilei (1564 – 1642) in seinem gleichnamigen Stück sprechen. Mit diesen wenigen Worten umreißt Galilei den Geist einer Epoche, an deren Ende er steht. Sie ist geprägt vom Dualismus althergebrachter (mittelalterlicher) Traditionen und Lebensweisen und weist vor allem am Beispiel einzelner herausragender und mutiger Persönlichkeiten in die Zukunft. Das 15. Jahrhundert ist eine Zeit des Umbruchs. Dennoch beginnt ausgehend von oberitalienischen Städten etwas Neues, das schon die Zeitgenossen mit Wörtern wie „rinascere, revivere, reflorescere“, d. h. wiedergeboren werden, beschrieben. Damit nehmen sie Bezug auf die von ihnen wahrgenommene Blüte der Wissenschaften, Künste und der lateinischen Sprache, die Ausdruck einer neuen Sicht auf die Gelehrsamkeit der Antike war.

## Renaissance – Wiedergeburt der Antike

→ 2 S. 41
→ 3 S. 42

Die alte Zeit sieht Galilei geprägt von „Aberglauben und Pest“ und gerade sie sind die Basis für den Wunsch nach Veränderung für den „Zweifel“, den er als Grundlage der Entwicklung ansieht. Im Zweifel schauten die Gebildeten der Zeit zurück auf die Antike. Aus diesen Anregungen entstand im 15. Jahrhundert eine große Teile der intellektuellen und sozialen Führungsschichten Europas erfassende geistige und ästhetische Erneuerungsbewegung. Der italienische Schriftsteller Giorgio Vasari prägte dafür den Begriff der „rinascita“, der Wiedergeburt. Daran anknüpfend benannten Historiker des 19. Jahrhunderts diese Epoche mit dem Begriff „Renaissance“. Charakteristisch für diese Zeit ist das neue Menschenbild, das den Menschen als ein eigenverantwortliches, schöpferisches Individuum entdeckte, das nicht mehr nur für Gott da war und das die engen geistigen Grenzen der Jahrhunderte seit Ende der Antike – eben das „Mittelalter“ – überwunden hatte.

Um aber Anteil an den Schätzen antiker Lebensart, Weisheit, Kunst und Wissenschaft zu erlangen, war die Kenntnis der antiken Kultursprachen Latein und Griechisch unerlässlich. „Ad fontes!“ – „Zurück zu den Quellen!“ – war daher eine zentrale Parole der Gelehrten. Die Texte der Bibel oder die Werke Aristoteles', die man bisher nur in lateinischen Übersetzungen kannte, wurden nun im griechischen und hebräischen Original studiert.

## Humanismus

→ 3 S. 42 f.
→ 4 S. 43
→ 5 S. 44
→ 6 S. 44 f.
→ 7 S. 45

Dieses an der Antike orientierte Bildungsideal wurde – ebenfalls im 19. Jahrhundert – mit dem Begriff „Humanismus“ zusammengefasst. Der Humanismus war vor allem eine literarische Bewegung, die im Wesentlichen auf eine kleine Schicht von Intellektuellen beschränkt blieb. Die Humanisten konzentrierten ihre Studien auf Geschichte, Rhetorik, Philologie und Philosophie und dachten über richtiges und falsches Verhalten nach. Letzteres findet noch heute Niederschlag in unserem Begriff von Humanität. Zu den berühmtesten Humanisten zählte Erasmus von Rotterdam (1466 – 1536), ein unabhängiger Gelehrter und Verfasser viel gelesener Bücher, der von den Einnahmen aus seinen Büchern leben konnte. Er tat sich als scharfsinniger Kritiker der Kirche hervor und trug durch seine Publikationstätigkeit viel dazu bei, den Boden für die Reformation vorzubereiten.

Wichtige Keimzellen humanistischen Gedankenguts waren die Universitäten. Der Austausch zwischen Studenten und Professoren aus verschiedenen Regionen sorgte für eine ständige Vertiefung und Verbreitung humanistischen Denkens.
Die humanistische Bewegung verlieh der Bildung im 16. Jahrhundert ein neues und größeres Prestige. Das kirchliche Bildungsmonopol der mittelalterlichen Kirche wurde zunehmend durch städtische Lateinschulen durchbrochen. Neben dem traditionellen Bildungsprogramm wurden jetzt Inhalte vermittelt, die wichtig für die Stadtbürger waren – neben Lesen, Schreiben und Rechnen auch geschichtliche und geografische Stoffe.

## Frauen um 1500

→ 1 S. 40
→ 8 S. 45
→ 9 S. 46
→ 10 S. 47

"[...] nur, wenn der Mann Herr im Hause ist und die Frau in der Erfüllung seiner Wünsche ihre vornehmste Aufgabe sieht, ist die Voraussetzung zu einer wahren innigen Gemeinschaft vorhanden. [...] Aufgabe des Mannes ist es, sofort nach der Hochzeit seine Superiorität *[Überlegenheit]* zu betonen und seiner Gattin mit anderen Tugenden dies Bewusstsein ihrer niedrigen Stellung ihm gegenüber nahezubringen [...]"
Mit diesen Worten beschreibt Hans Sachs, ein Nürnberger Dichter und überzeugter Anhänger der Reformation, im 16. Jahrhundert Aufgabe und Wert der Frauen. Damit referierte er ein Frauenbild, das bereits das ganze Mittelalter durchzogen hatte. Das Aufgabenfeld der Frau wurde innerhalb des familiären Kontextes gesehen als Tochter, Ehefrau, Mutter und am Ende ihres Lebens als Witwe.
Dennoch waren Frauen nie nur Hausfrau und Mutter. Sie mussten immer auch außerhalb des Haushalts arbeiten. Auf dem Land hätte eine Bauernfamilie ohne die Mitarbeit der Frauen, Töchter und Mägde auf dem Feld, beim Hüten des Viehs oder bei der Verarbeitung der Produkte und der Herstellung der Kleidung gar nicht existieren können. Auch adlige Frauen arbeiteten mit, allerdings vor allem als Verwalterinnen und Wirtschafterinnen auf dem Gutshof ihres Ehemanns. Ähnliches galt für die Frauen in größeren und wohlhabenderen Stadthaushalten.

**Ein Beispiel gelehrter Frauen:** *Christine de Pizan* (Online-Link 430075-0120)

Die Beurteilung des Wertes der Frauen stand im Kontext der kirchlichen Propaganda. Diese verbreitete in einer Flut gegen die Frauen gerichteter Schriften, dass das weibliche Geschlecht von Natur aus boshaft, gehässig, spottsüchtig, unehrlich, eitel, hochmütig, zanksüchtig, listig und völlig ungebildet sei. Frauen galten als Quell der Unsittlichkeit; durch Eva und ihre Verführungskünste sei die Sünde in die Welt gekommen. Die weitverbreitete negative Einstellung zum weiblichen Geschlecht trug ab dem 15. Jahrhundert zu den blutigen Exzessen des Hexenwahns bei, dem im Verlauf von etwa 300 Jahren Zehntausende von Frauen zum Opfer fielen.
Dieser Abwertung der Frauen stand in der Zeit des Humanismus aber auch eine Strömung gegenüber, die Frauen für vollkommene Geschöpfe hielt, die auch dieselben geistigen Fähigkeiten wie die Männer besitzen. Für manche Frauen bot sich die Chance zur Entfaltung. Nun erhielten die Töchter aus adligen, patrizischen und humanistischen Familien eine umfassende Erziehung, die denen der Söhne nicht mehr nachstand. Es gab bedeutende Herrscherinnen, engagierte Schriftstellerinnen, fromme Heilige, gebildete Adlige und Kunstsammlerinnen.
Viele Menschen suchten in den spätmittelalterlichen Krisenzeiten nach einem Schuldigen. Und hier konnte man die angeblich im Bund mit dem Teufel stehenden Frauen für Seuchen, Krankheit und Not verantwortlich machen und bestrafen.
Erst im 18. Jahrhundert, als sich im Zeitalter der Aufklärung die Grundsätze der Vernunft – zumindest unter den Gebildeten – immer mehr durchsetzten, endete der Hexenwahn allmählich.

# 1.3 Folgen des neuen Welt- und Menschenbildes in Kunst, Wissenschaft und Religion

## Ein neues Selbstverständnis in Kunst, Architektur und Naturwissenschaft

**1 Die Kreuzigung**
*Andrea Mantegna (1431–1506)* (in Großformat im Online-Link 430075-0121) *gilt als einer der bedeutendsten Maler der oberitalienischen Frührenaissance, der die von der Florentiner Schule aufgestellten Kunstideale vollendete.*
*Der Tod Jesu am Kreuz ist ein zentraler Teil der christlichen Lehre und daher ein häufiger Darstellungsgegenstand der bildenden Kunst. Mantegna malte seine Kreuzigungsszene um 1456. Sie ist Teil eines Triptychons des Altars von San Zeno in Verona.*

**2 Tafelbild vom Verduner Altar im Stift Klosterneuburg, 1331** (Online-Link 430075-0122)

### 3 Neue Regeln der Kunst

*a) Auszüge aus dem Buch des italienischen Architekten und Kunsttheoretikers Leon Battista Alberti „Über die Malkunst" aus dem Jahre 1435:*

Die Person des Malers:

Die Aufgabe des Malers besteht darin, jeden beliebigen gegebenen Körper so auf einer Fläche mit Linien und Farben zu zeichnen und zu malen, dass – aus einem bestimmten Abstand und bei einer bestimmten, im Voraus zugewiesenen Stellung des Zentralstrahls – alles, was man gemalt sieht, plastisch und dem gegebenen Körper vollkommen ähnlich erscheint. Als Ziel des Malers hat zu gelten, dass er sich mit seinem Werk zumal Ruhm, Erfolg und Wohlwollen erwirbt, gewiss in höherem Maße als Reichtum. Eben dies wird der Maler erreichen, wenn sein Gemälde die Augen und Herzen der Betrachter zu fesseln und zu rühren vermag! […] Damit der Maler sich freilich all das Genannte schön aneignen kann, sollte er – dies mein Wunsch – in erster Linie ein guter Mann sein und wohl unterrichtet in den schönen Künsten. Jedermann weiß ja, wie viel der Anstand vermag, wenn es darum geht, das Wohlwollen der Mitbürger zu gewinnen. […]

Wohlunterrichtet wünsche ich mir den Maler, wenn möglich, in allen Freien Künsten; besonderen Wert jedoch lege ich auf seine Kenntnis der Geometrie. [...]
Der Ruhm der Malkunst:
Also: Diese Kunst verschafft Lust, wenn man sie nur pflegt; sie verschafft Ansehen, Reichtum und ewigen Ruhm, wenn man sie nur so pflegt, dass sie einen hohen Stand erreicht. Angesichts dessen – da die Malkunst sich als beste und ehrwürdigste Zier aller Dinge erweist, freier Menschen würdig, Gelehrten und Ungelehrten gleichermaßen lieb – fordere ich die lernbegierige Jugend mit umso größerem Nachdruck auf, sie möge ihr Bemühen, soweit nur immer angängig, der Malkunst zuwenden.

*Leon Battista Alberti: Das Standbild. Die Malkunst. Grundlagen der Malerei. Hrsg. v. Oskar Bätschmann u. Christoph Schäublin. Darmstadt 2000, S. 293, 245.*

***b) Gigio Vasari, der mit seinen Lebensbeschreibungen von bedeutenden florentinischen Künstlern als einer der ersten Kunsthistoriker gilt, beschreibt die besonderen Verdienste des florentinischen Baumeisters und Bildhauers Brunelleschi. Dieser trug durch exakte mathematische Konstruktionen der Raumperspektive zur Weiterentwicklung der Architektur bei.***

Filippo di Sei Brunellesco [besaß] solch einen erhabenen Geist [...], dass man in Wahrheit sagen kann, er sei uns vom Himmel geschenkt worden, der Baukunst, die schon seit Jahrhunderten erloschen war, eine neue Form zu geben. Denn zu jener Zeit wurden von den Menschen viele Reichtümer schlecht verwendet und Bauten ohne Regel, nach schlechter Manier und armseliger Zeichnung, mit seltsamen Erfindungen, mit gesuchter Zierlichkeit und noch schlechteren Verzierungen errichtet. [...] Filippo beschäftigte sich viel mit Perspektive, worin man damals gar keine Übung hatte und eine Menge Dinge falsch ausführte. Auf dieses Studium verwendete er einen großen Teil seiner Zeit, bis er von sich aus eine vollkommen richtige Methode fand. [...]
Er [...] verließ zugleich mit Donato Florenz und begab sich nach Rom, woselbst er bei der Betrachtung der mächtigen Gebäude und der Vollkommenheit der Baumassen der Tempel so verloren stand, dass er außer sich zu sein schien. Er ließ die Gesimse messen und nahm die Grundrisse der Gebäude auf, und er sowohl wie Donato waren darin unermüdlich und scheuten weder Zeit noch Kosten. Keinen Ort in und außerhalb Rom ließen sie unbesehen, nichts unvermessen, was gut und erreichbar war. Und Filippo, der keine häuslichen Sorgen hatte, ergab sich ganz dem Studium und kümmerte sich nicht um Essen und Schlafen, sondern richtete sein Augenmerk einzig auf die Baukunst, die schon so lange erloschen war. Ich sage ausdrücklich: die gute Bauweise der Alten und meine nicht die barbarische deutsche, welche zu seiner Zeit sehr geübt wurde. Zwei große Gedanken waren es, die er verfolgte: der eine, die gute Baumethode wieder ans Licht zu bringen, [...] der zweite, ein Mittel zu finden, wie er die Kuppel von Santa Maria del Fiore [Dom von Florenz] wölben könne. Die Schwierigkeiten waren so groß, dass [...] kein Baumeister Mut besessen hatte, sie anders als mit einem großen Gerüst von Holzwerk wölben zu wollen.

*Giorgio Vasari: Künstler der Renaissance. Hrsg. v. Herbert Siebenhüner. Köln 1997, S. 117–119, 123. (Original Leipzig 1940) Übers. Herbert Siebenhüner*

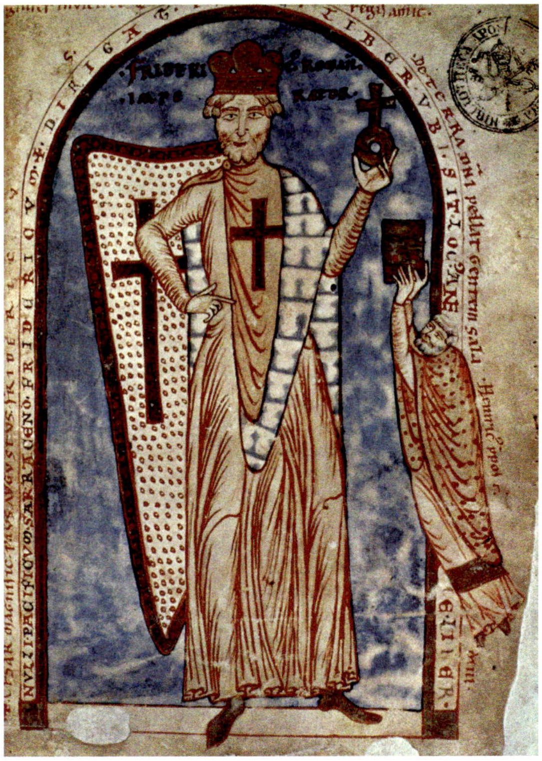

**4 Kaiser Friedrich Barbarossa**
*Miniatur aus einer Handschrift von 1188, Vatikanische Bibliothek*

**5 Großvater und Enkel**
*Gemälde von Domenico Ghirlandaio, 1488* (Online-Link 430075-0123). *Der Alte bildet vermutlich einen Florentiner Patrizier ab.*

## 6 Das Selbstverständnis des Malers

*Leonardo da Vinci äußert sich in seinen Schriften über Malerei, Natur und Erfahrung:*

Wenn du die Malerei verachtest, die als Einzige alle sichtbaren Werke der Natur nachahmt, dann verachtest du zweifellos auch eine feine Erfindung, die mit philosophischer und scharfsinniger Spekulation alle Eigenschaften der Formen betrachtet: Luft und Lage, Pflanzen, Tiere, Kräuter und Blumen, die von Schatten und Licht umgürtet sind; und sie ist wahrhaftig eine Wissenschaft und die rechtmäßige Tochter der Natur; aber, um genauer zu sein, nennen wir sie lieber die Enkelin der Natur, denn diese hat alle sichtbaren Dinge geboren, aus denen dann die Malerei geboren wurde. Wir nennen sie daher mit Recht die Enkelin der Natur und eine Verwandte Gottes. […] Vom Vergnügen des Malers. Das göttliche Wesen der Wissenschaft des Malers bewirkt, dass sich sein Geist in ein Abbild göttlichen Geistes verwandelt; frei schaltend und waltend, schreitet er zur Erschaffung mannigfacher Arten verschiedener Tiere, Pflanzen, Früchte; von Dörfern, Land, herabstürzenden Bergen, angst- und schreckenerregenden Orten, die dem Betrachter Grauen einjagen, und auch von angenehmen, lieblichen und reizenden Wiesen mit bunten Blumen, die von sanften Lüften leicht gewellt dem von ihnen scheidenden Wind nachblicken; Flüsse, die im überfließenden Bett von den hohen Bergen herabstürzen, ein Gewirr aus entwurzelten Bäumen, Steinen, Wurzeln, Erdreich und Schaum vor sich herschieben und alles mitreißen, was ihrem Ungestüm im Wege ist. […]
Das Geistige, das nicht über die Sinne gegangen ist, ist vergeblich, und keine Wahrheit geht daraus hervor außer einer schädlichen. […] Und du, der du sagst, es wäre besser, beim anatomischen Sezieren zuzusehen, als diese Zeichnungen anzusehen, du hättest Recht, wenn es möglich wäre, all das zu sehen, was meine Zeichnungen in einer einzigen Abbildung zeigen; in der Anatomie siehst du bei all deiner Gescheitheit nur einige wenige Adern und nur diese lernst du kennen; während ich, um von ihnen eine vollständige und wirklichkeitsgetreue Kenntnis zu bekommen, mehr als zehn menschliche Leichen zerlegt habe, wobei ich alle anderen Teile zerstörte und Stückchen für Stückchen das ganze Fleisch entfernte, das um diese Adern herum war, ohne sie mit Blut zu beflecken, außer durch das kaum merkliche Bluten der Kapillaren. Und eine Leiche reicht nicht so lange Zeit, so dass ich an mehreren Leichen nacheinander arbeiten musste, um mir eine vollständige Kenntnis von allem anzueignen; und um die Unterschiede zu erkennen, machte ich das Ganze zweimal.

*Zit. nach: Leonardo da Vinci: Sämtliche Gemälde und die Schriften zur Malerei. Hrsg. von André Chastel. München 1990, S. 161 f., 165 f., 284 f. Übers. Marianne Schneider*

## 7 Künstler und Mäzene

*a) Der Schweizer Historiker Volker Reinhardt schreibt über die Medici in Florenz:*

Schon ihre Dreidimensionalität, ihre Realität im Raum, prädestinierte die großen Bauten der Medici zu massiven Zeichen von Macht und Status der Bauherren. Beim großartigen und entsprechend kostspieligen Neubau von Kirche und Kloster S. Marco kommt dazu das ostentative – und vom Papst höchstpersönlich verbriefte – Reinwaschen von Sündenschuld ins Spiel. Das war allein schon eine lohnende Rendite, doch nicht die einzige, die angestrebt wurde.
Was die Florentiner in diesem Aufsehen erregenden Bauprojekt ausgedrückt sehen sollten, lässt sich im Abstand eines halben Jahrtausends nur noch umrisshaft in Worte fassen: neben Bußfertigkeit Uneigennützigkeit, Frömmigkeit, Bürgersinn, Fürsorge für die Stadt, also traditionelle Werte, aber auch unerschöpfliche Geldquellen, unerschütterliche Macht; dazu kommen als Kernelemente

des humanistischen Fürstenspiegels magnificentia und liberalitas, Großartigkeit und Großzügigkeit. Offenbar sahen zumindest einige darin allerdings auch noch mehr: Hochmut, Selbstüberhebung, Grenzüberschreitungen, Grenzverletzung.

*Volker Reinhardt: Die Medici. Florenz im Zeitalter der Renaissance. München 2. Aufl. 2001, S. 61.*

***b) Der niederländische Kunsthistoriker Bram Kempers schreibt in einer Studie aus dem Jahre 1987:***

Vasari betonte in seinem Streben nach Anerkennung und Wohlstand die so sehr begehrte Autonomie des Künstlers. In seinen Briefen, Betrachtungen und Künstlerbiografien entwickelte er ein Idealbild, an das vielleicht diejenigen Künstler herankamen, die mit den prestigeträchtigsten Aufträgen betraut waren, das aber von der alltäglichen beruflichen Praxis weit entfernt war. Seine Sicht der Antike, des Mittelalters und der Renaissance ist eine überzogene Vorstellung vom erhabenen Ideal einer Elite von Künstlern. Man kann die Werke der Malerei auch aus einer mehr soziologischen Perspektive betrachten, ohne dabei über die individuellen Verdienste der Künstler hinwegzusehen: als die Arbeit von Angehörigen einer Berufsgruppe, ausgeführt für Auftraggeber, die ihrerseits ebenfalls von anderen abhängig waren. [...] Die Fähigkeiten der Maler lassen sich nicht unabhängig von den Auftragsverhältnissen betrachten, in denen sie ihren Beruf ausübten, und das Mäzenatentum ist ohne Berücksichtigung des übergreifenden sozialen Zusammenhangs nicht zu verstehen. [...] Die reichen Kaufleute versuchten in zunehmendem Maße die Auftragsvergabe zu kontrollieren. Der gegenseitige Wetteifer der verschiedenen Familien begann in diesem Zusammenhang eine wichtige Rolle zu spielen. [...] Die Maler bekamen mündlich, brieflich oder vertraglich vorgeschrieben, was sie darstellen sollten. [...]

Für eine kleine Schicht wurde die Betonung auf Prachtentfaltung, Luxus und Verfeinerung verstärkt. Dies war besonders dort der Fall, wo es noch keine stark ausgeprägte Kultur und Staatsordnung gab. Die Herrscher machten sich zum Mittelpunkt einer Hofhaltung. Im gegenseitigen Wetteifer präsentierten sie sich auf eindrucksvolle und elegante Weise. Der soziale Zwang zur individuellen Stilisierung nahm an Stärke erheblich zu. Das Mäzenatentum im großen Stil wurde im Netz der Höfe ein unersetzliches Machtmittel. Die Möglichkeiten, die das Mäzenatentum bot, kamen aber nicht nur den Auftraggebern zugute, sondern auch den Malern. [...] Einzelne Hofmaler konnten einen kräftigen sozialen Aufstieg erleben; nicht aber die Berufsgruppe insgesamt.

*Bram Kempers: Kunst. Macht und Mäzenatentum. Der Beruf des Malers in der italienischen Renaissance. Bearb. u. übers. v. Bram Opstetten. München 1989, S. 15 f., 291 ff.*

## 8 Ein neues naturwissenschaftliches Selbstverständnis

*Der Arzt Paracelsus (1494–1541) war einer der bedeutendsten Naturforscher der beginnenden Neuzeit. Er durchwanderte lernend und studierend ganz Europa und wurde 1527 Stadtphysikus und Medizinprofessor in Basel. Vor Studenten erläutert er sein Programm:*

Da ganz allein die Medizin als einzige aller Disziplinen, gleichsam wie ein Gottesgeschenk, nach dem Urteil der heiligen und profanen Schriftsteller als eine Notwendigkeit ausgezeichnet wird und nur wenige der Doktoren sie heute mit Glück ausüben, erschien es geboten, sie in ihren ursprünglichen lobenswerten Zustand zurückzuführen und [...] wollen wir sie von den schwersten Irrtümern reinigen, nicht den Regeln der Alten zugetan, sondern ausschließlich denjenigen, die wir aus der Natur der Dinge und eigenen Erwägungen gewonnen und in langer Übung und Erfahrung bewährt gefunden haben. Wer weiß es denn nicht, dass die meisten Ärzte heutiger Zeit zum größten Schaden der Kranken in übelster Weise daneben gegriffen haben, da sie allzu sklavisch am Wort des Hippokrates[1], Galenos[2] und Avicenna[3] und anderer geklebt haben, als ob diese wie Orakel aus dem Dreifuß des Apoll herausklängen, von deren Wortlaut man auch nicht um Fingers Breite abweichen dürfte. Wenn's Gott gefällt, kann man auf diesem Wege wohl zu blendenden Doktortiteln gelangen, wird aber niemals ein wahrer Arzt. Nicht Titel und Beredsamkeit, nicht Sprachenkenntnisse, nicht die Lektüre zahlreicher Bücher [...] sind Erfordernisse eines Arztes, sondern die tiefste Kenntnis der Naturdinge und Naturgeheimnisse, welche einzig und allein alles andere aufwiegen. [...] Aufgabe des Arztes ist es, die verschiedenen Krankheitsformen zu kennen, ihre Ursachen und Symptome zu durchschauen und obendrein mit Scharfsinn und Beharrlichkeit ihnen Arzneimittel zu verordnen und nach Umständen und Besonderheiten tunlichst allen Heilhilfe zu bringen. Um in meine eigene Lehrmethode ein wenig einzuführen, werde ich [...] täglich in zwei Stunden praktischer und theoretischer Heilkunde sowohl der inneren Medizin wie der Chirurgie Lehrbücher, deren Verfasser ich selbst bin, mit höchstem Fleiß und hohem Nutzen der Hörer öffentlich erklären. Diese Lehrbücher sind nicht etwa aus Hippokrates und Galenos oder irgendwelchen anderen Lehrbüchern zusammengebettelt, sondern vermitteln das, was mich die höchste Lehrerin Erfahrung und eigene Arbeit gelehrt haben. Demnach dienen mir als Beweishelfer Erfahrung und eigene Erwägung statt Berufung auf Autoritäten. [...] Um den Schleier etwas zu lüften, kann ich ihm sagen, dass von Komplexionen [Vermischungen] und Kardinalsäften im Stile der Alten bei mir nicht die Rede sein wird, aus denen fälschlich alle Krankheiten hergeleitet werden, woraus den Ärzten heute Krankheiten, Krankheitsursachen, kritische Tage usw. erklärt werden.

*1 berühmter Arzt der Antike, ca. 460–380 v. Chr.*
*2 griechischer Arzt und Anatom, der die verschiedenen medizinischen Richtungen der Antike zusammenfasste und damit bis ins 17. Jahrhundert hinein zur medizinischen Autorität wurde*
*3 Ibn Sina, 980–1037, berühmter arabischer Arzt des Mittelalters*

*Zit. nach: Ernst Kaiser: Paracelsus in Selbstzeugnissen und Bilddokumenten. Reinbek 1969, S. 89 f.*

### 9 Ursachen der wissenschaftlichen Revolutionen in der Frühen Neuzeit

***Der Historiker Roy Porter referiert verschiedene Erklärungsansätze (1996):***

Weithin glaubt man, dass die wissenschaftliche Revolution nur als Reaktion auf tiefer gehende Veränderungen Europas zu verstehen sei. Zum Beispiel haben Marxisten in der wissenschaftlichen Revolution ein wesentliches Element des Übergangs von der feudalen zur bürgerlichen Gesellschaftsordnung gesehen, indem die wissenschaftliche Revolution die technologischen Hindernisse wegräumte, die den Vormarsch des Kapitalismus bei seiner kommerziellen, industriellen und imperialistischen Expansion aufgehalten hatten. Die astronomische Revolution war für sie die Antwort der Wissenschaft auf die Navigationsprobleme des kapitalistischen Überseehandels. Darüber hinaus konnte die Wissenschaft der bürgerlichen Gesellschaft als neue Religion dienen, die ihr im Naturrecht eine rationale Rechtfertigung lieferte.

Andere Historiker haben die wissenschaftliche Revolution auf die Reformation zurückgeführt. Danach habe der Protestantismus eine neue Einstellung gegenüber der Natur zur Folge gehabt, bei der jede Autorität abgelehnt, Erfahrung und Experiment höher gewertet, Magie und Okkultismus verworfen und die Natur als Werkzeug Gottes gesehen wurden. An der wissenschaftlichen Revolution sei eine unverhältnismäßig große Zahl protestantischer Wissenschaftler beteiligt gewesen.

In neuerer Zeit hat man dem Buchdruck eine maßgebliche Rolle bei der wissenschaftlichen Revolution beigemessen. Die massenhafte Verbreitung exakter, beliebig reproduzierbarer Informationen durch das Medium des gedruckten Buches habe der abergläubischen Verehrung für die alte Wissenschaft mit ihren endlosen Schönheitspflastern der Kommentarliteratur ein Ende bereitet und ein Klima wissenschaftlicher Diskussion, Kritik und Konkurrenz erzeugt. [...]

[D]er Zweifel an der gesellschaftlichen Bedingtheit wissenschaftlicher Theorien [darf] nicht zum anderen Extrem verleiten, wonach die wissenschaftliche Revolution überhaupt keine gesellschaftliche Grundlage gehabt und nur das benötigt habe, was ihr zur Verfügung stand, nämlich eine geistige Heimstätte. Angeregt durch das Werk von Alexander Koyre haben die einflussreichsten Historiker, die sich mit der wissenschaftlichen Revolution beschäftigt haben, eine idealistische Interpretation entwickelt, die darauf zielt, gesellschaftliche oder ideologische Einflüsse auf den kreativen Wissenschaftler zu verneinen und ihn stattdessen oft als einsames Genie vorzustellen, das die tief greifenden theoretischen Innovationen in seinem Kopf ausarbeitet. Dies kommt in einer Anekdote über Newton treffend zum Ausdruck: Gefragt von einem Bewunderer: „Wie machen Sie Ihre Entdeckungen?", antwortete Newton: „Indem ich ständig über sie nachdenke."

*Roy Porter: Die wissenschaftliche Revolution und die Universitäten. In: Geschichte der Universität in Europa. Hrsg. von Walter Rüegg. Bd. 2, München 1996, S. 431 f.*

## Infragestellung der Kirche

### 10 Allegorische Satire auf das Leben der Mönche

*Holzschnitt von Sebald Beham, 1521 (**Online-Link** 430075-0124)*
*Ein von den drei Lastern Hochmut (Superbia), Wollust (Luxuria) und Habsucht (Avaricia) am Gängelband geführter Mönch wird von einem durch die Armut (Paupertas) angetriebenen Bauern gezwungen, die Bibel zu „fressen".*

## 11 Zu den Ursachen der Reformation

*a) Seit dem Spätmittelalter bemühten sich fortschrittliche Denker um eine Kirchenreform. Sie forderten die Reinigung der Kirche und ihre Rückkehr zu den ursprünglichen Formen. Die Kritiker waren zum einen Seelsorger wie z. B. Jan Hus, der in Böhmen eine neue Lehre begründete und dafür 1415 im Rahmen des Konstanzer Konzils als Ketzer verbrannt wurde. Zum anderen bemühten sich auch Humanisten, die die christliche Lehre zunächst philologisch und inhaltlich aufarbeiteten, um eine Erneuerung des Christentums. In diesem Kontext äußert Erasmus von Rotterdam in seinem Werk „Lob der Torheit" (1509) folgende Überlegungen:*

Nun zu den Theologen! Gescheiter freilich wäre es wohl, in dieses Wespennest nicht zu stechen und um diese stinkende Hoffart einen Bogen zu machen, denn die Leute sind hochnäsig und empfindlich und reiten am Ende mit ihren Schlusssätzen schwadronsweise Attacke, um mich zum Widerruf zu zwingen, und weigere ich mich, so schreien sie gleich: „Ketzerei!" Im Handumdrehen schleudern sie diesen Blitz, um den zu schrecken, der es mit ihnen verscherzt hat. Kein Mensch zwar will so wenig wie sie davon wissen, dass ich ihnen Gutes tue; und doch stehen auch sie mit einer erklecklichen Schuld bei mir zu Buche. Denn beglückt von ihrer Einbildung tun sie, als wohnten sie im dritten Himmel, und sehen auf die übrige Menschheit wie auf Vieh, das auf dem Boden kriecht, von hoch oben herab, mitleidig schier. Sie verschanzen sich hinter einer so dichten Hecke von magistralen Definitionen, Konklusionen, Korollarien [beweisbare Schlussfolgerungen] und Propositionen [vorausgesetzte Annahmen] [...] und halten sich ein so raffiniertes System von Schlupflöchern offen, dass auch die Netze Vulkans sie nicht zu fangen vermöchten[1]: Immer wieder beißen sie sich mit ihren Distinktionen [Unterscheidungen] heraus, die ihnen so glatt wie das Beil von Tenedos[2] die Knoten der Maschen durchschneiden, und eine Unzahl neu ersonnener Wörtchen und ungeheuerlicher Ausdrücke kommt ihnen zu Hilfe. Die heiligen Geheimnisse erklären sie frei aus dem Kopfe: Sie wissen genau, wie die Welt erschaffen und eingerichtet, durch welche Kanäle das Gift der Erbsünde in die Kinder Adams geflossen, wie, in welcher Größe und wie schnell Christus im Leibe der Jungfrau gereift ist, und wie in der Hostie die Gestalten von Brot und Wein auch ohne Substanz bestehen. Doch das sind abgenutzte Themata. Erst Fragen wie die folgenden halten sie großer und erleuchteter Theologen, wie sie sagen, für wahrhaft würdig; erst wenn sie an solche geraten, erwachen sie, an Fragen wie die: Kann man von Entwicklung bei der Menschwerdung Gottes reden? Gibt es bei Christus mehr als eine Sohnschaft? Ist der Satz möglich: Gott Vater hasst den Sohn? Hätte Gott auch in die Gestalt eines Weibes, eines Teufels, eines Esels, eines Kürbisses, eines Kiesels eingehen können? Und wie würde dann dieser Kürbis gepredigt und Wunder gewirkt haben? Wie wäre er zu kreuzigen gewesen? [...] Solche Haarspaltereien kennen sie Tausende, ja, noch viel heiklere. [...]

Kaum weniger glücklich als sie leben die Menschen, die sich fromme Brüder und Klosterleute nennen, wobei der erste Name so falsch ist wie der zweite; denn ein gut Teil von ihnen ist alles andere als fromm, und niemand trifft man so häufig auf allen Straßen und Gassen. [...] Denn während jedermann diese Gesellschaft ins Pfefferland wünscht, ja, eine zufällige Begegnung als übles Vorzeichen ansieht, haben sie selber an sich eine göttliche Freude. Zunächst gilt es ihnen als frömmster Gottesdienst, sich der Wissenschaft so tapfer zu enthalten, dass sie nicht einmal lesen können. Dann glauben sie, den Ohren der Heiligen einen gar herrlichen Schmaus zu bieten, wenn sie ihre abgezählten, aber unverstandenen Psalmverse mit ihren Eselsstimmen in den Kirchen herunterplärren. Manche wissen aus Unsauberkeit und Bettlerpose Kapital zu schlagen und heischen vor den Haustüren mit lautem Muhen ein Stück Brot; ja in keiner Herberge, in keinem Reisewagen, auf keinem Schiff entgeht man den aufdringlichen Gesellen, zum schweren Schaden der übrigen Bettler. Dergestalt, unsauber, unwissend, unflätig, vermeinen diese köstlichen Leute, uns die Apostel wieder vorzuleben.

*Zit. nach: Erasmus von Rotterdam: Ausgewählte Schriften. Hrsg. v. Werner Welzig, Band 2. Darmstadt 1995, S. 131, 133, 143, 145.*

*b) 1545 schrieb Martin Luther (1483–1546) in einem Rückblick auf sein Leben:*

Vor allem aber bitte ich den freundlichen Leser, ich bitte ihn um unsres Herrn Jesu Christi willen, dieses alles mit Verstand, ja mit viel Nachsicht zu lesen. Er muss wissen, dass ich damals, als ich diese Sache angriff, ein Mönch und ein ganz unsinniger Papist war [...].

Ich betrieb die Sache mit Ernst; denn ich hatte furchtbare Angst vor dem Jüngsten Tage und begehrte doch von Herzens Grund selig zu werden. In diesen meinen frühen Schriften wird man darum viele große und unterwürfige Zugeständnisse an den Papst finden, die ich später als ärgste Lästerung und Gräuel erkannte und heute verdamme. Du musst, lieber Leser, solchen Irrtum – meine Verleumder sagen Widerspruch – der damaligen Lage und meiner Unerfahrenheit zugutehalten. Ganz allein stand ich anfangs und war sicherlich zur Behandlung solcher Sachen ganz ungeschickt und ungelehrt. Durch Zufall, ohne meinen Willen und meine Absicht geriet ich in diese Wirren. Gott selber ist mein Zeuge! Im Jahre 1517 wurden in unserer Gegend Ablässe verkauft (ich wollte sagen: öffentlich bekannt gemacht) um des schändlichen

Gewinnes willen! Ich, damals Prediger und ein junger Doktor der Theologie, wie man sagt, begann den Leuten abzuraten und ermahnte sie, dem lauten Geschrei der Ablasskrämer keine Beachtung zu schenken, sie hätten Besseres zu tun. Ich war mir ganz gewiss, in diesen Dingen einen Schutz beim Papst selber zu haben. [...]
Gleich schrieb ich auch zwei Briefe, einen an den Erzbischof Albrecht von Mainz[3], der die Hälfte der Ablassgelder erhielt – während die andere, was ich damals nicht wusste, dem Papste gehörte –, den andern an den Bischof von Brandenburg, Hieronymus Schulz, [...] und bat, der Schamlosigkeit und Gotteslästerung der Ablasshändler Einhalt zu tun. Aber das arme Mönchlein verachtete man nur. Da ich das merkte, veröffentlichte ich den Zettel mit den Streitsätzen und die deutsche Predigt „Von Ablass und Gnade" und etwas später auch „Erläuterungen" dazu, in denen ich, um der Ehrerbietung vor dem Papst willen, die Ablässe zwar nicht so gänzlich verwerfen wollte, aber doch die guten Werke der Nächstenliebe ihnen vorzuziehen empfahl.
Das hieß nun den Himmel stürmen und die Welt in Brand setzen! Man verklagt mich beim Papst und zitiert mich nach Rom: Gegen mich, einen einzelnen Mann, erhebt sich die ganze Macht des Papsttums. Das geschah unter Maximilian[4] im Jahre 1518 zur Zeit des Augsburger Reichstags, auf dem der Kardinal Cajetan als päpstlicher Legat fungierte. An ihn wandte sich nun der erlauchte Kurfürst Friedrich von Sachsen[5] in meiner Angelegenheit und erreichte, dass ich nicht nach Rom zu gehen brauchte. [...]
Ganz Deutschland war damals des Plünderns und Schacherns und der Betrügereien der römischen Schwind-

**12 Gegensatz von reformatorischer und katholischer Lehre**
*Gemälde, um 1600. Mit all ihrem liturgischen Gerät vermögen die Katholiken die Bibel nicht aufzuwiegen.*

ler, das kein Ende fand, müde; darum wartete man mit Spannung, wie eine solche Sache ausgehen würde, die bis dahin kein Bischof und kein Theologe anzurühren gewagt hätte. Die öffentliche Meinung war durchaus auf meiner Seite; denn allen waren diese Ränke und Kniffe der Römlinge verhasst, mit denen sie die ganze Welt über und über plagten.

*1 Anspielung auf die im 8. Buch der Odyssee erzählte Geschichte, in der Hephaistos (Vulkan) seine Frau Aphrodite und ihren Liebhaber Ares in einem Netz fängt.*

*2 Der König Tenes von der Insel Tenedos stellte die Ankläger unter das Beil, um sie sofort zu strafen, falls die Anklage sich als falsch herausstellte.*

*3 Albrecht II. (1490–1545), Markgraf von Brandenburg, Erzbischof von Mainz und Magdeburg*

*4 Kaiser Maximilian I.*

*5 Kurfürst Friedrich III. von Sachsen (1486–1525) sorgte dafür, dass Luther 1521 nach dem Reichstag von Worms und der Verhängung der Reichsacht durch den Papst zum Schein entführt und auf die Wartburg nach Eisenach gebracht wurde.*

*Martin Luther: Ausgewählte Werke, Bd. 1. Hrsg. von Hans Heinrich Borcherdt/Georg Merz. München 3. Aufl. 1951, S. 20 f.*

## Arbeitsvorschläge

- ●●● a) Vergleichen Sie die Bilder des Mittelalters (M 2, M 4) und der Renaissance (M 1, M 5) miteinander. Welche Neuerungen stellen Sie fest? Welche Elemente des neuen Zeitgeistes werden in den Gemälden sichtbar?
- ○●● b) Untersuchen Sie das Selbstverständnis der Renaissance-Künstler (M 3, M 6).
- ○●● c) Zeigen Sie auf, welchem Bildungsideal der Künstler verpflichtet sein sollte, und ordnen Sie dieses in seinen zeitgenössischen Kontext ein (M 3, M 6). Untersuchen Sie dabei, ob Brunelleschis (M 3 b) diesem Ideal entspricht.
- ○○● d) Beschreiben Sie die neuen Arbeitsweisen, denen sich die Künstler verpflichtet fühlten (M 3, M 6).
- ○○● e) Beschreiben Sie die Veränderung der Rolle des Malers bzw. Künstlers im Verlauf des 14./15. Jahrhunderts (M 6).
- ○●● f) Erläutern Sie, welches Verhältnis zwischen den Künstlern und ihren Auftraggebern bestand und welche Funktion Kunstwerke und Prachtbauten für die unterschiedlichen Auftraggeber hatten (M 7).
- ●●● g) Beurteilen Sie das von Vasari (M 3 b) betonte Selbstverständnis der Renaissancekünstler vor dem Hintergrund ihrer gesellschaftlichen Stellung und der Bedeutung ihrer Werke für die Auftraggeber (M 7 a).
- ○●● h) Erklären Sie Paracelsus' Programm und zeigen Sie auf, was er an der traditionellen Medizin kritisiert (M 8).
- ○○●/●●● i) Skizzieren Sie zunächst die verschiedenen Erklärungsansätze zum wissenschaftlichen Wandel (M 9). Welcher Erklärungsversuch erscheint Ihnen am plausibelsten? Haben Sie eigene Erklärungen? Begründen Sie Ihre Meinung.
- ○●● j) Analysieren Sie die Kritikpunkte an der spätmittelalterlichen Kirche im Holzschnitt von Beham (M 10).
- ○●● k) Erläutern Sie Ursache und Anlass der Reformation (M 11).
- ○●● l) Recherchieren Sie zu Leben und Werk Luthers sowie zum Verlauf und den Folgen der Reformation (**Online-Link** 430075-0125). Stellen Sie Ihre Ergebnisse in Form einer Präsentation dar.
- ○●● m) Charakterisieren Sie die Unterschiede der katholischen und reformatorischen Lehre (M 12).
- ○●● n) Untersuchen Sie mögliche Zusammenhänge zwischen Reformation sowie Renaissance und Humanismus.

# Grundwissen: Folgen des neuen Welt- und Menschenbildes

## Kunst und Architektur

→ 1 - 7 S. 52 ff.

Die Veränderung des Denkens und der Bildungswelt hatte Folgen für alle Bereiche der Kunst, die eine wahre Blütezeit erlebte. Der Künstler trat aus dem Status des Zunfthandwerkers heraus und verstand sich als ein umfassend gebildeter Mensch, dem Spezialistentum fremd war und der seine Werke als individuelle Schöpfungen verstand.

Erstmals entstanden auch wissenschaftliche Abhandlungen über Malerei und Architektur und deren Geschichte. Es entstand ein neuer künstlerischer Stil, der sich – von Italien ausgehend – in ganz Europa durchsetzte. Während im Mittelalter die Malerei in erster Linie sakralen Zwecken und der Darstellung des Glaubens diente, wurde sie z. B. für Leonardo da Vinci (1452 – 1519) ein zentrales Mittel der Naturerkenntnis. In seinen Skizzen, Zeichnungen und Gemälden versuchte er, den Geheimnissen der Natur nachzuspüren, die Naturgesetze zu ergründen und beim Malen gleichsam den Schöpfungsprozess nachzuvollziehen. Zwar blieben die Themen der neuen Malweise oft noch religiös, doch die dargestellten Personen wandelten sich nun zu wirklichen Menschen in ihrer natürlichen Umgebung.

**Leonardo da Vinci**
*Vermutliches Selbstporträt, um 1512*

Die radikalste Veränderung im Bereich des künstlerischen Ausdrucks war der Übergang zur Zentralperspektive: Die Bilder zeigten jetzt eine Wirklichkeit, die vom Maler geplant und nach einem System mathematisch festgelegter Bezugspunkte konstruiert und gestaltet ist, um dem Werk seine Räumlichkeit zu verleihen.

Der Architekt Filippo Brunelleschi (1377 – 1446) verhalf der neuen Architektur durch die Übernahme antiker Formen und des Zentralbaus zum Durchbruch. An vielen Stellen in Italien fanden sich noch die Überreste und Ruinen aus der römischen Vergangenheit, von denen er sich inspirieren ließ. Im 16. Jahrhundert breitete sich der neue Baustil nach und nach auch ins übrige Europa aus.

Fürsten und reiche Patrizier förderten die neuen Künste: Diese trugen zu ihrem Ruhm als Mäzene bei und demonstrierten Wohlstand und gesellschaftlichen Rang. Im 15. Jahrhundert waren es vor allem geistliche und weltliche Fürsten und auch kleinere Adlige, die – oft über Agenten – als Auftraggeber oder Käufer auf dem Kunstmarkt auftraten und als Mäzene die Künstler unterstützten.

## Naturwissenschaft

→ 8 S. 55
→ 9 S. 56

Auch naturwissenschaftlich-technisch brachte das Zeitalter der Renaissance eine Durchbrechung traditioneller Vorstellungen. Das mittelalterliche Wissenschaftsverständnis stützte sich auf Überlieferungen und zur Lösung von Problemen zog man die maßgeblichen Schriften heran, zum Beispiel die Heilige Schrift und das Werk des Aristoteles. Nun aber breitete sich die Suche nach neuem Wissen aus. Die Einheit von Religion und Wissen zerbrach. Im Sinne humanistischen Gedankenguts ging man davon aus, dass nichts von vornherein als unumstößliche Wahrheit gelten solle, sondern durch Nachdenken und Nachschauen, durch die Wirklichkeit selbst nachvollziehbar und beweisbar sei. Zum theoretischen Nachweis trat nun der praktische Beweis. Das Experiment hielt Einzug in die wissenschaftliche Praxis. In diesem Sinne wurde das antike Wissen zur Grundlage neuer Erkenntnisse gebraucht. Man entnahm ihm Anregungen für Veränderungen der Landwirtschaft und ihrer Geräte, für die Erzverhüttung aber auch für mathematische und physikalische Verfahren. Dazu kam das Interesse, die Natur für die Menschen nutzbar zu machen. Pflanzen erforschte man zu Heilzwecken, die Berge, um Erze zu gewinnen, und den menschlichen Körper, um Krankheiten besser behandeln zu können. Fragen des ökonomischen beziehungsweise militärischen Nutzens (wie bei der Artillerie) traten in den Vordergrund.

## Das Beispiel Medizin

→ 8 S. 55

Die mittelalterlichen Mediziner orientierten sich an den Erkenntnissen des griechischen Arztes Galen aus dem zweiten nachchristlichen Jahrhundert. Der Medizinprofessor stand oben auf dem Katheder und trug aus den Büchern Galens vor. In der Renaissance erwachte bei den Ärzten echtes anatomisches Interesse. Zum Begründer der modernen Anatomie wurde der Flame Andreas Vesalius (1514 – 1564), der 1537 einen Lehrstuhl in Padua einnahm. Er korrigierte die Fehler Galens und beschrieb erstmals genau den Aufbau des menschlichen Körpers. An der von Galen und arabischen Medizinern stammenden Lehre von den Körpersäften hielt er jedoch fest. Danach erklärte man sich die verschiedenen Krankheiten aus einer Störung des Mischungsverhältnisses der vier Körpersäfte Blut, gelbe und schwarze Galle sowie Schleim. Zur Gesundung des Menschen galt es, diese wieder in Harmonie zu bringen.

Eine Gegenposition dazu vertrat der Schweizer Arzt Paracelsus (1493 – 1541). Er lehnte die Lehre von den Körpersäften ab und behauptete, jede Krankheit habe ihre eigene Ursache und müsse entsprechend behandelt werden.

## Reformation

→ 10 - 12 S. 56 ff.

**Der Papst als Ablasshändler**
*Holzschnitt von Lucas Cranach d.Ä., 1521*

Die katholische Kirche war im Mittelalter die älteste und die ehrwürdigste Institution Europas und verkörperte dessen ideelle Einheit. Ihre Gesetze und Vorschriften bestimmten das Alltagsleben der Menschen und nicht selten politische Entscheidungen. Dennoch war die Kirche im Spätmittelalter in eine tiefe Krise geraten, aus der man während des ganzen 15. Jahrhunderts den Ausweg suchte.

Gerade die Frage nach der Moralität beschäftigte die gebildeten Zeitgenossen. Maßstab ihrer Kritik war die beim Studium der biblischen Überlieferung gewonnene Erkenntnis, dass sich die kirchlichen Verhältnisse von den Idealen des frühen Christentums weit entfernt hatten. Klagen über nachlässige Amtsführung, Habgier und Sittenverderbnis von Priestern und Mönchen häuften sich. Die vorhandenen Missstände wurden um 1500 umso stärker wahrgenommen, da die allgemeine Bildung infolge des Humanismus zugenommen und der verbreitete Wille zur Reform zugenommen hatte. Die kritisierten Missstände waren vielfältig und verschiedenartig, hingen aber mit zwei Grundübeln zusammen: der mangelnden Qualifikation des Klerus und dem gestiegenen Finanzbedarf der Kurie.

Durch Politik (Kriege), Verwaltung, gestiegene Repräsentationsbedürfnisse und eine gewaltige Bautätigkeit war der römische Geldbedarf gewachsen. Um diesen zu decken, verlieh die Kurie die hohen Kirchenämter und die damit verbundenen Pfründe zunehmend unverhohlen nicht nach theologischer Eignung, sondern an den Meistbietenden. Unmut erregte bei den Zeitgenossen der aufwendige Lebensstil, den sich die Geistlichkeit bei der Amtsführung leistete und der oft mit mangelhafter theologischer Bildung einherging.

Die Kirchenkritik und die Reformforderungen beeinträchtigten allerdings nicht die Frömmigkeit der Menschen. Im Gegenteil hatte an der Schwelle zum 16. Jahrhundert ein neuer religiöser Ernst, eine wachsende Sorge um das Seelenheil die Menschen ergriffen.

Zu einer besonderen Ursache der Reformation avancierte der Missbrauch des Ablasses, der im Mittelalter zur Sühnung der Sünden eingeführt wurde und nun immer häufiger gegen Geldzahlungen verteilt wurde.

# 1.4 Erfindungen und neues Weltbild

## Wirkung und Folgen des Buchdrucks

### 1 Über die Erfindung der Buchdruckerkunst

*Seitdem Johannes Gutenberg Mitte des 15. Jahrhunderts den Buchdruck mit beweglichen Lettern erfunden hatte, verbreitete sich die neue Technik schnell. Der deutsche Benediktiner Johannes Trithemius berichtet Anfang des 16. Jahrhunderts in den „Annalen des Klosters Hirsau":*

Zu dieser Zeit wurde in Mainz, einer Stadt Deutschlands am Rhein, und nicht in Italien, wie einige fälschlich berichten, jene wunderbare und früher unerhörte Kunst, Bücher mittels Buchstaben zusammenzusetzen und zu drucken, durch Johannes Gutenberg, einen Mainzer Bürger, erfunden und ausgedacht. Nachdem er beinahe sein ganzes Vermögen für die Erfindung dieser Kunst aufgewendet hatte, vollbrachte er, mit übergroßen Schwierigkeiten kämpfend, indem er bald in diesem, bald in jenem zu knappe Mittel besaß und schon nahe daran war, am Erfolg verzweifelnd, das ganze Unternehmen aufzugeben, doch endlich mit dem Rat und den Vorschüssen des Johannes Fust, ebenfalls Bürger von Mainz, die angefangene Sache. Demnach druckten sie zuerst das unter dem Namen „Catholicon" bezeichnete Wörterbuch [grammatisch-lexikalisches Werk in lateinischer Sprache aus dem 13. Jahrhundert], nachdem sie die Züge der Buchstaben nach der Ordnung auf hölzerne Tafeln gezeichnet und die Formen zusammengesetzt hatten. Allein mit diesen Formen konnten sie nichts anderes drucken, eben weil die Buchstaben nicht von den Tafeln ablösbar und beweglich, sondern eingeschnitzt waren. Nach diesen Erfindungen folgten kunstreichere. Es gelang ihnen, die Formen aller Buchstaben des lateinischen Alphabets zu gießen. Diese Formen nannten sie Matrizen, und aus ihnen gossen sie hinwiederum eherne oder zinnerne, zu jeglichem Druck geeignete Buchstaben. Solche hatte man früher mit den Händen geschnitzt. Und in der Tat, wie ich vor beinahe dreißig Jahren aus dem Munde des Peter Schöffer von Gernsheim hörte, eines Mainzer Bürgers, des Schwiegersohnes des ersten Erfinders der Kunst, hatte die Buchdruckerkunst vom Anfang ihrer Entstehung an große Schwierigkeiten zu bekämpfen. Als sie nämlich beschäftigt waren, die Bibel zu drucken, hatten sie schon mehr als viertausend Gulden ausgegeben, bevor sie auch nur das dritte Quarternium [Lage von vier Bögen] zustande brachten. Der erwähnte Schöffer aber, damals Gehilfe, hernach Schwiegersohn des ersten Erfinders Fust, ein kluger gedankenreicher Kopf, dachte eine leichtere Art aus, Buchstaben zu gießen, und brachte die Kunst zur heutigen Vollendung. Diese drei hielten ihre Art und Weise zu drucken einige Zeit geheim, bis sie durch Gehilfen, ohne deren Mitwirkung die drei Männer die Kunst nicht selbst ausüben konnten, zuerst bei den Straßburgern und schließlich bei allen Nationen verbreitet wurde.

*Bernhard Pollmann (Hrsg.): Lesebuch zur deutschen Geschichte, Band II. Dortmund 1984, S. 13 f. In: Asmut Brückmann/Dietmar Schiersner: Historisch-Politische Weltkunde – Frühe Neuzeit. Stuttgart 2007, S. 27 f.*

### 2 Lyoner Totentanz

*Der Holzschnitt von Matthias Huß 1500 stellt die älteste bekannte Darstellung einer Druckereiwerkstatt dar. Die Darstellung ermahnt den Drucker und seine Mitarbeiter (Setzer, Farbauftrager, Buchhändler), dass auch sie sterblich sind.*

### 3 Über den Wert von Büchern

*Der italienische Humanist Polidorus Vergilius (1470–1555)* (**Online-Link** 430075-0126) *schrieb 1499 über den Buchdruck:*

Dieses Ereignis [Bibliotheksgründung] war in jeder Hinsicht ein großes Geschenk für die Menschen, jedoch reicht es in keiner Weise an das Geschenk heran, das unsere Generation erhalten hat: die neue Art zu schreiben. Wird doch an einem Tag von einem Menschen so viel Schriftliches gedruckt, wie kaum in einem ganzen Jahr mehrere schreiben könnten. Zufolgedessen ist eine so große Menge Bücher […] auf uns eingeströmt, dass es kein bedeutenderes Werk mehr geben wird, das ein Mensch […] vermissen müsste. Hinzu kommt noch, dass die Erfindung des Buchdrucks sehr viele griechische wie lateinische Autoren für alle Zukunft vor der Gefahr des Untergangs bewahrt hat. Darum darf man den Erfindern einer so wichtigen Sache nicht um seinen Ruhm betrügen, vor allem im Hinblick darauf, dass die Nachwelt wissen soll, wem sie den Empfang dieser göttlichen Wohltat zu verdanken hat.

*Hans Widman: Vom Nutzen und Nachteil der Erfindung des Buchdrucks – aus der Sicht der Zeitgenossen des Erfinders. Mainz 1973, S. 38 f. In: Achim Beyer/Jörgen Hartman et al.: Geschichte und Geschehen exempla. Leipzig 2003, S. 134.*

**4 Verbrennen „gottloser" Bücher**
*Gemälde von Pedro Berruguete, um 1501*

### 5 Folgen des Buchdrucks

*Bereits Papst Innozenz VIII. (1432–1492) hatte 1487 die Bulle Inter multiplices zur Zensur „unfrommer Druckwerke" verabschiedet. Der Medici-Papst Alexander VI. (1431–1503) bestätigte diese Bulle 1501 abermals und schrieb dazu:*

Da wir erkannt haben, dass durch die Buchdruckkunst sehr viele Bücher und Abhandlungen in den verschiedenen Teilen der Welt, namentlich in kölnischen, mainzischen, trierischen und magdeburgischen Sprengel, gedruckt worden sind, welche viele Irrtümer und verderbliche, ja selbst der christlichen Religion feindliche Lehren enthalten, so verbieten wir – bestrebt, einer derartigen verabscheuungswürdigen Verderbnis ohne Aufschub entgegenzutreten – allen Buchdruckern insgesamt bei Strafe der Exkommunikation und bei einer Geldstrafe, welche durch unsere ehrwürdigen Brüder, die Erzbischöfe von Köln, Mainz, Trier und Magdeburg oder deren geistliche Generalvikare aufzulegen und zu vollziehen ist, ernstlich, dass sie in Zukunft Bücher, Abhandlungen oder irgendwelche Schriften drucken oder drucken zu lassen irgendwo sich unterstehen, ohne zuvor darüber die Erzbischöfe oder genannte Stellvertreter um Rat zu fragen und ohne die besondere und ausdrückliche Erlaubnis ausgewirkt zu haben; und wir machen es jenen zur Pflicht, bevor sie solche Erkenntnis erteilen, das zu Druckende sorgfältig zu prüfen und fest darauf zu achten, dass nichts gedruckt werde, was dem strengen Glauben zuwider, gottlos oder Ärgernis erregend ist.

*Richard Leoning: Über Zensur und Pressefreiheit. Deutsche Rundschau 1891, S. 445.*

## Infragestellung des antiken Weltbildes

### 6 Kopernikus und das heliozentrische Weltbild

*In der an den Papst Paul III. gerichteten Vorrede zu seinem Werk „Über die Umdrehungen der Himmelskreise" („De revolutionibus orbium coelestium") von 1543 äußert sich der Astronom Nikolaus Kopernikus zu seiner Vorgehensweise:*

Ich dachte also lange Zeit über diese Unsicherheit der überlieferten mathematischen Lehren von der Berechnung der Umdrehungen der Weltsphären nach. Dabei empfand ich allmählich Widerwillen darüber, dass den Philosophen kein einigermaßen sicheres Gesetz für die Bewegungen der Weltmaschine bekannt sein sollte, die doch um unsertwillen vom besten und genauesten Werkmeister eingerichtet wurde, während dieselben Philosophen sonst hinsichtlich der geringsten Umstände dieses Kreislaufes so gründliche Untersuchungen anstellten. Daher machte ich mir die Mühe, die Bücher aller Philosophen, derer ich habhaft werden konnte, von neuem durchzulesen, um zu erforschen, ob einer vermutet habe, dass die Bewegungen der Weltsphären andere seien, als die Lehrer der Mathematik in den Schulen annehmen. Und in der Tat fand ich als Erstes bei Cicero, dass Hiketas der Meinung gewesen sei, die Erde bewege sich. Später entdeckte ich bei Plutarch, dass auch andere derselben Ansicht gewesen sind. [...] Das war also für mich der Anlass, über die Beweglichkeit der Erde nachzudenken. Wenn auch diese Meinung absurd erschien, glaubte ich doch, dass wenn anderen vor mir die Freiheit zugestanden wurde, alle beliebigen Kreise zur Erklärung der Erscheinungen an den Gestirnen zu ersinnen, es auch mir ohne weiteres gestattet sei, auszuprobieren, ob bei den

**7 Die Weltsysteme von Ptolemäus, Tycho Brahe und Kopernikus**

*Frontispiz des Almagestum Novum von Ricciolo, 1651. Links an der Waage ist das kopernikanische System, rechts das des Tycho Brahe zu erkennen. Rechts unten befindet sich das ptolemäische System. Tychos Modell belässt die Erde im Mittelpunkt. Um diese dreht sich die Sonne, die wiederum von den Planeten umkreist wird. Hier wird dem System des Tycho Brahe der Vorzug gegenüber dem kopernikanischen gegeben, während das ptolemäische gleichsam auf dem Müll liegt. Die linke Gestalt in der erleuchteten Tageshälfte symbolisiert die Kunst der Beobachtung (Fernrohr), die rechte Gestalt in der Nacht die Astronomie mit der Armillarsphäre. Die Engel im Himmel tragen die Planeten (links: Mars, Venus, Sonne, Merkur; rechts: Saturn mit Ring, Jupiter mit Streifen und Monden, Mond der Erde, ein Komet). Die Hand Gottes ordnet die Welt nach Maß, Zahl und Gewicht.*

Umdrehungen der himmlischen Kugelschalen unter der Voraussetzung irgendeiner Bewegung der Erde Beweise gefunden werden könnten, die die früheren an Überzeugungskraft überträfen.
Und so nahm ich die Bewegungen an, die ich später in meinem Werk der Erde zuschreibe, und fand durch vieles und langes Beobachten schließlich Folgendes heraus: Wenn die Bewegungen der übrigen Gestirne mit der Kreisbewegung der Erde zusammengesetzt und jeweils nach der Umlaufszeit eines jeden Gestirns berechnet werden, so ergeben sich heraus nicht nur die Erscheinungen bei jenen, sondern auch die Rangordnungen und Größen der Gestirne und aller Kreisbahnen, und der Himmel selber kommt in einen solchen inneren Zusammenhang, dass an keiner Stelle von ihm etwas verstellt werden kann, ohne seine übrigen Teile und das ganze Weltall in Unordnung zu bringen.

*Jürgen Hamel: Nicolaus Copernicus. Leben, Werk und Wirkung. Heidelberg/Berlin/Oxford 1994, S. 307f.*

## 8 Kopernikus im Urteil seiner Zeitgenossen

***Der Astronom Nikolaus Kopernikus (1473–1543) stieß mit seinen Schriften innerhalb kurzer Zeit eine intensive Diskussion an.***

*a) Der Reformator Philipp Melanchthon (1497–1560) in seinen „Anfangsgründen der Naturlehre" (1549):*

Unsere Augen bezeugen es, dass sich der Himmel in 24 Stunden herumbewegt. Und da haben nun einige, entweder aus Neuerungssucht oder um ihren Witz zu zeigen, sich ausgelassen, die Erde bewege sich, sie bestehen darauf, weder die achte Sphäre noch die Sonne bewege sich. Sie schreiben nämlich den übrigen Himmelskörpern eine Bewegung zu und versetzen auch die Erde unter die Gestirne. [...] Wenn auch scharfsinnige Meister vieles untersuchen, um den Witz zu üben, so ist es doch nicht schicklich, widersinnige Meinungen offen und frei im Ernst zu behaupten. Es ist ein Zeichen von guter Gesinnung, die von Gott gezeigte Wahrheit ehrfürchtig aufzunehmen und sich mit ihr zu beruhigen. Manche Physiker verla-

**9 Nikolaus Kopernikus**
*Anonymes Gemälde des 16. Jahrhunderts*

chen zwar einen, der göttliche Zeugnisse anführt. Trotzdem halten wir es für angebracht, Naturwissenschaft und Bibel zur Beurteilung zusammenzustellen und wegen der großen Dunkelheit des menschlichen Verstands uns bei dem göttlichen Ausspruch Rat zu holen, wo wir es nur immer können. Aufs Deutlichste versichert uns ein Psalm, dass die Sonne sich bewegt. Mit diesem klaren Zeugnis über die Sonne müssen wir uns zufrieden geben. Von der Erde sagt ein anderer Psalm: „Der du das Erdreich gegründet hast auf seinen Boden, dass es bleibt immer und ewiglich." Und der Prediger Salomo sagt im ersten Kapitel: „Die Erde aber stehet ewiglich, die Sonne gehet auf und unter [...]" Durch diese göttlichen Zeugnisse bestärkt wollen wir die Wahrheit festhalten und nicht dulden, dass durch die Gaukeleien von Leuten, die es noch für eine Ehrensache halten, die Wissenschaften durcheinanderzubringen, die Wissenschaften verwirrt und wir von der Wahrheit abgezogen werden. Bei der Umdrehung eines Kreises bleibt der Mittelpunkt unbeweglich, das ist allgemein bekannt. Die Erde befindet sich aber im Mittelpunkt der Welt, ganz wie das Zentrum des Weltalls, also ist die Erde unbeweglich.

*Adolf Kistner: Im Kampf um das Weltsystem (Kopernikus und Galilei). Voigtländers Quellenbücher Nr. 39. Leipzig 1912, S. 39–41.*

***b) Der französische Staatstheoretiker Jean Bodin (1530–1596) in seinem letzten, 1596 erschienenen Werk „Universae naturae Theatrum":***

Niemand mit Verstand oder mit der kleinsten Ahnung von Physik wird jemals glauben, dass die Erde schwer und groß um ihren eigenen Mittelpunkt und um den der Sonne hin- und herschwankt. [...] Würde sich die Erde bewegen, so würde weder ein senkrecht nach oben geschossener Pfeil noch ein von der Spitze eines Turmes fallen gelassener Stein senkrecht fallen, sondern entweder vorauseilen oder zurückbleiben. [...] Schließlich bleiben alle Dinge nach Aristoteles dort, wo sie einen ihrer Natur angepassten Ort finden. Da der Erde ein Platz zugewiesen worden ist, der ihrer Natur entspricht, kann sie nicht von einer anderen Bewegung als ihrer eigenen herumgeführt werden.

*Thomas S. Kuhn: Die kopernikanische Revolution. Braunschweig/Wiesbaden 1981, S. 195. Übers. H. Kühnelt*

## 10 Bibel und Naturwissenschaft

***Der Florentiner Mathematiker, Physiker und Astronom Galileo Galilei schrieb im Jahr 1615 einen offenen Brief an Christina von Lothringen, Großherzogin der Toskana und Gemahlin seines Arbeitgebers Cosimo II. Medici:***

Mir scheint, wir sollten in der Diskussion von Naturproblemen nicht von der Autorität der Bibeltexte ausgehen, sondern von der Sinneserfahrung und von notwendigen Beweisführungen. Denn die Heilige Schrift und die Natur gehen gleicher Weise aus dem göttlichen Wort hervor, die eine als Diktat des Heiligen Geistes, die andere als gehorsamste Vollstreckerin von Gottes Befehlen. Zudem ist es der Heiligen Schrift erlaubt (da sie sich dem Verständnis aller Menschen zuneigt), manche Dinge – soweit es die reine Wortbedeutung angeht – scheinbar abweichend von der absoluten Wahrheit zu sagen. Aber die Natur ist andrerseits unerklärlich und umwandelbar; sie überschreitet nie die Grenzen der Gesetze, die ihr auferlegt sind, so als ob es sie nicht kümmere, ob ihre dunklen Gründe und Wirkweisen dem Verstehen des Menschen greifbar sind oder nicht. Es ist klar, dass jene Dinge, natürliche Wirkungen betreffend, die entweder die Erfahrung der Sinne uns vor Augen stellt oder notwendige Demonstrationen uns beweisen, auf keinen Fall aufgrund von Schrifttexten, die wahrscheinlich etwas ganz anderes meinen, infrage gestellt oder gar verurteilt werden dürfen. Denn ein Ausdruck der Heiligen Schrift ist nicht an strikte Bedingungen gebunden wie jede Wirkung in der Natur; und Gott offenbart sich nicht weniger herrlich in den Wirkungen der Natur als in den heiligen Worten der Schrift.

Natürlich ist es nicht die Absicht des Heiligen Geistes, uns Physik oder Astronomie zu lehren oder uns zu zeigen, ob die Erde sich bewegt oder nicht. Diese Fragen sind theologisch neutral; wir sollten jedoch den heiligen Text respektieren und, wo es angebracht ist, die Ergebnisse der Wissenschaft benutzen, um seine Bedeutung zu erkennen.

*Alastair C. Crombie: Von Augustinus bis Galilei. Die Emanzipation der Naturwissenschaft. Köln/Berlin 1959, S. 433 f.*

## 11 Die Haltung der Kirche

***Der neapolitanische Mönch Paolo Antonio Foscarini hatte in einer kleinen Schrift die heliozentrische Lehre und damit auch Galileis Ansichten gegen theologische Einwände verteidigt. Daraufhin schrieb ihm der römische Kardinal Robert Bellarmin (1542–1621), der auch theologischer Berater der Inquisition war, im Jahre 1615 einen Brief, in dem er die offizielle Haltung der Kirche zu diesem Problem darlegte:***

Es scheint mir, dass Ihr und Signor Galilei klug tut, wenn Ihr Euch damit begnügt, nicht absolut, sondern ex suppositione (also hypothetisch) zu sprechen, wie es, wie ich immer geglaubt habe, Kopernikus getan hat. Denn wenn man sagt: Unter der Voraussetzung, dass die Erde sich bewege und die Sonne stillstehe, lassen sich alle Erscheinungen besser erklären als durch die Annahme der exzentrischen Kreise und Epizykel, so ist das sehr gut gesagt und hat keine Gefahr, und das genügt dem Mathematiker. Wenn man aber behaupten will, die Sonne stehe wirklich im Mittelpunkt der Welt und bewege sich nur um sich selbst, ohne von Osten nach Westen zu laufen, und die Erde stehe am dritten Himmel und bewege sich mit der größten Schnelligkeit um die Sonne, so läuft man damit große Gefahr, nicht nur alle Philosophen und scholastischen Theologen zu reizen, sondern auch unseren heiligen Glauben zu beleidigen, indem man die Heilige Schrift eines Fehlers überführt. [...] Aber ich werde nicht eher glauben, dass ein solcher Beweis geliefert sei, bis er mir vorgelegt wird. Es ist nicht die gleiche Sache, zu zeigen, dass die Erscheinungen durch die Annahme gerettet werden, die Sonne sei im Zentrum und die Erde in den Himmeln, als darzulegen, dass die Sonne wirklich im Zentrum ist und die Erde in den Himmeln. Ich glaube, dass der erste Beweis existieren mag, aber ich habe schwerste Bedenken, was den zweiten betrifft, und im Zweifelsfall soll man von der Auslegung der Schrift durch die Väter nicht abgehen.

*Albrecht Fölsing: Galileo Galilei. Prozess ohne Ende. Eine Biographie. Reinbek 1996, S. 299–301. In: Asmut Brückmann/Dietmar Schiersner: Historisch-Politische Weltkunde – Frühe Neuzeit. Stuttgart 2007, S. 51f.*

**Arbeitsvorschläge**

●●● a) Stellen Sie anhand von M1 bis M3 dar, inwiefern Johannes Gutenbergs Erfindung des Buchdrucks als technologische Revolution der Frühen Neuzeit angesehen werden muss.

○○●/●●● b) Fassen Sie die Argumente der Papstbulle gegen den Buchdruck zusammen. Überlegen Sie anschließend, welche weiteren Beweggründe den Papst zu deren Erlass veranlasst haben könnten (M5).

●●● c) Beurteilen Sie, welche Bedeutung Büchern (und somit auch der Erfindung des Buchdrucks) in der Vergangenheit zugemessen wurde und in der heutigen Zeit noch zugemessen werden muss.

○●●/●●● d) Erläutern Sie das neue Weltbild des Kopernikus (M6). Stellen Sie diesem anschließend die inhaltlichen Aussagen seiner Kritiker gegenüber und erläutern Sie deren kosmologische Vorstellungen.

●●● e) Informieren Sie sich über die unterschiedlichen Weltsysteme von Ptolemäus, Nikolaus Kopernikus und Tycho Brahe. Interpretieren Sie anschließend die Abbildung M7 unter Einbezug der gewonnenen Erkenntnisse.

○○●/○●● f) Nennen Sie die einzelnen Elemente des Bildes und erläutern Sie die verwendeten Symbole. Formulieren Sie anschließend die „Botschaft" des Bildes aus der Sicht eines zeitgenössischen Betrachters (M9).

○○● g) Erläutern Sie anhand von M10 die Vorgehensweise und Ansichten Galileo Galileis. Erklären Sie anschließend anhand von M11, warum diese bei der katholischen Kirche auf Kritik und Ablehnung stießen.

●●● h) Erstellen Sie einen Antwortbrief Foscarinis an Bellarmin (M11).

●●● i) Beurteilen Sie den Umgang der katholischen Kirche mit Wissenschaftlern wie Galilei und deren Werken (M4, M11).

●●● j) Recherchieren Sie die Biographien des Nikolaus Kopernikus und des Galileo Galilei. Diskutieren Sie anschließend die These „Kopernikus und Galilei waren wissenschaftliche Revolutionäre".

# Grundwissen: Erfindungen und neues Weltbild

## Bücher und Bildung im Mittelalter

Rückblickend am weitreichenden und nachhaltigsten wirkte sich wohl langfristig die Erfindung des Buchdrucks mit beweglichen Lettern über die eigentliche Epoche der Frühen Neuzeit auf die weitere Menschheitsgeschichte aus. Bis zu diesem Zeitpunkt hatte man noch entweder jede Seite und jedes Buch mühsam von Hand abschreiben müssen – eine Aufgabe, die vor allem Kleriker besorgten, da sie die nötigen Bildungsvoraussetzungen mitbrachten – oder jede Manuskriptseite mühsam in Spiegelschrift aus einer Holztafel für den späteren Druck von sogenannten Blockbüchern herausschnitzen müssen. Beides war nicht nur sehr zeitaufwändig und mühsam, sondern auch kostspielig. Zudem wurden die Drucktafeln bald rissig und ließen daher nur geringe Auflagen zu.
Somit stellten die Kenntnis des Lesens und Schreibens gewissermaßen Herrschaftswissen dar, über das vor allem Kleriker und Adelige verfügten. Ebenso besaßen im Mittelalter nur die Klöster, Universitäten und einige reiche Adelige Bücher und Bibliotheken. Der weitaus größte Teil der Bevölkerung (ca. 95 %) zählte jedoch zu den Analphabeten. An diesem allgemeinen Zustand der Lese- und Schreibunfähigkeit breiter Teile der Gesellschaft etwas zu ändern, hatte bislang kein wirkliches Interesse bestanden.

## Erfindung des Buchdrucks

→ 1 S. 62

Dieser Zustand änderte sich erst mit dem Aufschwung des frühkapitalistischen Handels und Gewerbes. Hier entstand unter anderem bei Fernhandelskaufleuten wie den Medici und Fuggern erstmalig das Bedürfnis, Geschäftsvorgänge schriftlich zu dokumentieren. Dieser Umstand setzte jedoch wiederum schreib- und lesekundige Mitarbeiter voraus. Im ausgehenden Mittelalter erhöhte sich folglich die Zahl der Menschen, welche die Schule besuchten oder an den Universitäten studierten. Folglich nahm auch die Nachfrage nach Büchern sprunghaft zu. Das billigere Papier, welches das teure Pergament zunehmend verdrängte, tat sein Übriges dazu, um das Bildungsmonopol des ersten Standes zu überwinden und einen folgenreichen gesellschaftlichen Innovationsprozess in Gang zu setzen.

**Johannes Gutenberg** *(1399–1468) Stahlgravur*

Initiiert wurde dieser durch die Erfindung des Buchdrucks mit beweglichen Lettern durch Johannes Gensfleisch – nach seinem Geburtsort Gutenberg benannt – in Mainz. Um seine Erfindung bekannt und lukrativ zu machen, druckte Gutenberg zunächst die Bibel. Die Kirche war dann auch zunächst der wichtigste Auftraggeber. Bald folgten gedruckte Ablassbriefe, mit denen sich die Gläubigen gegen Geld Sündenvergebung kaufen konnten. Ebenso wurden früh Propagandaflugschriften gedruckt, um gegen die Bedrohung durch die Türken (→ **vgl. Kapitel 2.8**) zu mobilisieren.

## Konsequenzen der Erfindung

→ 2 S. 62
→ 3 S. 62

Von nun an konnten Bücher günstiger und schneller produziert werden. Waren von den Druckern zunächst noch weitgehend theologische Werke für kirchliche Kreise in kleiner und somit teurer Auflage gedruckt worden, so wandte man sich bald von dieser Geschäftspraxis ab, zumal humanistische Forscher und Gelehrte das Medium als eine Möglichkeit entdeckt hatten, ihre Forschungsergebnisse leichter, schneller, kostengünstiger und in weitaus größeren Stückzahlen zu verbreiten. Es entstanden nun Druckwerke unterschiedlichster Art: Bibeln, Rechtsbücher, Kräuterbücher, Romane, wissenschaftliche, medizinische und technische Abhandlungen. Fünfzig Jahre nach Erfindung des Buchdrucks gab es in 250 Städten Europas mehr als 1 120 Druckereien und waren bereits 40 000 Titel in zehn Millionen Exemplaren gedruckt.

## Bedeutung und Stellenwert der Erfindung

→ 4 S. 63
→ 5 S. 63

Durch den Buchdruck wurde nicht nur der Aufschwung von Wissenschaft und Technik herbeigeführt, sondern auch die mediale Voraussetzung für die stark zunehmende Informationsverbreitung in allen Lebensbereichen gelegt. Erst mit dem Buchdruck verbreitete sich das neue Wissen rascher und war für breitere Bevölkerungsschichten und eine größere Leserschaft erreichbar. Viele Adlige, Gelehrte und reiche Bürger richteten sich nun Bibliotheken ein. Die massenhafte Verbreitung sorgte dafür, dass das Buch seinen Charakter als Luxusgegenstand allmählich verlor und zu einem allgemein zugänglichen Gebrauchsgegenstand wurde. Das Buch bildete somit das erste Massenmedium der Geschichte. Zudem kam der Erfindung des Buchdrucks auch eine politische und religiöse Bedeutung zu. Mit den neuesten Nachrichten, Flugblättern und Pamphleten, die nun in kürzester Zeit in der jeweiligen Landessprache gedruckt werden konnten, reagierten gesellschaftliche Interessensgruppen auf aktuelle Ereignisse und nahmen so Einfluss auf die öffentliche Meinung. Zudem erschienen immer mehr Bücher in der jeweils eigenen Volkssprache und lösten das dort bisher vorherrschende Latein – deren Kenntnis wiederum nur den oberen Gesellschaftsschichten vorbehalten war – ab. Die Zeitgenossen waren somit nicht mehr darauf angewiesen, das zu glauben, was die Kirche oder weltliche Obrigkeit ihnen vorgab.

**Mittelalterliches Weltsystem nach der Vorstellung des Ptolemäus**
*Faksimile nach Andreas Cellarius „Harmonia Macrocosmica", 1660* (Online-Link 430075-0127)

### Das alte Weltbild des Ptolemäus

Bereits in der Antike hatten einige Menschen die Auffassung vertreten, dass die Sonne im Mittelpunkt des Planetensystems stehe und sich die Erde wie auch alle anderen Planeten um diese drehe. Dagegen vertrat der griechische Philosoph Aristoteles (384–322 v. Chr.) die Ansicht, dass die Erde der Mittelpunkt des Kosmos sei. Diese Theorie wurde von dem im 2. Jh. n. Chr. in Alexandria tätigen Astronomen Claudius Ptolemäus ausgearbeitet und sollte sich im Laufe der Jahrhunderte durchsetzen. Ihr zur Folge war der Kosmos in zwei Bereiche – und zwar den irdischen und den himmlischen – unterteilt und durch die Sphäre des Mondes getrennt. In dem himmlischen Bereich, in dem göttliche Vollkommenheit und Unveränderlichkeit herrschte, drehten sich demnach auf konzentrischen, durchsichtigen und festen Kugelschalen (Sphären) alle anderen Himmelskörper – also auch die Sonne – um die Erde, welche stillstehend wiederum den Mittelpunkt des Universums bildete (geozentrisches Weltbild). Dieser Vorstellung weiter zur Folge wurden diese Himmelskörper wiederum durch einen alles umfassenden göttlichen Beweger am Laufen gehalten.

### Das neue Weltbild des Kopernikus

→ 6 S. 63 f.
→ 7 S. 64
→ 8 S. 65 f.
→ 9 S. 65

Dieses geozentrische Weltbild blieb bis in die Frühe Neuzeit gültig, entsprach es doch den Vorstellungen der Bibel und katholischen Kirche, denen zur Folge der Mensch als göttliches Geschöpf auch im Zentrum dieses göttlich geschaffenen Universums leben musste. An diesem Weltbild zu zweifeln bedeutete, Gott und somit die gesamten Glaubensgrundsätze der christlichen Religion in Frage zu stellen. Als Erster wagte dies der Astronom und Mathematiker Nikolaus Kopernikus, dem während seines Studiums in Krakau und an italienischen Universitäten Zweifel kamen, dass die Erde der Mittelpunkt des Kosmos sei. Ihm fiel auf, dass die Planetenbahnen nicht genau kreisförmig verliefen und sich die Gestirne mit unterschiedlichen Geschwindigkeiten bewegten.

Aufgrund von jahrelangen Himmelsbeobachtungen und Berechnungen sowie auf der Basis griechischer Texte aus hellenistischer Zeit kam Kopernikus letztendlich zu dem Ergebnis, dass eben nicht die Erde, sondern die Sonne fest im Mittelpunkt des Universums stehen müsse. Dieser „neuen" heliozentrischen Theorie zur Folge kreiste die um sich selbst rotierende Erde mit anderen Planeten um ebenjene feststehende Sonne. Allerdings hielt Kopernikus weiter an der Existenz von unsichtbaren, aber festen Sphären fest, und auch die Vorstellung eines unendlichen Universums und des leeren Raums lag ihm völlig fern. Mit seiner Theorie, die erst kurz vor seinem Tod veröffentlicht wurde, schuf Kopernikus dennoch die Grundlage für das wissenschaftliche Weltbild der Neuzeit. Sein Name steht mit der „kopernikanischen Wende" daher sprichwörtlich für eine tief greifende Wandlung auf wissenschaftlichem Gebiet.

### Reaktion zeitgenössischer Gelehrter

→ 10 S. 66

Bestärkt wurde Kopernikus nach seinem Tode durch den italienischen Mathematiker, Physiker und Astronom Galileo Galilei (1564–1642), welcher mithilfe eines neu entwickelten Fernrohrs und durch Beobachtungen des Nachthimmels die Theorie des Kopernikus bestätigte. Andere zeitgenössische Gelehrte jedoch lehnten die Theorie des Kopernikus ab, da sie ihren augenscheinlichen Erfahrungen eklatant widersprach. So hielt der dänische Astronom Tycho Brahe (1546–1601) weiterhin am geozentrischen Weltbild fest – obgleich nach umfangreichen Beobachtungen und Messungen durch die Erkenntnis modifiziert, dass es keine undurchdringlichen Sphären am Himmel gab. Damit schuf Brahe wiederum die Voraussetzungen für die genaue Berechnung der Planetenbahnen durch Johannes Kepler (1571–1630). Nach dessen Berechnungen bewegten sich die nun von den vorgestellten Sphären befreiten Planeten nicht kreisförmig, sondern elliptisch um die Sonne.

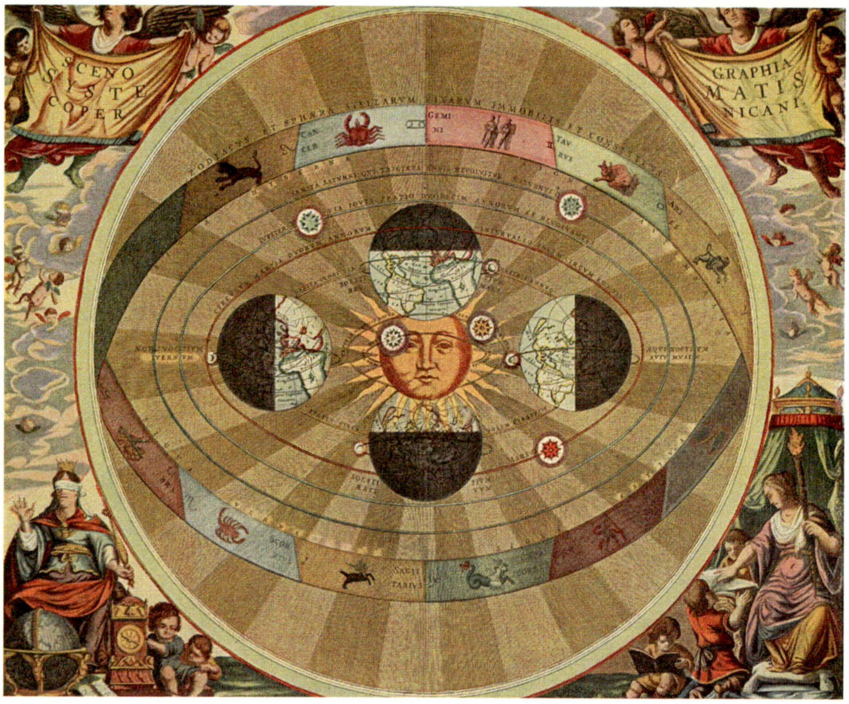


**Weltsystem nach den Vorstellungen des Kopernikus**
*Faksimile nach Andreas Cellarius' „Harmonia Macrocosmica", 1660*

## Haltung der Kirche

→ 11 S. 66 f.

Die Theorie Galileis widersprach aber allen biblischen Vorstellungen zum Schöpfungsprozess der Erde und forderte somit die Autorität der Kirche heraus. Mit der Aufgabe des geozentrischen Weltbildes verlor in ihren Augen auch der Mensch seine Bedeutung als Krone der göttlichen Schöpfung, die ihm von der christlichen Theologie jahrhundertelang eingeräumt worden war. Daher wurde die kopernikanische Theorie von kirchlichen Vertretern grundlegend abgelehnt. Hatte Kopernikus noch bis zu seinem Tode aus Angst vor der Inquisition gezögert, seine Auffassungen vom Wesen des Universums zu publizieren, so mussten in den folgenden 200 Jahren auch alle diejenigen, die sich zum heliozentrischen Weltbild bekannten, mit kirchlicher Kritik und Verfolgung rechnen.

## Ketzerprozess gegen Galilei

Als Galilei seine Erkenntnisse seinerseits schließlich veröffentlichte, reagierten die kirchlichen Autoritäten mit Gegenmaßnahmen. Galilei wurde 1616 vom höchsten kirchlichen Gericht ermahnt, seine astronomischen Ansichten aufzugeben. Obwohl er mit den kirchlichen Autoritäten immer wieder das Gespräch suchte, wurde Galilei 1632 nach Rom zitiert, von dem Inquisitionstribunal als Ketzer angeklagt und ihm 1633 der Prozess gemacht. Unter Androhung der Folter und um dem Tod auf dem Scheiterhaufen zu entgehen, widerrief Galilei letztendlich alle seine Erkenntnisse. Dennoch wurde er zu lebenslanger Haft verurteilt, die später in Hausarrest umgewandelt wurde. Galileis wissenschaftlichen Schriften wurden infolge verboten und verbrannt. Er selbst verbrachte seine letzten Lebensjahre verbittert und isoliert. So bestimmte das geozentrische Weltbild weiterhin lange Zeit das Bewusstsein der Menschen. Erst im 18. Jahrhundert begann sich das heliozentrische Weltbild allmählich durchzusetzen. Derweil bekannte sich die katholische Kirche mit einer posthumen Rehabilitation Galileis aber erst im Oktober 1992 öffentlich zu ihrem Fehlurteil.

# 1.5 Frühkapitalismus und Monopolhandel

## Wirtschaftlicher Aufstieg Norditaliens

### 1 Bedeutung der Tuchindustrie für Florenz

*Bericht des Florentiner Chronisten Villani über die Zustände in seiner Heimatstadt 1336–1338:*

Man zählte 1500 adelige und reiche Bürger. […] Das Gebiet von Florenz zählte ungefähr 80000 Menschen. […] Die Betriebe der Wollzunft waren zumindest in der Zahl von 200, sie stellten [jährlich] zwischen 70000 und 80000 Tuchstücke her, die einen Wert von mehr als 1200000 Gulden hatten. Ein gutes Drittel dieser Summe blieb in der Stadt. […] Mehr als 30000 Personen lebten davon. 30 Jahre früher waren es gut 300 Betriebe, welche mehr als 100000 Tuche jährlich herstellten; aber diese Tuche waren grob […] und weniger als die Hälfte wert. Denn in dieser Zeit führte man keine englische Wolle ein und man wusste noch nicht, wie man sie bearbeiten musste, was man erst später lernte.

*G. Fourquin: Histoire économique de l'occident medieval. Colllection U. Paris 1969, S. 414. Übers. M. Wicke*

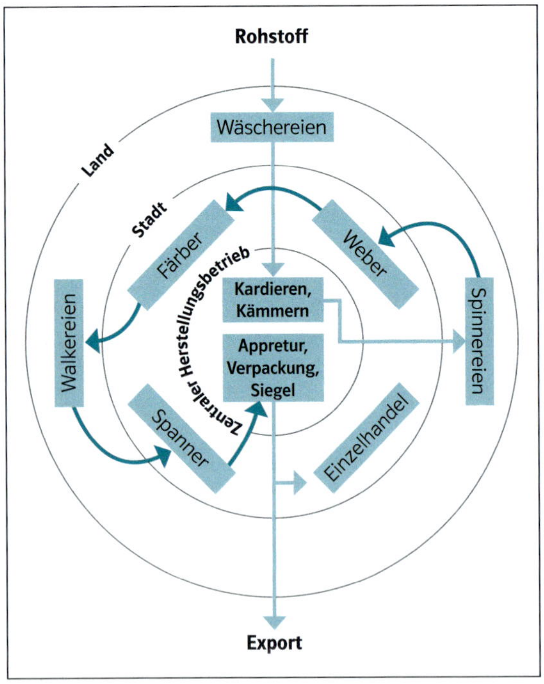


### 2 Grafik der verschiedenen Arbeitsvorgänge bei der Wollherstellung, der Arbeitsorganisation und der Aufteilung zwischen Stadt und Land

### 3 Schwierige Versorgung der urbanisierten Stadtbevölkerung

*Nach Abebben der Pestepidemien nahm im 15. Jahrhundert die Stadtbevölkerung in Europa wieder zu. Dies stellte bald eine große Herausforderung dar, um z. B. Lebensmittel und billige Kleidung in ausreichender Menge in die Ballungsräume wie Norditalien oder Flandern bzw. wachsende Residenzstädte von Fürsten zu transportieren.*

Einfache Leute aßen vor der Verbesserung ihrer Ernährung im 15. Jh. relativ wenig Fleisch, aber selbst „relativ wenig" erreichte bei 200000 Menschen [ungefähre Größe von Paris] eine beachtliche Größenordnung, besonders wenn man die großen Mengen hinzurechnet, die der Hof und der Adel konsumierten. Vor Einführung der Kühltechnik wurde das Vieh normalerweise dort geschlachtet, wo es verzehrt wurde, sodass man große Stückzahlen als Lebendvieh nach Paris treiben musste […]. Die große Masse der Bevölkerung benötigte auch gewaltige Mengen preiswerter Kleidungsstücke. Davon stammte einiges von abgelegten Kleidungsstücken der Wohlhabenderen, die an ihre Dienstboten weitergegeben oder Flickschneidern verkauft wurden, die sie immer wieder umänderten. Einen anderen Teil stellte man neu aus billigerem Wolltuch her, wovon das meiste vor Ort gewoben wurde. […]
Was für Paris galt, traf, wenn auch in geringerem Maße, auch auf andere Hauptstädte zu. Einige, wie zum Beispiel London, Neapel oder Palermo, konnten im Grunde aus ihren eignen Ländern mit den notwendigen Lebensmitteln und Brennstoff versorgt werden. Bei anderen war das nicht der Fall, und diese lösten die Entwicklung des Fernhandels mit Massengütern aus. […]
Im Gegensatz zu Paris oder London, die im Wesentlichen von Frankreich beziehungsweise England ernährt werden konnten, mussten die Städte der Niederlande und Norditaliens häufig aus großen Entfernungen versorgt werden. […] Wegen eines von der Küste bis nach Köln entlang verlaufenden Gürtels von Haupt- und Industriestädten war es häufig unmöglich, mehr als einen kleinen Teil der Bevölkerung aus der Umgebung zu versorgen, […]. Mitte des 15. Jhs. erreichte die Stadtbevölkerung von Flandern, Brabant und Holland zusammen 470000, und somit war am Ende des Jahrhunderts Ostseegetreide in diesen Städten wieder gefragt. Bis ins späte 15. Jh. war Brügge die bedeutendste Einfuhrstelle für die gesamte Region, aber einiges Getreide und Salz lief – in zunehmendem Umfang – über Antwerpen und Amsterdam und gelangte daher auf Binnenwasserwegen zu den Städten mit Bedarf. Gent, die größte Stadt in der Region und folglich der wichtigste Getreidekonsument, versuchte

ein Monopol für alle Getreideimporte nach Flandern zu errichten, mit Ausnahme der für Brügge.
Im späten Mittelalter waren die Bewohner in den Städten des Manufakturgürtels zwischen Calais und Köln hauptsächlich auf die Fleischversorgung durch Rinder aus dem Gebiet westlich [...] von Utrecht und aus Friesland angewiesen. Das Vieh wurde zuerst nach Norden ins Brabant geführt, im Umland [...] gemästet und dann weiter zum Schlachten in die großen Städte getrieben. Im 15. Jh. wurden in Dänemark zusätzlich Rinder für die städtischen Märkte in Flandern, Brabant und Holland gehalten. Nach ihrem Verkauf auf den Viehmärkten Hamburgs wurden auch sie über das nördliche Brabant in die Städte getrieben. [...]
Norditalien wies eine noch höhere Bevölkerungskonzentration auf als die südlichen Niederlande und folglich waren dort die Probleme der Eigenversorgung entsprechend größer. Die Zahl der zu ernährenden Menschen war weitaus höher als in Paris. Obgleich sehr fruchtbar, konnten die ländlichen Gebiete der Toskana und der Lombardei mit ihren mittelalterlichen Erträgen die dortigen Städte nicht einmal annähernd versorgen. Getreide musste aus anderen Gegenden am Mittelmeer über Venedig, Pisa und Genua importiert werden, ebenso Wein und Öl. Fleisch für die Städte nördlich der Apenninen lieferten Rinder aus ungarischer Züchtung. Man trieb sie um die östlichen Alpenausläufer, mästete sie in Aquilea nochmals und brachte sie dann zur Schlachtung direkt in die norditalienischen Städte selbst. Ungarn lieferte gleichermaßen auch Fleisch für die süddeutschen Städte. In der Toskana war Hammelfleisch wichtiger. Riesige Schafherden wurden von Süditalien heraufgetrieben. Von einigen einzelnen Unternehmern ist bekannt, dass sie bis zu 7 000 oder 8 000 Schafe und Ziegen pro Jahr zum Viehmarkt am Ufer des Arno brachten.

*Peter Spufford: Handel, Macht und Reichtum. Laufleute im Mittelalter. Stuttgart 2004, S. 76 ff. Übers. Erwin Fink/Horst M. Langer*

## Entwicklung des modernen Bankwesens

**4 Szene in einem italienischen Bankhaus**

*Die obigen Abbildungen stammen aus der illustrierten Ausgabe der „Abhandlung über die sieben Sünden" (Tractatus de vitiis septem) vom Ende des 14. Jahrhunderts. Auf der* ***ersten Abbildung*** *weist der Besitzer der Bank (2. v. r.) mit grauem Haar als Zeichen seines Alters seine Angestellten zum Dienst am Kunden an. Ein wohlhabender Kunde (1. v. r.), an feiner Kleidung erkennbar, hebt Geld von der Bank ab. Die Inschrift auf der Tafel oben links lautet: „Ihr sollt Witwen und Waisen nicht bedrücken. Wenn sie zu mir schreien, so werde ich sie erhören. Dann wird mein Zorn entbrennen, dass ich euch mit dem Schwert töte und eure Frauen zu Witwen und eure Kinder zu Waisen werden." (Bibel, 2. Buch Mose K. 22, V. 21–23) Rechts daneben weist Christus mit der Geste der Rede, des Eingreifens, auf Gottes Gebot hin. Das Georgskreuz (oben rechts und links), rot auf weißem Grund, erinnert an die Kolonnaden des Palazzo San Giorgio in Genua, 1260 für den Handel erbaut. Die Geldtruhe hat vier Schlösser. Zur Sicherheit waren verschiedene Schlüsselhalter üblich. Das Schwert am Gürtel des sie füllenden Mannes führt die Sicherheit des Depots in der Bank vor. Auf der* ***zweiten Abbildung*** *sieht man links einen wohlhabend gekleideten Kunden eine Transaktion im Buch der Bank gegenzeichnen. Der Notar (2. v. l.) zeigt auf zwei zugehörige Spalten. Die Bücher wurden offengelegt, um die Bankgeschäfte transparent zu machen. In Italien galten die Rechnungsbücher der Bank als öffentliche Verzeichnisse.*

Nach: Geschichte Lernen 130. „Weltwirtschaft", S. 13.; Bildanalyse von Roza Passos Faunce, University of Melbourne, 2008.

## 5 Der Historiker Niall Ferguson über die Medici und die Entstehung des Bankwesens (2009)

*a) Aufstieg der Medici*

Im frühen 14. Jahrhundert wurde das Finanzwesen in Italien von drei Florentiner Häusern beherrscht: den Bardi, den Peruzzi und den Acciaiuoli. Alle drei gingen in den 1340er Jahren unter, weil zwei ihrer Hauptschuldner, Edward III. von England und Robert von Anjou, zahlungssäumig wurden. Aber so wie diese Fälle die potentielle Schwäche der Geldverleiher belegen, so illustriert der Aufstieg der Medici das genaue Gegenteil: ihre potentielle Macht.

Wohl kaum eine andere Familie hat jemals eine Epoche derart geprägt wie die Medici die Renaissance. Zwei Familienmitglieder wurden Päpste (als Leo X. und Klemens VII.), zwei wurden französische Königinnen (Katharina und Maria), andere trugen den Titel eines Herzogs [...] Die Medici förderten die ganze Bandbreite der Künste und Wissenschaften und deren Genies, von Michelangelo bis Galileo. Und ihre prächtige architektonische Hinterlassenschaft umgibt den Besucher von Florenz heute noch [...].

Aber woher kam all diese Pracht? Woher stammte das Geld, mit dem Meisterwerke wie Botticellis Geburt der Venus bezahlt wurden? Die Antwort ist einfach: Die Medici waren Devisenhändler und Mitglieder der Arte de Cambio, der Gilde der Geldverleiher. Sie wurden Bankiers (banchieri) genannt, weil sie, wie die Juden in Venedig, ihre Geschäfte buchstäblich auf Bänken abwickelten, die hinter auf die Straße gestellten Tischen standen. [...]

Bis in die 1390er Jahre waren die Medici, wie man mit Fug und Recht sagen kann, eher Gangster als Bankiers gewesen: ein kleiner Clan, der vor allem für Gewalttätigkeit und weniger für Leistungen in der Hochfinanz bekannt war. Zwischen 1343 und 1360 wurden nicht weniger als fünf Medici wegen Kapitalverbrechen zum Tod verurteilt. Dann setzte es sich Giovanni di Bicci de' Medici zum Ziel, die Medici zu einer ehrbaren, angesehenen Familie zu machen. Durch harte Arbeit, nüchterne Lebensführung und sorgfältige Kalkulation erreichte er, was er sich vorgenommen hatte. 1385 wurde er Geschäftsführer der römischen Niederlassung der von seinem Florentiner Verwandten Vieri di Cambio de' Medici geleiteten Bank.

In Rom gelangte Giovanni als Devisenhändler zu Ansehen. Der Vatikan war in Anbetracht der vielen verschiedenen Währungen, in denen er Gelder einnahm und ausgab, in vieler Hinsicht ein idealer Kunde. [...] Es gab damals eine Vielzahl von Münzsystemen mit Münzen aus Gold, Silber oder unedlen Metallen, so dass Fernhandelsgeschäfte oder Steuerzahlungen von Experten abhingen, die das Geld umrechnen und wechseln konnten. [...]

Von besonderer Bedeutung für die frühen Geschäfte der Medici waren Wechsel (cambium per literas), die sich im Mittelalter als Mittel für die Finanzierung von Handelsgeschäften herausgebildet hatten. Schuldete ein Kaufmann einem anderen eine bestimmte Summe, die er erst nach Abschluss einer weiteren Transaktion würde zahlen können, konnte der Gläubiger einen Wechsel auf den Schuldner ziehen und diesen entweder seinerseits als Zahlungsmittel einsetzen oder bei einem Bankier mit einem Abschlag gegen Bargeld eintauschen. Während die Erhebung von Zinsen als Wucher verurteilt wurde, stand es jedem geschickten Händler frei, mit solchen Transaktionen einen Gewinn zu erzielen. Darin bestand im Wesentlichen das Geschäft der Medici. Es gab keine Schecks – die Anweisungen wurden mündlich gegeben und in den Büchern der Bank festgehalten. Es gab keine Zinsen – die Einleger erhielten discrezione (entsprechend dem Jahresgewinn der Bank), um sie für das Risiko der Geldeinlage zu entschädigen. [...]

Der eigentliche Schlüssel zu ihrem Erfolg war Diversifikation und nicht so sehr schiere Größe. Während ältere italienische Banken monolithisch strukturiert waren und durch Zahlungsverzug eines einzigen Schuldners ins Wanken gebracht werden konnten, bestand die Medici-Bank im Grunde aus einer Vielzahl von Partnerschaften, von denen jede auf einem speziellen, regelmäßig neu ausgehandelten Vertrag beruhte. Niederlassungsleiter waren keine Angestellten, sondern Juniorpartner, deren Arbeit mit einem Gewinnanteil vergütet wurde. Dieser dezentrale Aufbau machte die Medici-Bank so profitabel. Mit einem Kapital von 20000 Florin im Jahr 1402 und nicht mehr als 17 Mitarbeitern erwirtschaftete sie zwischen 1397 und 1420 einen Gewinn von 151820 Florin – 6326 im Jahr, was einer Gewinnmarge von 32 Prozent entspricht. [...]

*Niall Ferguson: Der Aufstieg des Geldes. Die Währung der Geschichte. Berlin 2009, S. 40 – 43. Übers. Klaus-Dieter Schmidt*

*b) Export des italienischen Bankensystems*

Das italienische Bankensystem wurde zum Vorbild jener Nordeuropäer, die in den folgenden Jahrhunderten die größten kommerziellen Erfolge erzielen sollten, insbesondere der Holländer und Briten, aber auch der Schweden. In Amsterdam, London und Stockholm setzte denn auch die nächste Welle finanzieller Innovationen ein, als dort die Vorläufer der modernen Zentralbanken entstanden. Im 17. Jahrhundert wurden drei völlig neue Institutionen geschaffen, die auf jeweils eigene Weise sowohl eine öffentliche als auch eine private finanzielle Funktion erfüllen sollten.

In Amsterdam wurde 1609 die Wisselbank (Wechselbank) gegründet, um die praktischen Schwierigkeiten zu lösen, die sich für die Kaufleute aus dem Umlauf verschiedener Währungen ergaben. Immerhin gab es in den Vereinigten Provinzen nicht weniger als 14 Münzstätten sowie ausländische Geldstücke in Hülle und Fülle. Indem sie es Kaufleuten ermöglichte, Konten in einer einheitlichen Währung einzurichten, wurde die Wisselbank zum Pionier auf dem Gebiet von Girokonten und Abbuchungen beziehungsweise Überweisungen, auf dem wir uns heute wie selbstverständlich bewegen. Damit konnten immer mehr Transaktionen abgewickelt werden, ohne dass sich die gehandelten Geldbeträge in Gestalt von Münzen materialisieren mussten. Kaufleute konnten jetzt Zahlungen einfach dadurch erledigen, dass sie die entsprechenden Beträge von ihren Bankkonten abbuchten und den Konten ihrer Handelspartner gutschreiben ließen. [...]

Fast ein halbes Jahrhundert später, 1656, wurde in Stockholm die schwedische Riksbank gegründet. Sie erfüllte die gleichen Funktionen wie die Wisselbank, war aber auch als Lanebank gedacht, das heißt, sie sollte nicht nur den bargeldlosen Zahlungsverkehr ermöglichen, sondern auch Kredite vergeben. [...]

Während in den Finanzzentren Nordeuropas die italienischen Bankverfahren verbessert wurden, hinkte ein Land bezeichnenderweise weit hinterher. Mit einem Überfluss an Edelmetall geschlagen, versäumte es das mächtige Spanien, ein komplexes Banksystem zu entwickeln. Stattdessen stützte man sich auf kurzfristige Vorauszahlungen von Antwerpener Kaufleuten für künftige Silberlieferungen. Der Gedanke, dass Geld in Wirklichkeit weniger mit Metallen als mit Kredit zu tun hat, wurde in Madrid nie ganz verstanden. Tatsächlich geriet die spanische Krone zwischen 1557 und 1696 bei der Rückzahlung ihrer Schulden, ob nun eines Teils oder der Gesamtheit, nicht weniger als 14 Mal in Zahlungsverzug. Vor diesem Hintergrund konnte auch alles Silber von Potosí die Kreditwürdigkeit Spaniens nicht stärken. In der modernen Welt fällt die Macht den Bankiers zu, nicht den Bankrotteuren.

*Niall Ferguson: Der Aufstieg des Geldes. Die Währung der Geschichte. Berlin 2009, S. 45–49. Übers. Klaus-Dieter Schmidt*

## Herausbildung frühmoderner Handelsgesellschaften

### 6 Gut angelegtes Geld

***Der Bankier Lorenzo de Medici begründete, warum seine Familie viel Geld für Kunst und Architektur ausgab, wie folgt: „Obwohl viele denken mögen, wir hätten ein Teil dieser Summe im eigenen Geldbeutel behalten sollen, bedaure ich die Ausgaben nicht, denn ich glaube, dass das Geld in der Förderung bedeutender öffentlicher Gebäude gut angelegt ist."***

***(Aus den Steuerlisten der Stadt Florenz, 1457. Der Steuersatz entsprach ca. 0,5 % des jeweiligen Besitzes.)***

Wer zahlte wie viel Steuern?

| Zahl der Haushalte | Steuer pro Jahr |
|---|---|
| 3 000 Arme, ohne Besitz | keine |
| die nur vom Lohn lebten | unter 1 Gulden |
| 5 720 | 1–10 Gulden |
| 1 689 | 10–50 Gulden |
| 216 | 50–100 Gulden |
| 3 | 100 und mehr Gulden |

Die meisten Steuern zahlten die Medici (576 Gulden), die Benci (132 Gulden) und die Rucellai (102 Gulden).

| Was zahlten die Medici für öffentliche Bauten? | |
|---|---|
| 1391–1434 | 36 000 Gulden |
| 1434–1464 | 400 000 Gulden |
| 1464–1471 | 263 000 Gulden |

| Wer schuldete den Medici Geld? | |
|---|---|
| der englische König, 1480–1500 | 30 000 Gulden |
| die Herzöge von Burgund, 1489 | 148 000 Gulden |
| der französische König, 1516 | 300 000 Gulden |

| Gewinne der Medici-Bank und ihrer Filialen | |
|---|---|
| Florenz | 25 000 Gulden |
| Avignon | 8 000 Gulden |
| London | 17 000 Gulden |
| Rom | 88 500 Gulden |
| Venedig: | 63 000 Gulden |
| Wollbetrieb I | 5 000 Gulden |
| Wollbetrieb II | 5 500 Gulden |
| Seidenbetrieb | 19 000 Gulden |

*Zusammengestellt nach: R. de Roover: The Rise and Decline of the Medici Bank, 1397–1494. Cambridge/Mass. 1963, S. 29 ff., 69.*

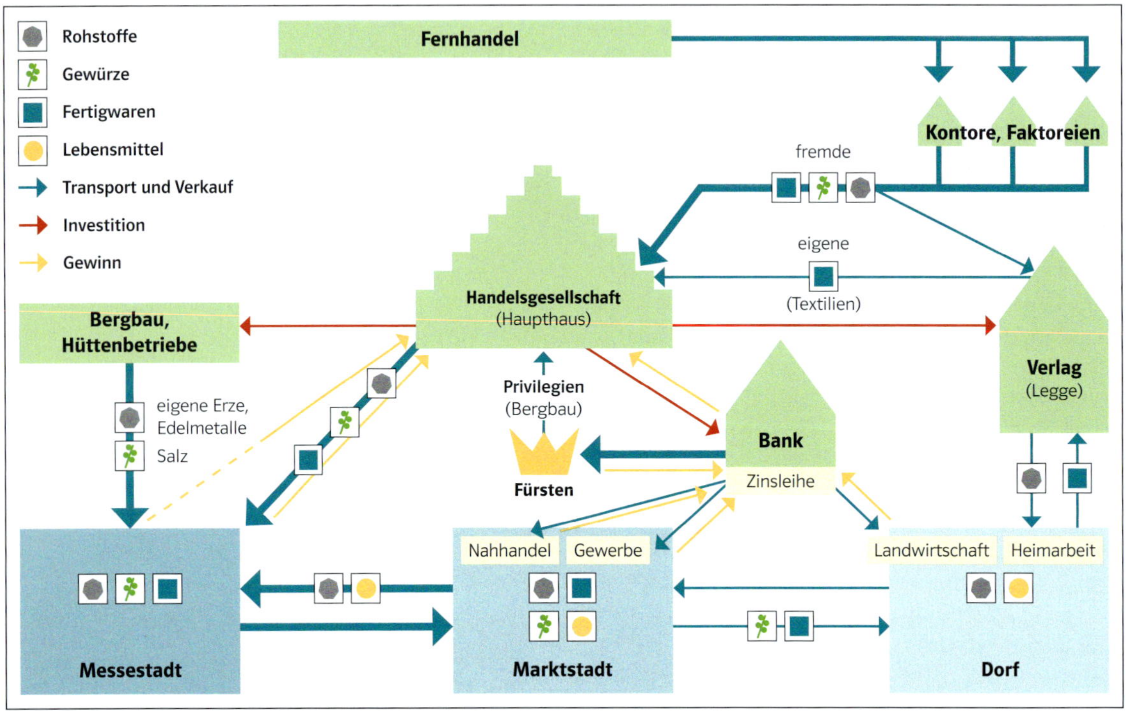


**7** **Die Entwicklung einer Handelsgesellschaft im 15./16. Jahrhundert**

### 8 Ein Geschäftsvertrag aus der Zeit des Frühkapitalismus

*Vertrag über eine Handelsgesellschaft auf 12 Jahre zwischen einem Kaufmann aus Leipzig und einem aus Antwerpen:*

Wir, die Unterzeichnenden mit Namen […] bekennen mit diesem offenen Brief für uns und unsere Erben und tun kund all denen, die denselben sehen, hören oder lesen, dass wir […] uns zusammen verbunden haben und verbinden, einen Handel anzufangen auf den 1. Januar 1526 und in selbem Handel zu bleiben 12 Jahre lang. […]

Zum anderen haben wir uns vereint und sind damit wohl zufrieden, dass jeder von uns beiden Macht haben soll […], unser eigenes Kapital oder Geld […] in diesen Handel zu legen, es sei viel oder wenig. […] Jedoch soll verzeichnet werden, wie viel, auch auf welche Zeit […], auf dass wir in Beschluss unserer gemeinsamen Rechnung wissen mögen, einem jeden seinen gebührenden Teil [am Gewinn] zu überantworten. […]

Weiter haben wir uns vereint, dass alles Geld, das wir in diesem Geschäft als Kredit oder auf Zins aufnehmen mögen während der 12 Jahre oder so lange, wie wir miteinander handeln, und welcher Nutz oder Schaden damit geschaffen werde, es uns beide halb betreffen soll. Es soll auch einer allein von uns nicht Macht haben, Geld von andern Leuten in diesen unsern Handel zu legen, anzunehmen, es sei denn, er habe dasselbe dem andern vorher schriftlich mitgeteilt, auch muss der andere zuvor seine Zustimmung geben und also damit zufrieden sein. […]

Es soll auch unser jeder auf sein Geld zehren und Kost halten, wenn er zu Leipzig oder Antwerpen ist. Da jeder von uns tägliche Nahrung für seine Familie oder seine Bedürfnisse braucht, soll jeder jährlich bis zu 500 fl. [Florin = Gulden] rheinisch aus dem Geschäft herauszunehmen Vollmacht haben und nicht mehr. […]

Weiter ist unser Wille und unsere Meinung, dass wir alle drei Jahre am 1. Januar in unserem Handel eine Hauptrechnung [Bilanz] beschließen und halten wollen. […]

Nach Beschluss gemeiner Rechnung soll einer dem andern klar anzeigen, wo unser Gut, Schuld und Pfennwerte [Waren in kleinen Mengen für den Einzelverkauf] sind […], so dass man erfahren mag, welchen Gewinn oder Nutzen sie geschaffen haben. […]

Wer aber sieht, dass von uns einer im Handelsgeschäft gefangen wurde, soll er ihn mit einem Lösegeld von nicht höher als 500 fl. freikaufen. Sonst soll er vom privaten Geld und nicht von des Handels Geld zahlen.

*H. Helbig (Hrsg.): Quellen zur älteren Wirtschaftsgeschichte Mitteldeutschlands, III. Teil. Weimar 1953, S. 49 ff. In: Volkmar Wittmütz (Hrsg.): Politische und soziale Wandlungen am Beginn der Neuzeit. Frankfurt 1974, S. 34 f.*

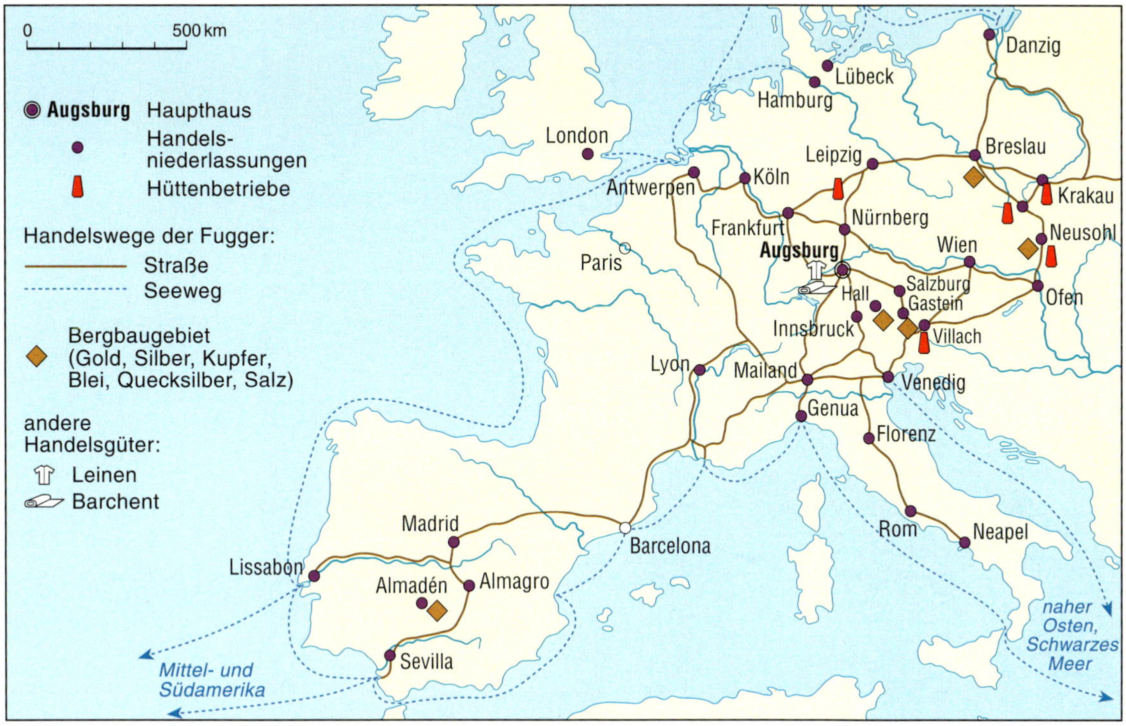


**9** **Frühkapitalistische Handelsgesellschaften am Beispiel der Fugger um 1500**

## 10 Großkaufleute und Erzhandel

*Privileg Kaiser Karls V. zugunsten des Erzgroßhandels in Deutschland, Toledo 1525:*

Dieweil nun [...] die Bergwerke, deren im Heiligen Römischen Reiche und deutschen Landen mehr denn sonst an einem Orte in der ganzen Christenheit erbaut werden, [...] die größte Gabe und Nutzbarkeit ist, so der Allmächtige deutschen Landen mitgeteilt hat, nicht allein des großen Schatzes halber, so daraus durch viel Gold, Silber, Kupfer, Zinn, Quecksilber, Blei, Eisen und andere Metalle, welches sich [...] jährlich auf zwanzigmalhunderttausend Gulden erstreckt, erbaut und gearbeitet wird, sondern da auch in deutschen Landen etliche hunderttausend Menschen [...] sonst ihre notdürftige Nahrung nicht haben möchten. Allein aus dem Abbauen, Arbeiten und Schmelzen und außerdem durch den Transport dieser Metalle in viele Länder ernähren sich insgesamt viele andere Leute auf vielerlei Weise wie Fuhrmann, Wirt, Bürger und gemeiner Handwerksmann überall auf den Straßen, auf dem Land und in den Städten, desgleichen die Fürsten und Herren ihr Einkommen an Fronen und Wechseln, Zöllen und Mauten stark mehren und erhöhen, [...] so sollen die Bergwerke [...] durch alle Wege und Mittel [...] gefördert werden.

Aber unter allen Vorsehungen und Mitteln, durch welche der Betrieb und die stattliche, fruchtbare und dauernde Unterhaltung der Bergwerke gefördert und gehoben werden mag, ist kein dienstlicheres und beständigeres gefunden worden, denn das Gold, Silber, Kupfer, Quecksilber und andere Metalle durch gute Ordnungen viel besser in einem guten und gültigen, gleichen und beständigen als in einem schlechten, geringen, niedrigen und ungleichen Wert zu verkaufen und zu kaufen, [...] und also sie nicht in viele, sondern in eine oder wenige Hände zu verkaufen, kommen und verhantieren zu lassen, wie denn solches [...] länger denn seit 40 Jahren in unserer Grafschaft Tirol [...] der Gebrauch gewesen ist. (Daher, so erklärt der Kaiser, seien die Bestimmungen über Monopole und Fürkäufe auf den Erzhandel nicht anzuwenden.)

*Jakob Strieder: Studien zur Geschichte kapitalistischer Organisationsformen. München/Leipzig 1914, S. 375 f. In: Volkmar Wittmütz (Hrsg.): Politische und soziale Wandlungen am Beginn der Neuzeit. Frankfurt am Main 1974, S. 35 f.*

**11** **Allegorie auf den Handel**

*Ausschnitt aus einem Holzschnitt von Jost Amman (16. Jahrhundert). Das Bild zeigt Tätigkeiten in einem großen Kaufmannshaus*

## Monopolvorwurf und Kritik der Kirche

### 12 Das Monopolproblem vor dem Reichstag

*Aus dem Bericht eines Reichstagsausschusses über Monopole (1522):*

Erstlich von dem Ursprung des Wortes Monopolia. Monopolia ist ein kriegisch [griechisches] Wort, welches seinen Ursprung hat von dem Worte Monos, das ist allein, und Polonie, das ist Verkauf. Gleich als spräch jemands: Ich allein verkauf das oder jenes.

Item oben genannte Monopolia, Vereinigung, Verbindung, Gesellschaften und ihr Verkauf wird nicht allein allererst itzo dem gemeinen Nutzen unleidlich und unträglich erfunden, sondern sind dieselben wie früher durch den Römischen Kaiser und Rechtsetzer als sehr schädlich, verderblich und sträflich geachtet und erkannt, dass dieselben Übertreter alle ihre Güter verloren und darzu außerhalb ihrer Wohnung in ewigs Elend verurteilt sein sollen. [...]

Die Gesellschaften haben es besonders auf die Waren abgesehen, deren man am wenigsten entbehren mag; und wenn eine nicht reich genug ist, so nimmt sie eine andere zu Hilfe und beide bringen dann die betreffende Ware ganz in ihre Hand. Wenn ein armer kleiner Kaufmann von ihnen dieselbe aufgezwungene Ware kaufen und dann die Ware andernfalls seiner Nahrung nach vertreiben will, so sind ihm gedachte große Hantierer von Stund an auf dem Nacken, haben den Überschwall derselben Ware, können diese wohlfeiler, auch auf langen Borg hingeben; damit wird dieser Arme bedrängt, kommt es zu Schaden und etliche zum Verderb.

Welche Vorschläge sind nun zur Vermeidung genannter verbotener Fürkäufe zu machen?

1.) Es sollen Gesellschaften oder einzelne Personen nur bis zu 20000, 40000 oder zum meisten 50000 Gulden Hauptgut (Kapital) zum Handel brauchen. [...]

3.) Dieses Hauptgut darf nicht durch Gewinn vermehrt werden.

4.) Es darf zu Handelszwecken kein Geld um Zinskauf entlehnt werden, da dies ungöttlich und wucherlich, auch gemeinem Nutzen nachteilig und schädlich ist.

5.) Keinerlei Ware darf in eine Hand gebracht werden.

7.) Kein Kaufmann darf auf einen Kauf mehr über 100 Zentner Pfeffer, 100 Zentner Ingwer und von keinerlei Spezerei, wie die Namen hat, über 50 Zentner kaufen; auch nach solchem Kauf in einem Vierteljahr derselben Ware keine mehr führen oder kaufen.

*Harald Scherrinsky/Walter Wulf (Hrsg.): Renaissance, Reformation und Glaubenskämpfe. Frankfurt/Berlin/München 1975, S. 45. (sprachlich leicht dem heutigen Deutsch angepasst)*

### 13 Plädoyer für große Handelsgesellschaften

*Der Humanist Konrad Peutinger (1465–1547)* (Online-Link 430075-0128) *schreibt 1530 in seinem Monopol-Gutachten an Kaiser Karl V.:*

Der erste öffentliche Ratschlag [der Gegner der freien Wirtschaft] ist es ja, dass weder einer Gesellschaft noch irgendeinem einzelnen Kaufmann erlaubt sein soll, mehr als [...] höchstens 50000 Gulden Geschäftskapital zu haben, [...] und außerhalb seines eigenen Wohnsitzes mehr als drei Filialen zu besitzen, dass jeder einzelne Kaufmann zu jährlicher Rechenschaft gezwungen sein und dass es ihm nicht erlaubt sein soll, Kapital mit Zinsen [...] oder auf andere Weise zu vermehren usw. Es muss gewissenhaft vermerkt werden [...], dass, wenn nur in dieser einen, sehr strengen Art mit dem Kapital umgegangen werden darf, nicht nur die großen deutschen Handelsgesellschaften mit ihren Geschäften aus allen ausländischen Ländern und Provinzen vertrieben werden, sondern auch Reichtümer und Annehmlichkeiten, die etwa unserem deutschen Land und vielen Leuten hohen und niederen Stands zugefallen sind, verloren gehen würden. [....]

Es dürfte niemandem unbekannt sein, dass, je mehr und besser in Geld und Waren Geschäfte gemacht werden (von Monopolen und unerlaubten Geschäften abgesehen), desto größerer Nutzen daraus folgt. Nicht nur für den Kaufmann wegen der reichen Güter, die aufgrund von Geschäften nach Deutschland eingeführt werden [...], sondern auch für die heiligen Kaiser und Könige, alle Fürsten und Herren wächst der Gewinn. Deshalb können sie auch derartige Beschränkungen am wenigsten dulden. [...]

Der dritte Vorschlag ist, dass allen Kaufleuten für alle Waren ein bestimmter Höchstpreis taxiert und auferlegt werden müsse und dass der Verkaufspreis der Waren etc. nicht darüber, sondern darunter liegen solle. Dies verstößt nicht nur gegen das gemeine Recht, sondern zeugt auch von schlechtem Urteil in allgemeinen Geschäften. [...] Denn [...] das würde bedeuten, dass aller kaufmännischer Handel unmöglich wird. [...] Wer wollte wohl Geschäfte aushandeln, Anstrengungen aufwenden, sich und seine Habe Risiken aussetzen, wenn er seine Waren und Gewürze nicht, wie es ihm bequem ist, auf gebührende Art verkaufen könnte und auch nicht wagte, mehr einzukaufen als den auferlegten Gesamtwert? Die Anstrengung wäre ungeheuer, und sich deswegen Risiken auszusetzen, wäre ein Zeichen von Unverstand und schlechter Beratung.

*Ernst W. Zeeden: Europa vom Ausgang des Mittelalters bis zum Westfälischen Frieden 1648. In: Studienbuch Geschichte, Band 5. Stuttgart 1981, S. 172 f.*

**14** **„Der Teufel! das Geltt regirt nachsich die Weltt“**
*Kupferstich von dem Hanauer Abraham Aubry mit einer Allegorie auf den Geldteufel, um 1600* (in Großformat im **Online-Link** 430075-0129)

## 15 Von Kaufhandlung und Wucher

*Martin Luther schrieb 1524 über den Kaufmannsstand:*

Erstlich haben die Kaufleut unter sich ein gemeine Regel, das ist ihr Hauptspruch und Grund aller Finanzen, da sie sagen: Ich mag meine War so teur geben, als ich kann. Das halten sie für ein Recht, da ist dem Geiz [= Gier] der Raum gemacht und der Höllen Tür und Fenster alle aufgetan. Was ist das anders gesagt, denn so viel: Ich frage nichts nach meinem Nähesten. [...] Es kann damit der Kaufhandel nichts anders sein denn Rauben und Stehlen den andern ihr Gut. [...]

Es sollt nicht so heißen: Ich mag meine War so teur geben, als ich kann oder will, sondern also: Ich mag meine War so teur geben, als ich soll oder als recht und billig ist. Denn dein Verkaufen soll nicht ein Werk sein, das frei in deiner Macht und Willen ohn alle Gesetz und Maß stehe, als wärest du ein Gott, der niemand verbunden wäre, sondern weil solch dein Verkaufen ein Werk ist, das du gegen deinen Nähesten übest, soll es mit solchem Gesetz und Gewissen verfasset sein, dass du es übest ohn Schaden und Nachteil deines Nähesten. [...]

Darum will ich allhier etliche solcher Tücken und böse Stücke, so ich selbst vermerkt und durch fromme gute Herzen mir sind angezeigt, erzählen. [...]

Aufs erst machen etliche kein Gewissen davon, dass sie ihr War auf Borgen und Zeit teurer verkaufen denn um Bargeld, ja, etliche wollen keine War verkaufen um Bargeld, sondern alles auf Zeit. Und das alles darum, dass sie ja viel Gelds dran gewinnen. Hie siehest du, dass dies Stück gar groblich wider Gottes Wort, wider Vernunft und alle Billigkeit, aus lauter freiem Mutwillen des Geizs sündigt an seinem Nähesten, des Schaden er nicht achtet, und raubt und stiehlet ihm das Seine und sucht nicht seine ziemliche Nahrung, sondern seinen Geiz und Gewinn alleine drinnen. [...]

Item also ist auch das getan, dass etliche ihr Gut teurer verkaufen, denn es auf gemeinem Markt gilt und im Kauf gang und gäbe ist und steigern also die War aus keiner Ursach, denn dass sie wissen, dass desselbigen Guts keins mehr im Lande ist oder in Kurz keins mehr kommen wird und man es haben müsse. Das ist ein Schalkauge [= Arglist] des Geizs, das nur aufs Nähesten Notdurft siehet, nicht derselben zu helfen, sondern sich derselben zu bessern [sich mit derselben zu verbessern] und mit seines Nähesten Schaden reich zu werden. Das sind alles öffentliche Diebe, Räuber und Wucherer.

Item, dass etliche ein Gut oder War in eim Lande oder in einer Stadt ganz und gar aufkaufen, auf dass sie alleine solch Gut ganz und gar in ihrer Gewalt haben und darnach setzen, steigern und geben mögen, wie teur sie wollen oder können. Nu ist droben gesagt, dass die Regel falsch und unchristlich ist, dass jemand sein Gut so teur gibt, als er will und kann. Viel greulicher ist das, dass man darauf ein Gut alleine aufkauft, wilchs auch die kaiserlichen und weltlichen Rechte verbieten und heißen's Monopolia. Das sind eigennützige Käufe, die in Landen und Städten gar nicht zu leiden sind, und Fürsten und Herrn sollten solchs wehren und strafen, wenn sie ihr Amt wollten vollführen. Denn solche Kaufleut tun gerade, als wären die Kreaturen und Güter Gottes alleine für sie geschaffen und gegeben und als möchten sie dieselben den andern nehmen und setzen nach ihrem Mutwillen. [...]

Item, wenn etliche ihr Monopolia und eigennützige Käufe sonst nicht vermögen aufzurichten, weil andere da sind, die auch der gleichen War und Gut haben, fahren sie zu und geben ihr Gut so wohlfeil [billig, günstig], dass die andern nicht mögen zukommen und zwingen sie damit dahin, dass sie entweder nicht müssen feilhaben [zum Verkauf anbieten] oder mit ihrem Verderben [zu ihrem Schaden] so wohlfeil geben als jene. Also kommen sie doch zum Monopolion. Diese Leut sind nicht wert, dass sie Menschen heißen und unter Leuten wohnen. [...]

*Martin Luther: Von Kaufhandlung und Wucher. Zit. nach: Hutten/Müntzer/Luther, Band 2. Bearb. v. Siegfried Streller. Berlin/Weimar 1982, S. 184 f. In: Asmut Brückmann/Dietmar Schiersner: Historisch-Politische Weltkunde – Neuzeit. Stuttgart 2007, S. 73. (sprachlich leicht dem heutigen Deutsch angepasst)*

**Arbeitsvorschläge**

○●● a) Erarbeiten Sie vor dem Hintergrund von M 3 anhand von M 1 und M 2 die Bedeutung der Wollverarbeitung und des Tuchhandels im frühneuzeitlichen Florenz.

○○● b) Skizzieren Sie die Funktionsweise und Entwicklung des frühneuzeitlichen Bankwesens (M 4, M 5 b).

○●● c) Charakterisieren Sie die Bedeutung der Medici hinsichtlich der wirtschaftlichen, kulturellen und politischen Entwicklungen im frühneuzeitlichen Florenz (M 5 a, M 6). Stellen Sie diese anschließend in einem Kurzvortrag vor.

○●● d) Erläutern Sie die Funktionsweise und Vertriebswege der frühkapitalistischen Handelsgesellschaften im 15./16. Jahrhundert (M 7, M 9).

○●● e) Im 15. Jahrhundert erlebten viele Kaufleute in den großen Handelsstädten einen beträchtlichen Aufstieg zu Unternehmern und Bankiers. Im Deutschen Reich war dies u. a. die Familie der Fugger (M 9). Informieren Sie sich über diese Familie und zeichnen Sie deren Geschichte in einem Zeitstrahl nach. (**Online-Link** 430075-0130)

○●●/●●● f) Erläutern Sie die Bedeutung und den Stellenwert des Erzhandels zur Zeit des Frühkapitalismus. Analysieren Sie vor diesem Hintergrund die Argumentation Kaiser Karls V., mit der dieser die Monopolisierung des Erzgroßhandels in Deutschland zu rechtfertigen sucht (M 10). Diskutieren Sie anschließend dessen Beweggründe.

○○● g) Beschreiben Sie die einzelnen kaufmännischen Tätigkeiten, die sich M 11 entnehmen lassen. Inwiefern kommt in dieser Abbildung auch der zeitgenössische Stellenwert des Handels als florierendem Wirtschaftszweig zum Ausdruck?

○●●/●●● h) Stellen Sie die Argumente in M 12 jenen in M 13 gegenüber. Erklären Sie diese vor dem Hintergrund zeitgenössischer religiöser und sozioökonomischer Wertauffassungen und beurteilen Sie deren Legitimität.

○○●/○●● i) Skizzieren Sie auf der Basis von M 20 und M 21 die Haltung der Kirche zum Kauf- bzw. Geldhandel und Zinswucher.

●●● j) Organisieren Sie ein Streitgespräch zwischen einem Vertreter des Kaufmannsstandes und einem Kleriker, in welchem deren jeweilige Standpunkte hinsichtlich der bereits erarbeiteten Problemfelder (Monopole, Handelsgewinne, Zinsnahme) deutlich werden.

# Grundwissen: Frühkapitalismus und Monopolhandel

**Entwicklung moderner Wirtschaftsformen in den oberitalienischen Stadtstaaten**

→ 1 S. 72
→ 2 S. 72
→ 7 S. 76

Vor allem von den oberitalienischen Stadtstaaten, die sich im 12. und 13. Jahrhundert die Freiheit zur Selbstverwaltung erkämpft hatten, gingen in Europa die entscheidenden Impulse zur Entwicklung moderner Wirtschaftsformen aus. Als besonders profitable Umschlagszentren für Luxusgüter und Massenwaren erwiesen sich die verkehrsgünstig gelegenen Hafenstädte wie Genua und Venedig, deren Reichtum auf einem infolge der Kreuzzüge aufstrebenden Fernhandel mit dem Orient beruhte. Diese entwickelten sich zu florierenden Finanz- und Handelszentren, deren Wirtschaftspolitik ganz auf die Bedürfnisse des Mittel- und Überseehandels abgestimmt war.
Anders als Venedig oder Genua besaß Florenz keinen Mittelmeerhafen und konnte somit nicht vom Überseehandel profitieren. Die ökonomische Grundlage für den raschen wirtschaftlichen Aufstieg von Florenz bildeten die Wollindustrie, das Textilgewerbe sowie die aufstrebenden Handels- und Bankgesellschaften. Während seiner wirtschaftlichen Blütezeit gab es in Florenz rund 200 Wollmanufakturen. Die Rohwolle wurde aus England, Flandern oder Spanien importiert, in Betrieben in der Stadt oder dem städtischen Umland weiterverarbeitet und anschließend nach ganz Europa und in den Mittelmeerraum exportiert.

**Entwicklung des modernen Geld- und Bankwesens**

→ 4 S. 73

Ihr wirtschaftlicher Erfolg machte die Medici auch zu den wichtigsten Geldgebern zahlreicher Fürsten, Bischöfe und des Papstes. Da sich der aufstrebende Handel infolge nicht mehr als reiner Warentausch durchführen ließ, entwickelten Florentiner Kaufleute bereits um 1300 die Grundlagen des modernen Geld- und Bankwesens. Die Einführung der doppelten Buchführung machte die Geschäftsvorgänge der Unternehmen transparent und einsichtig.

**Die Medici**

→ 5 S. 74 f.
→ 6 S. 75

Zu den bedeutendsten Florentiner Handels- und Bankiersfamilien gehörte Anfang des 14. Jahrhunderts die der Medici. Diese betätigte sich zunächst erfolgreich im Woll- und Tuchhandel, um dann später mit einem weitreichenden Handelsnetz in das lukrative Bank- bzw. Geldgeschäft einzusteigen. Neben ihrer Hauptbank in Florenz verfügte sie auch über Filialen in Rom, Venedig, Mailand, Pisa, Genf, Lyon, Avignon, Brügge und London. Ihr wirtschaftlicher Erfolg machte die Medici auch zu den wichtigsten Geldgebern zahlreicher Fürsten und Bischöfe. Als Bankhaus des Papstes verwalteten sie dessen Finanzgeschäfte und die Gelder der Kirche. Durch ihr wirtschaftliches Potential und immenses finanzielles Engagement in der Stadt wurden die Medici rasch zur mächtigsten und einflussreichsten Familie in Florenz.

**Frühkapitalismus in Deutschland**

→ 8 S. 76
→ 9 S. 77
→ 10 S. 77

Im 15. Jahrhundert bildete sich auch in den deutschen Städten ein selbstbewusstes kaufmännisches Bürgertum heraus. Dessen gewinnorientierte Gesinnung fand ihren Ausdruck in einer Wirtschaftspraxis, die man als Frühkapitalismus bezeichnet und die ihren Ursprung im Groß- und Fernhandel hatte. Besonders in den süddeutschen Städten stiegen einzelne Kaufleute, die in den Finanz- und Wirtschaftszentren Oberitaliens ausgebildet worden waren, rasch zu bedeutenden Handelsherren auf. Diese gründeten mit ihren erworbenen kaufmännischen Kenntnissen nach italienischem Vorbild bedeutende Handelsgesellschaften mit einem zentralen Hauptkontor und einem Netz von Niederlassungen an europäischen und überseeischen Handelsplätzen. Häufig verbanden sie diese Handelsaktivitäten mit Geld- und Bankgeschäften, und investierten das dadurch gewonnene Kapital in den lukrativen Erzbergbau und das aufblühende Verlagssystem.

### Das Beispiel der Fugger

**Jakob Fugger („der Reiche")** *Gemälde von Albrecht Dürer (1459–1525) um 1518*

Ein hervorragendes Beispiel für den rapiden wirtschaftlichen Aufstieg einzelner Kaufmannsfamilien sind die Fugger in Augsburg. Den Grundstock für deren Erfolg legte Hans Fugger. Dieser hatte sich 1367 in der freien Reichsstadt Augsburg als einfacher Tuchweber niedergelassen. Augsburg lag am Schnittpunkt wichtiger Handelswege zwischen Italien und dem nördlichen Europa und war besonders für seine Tuchproduktion bekannt. Die Fugger stiegen daher bald in den einträglicheren Tuchgroßhandel ein und infolge rasch zum Verlagskaufmann auf. Jakob der Jüngere (1469–1525) erkannte die Möglichkeiten der Kombination von Großhandel, Produktion und Finanzgeschäften, und realisierte diese konsequent gewinnbringend. Das Fuggerimperium unterhielt nun Niederlassungen in ganz Europa. Vor allem seine Investitionen in den Erzbergbau bescherten ihm hohe Gewinne, da ihm aufgrund des ihm vom Kaiser zugesprochenen alleinigen Abbaurechts (Monopol) keine Konkurrenz drohte. Dank der daraus erwachsenden Kapitalkraft wurde Jakob Fugger zum Bankier vieler Fürsten, Kaiser und Päpste. In Form von Kreditgeschäften finanzierte er deren enormen Finanzbedarf für repräsentative und militärische Zwecke. Damit machte er nicht nur Zinsgewinne, sondern steigerte auch stetig seinen Einfluss in der Herrschafts- und Wirtschaftspolitik.

### Monopolvorwürfe

→ 12 S. 79
→ 13 S. 79

Vor allem mit seinem großen Reichtum und seinem harten Geschäftsgebaren stieß Jakob Fugger bei den mittelständischen Kaufleuten in Nord- und Mitteldeutschland auf Neid und Missfallen. Diese warfen Jakob Fugger Monopolmissbrauch vor, weil er seine Monopolstellung zur Bekämpfung der Konkurrenz nutzte, und die Preise dazu – je nach Bedarf – künstlich erhöhte oder senkte. Daher klagten sie ihn und andere Großkaufleute zwischen 1512 und 1530 mehrmals auf Reichstagen öffentlich des Monopolmissbrauchs an. 1523 verabschiedete der Reichstag schließlich ein Monopolgesetz gegen zu große Handelsfirmen. Jakob Fugger wurde infolge vor dem Reichskammergericht wegen Vergehens gegen das Monopolverbot angeklagt. Da jedoch Kaiser Karl V. selbst mangels ausreichender Steuereinnahmen von den finanziellen Anleihen der Großkaufleute – unter ihnen auch Jakob Fugger – abhängig war, schlug er die gegen die Großkaufleute gerichteten Verfahren jedes Mal nieder.

### Kritik der Kirche

→ 14 S. 80
→ 15 S. 80 f.

Auch die Kirche verurteilte wiederholt scharf die Geschäftspraktiken der Großkaufleute. Im Sinne des Evangeliums galten Geldgeschäfte mit Gewinn und Geldverleih gegen Zins als unchristlich und wurden deshalb auch den als „Christusmördern" verfemten jüdischen „Wucherern" überlassen. Auch nach Ansicht des Reformators Martin Luther vertrug sich das auf dem Grundsatz des freien Wettbewerbs basierende ungezügelte Gewinnstreben des Kaufmannsstandes nicht mit der christlichen Moral und dem Armutsideal der Kirche. Dieser prangerte daher wiederholt die monopolistischen Geschäftsmethoden des Kaufmannsstandes – vor allem jedoch den mühelosen Gewinn durch Finanzgeschäfte – als unehrenhaft an, verurteilte jegliches Gewinnstreben und forderte die Rückkehr zu dem „gerechten Preis".

### Niedergang der großen Handelshäuser

Zum Verhängnis wurden den großen Handelshäusern letztendlich deren rege Geschäftsverbindungen zu den großen Herrschaftshäusern, von denen viele häufig ihre Schulden nicht zurückzahlten bzw. zurückzahlen konnten, was langfristig zum unvermeintlichen Bankrott ihrer Geldgeber führen musste. Diese Zustände änderten sich erst, als im 17. Jahrhundert eine geordnete staatliche Wirtschafts- und Finanzpolitik entstand. Die nun regelmäßigen und gesicherten Steuereinnahmen machten die Herrschaftshäuser wiederum von Bankanleihen unabhängig. Die Handelshäuser als staatliche Banken wurden somit überflüssig.

# 1.6 Die europäische Expansion

## Antriebskräfte zur Expansion

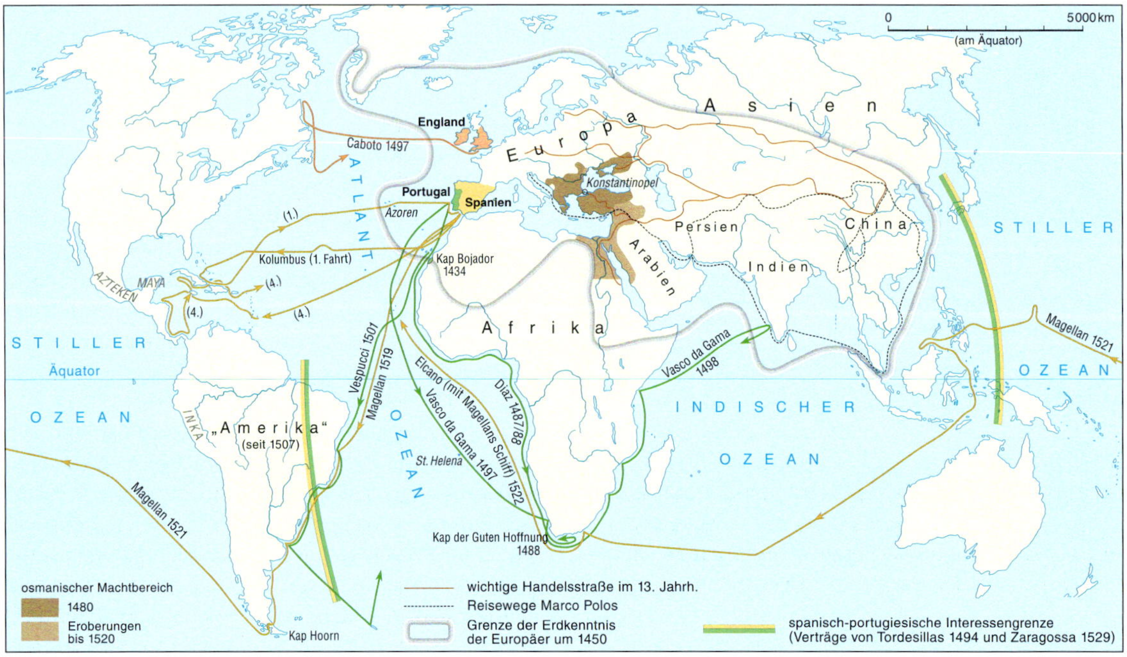


**1** **Europäische „Entdeckungsreisen" im 15. und 16. Jahrhundert**

### 2 Die Motive eines Suchenden

*Zu den maßgeblichen Vorreitern der europäischen Expansion nach Übersee zählte der portugiesische Prinz (port. Infanten) Heinrich „der Seefahrer" (1394–1460). Dieser verband die mittelalterliche Kreuzzugsidee mit wissenschaftlichem Interesse, gründete Institutionen zur Erforschung neuer Karten und Instrumente für die Seefahrt und finanzierte immer wieder Erkundungsfahrten nach Süden entlang der afrikanischen Küste. Der portugiesische Hofchronist Damião de Góis (1502–1574) schrieb über Heinrichs Motive:*

Dieser [Heinrich] war nicht nur ein sehr tapferer Ritter, sondern hatte auch großes Interesse für die Geisteswissenschaften, insbesondere für die Astrologie und Kosmographie. Um diese vornehmen [...] Künste besser ausüben zu können, wählte er nach seiner Rückkehr von der Belagerung Ceutas[1] [seinen Wohnsitz] in einem Teil des Algarve, und zwar auf dem Kap S. Vincente. [...] Von dort beschloss er seine Schiffe entlang der afrikanischen Küste auszuschicken. So wollte er sein Vorhaben verwirklichen, nämlich von diesen westlichen Gebieten den Seeweg nach dem Orientalischen Indien zu finden. Er war sich sicher, dass dieser bereits in früheren Zeiten gefunden worden war.

Diese Sicherheit, die er durch seine Studien erworben hatte, und nicht durch göttliche Inspiration, wie behauptet worden ist, war die Voraussetzung, um eine so große Aufgabe in Angriff nehmen zu können. [...]

Dies lässt uns glauben, dass der Erfolg des Infanten auf das Studium der wahren Autoren [...] zurückzuführen ist, die er mit Ausdauer studierte. Ihren Wahrheitsgehalt aber schätzte er ein, wie man von Menschen Geschriebenes einschätzt. Er glaubte zwar, aber zweifelte auch zugleich, so wie man es allem gegenüber tun soll, was von Menschen und ihren Urteilen herrührt. Im [Urteil der Menschen] ist immer Glaube mit Zweifel gepaart. Mit dieser Gewissheit begann nun der Infant, auf eigene Kosten ausgerüstete Schiffe auf Entdeckungsreisen auszuschicken. Denn er wusste aus dem, was er gelesen hatte, dass z. B., wie Ariston[2] berichtete, nach der Belagerung von Troja Menelaos die Meerenge von Gibraltar passiert hat und [von dort] auf dem Seeweg [...] bis ins Rote Meer [...] gesegelt ist. Dieses enthält, nach einigen antiken Kos-

mographen, schließlich das Arabische und das Persische Meer mit den dazwischenliegenden Küsten. Und von dort gelangt man an eine Küste, die vom Persischen Meer bis nach Indien reicht: Auf diesem Roten Meer nahm Menelaos seinen Weg nach Indien. [...]
Unter dem Vorzeichen [...] dieser besagten Zeugnisse [und] auf der Basis von vielem anderen, was der Infant wusste, und aufgrund vieler Informationen, die er täglich von den Mauren aus Alarves und Azenegues bekam, die in afrikanischen Angelegenheiten bewandert waren, ließ er aufs Neue jene Schifffahrtswege entdecken, die bereits von den Menschen vergessen worden waren.

*1 Hafenstadt an der marokkanischen Küste, die 1415 von Portugal erobert wurde*
*2 griechischer Philosoph des 3. Jahrhunderts v. Chr.*

*Zit. nach: Matthias Meyn (Hrsg.): Die großen Entdeckungen. München 1984, S. 53 f.*

## 3 Gewürze, Missionare und Abenteuerlust

***Noch während der Schlussphase der Reconquista gegen die Mauren auf der Iberischen Halbinsel – ein Kampf, der auch nach Nordafrika weitergetragen wurde – richtete sich der Blick Portugals und ab 1492 auch Spaniens auf den Atlantik. Der Historiker Björn Opfer erläuterte 2001 die Rolle des portugiesischen Prinzen Heinrich:***

Seit eh und je zog es den Menschen zu neuen Welten, zum Abenteuer. Erträumter Reichtum, machtpolitisches Kalkül und tiefer Missionseifer, dies waren Motivationslinien, welche wagemutige Entdecker auf kleinen, Nussschalen ähnlichen Schiffen im 15. Jahrhundert auf die Weltmeere trieb. [...]
Das christliche Abendland wandelte in jenen Jahrzehnten in vielen sein Gesicht. Die schweren Hungersnöte und Seuchen, welche die Bevölkerungszahl des Kontinents nahezu halbiert hatten, waren seltener geworden. [...] der europäische Handel erlebte Ende des 15. Jahrhunderts eine neue Blüte. [...].
Von großer Bedeutung für die beginnenden Entdeckungsfahrten waren zunächst die Entwicklung der astronomischen Navigation, die Verbesserung von Messinstrumenten sowie neue Erkenntnisse in Geographie und Kartographie. [...]
Der Drang nach Indien lag hauptsächlich in wirtschaftlichen Motiven begründet. [...] In Portugal ist der Ursprung der überseeischen Expansionspolitik im Jahr 1415 zu finden. Anders als in Mitteleuropa waren auf der Iberischen Halbinsel – wo damals noch immer mit dem Königreich von Granada eine arabische, oder wie die Portugiesen sie nannten, eine maurische Bastion existierte – der Kreuzzugsgedanke und der kriegerische Missionsgedanke stärker erhalten geblieben, In jenem Jahr unternahmen die drei Söhne des Königs Johann I. zusammen mit Kreuzfahrern aus halb Europa einen Eroberungszug gegen die arabische Hafenstadt Ceuta, welche gegenüber von Gibraltar an der nordafrikanischen Küste liegt und von wo die Araber 711 zu ihrem Sprung nach Europa angesetzt hatten. [...] Der jüngste dieser drei portugiesischen Prinzen war Heinrich, den man später „o navegador" (den Seefahrer) nennen sollte. [...] In seinem Observatorium in Südportugal, welches er hoch oben auf windigen Klippen erbauen ließ, versammelte er die berühmtesten Astronomen, Kartographen, Navigatoren und Schiffsbauer um sich, Italiener, Spanier, Araber, Juden, Deutsche und später auch Afrikaner. Heinrich verschaffte sich so viele Briefe, Chroniken und Landkarten früherer Afrika- und Asienreisender, wie nur zu finden waren, und ließ sie auswerten. [...]
Das magische Hindernis war zunächst das sagenumwobene Kap Bojador. Bereits die Phönizier hatten im Altertum, zur Abschreckung etwaiger Handelskonkurrenten, fantastische Geschichten ausgestreut, welche von den Arabern aus derselben Motivation aufgenommen und ebenfalls weitergegeben wurden: Furcht erregende Seeungeheuer und Magnetberge, die sämtliche Nägel aus den Schiffen zögen; ein Meer, das sich dort zu einer sirupartigen Masse verwandele, oder aber am Ende der Welt zum berüchtigten Dunkelmeer würde. [...] Schließlich, im Jahre 1434, wurde der Mythos endlich bezwungen. [...]
Für seine Expeditionen ließ Heinrich nach dem Vorbild arabischen Dhaus wendige Karavellen mit zwei oder drei Masten entwickeln, die in der Lage waren, gegen den Wind Zick-Zack zu segeln. [...]
Während 1445 die Schiffe Heinrichs bis zum Kap Verde, ein Jahr später an die Mündung des Senegal gelangten, erschien im östlichen Mittelmeer eine neue „islamische Bedrohung" in Gestalt des kriegerischen Osmanischen Reiches. 1453 fiel das „Rom des Ostens", die alte Kaiserstadt Konstantinopel [...]. Bald darauf sollte Otranto in Unteritalien verheert werden. Was für die europäischen Herrscher und Adeligen jedoch wahrscheinlich mindestens ebenso schwer wog wie diese militärische Bedrohung, war, dass begehrte Luxusgüter wie chinesische Seide, indische Juwelen oder fernöstliche Gewürze nun in Europa noch teurer wurden. Die Entdeckung eines Seewegs nach Indien, um die islamischen Staaten herum, wurde zur unverrückbaren Idee der großen abendländischen Handelshäuser und Fürstenhöfe.

*Björn Opfer: Gewürze, Missionare und Conquistadoren. Portugal erobert die Meere. In: Vasco da Gama. Der Weg nach Ostindien. Nach zeitgenössischen Quellen bearbeitet von Rudolf Plitschke. Göttingen 2001, S. 10–15.*

## 4 Vasco da Gama erreicht Ostindien 1498

*Nachdem Bartholomäus Diaz 1487 das Kap der Guten Hoffnung erkundet hatte, entsandte der portugiesische König Manuel 1497 eine neue Expedition unter dem Befehl des jungen Adeligen Vasco da Gama (1469–1524). Unter dem Titel „Wegweiser über die Reise des Vasco da Gama" veröffentlichte der angebliche Augenzeuge Álvaro Velho einen Reisebericht.*

*Ankunft in Mosambik an der ostafrikanischen Küste:*

Die Menschen hierzulande sind braun und haben einen guten Körperbau und gehören zur Sekte des Muhamed und sprechen maurisch; und ihre Kleider sind von Leinen und Baumwolle, sehr fein und vielfarbig gestreift und sind reich und sorgfältig gearbeitet, und alle tragen Turbane und Seidenbesatz, durchzogen mit Goldfaden, auf dem Kopf, und sie sind Kaufleute und treiben Handel mit weißen Mauren [Arabern], von denen vier Schiffe am Ort lagen, die Gold, Silber, Gewürznelken und Pfeffer und Ingwer führten und silberne Ringe mit Edelgestein und vielen Perlen und Rubinen, und die Bewohner dieses Landes tragen diese Dinge auch.

Und wie uns schien nach dem, was sie sagten, dass die Dinge alle durch Einfuhr dahin kämen, und dass besagte Mauren sie brächten, außer nur das Gold, und dass es davon weiter vorwärts, wohin wir führen, viel gebe, und der Edelsteine, Kostbarkeiten und Gewürze so viel dort zu finden sei, dass man nicht nötig hätte sie einzutauschen, sondern sie nur so in Körben zu sammeln. […] Weiter sagten sie uns, dass der Erzpriester Johannes nicht weit von dort wohnt, und dass er viele Städte längs des Meeres hat, und dass die Bewohner selbiger Städte große Kaufleute sind und große Schiffe besitzen, dass aber der Erzpriester Johannes weit drinnen im Lande wohnt, und dass man dorthin nur auf Kamelen kommen kann. […]

*Ankunft in der westindischen Hafenstadt Kalikut:*

Wir kamen alle, so viel wir auf den Schiffen waren, zu zwei und zwei oder zu drei und drei an Land, und jeder nahm sich von dem, was er hatte, mit, also Armbänder und Kleider und Zinn und Hemden, jeder, wie er es hatte, und sie verkauften, wenn sie es auch nicht so gut verkauften, wie wir bei unserer Ankunft gehofft hatten. Und wir kauften von dem, womit man in der Stadt handelte, Gewürznelken und Zimt und Edelsteine, und nachdem so jeder gekauft hatte, was er wollte, kehrte er zu den Schiffen zurück, ohne dass irgendjemand ihm etwas in den Weg legte. […]

*Abfahrt unter Schwierigkeiten: Wider Erwarten ließ der lokale Herrscher einige der Portugiesen an Land festhalten:*

Über selbige Nachricht waren wir alle recht traurig, dieweil wir erstens ein paar von unseren Leuten in der Gewalt der Feinde sahen, und dann wegen des großen Hindernisses, das damit unserer Abfahrt in den Weg trat, und dann kränkte es uns auch sehr, dass ein christlicher König[1] so schmählich an uns handelte, und andererseits legten wir ihm wieder nicht so große Schuld bei, wie wir Grund gehabt hätten ihm beizulegen, weil wir bestimmt wussten, dass die Mauren, die hier wohnten, die Kaufleute von Mekka und vielen anderen Gegenden waren, die uns kannten, dass wir diesen sehr unbequem waren und dass selbige dem König sagten, wir wären Seeräuber, und sobald wir anfingen, nach selbigem Lande zu fahren, würde kein Schiff mehr von Mekka oder Cambaya […] nach seinem Lande kommen können, so dass er keinen Gewinn mehr daraus ziehen würde, und wir würden ihm auch nichts geben, sondern ihm eher noch nehmen, und dadurch könne sein Lande zugrunde gerichtet werden. […]

[Vasco da Gama nahm daraufhin Geiseln und presste dadurch die festgehaltenen Portugiesen frei.] An einem Mittwoch – es war der 29. besagten Monats August 1498 – beschloss der Kommandant, im Hinblick darauf, dass wir bereits gefunden und entdeckt hatten, wonach wir gefahren waren, Gewürze sowohl wie Edelsteine, und weil wir doch nicht in Frieden und Freundschaft mit den Bewohnern von dem Lande Abschied nehmen konnten, mit den anderen Kapitänen abzufahren und die Leute, die wir bei uns hatten, mitzunehmen […] und so gingen wir ohne Verzug unter Segel und traten unseren Weg nach Portugal an, alle sehr froh, dass wir das Glück gehabt hatten, etwas so Großes zu finden, wie wir gefunden hatten.

*1 Die Portugiesen hielten die Hindus zunächst für Christen.*

*Geschichte in Quellen. Band III. Hrsg. von Wolfgang Lautemann/Manfred Schlenke. München 1966, S. 53–56. Übers. Franz Hümmerich*

## 5 Der Gewürzhandel im 15. Jahrhundert

Der Gewürzhandel war im Wesentlichen ein von Nichteuropäern betriebenes Geschäft im Raum des Indischen Ozeans, und die Europäer konnten sich an diesem asiatischen Handel nur am Rande beteiligen. Im westlichen Teil des Indischen Ozeans wurde er von arabischen und indischen Seefahrern beherrscht […] Gewürze wurden größtenteils von chinesischen Kaufleuten durch die Straße von Malakka nach Kalikut gebracht, wo sie südindische Gewürze zusätzlich zu jenen, die sie auf den Inseln des heutigen Indonesiens gekauft hatten, für den chinesischen Markt mitnahmen. Die Kontrolle über die Straße von Malakka war für diesen Handel so bedeutend, dass der Portugiese Tomé Pires im frühen 16. Jh. in seinem Reisebericht Suma Oriental zu dem Schluss kam: „[…] Wer immer auch Herrscher von Malakka ist, er hat Venedig im Würgegriff." […]

Der europäische Sektor des Gewürzhandels war zwar verhältnismäßig klein im Vergleich zum globalisierten

Umfang, aber für die Beteiligten von großer Bedeutung. Im 15. Jh. konnten die Venezianer, die die letzte, kurze Etappe des Handelswegs ab Beirut oder Alexandria weitgehend beherrschten, üblicherweise mit einem Gewinn von 40 Prozent allein beim Transport der Waren über die halbe Länge des Mittelmeeres rechnen. [...] Indische und indonesische Gewürze konnten die Europäer durch nichts ersetzen, wenn sie sie haben wollten – und sie wollten sie haben.

*Peter Spufford: Handel, Macht und Reichtum. Laufleute im Mittelalter. Stuttgart 2004, S. 234 f. Übers. Erwin Fink/Horst M. Langer*

## Die Situation in Südostasien um 1500

**6 Größenvergleich zwischen einer Dschunke zur Zeit von Zheng He und einer portugiesischen Karavelle der Flotte Vasco da Gamas**

*Die genaue Größe der Hochseedschunken Anfang des 15. Jahrhunderts ist in der Wissenschaft umstritten. Frühere Schätzungen von 100–135 m Länge erscheinen heute als übertrieben. Man geht eher von 59–85 m mit einer Größe von 500–1000 t aus. Eine portugiesische Karavelle war im 15. Jahrhundert etwa 20–25 m lang mit etwa 30–40 t Tragfähigkeit.*

### 7 Höhepunkt und Niedergang der chinesischen Seemacht im 15. Jahrhundert

Nachdem die Karavellen des Portugiesen Vasco da Gama 1498 das Kap der Guten Hoffnung an der Südspitze Afrikas umsegelt und, sechs Jahre nach Kolumbus' Amerika-Reise, den Seeweg nach Indien erschlossen hatten, trafen die Seefahrer in Ostafrika auf Menschen, die sich weder von den brisanten Mitbringseln, den Perlen, Glöckchen und Korallenketten, noch von den stolzen Schiffen der Portugiesen sonderlich beeindruckt zeigten. Dorfälteste berichteten den Europäern von weißen „Geistern", die sie vor langer Zeit besucht hätten, in Schiffen, neben denen sich die Karavellen da Gamas wie Nussschalen ausmachten.

Nun gäbe es viele Erklärungen für diesen Spuk, schließlich war der Indische Ozean als „afro-asiatisches Mittelmeer" seit der Antike ein Seehandelsraum. Persische und arabische Schiffe segelten im 10. Jahrhundert regelmäßig bis China, und zwischen dem 6. und 12. Jahrhundert hatten muslimische Händler ihre Handelsbeziehungen entlang der ostafrikanischen Küste bis nach Madagaskar hin ausgedehnt. Doch Schiffe, die drei- oder viermal so lang waren wie Karavellen?

Das können nur die Schiffe der Chinesen gewesen sein, die Flotte Zheng Hes. 1405, vor genau 600 Jahren, stieß sie das erste Mal in See; bis 1433 unternahm sie unter Leitung des Admirals sieben weite Reisen und stellte dabei alles in den Schatten, was Europa aufzubieten hatte. Zheng Hes Hauptreiserouten führten nach Südwesten über Siam bis nach Java, durch die Straße von Malakka über Ceylon bis ins südwestindische Handelszentrum Kalikut und nach Hormuz am Persischen Golf, Nebenrouten bis hinab nach Madagaskar und Timor. [...]

Seine Armada umfasste bis zu 300 Schiffe und zählte an die 28 000 Mann Besatzung. Die größten Einheiten, gewaltige, neunmastige „Schatzschiffe“, maßen in der Länge bis zu 120 und in der Breite bis zu 50 Metern. Das ist tatsächlich ein Vielfaches der Größe von Kolumbus' Santa Maria mit ihren 27 Metern Länge. [...]

Als die Portugiesen und andere Europäer zum Ende des Jahrhunderts in den Indischen Ozean eindrangen, war von Chinas Seemacht schon nichts mehr zu sehen. Zheng Hes Schiffe, selbst deren Logbücher hatte man vernichtet. Was war geschehen?

1424 starb der Kaiser; seine Nachfolger verloren das Interesse an der Schifffahrt. 1500 wurde gar der Bau von Schiffen mit mehr als zwei Masten zum Kapitalverbrechen erklärt und 1525 die Zerstörung aller hochseetauglichen Fahrzeuge angeordnet. Damit verschwand nicht nur die Schatzflotte, sondern auch der private Seehandel, der sich in ihrem Kielwasser entwickelt hatte; viele der nach Südostasien ausgewanderten Chinesen verloren die Verbindung zur Heimat, wo man diese Abtrünnigen misstrauisch betrachtete und ihnen zeitweilig hohe Strafen androhte. Was der grandiose Aufstieg zur Welthandelsmacht hätte werden können, endete in Schmuggel und Piraterie. Auf den Weltmeeren hatten sich China und Europa um 80 Jahre verpasst. Und als von 1513 an die ersten portugiesischen Schiffe auch vor Chinas Küste auftauchten, war der große Drache längst seiner Klauen entledigt und litt geduldig unter den nadelstichartigen Überfällen japanischer Freibeuter, die man abschätzig als „Zwergpiraten“ bezeichnete.

Warum aber, so wird bis heute diskutiert, hat China die mächtigste Flotte der Welt aufgestellt, nur um sie nach einigen Jahrzehnten wieder aufzulösen? Warum hat die größte Macht der Welt, deren Wirtschaftskraft und Technik ihresgleichen suchte, sich nach einigen Jahrzehnten unangefochtener Herrschaft über den Indischen Ozean auf sich selbst zurückgezogen und ist schließlich zum Opfer der aufstrebenden Kolonialmächte Europas, aber auch ihres Nachbarn Japan geworden?

Um einer Antwort näher zu kommen, muss man zunächst Europa betrachten. Was es damals einem anspruchsvollen Chinesen Neues zu bieten hatte – venezianische Brillengläser zum Beispiel –, hätte die aufwändige Umschiffung Afrikas oder Südamerikas kaum gerechtfertigt. Und sie war dafür auch gar nicht nötig, denn über die Levante, über die Seidenstraße und den Indischen Ozean gab es schon seit der Antike regen Warenaustausch. [...] Trotz leidvoller Erfahrungen mit fremden Barbaren, trotz der fast hundertjährigen Mongolenherrschaft, die der Ming-Dynastie vorausging, sah es sich als Reich der Mitte, als unangreifbares Zentrum der Welt. In den konfuzianischen Vorstellungen erschienen die Gold- und Gewürzgier spanischer und portugiesischer Eroberer, der britische Freibeutergeist und der Geschäftssinn der niederländischen Kompanien als plebejisch, als verachtenswert. China konnte sich mit einigem Recht als die große und zur Führung berufene Zivilisation in Asien und am Indischen Ozean verstehen, deren Reichtümer die Schatzflotten nach Nanjing („südliche Hauptstadt“) brachten. Währenddessen führte Zhu Di groß angelegte Feldzüge zu Lande, ließ das Wissen seiner Zeit in der 11 000-bändigen Yongle-Enzyklopädie niederschreiben, die Große Mauer vollenden und in Beijing („nördliche Hauptstadt“) eine Metropole errichten, wie sie die Welt noch nicht gesehen hatte.

Mit seiner Staatsflotte zeigte sich China als mächtiger, wohlwollender Hegemon, der „zehntausend Länder zu seinen Gästen“ machen und von den Anrainerstaaten des Indischen Ozeans nur das Beste wollte. Gegen unwillige Partner oder – wie ein feinsinniger Dichter es ausdrückte – „bedeutungslose Würmer, wert, zehntausendfach zu sterben“, ging Zheng He freilich mit starken Landungstruppen vor oder sorgte dafür, dass sie „weise“, also kooperationsbereitere Regimes erhielten. [...] So vereinte Zheng Hes Flotte viele Aufgaben. Sie verkörperte die Macht und die Machtansprüche des Yongle-Kaisers, sie war Handelsmission, schwimmender Marktplatz und naturkundliche Expedition. Sie brachte Tribute nach China und deren Überbringer zurück in ihre Heimat. Doch die Lasten, die der Kaiser seinem Land mit dem Bau und dem Unterhalt der Flotte auferlegte, waren immens. Schon der Bau eines einzigen Schatzschiffes muss etliche Wälder verschlungen haben. Dazu kam all das andere wertvolle Material – Metall, Seide, Lacke –, das benötigt wurde, um das Schiff zusammenzubauen und auszurüsten. Als nach dem Tod von Zheng Hes Gönner Zhu Di im Jahre 1424 Zhu Gaozhi die Macht übernahm, befahl dieser noch am Tag seiner Thronbesteigung, dem 7. September 1424, dass alle Fahrten der Schatzflotte, auch alle Reparaturen, sofort beendet werden sollten. Zugleich ordnete er an, den Einschlag von Hartholz für den Schiffsbau auf das Niveau der Zeit vor Zhu Di zu reduzieren. Der große Admiral wurde seiner Aufgaben enthoben und zum Militärkommandeur von Nanjing ernannt. [...] Doch Zhu Gaozhi lebte nur wenige Monate, und nachdem die Tributzahlungen an China stark zurückgegangen waren, befahl dessen Nachfolger Zhu Zhanji im Juni 1430, dass Zheng He noch einmal aufbrechen und die „fernen Länder jenseits des Meeres“ auf den rechten Weg zurückführen sollte. Die bis zum Juli 1433 währende Mission verlief sehr erfolgreich. Einige der Schiffe erreichten Dschidda am Roten Meer. [...]

Mit dieser Fahrt ging die Ära der großen Flotte zu Ende. Viel spricht dafür, dass Zheng Hes Stolz schließlich ein

Opfer der konfuzianischen Staatsphilosophie wurde, der privater Handel ebenso suspekt war wie die Vorstellung, dass es außerhalb der Welt, als deren Zentrum man sich verstand, noch eine neue gäbe, die man kolonisieren könnte. Manches spricht auch dafür, dass die Staatsmissionen zu See einem nüchternen Controlling auf Kosten und Nutzen nicht standgehalten hatten. Sicher ist nur, dass China die Chancen, die sich ihm zu Beginn des 15. Jahrhunderts boten, ungenutzt ließ, nicht zuletzt aus Stolz und Vorurteil.

*DIE ZEIT 17.02.2005 Nr. 8 – 17. Februar 2005 http://www.zeit.de/2005/08/A-Zheng_He (Stand 21.04.2010)*

**8 Portugiesisches Handelsschiff im chinesischen Meer**

*Spanische und portugiesische Seefahrer, bald auch Händler aus den Niederlanden, Frankreich, England, später selbst aus Dänemark und Brandenburg stießen in die Karibik, den Pazifischen Ozean und nach Ostasien vor. Auf diese Weise gelangten bald zunehmend technische Standards der hoch entwickelten ostasiatischen Zivilisationen wie China, Japan, Korea oder Siam nach Europa. Chinesischer Wandschirm aus dem 16. Jahrhundert*

## Wirtschaftliche Folgen der Expansion

### 9 Veränderungsprozesse infolge des portugiesischen Auftretens an der westafrikanischen Küste

Zum Teil direkt, zum Teil über einheimische Mittelsleute knüpften die in portugiesischen Dienst stehenden Seeleute Handelskontakte zu den Häuptlingen und Fürsten des Inlandes und richteten Faktoreien entlang der Küste ein, Von Arguim bis zur Buch von Benin wurden Gold, Sklaven und Elfenbein, die begehrtesten Objekte der Europäer, gegen Pferde, Textilien, Waffen und allerlei Gebrauchsgegenstände getauscht.

Zögernd zeichnete sich hier nun ab, was erst über ein Jahrhundert später von den europäischen Handelskontoren in großem Umfang erreicht wurde: das Anzapfen und Ableiten des innerafrikanischen Handelsverkehrs an die Küste. Im Norden setzte dieser Prozess schon früh und hoch in der Wüste ein. Aus Hoden beispielsweise, dem heutigen mauretanischen Wadan, leiteten die Portugiesen den Goldhandel mit dem Maghrib über die Küste um. In den Karavellen erwuchsen den Karawanen echte Konkurrenten. Die westlichen Transsahararouten wurden weniger frequentiert, der Lebensnerv der westsudanesischen Handelsstädte teilweise abgebunden. Im Süden geschah zeitversetzt Ähnliches. Gold, Elfenbein und Sklaven wurden durch den Urwald entlang den großen Flüssen an die Küste transportiert und dort über See verhandelt. [...]

El Mina, dann Accra, Abeokuta, Benin und Calabar waren die Namen der bedeutenderen dieser Umschlagplätze. Dahinter erstreckte sich eine uralte afrikanische Kulturlandschaft. Im Volta-Gebiet hatten aus dem Nor-

den eingewanderte Akan kleine, unabhängige Reiche geschaffen, aus denen sich Bono im Takgiman-Gebiet hervorhob. Weiter im Osten, zwischen Ogun und Niger, lag das Benin-Reich. […]
Sicher ist, dass die Portugiesen hier in der Flanke eines florierenden Handelsnetzes stießen. Die großen Flussläufe von Volta, Niger und Bennue verbanden die sudanesischen Steppenreiche von Timbuktu im Westen bis Kanem-Bornu am Tschad-See mit den Waldbauern und Handwerkern der Guineaküste. der einsetzende Seehandel mit den Europäern riss dieses Netz ein und führte langfristig zum Zusammenwachsen der kleinen autonomen Königreiche zu zentral geleiteten Staaten und zu wachsender Rivalität zwischen den Inland- und Küstenreichen.
Aus unseren Quellen wird deutlich, dass das 15. Jahrhundert zu diesen Entwicklungen erst den Keim legte. Der Sklavenhandel der Europäer, der sich ein Jahrhundert später zu einem immensen Dreieckshandel zwischen der Alten und Neuen Welt auswuchs, steckte noch in seinen Kinderschuhen. In den erhaltenen Berichten dominieren noch exotische Neugierde, Interesse, ja Respekt für den afrikanischen Partner, seine politische, wirtschaftliche und künstlerische Leistung. Mit dem ersten direkten Sklaventransport von Westafrika zu den Westindischen Inseln im Jahre 1518 ist die düstere Wende zur Ausbeutung eines ganzen Kontinents durch die europäischen Kolonialmächte eingeleitet.

*Die mittelalterlichen Ursprünge der europäischen Expansion. Hrsg. von Charles Verlinden/Eberhard Schmitt. München 1986, S. 292 f.*

## 10 Rückwirkungen der „Entdeckungen" auf Europa

Die stärkste Rückwirkung der Entdeckungen auf lange Sicht bildete die zwar zögernd einsetzende und nur langsam fortschreitende, aber unaufhaltsame Verschiebung des politisch-kulturellen und wirtschaftlichen Schwerpunktes von Süd- und Mitteleuropa zu den atlantischen Anliegerstaaten. Allerdings hat die neuere Forschung die frühere Auffassung endgültig widerlegt, dass diese Verlagerung für das Wirtschaftsleben im Mittelmeer sehr schnell katastrophale Folgen gezeigt haben sollte. Es ist zwar richtig, dass die Portugiesen den Pfefferhandel an sich ziehen und über Lissabon leiten konnten, doch attackierte die venezianische Propaganda den Konkurrenten recht erfolgreich mit der Behauptung, der ohnehin zweitklassige portugiesische Pfeffer verlöre durch den langen Seeweg seine Qualität. Außerdem gelangten fast alle anderen Orientwaren (Korallen, Seide, Perlen, Teppiche, Essenzen, Zimt, Muskat usw.) nach wie vor über innerasiatische, dem portugiesischen Zugriff entzogene Landwege oder durch Schmuggel zur See ins Mittelmeergebiet. Der Versuch, diese asiatisch-osmanische Handelsachse wirksam zu unterbrechen, war seit dem Verlust von Aden (1538) zum Scheitern verurteilt.
Gleichzeitig profitierte der Mittelmeerraum vom allgemeinen Aufschwung des europäischen Handels im 16. Jahrhundert. Nicht nur Lissabon, Antwerpen und London entwickelten sich kräftig, auch Barcelona, Ragusa und Messina blühten auf; Livorno stieg am Ende des Jahrhunderts als Getreideumschlagplatz zum Rang Venedigs und Genuas empor. Geschickt passten sich die italienischen Kaufleute den neuen Verhältnissen an, eröffneten Filialen in den wichtigsten westeuropäischen Waren- und Geldhandelszentren. Bis etwa 1570 war Antwerpen […] Weltzentrum für den Warenhandel und europäische Finanzmetropole. Unmittelbar neben dem neuen Börsengebäude von 1531 befanden sich die Häuser der Genuesen, Venezianer und Florentiner, und es ist bezeichnend, dass mit dem Rückgang Antwerpens das italienische Genua wichtigste Finanz- und Bankstadt Europas wurde. […]
Wenn von den Auswirkungen der Entdeckungen die Rede ist, darf der wechselseitige Austausch von Pflanzen und Tieren ebenso wenig unerwähnt bleiben wie die Verbreitung bestimmter Kenntnisse, Techniken und mancher Lebens- und Ernährungsweisen. Die Europäer brachten nicht nur Pferde, Rinder und Schweine nach Amerika, sie führten auch Hammel, Hühner und Rentiere ein. Dagegen kam als einziges amerikanisches Nutztier der Truthahn nach Europa. Nutzpflanzen der Alten Welt gelangten in großer Zahl über den Atlantik: Wichtiger als Spargel, Sellerie und Salat waren bald Weizen, Zuckerrohr und – später – Kaffee. Orangen-, Zitronen- und Maulbeerbäume wurden ebenfalls sehr zeitig nach Amerika gebracht, ebenso Olivenbäume und Weinstöcke – Letztere zum Missvergnügen der spanischen Regierung, der an einer Konkurrenz für diese beiden Hauptausfuhrprodukte nicht gelegen war.
Umgekehrt gelangten viele Grundbestandteile der indianischen Küche nach Europa: Mais, Maniok, Erdnüsse, Kakao, Knoblauch, die Kartoffel. Auch Tabak, Ananas und Vanille sind in der Neuen Welt beheimatet; erst vor einem Jahrhundert begann die Bekanntschaft Europas mit der aus Mexiko stammenden Tomate.

*Ilja Mieck: Europäische Geschichte der Frühen Neuzeit. Stuttgart 1994, S. 75 ff.*

## 11 Vorstoß der Portugiesen in den Indischen Ozean

In der Phase der von Vasco da Gama eingeleiteten, frühen Flottenexpeditionen der Portugiesen nach Indien, die fast jedes Jahr stattfanden, gab es unbeschadet vieler Ähnlichkeiten hinsichtlich Warenpalette, Organisationsgrad und Effizienz des Fernhandels doch einen gewaltigen Unterschied zwischen europäischen und asiatischen Seehandelsaktivitäten: den im Wesentlichen friedlichen Charakter der Handelsschifffahrt im Indischen Ozean. Trotz jahrhundertelanger Seefahrertradition und hoch entwickelter, vielfältiger Schiffstechnologie gab es infolge der spezifischen Gesellschafts-, Staats- und Handelsstrukturen um 1500 – abgesehen von Piraten sowie einigen mamlukischen Galeeren im Roten Meer – kaum ozeantüchtige bewaffnete Schiffe in Asien. Eine lineare Herleitung des portugiesischen Handels- und Kolonialimperialismus aus waffentechnologischen Vorteilen vereinfacht die Anfänge der europäischen Expansion in Asien sicherlich in unzulässigem Maße. [...] Die Vorherrschaft auf dem Meer und die sehr gelegen kommenden Rivalitäten potenzieller Gegner erleichterten es den portugiesischen Kapitänen, Gouverneuren und Vizekönigen, ein Kolonialsystem an den Rändern der Großreiche Asiens aufzubauen. [...]

Portugals militärische Anstrengungen, die in recht kurzer Zeit zum Erfolg geführt hatten, sicherten nicht automatisch die angestrebten ökonomischen Vorteile, obwohl sich der Handel auf der Kaproute seit der zweiten großen Indienflotte als recht profitabel erwies. Hauptziel der Flottenexpeditionen in den Indischen Ozean und der Festsetzung an den wichtigsten Küstenplätzen war es ja, den Pfeffer- und Gewürzhandel Asiens zum Nachteil der etablierten einheimischen Kaufleute zu monopolisieren, den Karawanenhandel durch die Levante durch die Forcierung der Kaproute abzuwürgen und die Zwischenhandelsgewinne der Gujaratis, Perser, Araber, Venezianer, etc. in Monopolprofite für Lissabon zu verwandeln. Diese Pläne hätten eine lückenlose Kontrolle aller wichtigen Produktionsgebiete, Marktplätze, Umschlaghäfen und Seewege, aber auch die ständige Überwachung der eigenen Funktionäre erfordert, was im gesamten 16. Jahrhundert unerreichbar blieb bzw. immer klarer als Illusion erkannt wurde. Besonders in Ostasien reichten die portugiesischen Machtmittel für die grandiosen Konzepte der Krone bei weitem nicht aus.

Bei den ersten Vorstößen portugiesischer Schiffe nach Malakka zur südchinesischen Küste war man seit 1514 auf eine friedliche Agrarbevölkerung gestoßen, die eine ähnliche Vorgangsweise wie in Afrika oder Indien zu erlauben schien. Während eine Delegation in die Hauptstadt aufbrach, begann eine andere Gruppe mit der Errichtung eines Forts, erhob Monopolforderungen und bestand auf Zwangsarbeit. Die anfänglich freundliche chinesische Zentralregierung reagierte heftig. Die Portugiesen wurden aus dem Land gejagt und ihre Flotte erlitt in den Jahren 1521 und 1522 empfindliche Niederlagen [...] erst auf friedlichem Weg und nach Vorarbeit von Privathändlern gelang es den Portugiesen später, regelmäßige Handelskontakte mit China und Japan aufzubauen.

*Peter Feldbauer: Der Handel vor und nach der Kolonialexpansion Portugals. In: Der Indische Ozean. Das afro-asiatische Mittelmeer als Kultur- und Wirtschaftsraum. Hrsg. von Dietmar Rothermund/Susanne Weiglin-Schwiedrzik. Wien 2004, S. 89–92.*

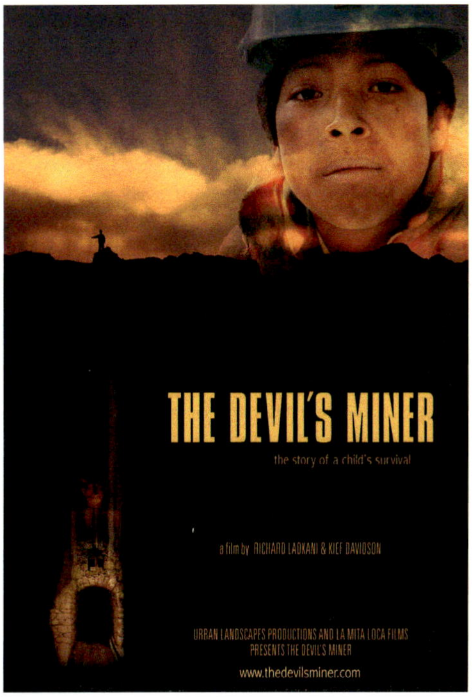


**12 „Der Berg des Teufels“ (Online-Link 430075-0131)**
*Auch fünfhundert Jahre nach Ankunft der Spanier in Amerika und dem Beginn der Ausbeutung der Silbervorkommen von Potosí wird dort noch Silber abgebaut. Über den „Berg des Teufels“ wurde 2005 ein Dokumentarfilm aus Sicht der dort in den Minen arbeitenden Kinder und Jugendlichen veröffentlicht.*

## 13 Niall Ferguson: Der Geldberg in den Anden und seine Folgen für Europa

*Während die Portugiesen in den Indischen Ozean vordrangen, gelangten spanische Expeditionen ab 1492 in die Karibik und „entdeckten“ den amerikanischen Kontinent. Innerhalb weniger Jahrzehnte eroberten die Spanier das Inka- und Aztekenreich. In den Anden stießen sie dabei auf große Silber- und Goldvorkommen die ihnen ungeheuren Reichtum verschafften. Über die Folgen schrieb der Wirtschaftshistoriker Ferguson 2009:*

Die Legende von El Dorado – einem indianischen König, dessen Körper zu festlichen Anlässen mit Goldstaub bedeckt wurde –, trieb die Konquistadoren nach, wie sie es nannten, Oberperu, in eine kahle und neblige Hochgebirgsregion, in der man als Fremder nach Atem ringt. Dort fanden sie etwas, das mindestens ebenso wertvoll war wie das Gold des legendären Königs. Mit einer Höhe von 4824 Metern war der auf geradezu unheimliche Art symmetrische Cerro Rico – der „reiche Berg“ – die unübertreffliche Verkörperung der mächtigsten aller Vorstellungen vom Geld: ein Berg aus solidem Silbererz. [...]

Anfangs zahlten die Spanier den Einwohnern der umliegenden Dörfer für die Arbeit in den Bergwerken einen Lohn. Aber die Bedingungen waren so hart, dass im späten 16. Jahrhundert ein Zwangsarbeitssystem (*la mita*) eingeführt werden musste, das alle Männer der 16 Gebirgsprovinzen im Alter von 18 bis fünfzig Jahren für jährlich 17 Wochen zur Arbeit verpflichtete. Die Sterblichkeit unter den Bergarbeitern war entsetzlich hoch, nicht zuletzt, weil sie ständig Quecksilberdämpfen ausgesetzt waren: Beim sogenannten Patio-Verfahren wurden gemahlenes Silbererz mit Quecksilber vermischt und gestampft, das so entstandene Amalgam dann gewaschen und schließlich erhitzt, um das Quecksilber zu verdampfen. Die Luft in den Bergwerksschächten war (und ist heute noch) giftig, und die Arbeiter mussten über primitive Treppen 200 Meter tief hinabsteigen, um nach stundenlangem Graben mit Säcken voller Silbererz auf dem Rücken wieder hinaufzusteigen. [...] Als die indianischen Arbeitskräfte knapp wurden, schaffte man Tausende von afrikanischen Sklaven heran, die ihren Platz als „menschliche Maultiere“ einnahmen. [...]

War Potosí für die dort Arbeitenden ein Ort des Todes, so war es für Spanien eine Quelle des Reichtums. zwischen 1556 und 1783 wurden 45 000 Tonnen Silber aus dem „reichen Berg“ gefördert, in der Münzanstalt, der *Casa de Moneda*, in Barren und Münzen gegossen und nach Sevilla verschifft. [...]

Noch in der Epoche Karls des Großen wurden die Preise in Silberdenaren angegeben, Allerdings herrschte in Westeuropa zur Zeit seiner Kaiserkrönung im Jahr 800 ein chronischer Silbermangel. In den wesentlich weiter entwickelten Handelszentren des islamischen Kalifats, das sich über den südlichen Mittelmeerraum und den Nahen Osten erstreckte, war der Geldbedarf deutlich größer, so dass Edelmetalle aus den zurückgebliebenen Europa abflossen. [...] Dieses Problem versuchten die Europäer auf zweierlei Weise zu lösen, einerseits, indem sie Arbeit und Waren ausführten, das heißt Sklaven und Holz in Bagdad gegen Silber und in Córdoba und Kairo gegen afrikanisches Gold eintauschten, und andererseits, indem sie Krieg gegen die islamische Welt führten und sie ausplünderten. In den Kreuzzügen wie auch bei späteren Eroberungen ging es mindestens ebenso sehr darum, die europäische Geldknappheit zu überwinden, wie darum, Heiden zum Christentum zu bekehren. [...]

Durch ihre reichen Silberfunde in Potosí und anderswo in der Neuen Welt (insbesondere in Zacatecas in Mexiko) schienen die Konquistadoren dieses jahrhundertealte Hemmnis überwunden zu haben. Erster Nutznießer war natürlich die kastilische Monarchie, die die Eroberungen finanziert hatte. [...] im späten 16. Jahrhundert, als die Silberlieferungen ihren Höhepunkt erreichten, bestritt sie 44 Prozent ihrer Ausgaben mit Mitteln aus dieser Quelle. Und indem Spanien seinen neugewonnenen Reichtum ausgab, sorgte es auf dem gesamten Kontinent für eine monetäre Stimulierung. Der spanische *real de a ocho*, der an den deutschen Taler angelehnt war (woraus man später das Wort „Dollar“ ableitete), wurde zur ersten wahrhaft globalen Währung, mit der sich rasch ausweitende europäische Handel mit Asien finanziert wurden.

Aber auch alles Silber der Neuen Welt konnte weder die rebellischen Niederlande, noch England der spanischen Krone sichern, noch Spanien vor dem unaufhaltsamen wirtschaftlichen und politischen Niedergang bewahren. Wie König Midas mussten die spanischen Könige des 16. Jahrhunderts, Karl V. und Philipp II., feststellen, dass ein Überfluss an Edelmetallen ebenso sehr ein Fluch wie ein Segen sein kann. Und warum? Sie ließen derartig viel Silber für ihre Eroberungskriege fördern, dass es dramatisch an Wert verlor, das heißt, es büßte viel seiner Kaufkraft gegenüber anderen Waren ein. In der sogenannten „Preisrevolution“, die zwischen den 1540er und den 1640er Jahren ganz Europa erfasste, stiegen die Nahrungsmittelpreise – die seit 300 Jahren keinen anhaltenden Aufwärtstrend gezeigt hatten – beträchtlich an. In England (dem Land, für das die besten Preisinformationen vorliegen) erhöhten sich die Lebenshaltungskosten in dieser Zeit um das Siebenfache [...]. In Spanien wirkte sich der Überfluss an Silber – ähnlich wie heute der Erdölreichtum in Arabien, Nigeria, dem Iran und Russland – zudem als „Ressourcenfluch“ aus, der einerseits den Anreiz für produktive Wirtschaftstätigkeiten zu beseitigen und andererseits geldgierige Autokraten gegenüber Repräsentationsorganen (im Fall Spaniens die Cortes) zu stärken pflegt.

Den Spaniern war nicht bewusst, dass der Wert von Edelmetallen nicht absolut ist. Geld ist nur das wert, was ein anderer dafür zu geben bereit ist. Seine Vermehrung macht eine Gesellschaft nicht reicher, auch wenn der Staat, der das Monopol auf die Geldherstellung besitzt, reicher werden mag. Wenn sonst alles beim Alten bleibt, treibt eine Vergrößerung der Geldmenge lediglich die Preise in die Höhe.

*Niall Ferguson: Der Aufstieg des Geldes. Die Währung der Geschichte. Berlin 2009, S. 23–28. Übers. Klaus-Dieter Schmidt*

### 14 Die Wirtschaftshistorikerin Helga Schultz über das „Wunder Europa?" (1997)

Was ist naheliegender als die Frage, warum die Überwindung des agrarischen Gesellschaftssystems ausgerechnet den Europäern gelang, standen sie doch noch um 1500 keineswegs an der Spitze der Weltzivilisation.

Drei andere große Zivilisationen gab es zu dieser Zeit: das China der Ming-Dynastie […]; das islamische Indien, das seit 1526 unter den mongolischen Mogulherrschern zentralisiert wurde; das Osmanische Reich der Türken, die ebenfalls aus dem Innern Asiens stammten. Die Osmanen hatten sich auf den eroberten arabischen und byzantinischen Gebieten um das Mittelmeer etabliert und die islamische Kultur der unterworfenen übernommen. Die Geschichte Europas vollzog sich in stetiger Auseinandersetzung und im Austausch vor allem mit dem benachbarten arabisch-islamischen Raum. Von dorther übernahmen die Europäer die indischen Zahlen mit der Null – eine Notwendigkeit für Bankwesen und Handel –, von dorther empfingen sie das weiterentwickelte antike Erbe in Chemie und Medizin, und auf diesem Wege kamen Neuerungen der Schmiedekunst, der Glasproduktion und des Schiffbaus nach Europa.

Seit Marco Polos abenteuerlichen Reisen gab es auch direkte Beziehungen ins ferne China. China kannte lange vor Europa den Kompass, das Schießpulver und den Buchdruck mit beweglichen Lettern, also jene drei Schlüsseltechnologien für Handel und Schifffahrt, Kriegführung und Literarisierung, die für die europäische Frühe Neuzeit unentbehrlich waren. Es kannte Jahrhunderte früher das Papier, das Porzellan und das Papiergeld. Wieweit alle diese Dinge in Europa übernommen oder selbständig noch einmal erfunden wurden, lässt sich nur bei späten Innovationen wie dem Porzellan genau nachvollziehen. Der technologische Vorsprung der asiatischen Zivilisationen war während des Mittelalters beträchtlich. Man geht davon aus, dass Europa am Ende des 15. Jahrhunderts aufholte, als es die meisten jener Erfindungen in seinen Besitz gebracht hatte und sie erfolgreicher anzuwenden begann als die alten Zivilisationen.

Warum konnte dies gelingen? Warum führte die Kenntnis des Kompasses und des Schießpulvers die Chinesen nicht zur Entdeckung und Eroberung der Welt? Im 14. bis 16. Jahrhundert hatten die Chinesen den ganzen Indischen Ozean befahren und Kolonien an der Küste Indochinas, der Westküste Indiens und am Persischen Golf gegründet. Mit dem Zerfall des Ming-Reiches fand diese Expansion plötzlich ein Ende. Warum zog der Buchdruck dort nicht die Literarisierung der Massen, die Rationalisierung der Welt und die Säkularisierung der Gesellschaft nach sich? Warum löste das Papiergeld in China nicht traditionelle Bindungen zugunsten der gefühllosen baren Zahlung auf? […]

*Helga Schultz: Handwerker, Kaufleute, Bankiers. Wirtschaftsgeschichte Europas 1500–1800. Frankfurt/M. 1997, S. 17f.*

### Arbeitsvorschläge

○○● a) Beschreiben Sie den Inhalt der Karte M 1.

○●● b) Arbeiten Sie anhand von M 2 und M 3 die Motivation der „Entdecker" heraus.

●●● c) Recherchieren Sie den Autor von M 3 und diskutieren Sie dann die Schwierigkeit der Quelle.

○○● d) Charakterisieren Sie den Augenzeugenbericht M 4 unter der Frage, wie die Portugiesen im Indischen Ozean auftraten.

○●● e) Setzen Sie sich arbeitsteilig mit der Situation im Indischen Ozean und in Südostasien zum Zeitpunkt des portugiesischen Erscheinens in dieser Region anhand der Materialien M 5 und M 6 auseinander. Stellen Sie Ihre Ergebnisse gegenüber und erarbeiten Sie gemeinsam eine Mindmap.

●●● f) Versetzen Sie sich in die Perspektive des chinesischen Reiches der Ming-Dynastie auf Europa. Diskutieren Sie, welche Bedeutung China europäischen Mächten wie Portugal, Florenz oder dem Heiligen Römischen Reich beigemessen haben (M 6, M 7, M 11).

○●● g) Erläutern Sie die Folgen der europäischen Expansion für die westafrikanischen Küstenregionen (M 9).

○●● h) Analysieren Sie arbeitsteilig den Sachtext M 13.

●●● i) Diskutieren Sie auf Basis von M 8, M 11 und M 14, inwieweit die „Entdeckung" des Seeweges nach Südostasien für Europa um 1500 tatsächlich einen Wendepunkt dargestellt hat.

# Grundwissen: Die europäische Expansion

## Motivation zum Aufbruch über das Meer

→ 2 S. 84
→ 3 S. 85
→ 5 S. 86

Für Portugiesen und Spanier bedeutete die Expansion über den Atlantik zunächst eine Fortsetzung der Kreuzzugsidee gegen die Mauren auf der Iberischen Halbinsel. Bereits in der ersten Hälfte des 15. Jahrhunderts versuchten sie an der marokkanischen Küste Fuß zu fassen. Dies hörte auch nach der Eroberung des maurischen Königreiches Granada 1492 nicht auf, trat doch das Osmanische Reich als neue muslimische Bedrohung im Mittelmeer auf. Damit verbunden war die Idee, im Rücken der Araber und Türken ein christliches Königreich als Verbündeten zu finden. Die Basis dafür bot die Legende eines Christenreiches des Erzpriesters Johannes. Tatsächlich existierte am Oberlauf des Nils im Gebiet des heutigen Äthiopiens ein christliches Reich.

Neben dem Kreuzzugsgedanken existierte auch die Hoffnung, durch Missionierung den christlichen Glauben verbreiten zu können. Ein dritter Beweggrund bestand zudem in handfesten wirtschaftlichen Interessen. Aus dem Ostasien bezogen die abendländischen Fürsten- und Adelshöfe Luxuswaren wie Seide, Juwelen und vor allem Gewürze. Den Zwischenhandel im östlichen Mittelmeer dominierten bislang Venedig bzw. bald die Osmanen. Das relativ arme Portugal, aber auch Spanien wollten zu diesem Reichtum eine Direktverbindung finden.

## Vorraussetzungen für die Hochseeschifffahrt

Die Expansion über den Atlantik wäre ohne nautische Fortschritte nicht möglich gewesen. Im 13. und 14. Jahrhundert waren zahlreiche wissenschaftliche Errungenschaften in diesem Bereich aus der arabischen Welt nach Europa gelangt. Mit neuen Messgeräten zur Navigation, aber auch einer verbesserten Kartenkunde waren die Seefahrer nicht mehr auf Küstenlinien als Orientierung angewiesen.

Nicht weniger wichtig war die Erfindung neuer Schiffstypen. Neue Hinterruder, vor allem aber die Einführung verschiedener Segel nach Vorbild arabischer Schiffe, die es ermöglichten, auch gegen den Wind zu kreuzen, machten erst die Überwindung der westafrikanischen Gewässer bzw. die Überquerung des Atlantiks von Kolumbus 1492 möglich.

## Die Situation im Indischen Ozean um 1500

→ 6 S. 87
→ 7 S. 87f.

Die portugiesischen Seefahrer trafen im Indischen Ozean auf einen pulsierenden Wirtschaftsraum, der die arabische Halbinsel ebenso mit einschloss wie das arabisch dominierte Ostafrika, Indien und die fernöstlichen Mächte wie Siam, China und sogar Japan. Allerdings fehlte in dieser Region eine dominierende Militärmacht. Die lange Zeit unbestrittene Großmacht Ostasiens China hatte sich in der zweiten Hälfte des 15. Jahrhunderts teilweise zurückgezogen. Indien war in zahlreiche Teilreiche zerstritten. Persien und das ägyptische Mamluken-Reich traten ebenfalls nicht als Seemächte auf. Die Portugiesen, bald darauf auch andere europäische Mächte, konnten sich daher mit stark bewaffneten Schiffen innerhalb weniger Jahrzehnte eine feste Position im Überseehandel des Indischen Ozeans erobern. 1511 eroberte Portugal das für den Gewürzhandel strategisch wichtige Malakka. Gegenüber China blieben die europäischen Mächte jedoch noch dreihundert Jahre lang nicht nur wirtschaftlich, sondern auch militärisch unterlegen.

## Die Folgen der europäischen Expansion nach Südostasien

Der Zugang zum ostasiatischen Gewürzhandel, aber auch des westafrikanischen Gold- und Sklavenhandels bescherte den neuen europäischen Seemächten beträchtlichen Reichtum. Bisherige Handelswege wie die Seidenstraße verloren an Bedeutung, ohne aber je ganz zu verschwinden.

**Portugiesische Karte des Indischen Ozeans, Mitte 16. Jahrhundert**

→ 9 S. 89 f.
→ 10 S. 90
→ 11 S. 90 f.

Es sollte allerdings nicht lange dauern, bis der Reichtum, besonders die Silberimporte Spaniens aus Amerika auch negative Folgen zeitigte und zu schwerwiegenden Währungsverfallsprozessen und Teuerungen führte.
Langfristig profitierten die europäischen Seemächte im 16. und 17. Jahrhundert vor allem durch den nun erleichterten Wissenstransfer. Dies ermöglichte die technologische Rückständigkeit gegenüber den weiter entwickelten ostasiatischen Zivilisationen allmählich aufzuholen.

---

## Spanische Eroberung Südamerikas – Teilung der Welt – Wirtschaftliche Folgen

→ 12 S. 91
→ 13 S. 91 f.
→ 14 S. 93

Während die Portugiesen den Seeweg nach Indien öffneten, stießen spanische Expeditionen nach Westen über den Atlantik vor. Anstatt nach Indien gelangten sie jedoch zu dem bislang in Europa unbekannten amerikanischen Kontinent.
Unter Vermittlung des Papstes Alexxander VI. einigten sich Portugal und Spanien 1494 im Vertrag von Tordesillas. Dieser schlug Spanien letztlich fast ganz Amerika als Besitz zu, wovon Spanien allerdings noch nichts ahnen konnte.
Zwischen 1519 und 1524 stießen spanische Abenteurer unter Hernán Cortéz auf das Aztekenreich und eroberten dieses. 1524 bis 1537 eroberten spanische Konquistadoren das südamerikanische Inkareich. Die dort gefundenen reichen Silbervorkommen verschafften Spanien im 16. Jahrhundert einen ungeheuren Reichtum. Der steigende Import des Edelmetalls verursachte jedoch bald in Europa eine rasche Entwertung des Geldes.

# Teste dich selbst

## Leitfragen:

Beantworten Sie die Leitfragen auf der Auftaktdoppelseite (➔ S. 20) in Form eines kurzen Essays (➔ S. 238).

## Methoden- und Operatorentest:

**„Der Kaufmann Georg Gisze“** *Porträt (Öl auf Eichenholz, 96,3 x 85,7 cm) von Hans Holbein dem Jüngeren, Frühjahr 1532* (in Großformat im **Online-Link** 430075-0132)

Der Hansekaufmann Georg Gisze stammte aus einer erfolgreichen Familie von Danziger Handelskaufleuten. Der Maler Hans Holbein der Jüngere, der zu dieser Zeit in London tätig war, porträtierte diesen im Jahr 1532 auf einem Gemälde, welches Gisze vermutlich selbst in Auftrag gegeben hatte. Georg Gisze war im damaligen Londoner Stalhof, an dem die Hansekaufleute in London ihre Niederlassung hatten, untergebracht. Wenig später kehrte Gisze nach Danzig zurück, wo er 1535 die angesehene Bürgerstochter Christine Krüger heiraten sollte.

Das bedeutendste Kaufmannsporträt in der deutschen Malerei lässt Gisze mittels der Kleiderauswahl und Staffage als geschäftigen, aufstrebenden und bereits erfolgreichen Kaufmann, der sich seines Standes, seiner Funktion und seiner Bedeutung wohl bewusst ist, erscheinen.

Beschreiben Sie das Gemälde und entschlüsseln Sie auf Basis der Methodik „Gemäldeanalyse" (➔ S. 24 f.) so viele Bestandteile wie möglich. Vergleichen Sie in einem zweiten Schritt das Gemälde mit dem der Methodenseite vom selben Maler.

## Rätselhaft erläutern:

In dem folgenden Rätsel werden verschiedene Kernbegriffe dieses Kapitels kurz erklärt. Die Buchstaben in den markierten Kästchen ergeben als Lösungswort einen bekannten Künstler.

| Begriff | Kästchen | markiertes Kästchen |
|---|---|---|
| neue Staatstheorie | 15 | 2 |
| Verweltlichung | 15 | 8 |
| Kunstförderer | 5 | 1 |
| Staatsoberhaupt | 6 | |
| Epoche der „Wiedergeburt" | 11 | |
| gelehrte Geisteshaltung der Frühen Neuzeit | 10 | 1 |
| wichtige Erfindung, die den Austausch von Wissen förderte | 9 | |
| eine solche zu sein, beschuldigte man oft Frauen | 4 | 2 |
| Grundlage der neuen Gestaltungswege in der bildenden Kunst | 18 | 7 |
| Ergebnis großer Kritik an der katholischen Kirche | 11 | 7 |
| Wer veränderte das Weltbild? | 10 | 6 |
| erste europäische Seefahrernation | 8 | 6 |
| Florentiner Familie, die auf verschiedenen Ebenen bedeutend für die beginnende Neuzeit war | 6 | 2 |
| neue Unternehmensstruktur | 19 | 6 |
| neue Produktionsform | 13 | |
| bedeutende Metropole in Norditalien | 7 | 2 |

Diese Art von Erklärungen hilft Ihnen gerade so, die Begriffe zu erschließen. Historische Zusammenhänge ergeben sich jedoch nicht. Um diese deutlich zu machen, bedarf es gründlicherer und ausführlicherer Erläuterungen. Arbeiten Sie in diesem Sinn die vorliegenden oberflächlichen Erklärungen in ausführliche Erläuterungen der Begriffe und Sachverhalte um.

Zusatzaufgabe zum Operator „Vergleichen" finden Sie im **Online-Link** 430075-0133.

# Probeklausur: Neue Bildungsideale

**Klausurentraining**

Die Klausuren in der Oberstufe unterscheiden sich durch ihren Aufbau erheblich von den Arbeiten, die Sie aus der Mittelstufe bisher gewohnt sind. Eine Klausur stellt ein neues Aufgabenformat dar. Zu einem festgelegten Thema werden Ihre Fähigkeiten geprüft und bewertet, die sich aus den drei Anforderungsbereichen ergeben, also:

- die Fähigkeit, einen vorgegebenen Quellentext unter einer bestimmten Fragestellung zusammenzufassen und auszuwerten sowie im Unterricht Gelerntes wiederzugeben (Reproduktion);
- die Fähigkeit, historische Sachverhalte zu erklären, einzuordnen und zu deuten (Anwendung);
- die Fähigkeit, geschichtliche Fragen zu diskutieren, zu erörtern und daraus Schlussfolgerungen zu ziehen (Problematisierung und Transfer).

Anders als in der Mittelstufe geht es nie nur um Fakten und Daten, sondern es kommt auf einen möglichst souveränen Umgang mit dem Gelernten an, da Sie zeigen sollen, ob Sie das Gelernte auch anwenden und übertragen können.

**Das methodische Vorgehen in einer Geschichtsklausur**

1. Lesen Sie sich die Aufgaben genau durch.
2. Unterstreichen Sie die Operatoren, die Ihnen Auskunft darüber geben, welchem Aufgabenbereich die Frage angehört.
3. Das hilft Ihnen bei der Erschließung folgender Fragen:
   - Wonach ist genau gefragt?
   - Was fordert die jeweilige Aufgabenstellung?
   - Was besagen die zentralen Begriffe?

### 1 Geistesbildung tut not

*In seiner zwischen 1434 und 1442 entstandenen Abhandlung „Über das Hauswesen", die sich an die noblen Familien der Stadt Florenz richtete, äußert sich der italienische Humanist, Künstler und Gelehrte Leon Battista Alberti (1404–1472):*

Wer wüsste nicht, dass das Erste, was nottut, die Geistesbildung ist; so sehr das Erste, dass selbst ein geborener Edelmann ohne Bildung nur für einen Tölpel gelten wird! Ich für meine Person wünschte die jungen Edlen öfter mit einem Buch in der Hand als mit dem Falken auf der Faust zu sehen; keineswegs gefällt mir der gemeine Gebrauch mancher, die da sagen: Vollauf genug, wenn du deinen Namen schreiben kannst und zusammenzurechnen weißt, was man dir schuldig ist!

Widmet den gelehrten Studien viele Bemühung, seid beharrlich darin, findet eure Freude in der Kenntnis vergangener Zeiten und denkwürdiger Dinge und Nutzen in der Aneignung lehrreicher Erinnerungen, genießt es, euren Geist mit anmutigen Gedanken zu nähren, euer Gemüt an den trefflichsten Charakteren zu bereichern, suchet in der Erfahrung des politischen Lebens einen Überfluss unglaublicher Feinheiten, strebet, alles Menschliche und Göttliche kennen zu lernen, das mit vollkommener Vernunft in den Büchern niedergelegt ist. [...]

Keine Mühe ist so reich belohnt – wenn es überhaupt Mühe heißen kann und nicht vielmehr Vergnügen und Erquickung für Herz und Geist – wie die, gute Werke zu lesen und wieder zu lesen: Du gewinnst daraus einen Überfluss an Beispielen, eine Fülle von Gedanken, einen Reichtum an Überzeugungen. [...] Ich will mich nicht darüber verbreiten, denn es wäre zu weitläufig, aufzuzählen, wie sehr literarische Bildung, ich sage nicht nützlich, sondern notwendig ist für den, der die Dinge lenkt und steuert; und ich will nicht beschreiben, wie sehr sie den Staat veredelt.

*Leon Battista Alberti: Über das Hauswesen. 1. Buch. Zürich/Stuttgart 1962, S. 85 ff. Übers. Walter Kraus*

Online-Link
430075-0134
Klausurentipps



**2 Albrecht Dürer: Erasmus von Rotterdam**
*Kupferstich 1526*
*Lateinischer Text: „Abbild des Erasmus von Rotterdam von Albrecht Dürer nach dem lebenden Vorbild gezeichnet."*
*Griechischer Text: „Das bessere Bild werden dir seine Schriften zeigen."*

**Arbeitsvorschläge**

○○● a) Fassen Sie mit eigenen Worten zusammen, worin Albertis Bildungsideal besteht und wie er dieses begründet.
Untersuchen Sie, inwiefern Albrecht Dürer in seinem Kupferstich Erasmus von Rotterdam als Mann im Sinne Albertis darstellt.

○●● b) Ordnen Sie die Aussagen des Textes und des Bildes in die Gedanken- und Lebenswelt um 1500 ein. Beachten Sie dabei auch die Konsequenzen, die dieses Ideal nach sich zog.

●●● c) Nehmen Sie Stellung zu Albertis Fazit im letzten Absatz („Keine Mühe ist so reich belohnt …").

Weitere Tipps zur Herangehensweise finden Sie im **Online-Link** 430075-0134.

# 2 Das christlich-europäische Abendland und der Islam

**Leitfragen**

Wie gestaltete sich das Verhältnis von Glaube und Macht in Orient und Okzident?

Wie behandelten diese Kulturen religiöse Minderheiten auf ihrem Gebiet?

Warum kam es zum kriegerischen Zusammenstoß von Christen und Muslimen während der Kreuzzüge?

Wie lebten die Angehörigen der beiden Religionen in den Kreuzfahrerstaaten zusammen?

Gab es einen kulturellen Austausch zwischen Orient und Okzident?

Gibt es seit Ende des 20. Jahrhunderts einen „Kampf der Kulturen"?

**Der islamisch-arabische Machtbereich zur Zeit des Todes von Muhammad, 632 n. Chr.**

600 – 1000 – 1400

**632** Tod Muhammads

**661–749** Umayyaden-Dynastie, das Kalifen-Reich erreicht seine größte Ausdehnung.

**750** Arabische Expansion erreicht Höhepunkt.

**1077** Kaiser Heinrich IV. unterwirft sich in Canossa Papst Gregor VII.

**1096–1099** 1. Kreuzzug, Entstehung von Kreuzfahrerstaaten

**1122** Wormser Konkordat

**1291** Letzte Bastion der Kreuzfahrer fällt.

**1338** Reichsgesetz *„Licet iuris"*; Ausschuss des Papstes von der Mitwirkung bei der deutschen Königserhebung

**1348–1350** Judenverfolgungen während der großen Pest

**1453** Osmanen erobern Konstantinopel.

Online-Link
430075-0200

| | |
|---|---|
| Operatoren | Die Analyse der hier behandelten Thematik erfordert es, Quellenaussagen zunächst exakt wiederzugeben und ihre Aussagen kritisch zu untersuchen, um begründet Stellung nehmen zu können. |
| Methoden | Die Diskussion um den „christlichen" und „islamischen Kulturraum" erfordert es, sich kritisch mit der Darstellungsform „Geschichtskarten" auseinanderzusetzen. |

**Veränderte Machtverhältnisse im Mittelmeerraum auf dem Höhepunkt der islamisch-arabischen Expansion um 800 n. Chr.**

1800 — 1900 — 2000

**1683**
Belagerung Wiens durch die Osmanen

**1798**
Napoleons Ägypten-Feldzug

**ab 1880**
Aufstieg der europäischen Mächte und der USA zu Industrie- und Kolonialstaaten

**1949**
Gründung des Staates Israel

**1979**
Islamische Revolution im Iran

**2001**
Anschlag vom 11. September

## Islamische Welt

*Kaaba in Mekka*

622: Muhammad siedelt von Mekka nach Medina über. Beginn der Ausbreitung des Islam in Arabien. Untergang des persischen Sassanidenreiches.
Bis Ende des 9. Jahrhunderts errichten die Araber unter der Dynastie der Umayyaden, später der Abbasiden, ein Reich von Spanien bis zum Hindukusch.

Zerfall des arabischen Großreiches.
In Ägypten setzt sich die Dynastie der Fatimiden durch.
Aus Zentralasien kommend, erobern die türkischen Seldschuken große Teile Persiens.
Die Rivalitäten zwischen arabischen und türkischen Fürsten erleichtert den Kreuzfahrern im 1. Kreuzzug 1096–1099 die Errichtung von Kreuzfahrerstaaten in Palästina und Syrien.
Mitte des 13. Jahrhunderts dringen die Mongolen in den Nahen Osten vor.
1291 fällt der letzte Kreuzfahrerstützpunkt Akkon.
Zurückdrängung der muslimischen Herrschaft auf der Iberischen Halbinsel.

*Blaue Moschee in Istanbul*

Die Turk-Dynastie der Osmanen errichtet auf dem Balkan, im Nahen Osten und Nordafrika im 15./16. Jahrhundert ein Großreich. Im Osten steht es dabei in Rivalität zum persischen Reich der Safawiden.
1453: Eroberung Konstantinopels.
1519/1683: Belagerung Wiens.

## Europa

Herausbildung neuer Reiche nach dem Untergang Roms. Aufstieg des Frankenreichs unter den Karolingern im 8. Jahrhundert.
Diesem gelingt es auch, das muslimische Vordringen über die Iberische Halbinsel hinaus zu stoppen (732).

Byzanz (Ostrom) verliert hingegen angesichts der arabischen Expansion sowie dem Auftreten der Ungarn und Bulgaren auf dem Balkan an Einfluss.

Das Römisch-Deutsche Reich erreicht unter den Saliern und Staufern den Höhepunkt seiner Macht.
Infolge der Kirchenreformbewegung im 11. Jahrhundert beansprucht der Papst auch die politische Führungsrolle gegenüber den weltlichen Herrschern („Investiturstreit").

Auf der Iberischen Halbinsel drängen christliche Fürstentümer (Portugal, Aragon, Kastilien, ...) die muslimische Herrschaft allmählich zurück („Reconquista").

Versuche, das „Heilige Land" in mehreren Kreuzzügen zwischen 1096–1270 von den Muslimen zurückzuerobern, scheitern letztlich.

Die europäischen Staaten entwickeln frühmoderne Wirtschafts- und Verwaltungsstrukturen und beginnen ab Ende des 15. Jahrhunderts nach Übersee zu expandieren (Amerika, Afrika, Indien).
Während die Religionskriege des 16. und 17. Jahrhunderts die christliche Staatenwelt immer wieder spalten, bewirken die sog. „Türkenkriege" gegen das Osmanische Reich nicht selten eine Solidarität in den christlichen Gesellschaften.
Ab Ende des 17. Jahrhunderts bauen die europäischen Staaten ihren Modernisierungsvorsprung gegenüber der muslimischen Welt mehr und mehr aus.

## Kunst und Wissenschaft

Während sich in Westeuropa nach dem Untergang des Römischen Reiches erst langsam neue, stabile Gesellschaften herausbilden, erleben Kunst, Kultur und Wissenschaften in der arabischen Welt eine Blütezeit.

In Europa entwickeln sich neben den wenigen alten größeren Städten (z. B. Konstantinopel) zunehmend die Klöster zu Zentren von Kultur und Forschung. Auch erste Universitäten (z. B. Bologna, Paris, Oxford) werden gegründet.
Weiterhin zählen große muslimische Städte wie Bagdad (Irak), Marrakesch (Marokko), Córdoba (Spanien), Kairo (Ägypten), Damaskus (Syrien) zu den dominierenden Kulturzentren im Mittelmeerraum.
Durch Nachbarschaft (Spanien, Süditalien), Handelsbeziehungen, Pilgerreisen, Kreuzzüge und jüdische Gemeinden nimmt der Kulturaustausch zwischen islamischer und christlicher Welt zu und führt zu einer starken Beeinflussung der europäischen Kunst und Wissenschaft.

Viele antike Schriften, die in der arabischen Welt erhalten wurden, werden ins Lateinische übersetzt und beeinflussen maßgeblich die Renaissance und den Humanismus.
Der Buchdruck bewirkt eine neue Dimension von Wissensverbreitung.
In den europäischen Universitäten entwickelt sich eine neue Form des Gelehrtentums.
Das Osmanische Reich erlebt besonders im 16. Jahrhundert eine kulturelle Blütezeit, beeinflusst aber auch im 18. Jahrhundert die europäische Kunst stark.

600 | 1000 | 1400

Das Osmanische Reich gerät in wirtschaftliche und politische Krisen („kranker Mann am Bosporus").
Der aufkommende Nationalismus beschleunigt im 19. Jahrhundert den Zerfall des Vielvölkerstaates.
Infolge des Ersten Weltkrieges löst sich das Reich endgültig auf. Es entsteht die Türkische Republik unter Atatürk (1923).

Der Nahe Osten und Nordafrika geraten zunächst unter europäische Herrschaft. Später entstehen instabile Staaten.
1949: Gründung des Staates Israel. Beginn des Nahostkonflikts zwischen Israelis, Palästinensern und den arabischen Staaten.
1979: Islamische Revolution im Iran.

Mit dem Zerfall der UdSSR entstehen in Zentralasien und im Kaukasus neue, instabile Staaten.
Der seit 1979 tobende Bürgerkrieg in Afghanistan führt 1997 zum Aufkommen der fundamentalistischen Taliban.
Wachsende militärische Präsenz der USA nach den Irakkriegen 1991 und 2003 im Nahen Osten.

*Napoleons Feldzug nach Ägypten 1798*

Im 19. und frühen 20. Jahrhundert dominieren die europäischen Staaten und die USA als Kolonial- und Wirtschaftsmächte die Welt.

Nach dem Zerfall der UdSSR 1991 verbleiben die USA als letzte globale Supermacht.
Als solche stoßen sie aber besonders im Nahen und Mittleren Osten an die Grenzen ihres Einflusses („Krieg gegen den Terror" nach dem Anschlag vom 11. September 2001).

Zu Beginn des 21. Jahrhunderts stellen neben aufstrebenden Staaten wie China und Indien auch islamische Mächte wie der Iran die Dominanz des „Westens" in Frage.

Die westlichen Gesellschaften erleben infolge der Aufklärung, des sich verbreitenden Nationalismus und der Industrialisierung einen tiefgreifenden Wandel. Westeuropa und die USA erreichen einen großen technischen und wissenschaftlichen Vorsprung gegenüber der muslimischen Welt.

Um 1900 kommt es durch verbesserte Kommunikations- und Verkehrstechnologie zu einer ersten Globalisierung.

Die wirtschaftliche und militärische Überlegenheit führt zum Aufbau weltweiter Kolonialreiche und zur „Europäisierung der Welt" in Kultur und Konsum. Das westliche Modell entwickelt sich u.a. für die islamischen Staaten im 20. Jahrhundert in vielen Bereichen zum Vorbild für ihre Modernisierungspolitik.

*Freizügige westliche Konsumgesellschaft*

Nach dem Zweiten Weltkrieg führt der Erfolg der USA zu einer globalen „Amerikanisierung" von Wirtschaft und Kultur.
Dieser Trend ruft aber spätestens Ende des 20. Jahrhunderts eine spürbare Abwehrhaltung hervor.

**1800** **1900** **2000**

# Methode: Umgang mit Geschichtskarten

**Geschichtskarten transportieren bestimmte Inhalte**

Geschichtskarten begegnen uns immer wieder. Sie werden in Wissensmagazinen, Büchern und Zeitungen oder oft als dynamische Karten in Geschichtssendungen im Fernsehen, Internet und auf Lern-Software verwendet. Anders als beispielsweise Stadtpläne dienen dabei Geschichtskarten nicht nur der Orientierung und vermitteln einen Eindruck fremder Epochen und Länder. Geschichtskarten transportieren ganz bewusst bestimmte Inhalte und erhalten in der Gesamtkonzeption eines Buches eine klare Funktion.

Geschichtskarten stellen meist unterschiedliche Sachverhalte dar und konzentrieren sich auf bestimmte Aspekte. „Wesentliches" wird gegenüber „Unwesentlichem" definiert und entsprechend hervorgehoben. Zentrale Inhalte werden z. B. häufig durch Farbgebung und Beschriftung markiert. Es ist daher stets wichtig, genau zu analysieren: Was wird eigentlich dargestellt, was bewusst ausgeblendet?

**Geschichtskarten sind nicht immer ein adäquates Mittel**

Verwendet jemand Geschichtskarten, muss er sich bewusst sein, dass viele Inhalte gar nicht adäquat mit kartografischen Mitteln darstellbar sind. Wie soll beispielsweise ein Herrschaftsgebiet im Mittelalter abgebildet werden? Herrschaft basierte nicht auf der Kontrolle klar abgegrenzter Territorien, sondern auf persönlichen Bindungen wie Lehensverhältnissen oder Stammesverbänden.
Wie soll eine ethnische oder religiöse Verteilung der Bevölkerung mittels einer Geschichtskarte abgebildet werden, wenn diese vielleicht in den Städten, Bergregionen, Fluss- und Küstengegenden ganz unterschiedlich, ja gemischt ist? (➔ vgl. Karte M 2) Welches Jahr bildet eine politische Geschichtskarte ab? (➔ Vgl. die Vorsatzkarte „Europa 1500")
Gerade wenn Geschichtskarten eine bestimmte Aussage untermauern oder einen politischen Anspruch stützen sollen, ist dies kritisch zu hinterfragen.

**1**

**2** **Dreiteilung Europas um das Jahr 1000**
*Lateinisch-katholische, byzantinisch-orthodoxe und islamische Glaubensgebiete*

## Kritischer Umgang mit Geschichtskarten

Ähnlich wie bei Bildern, Fotos und Texten gilt auch hier: Wer hat was, wann, mit welchen Stilmitteln wofür dargestellt?

- Überlegen Sie, welchen Zweck die Geschichtskarte erfüllen soll.
- Was genau stellt die Karte dar?
- Welcher Ausschnitt einer Region wurde ausgewählt?
- Welche Inhalte sind entfallen? Erscheint die Karte vielleicht unvollständig?
- Was wird mit welchen Stilmitteln hervorgehoben?
- Wie wurde die zur Karte gehörende Kartenlegende formuliert?

Weiterführende Links zum Thema Geschichtskarten finden Sie im **Online-Link** 430075-0201.

# 2.1 Glaube und Herrschaft in der islamischen Welt

## Die Frühphase der islamischen Expansion

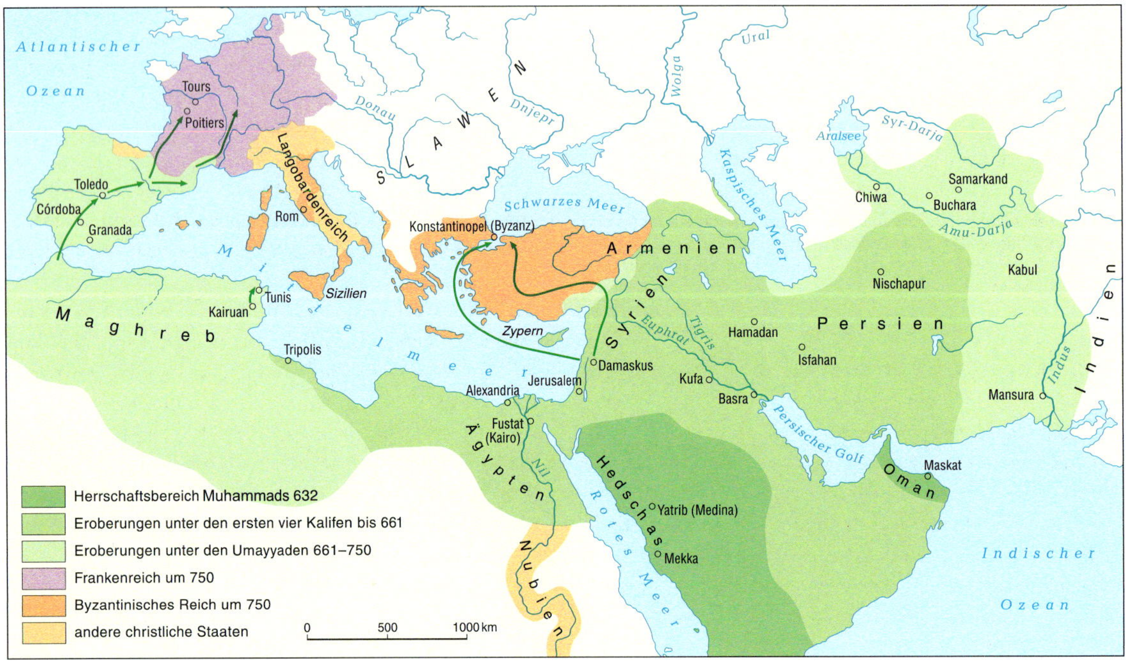


**1 Die Ausbreitung der islamisch-arabischen Herrschaft im 7. und 8. Jahrhundert**

**2 Die Frühphase der islamischen Expansion**

*Nach dem Zusammenbruch des Weströmischen Reiches entstanden um das westliche Mittelmeer herum kleinere Reiche eingewanderter germanischer Völker wie der Westgoten, Franken und Langobarden. Im Osten führte Byzanz die römische Tradition fort. Im 7. Jahrhundert entwickelte sich dann plötzlich in Gestalt arabischer Wüstenstämme ein neuer Machtfaktor. Der Orientalist Albert Hourani (1915–1993) erläutert die rasante Ausweitung des islamischen Machtbereichs in den Jahren nach dem Tod Muhammads:*

In einem Zeitraum von wenigen Jahren waren die politischen Grenzen im Nahen Osten verändert worden, und das Zentrum des politischen Lebens hatte sich vom reichen, dicht bevölkerten Gebiet des Fruchtbaren Halbmondes[1] in eine Kleinstadt [= Mekka] verschoben, die am Rande der Welt von Reichtum und hoher Kultur lag. Der Wandel war so abrupt und unerwartet, dass er einer Erklärung bedarf. Von Archäologen entdecktes Material weist darauf hin, dass der Wohlstand und die Stärke der mediterranen Welt zerfielen, zum einen durch Barbareninvasionen, durch das Nachlassen landwirtschaftlicher Erträge und das Schrumpfen städtischer Märkte. Sowohl das byzantinische [= oströmische] als auch das sassanidische [= persische] Reich waren durch Pestepidemien und lange Kriege geschwächt. Byzanz hatte seine Kontrolle über Syrien erst nach dem Sieg über die Sassaniden im Jahre 629 wiederhergestellt, aber sie blieb zerbrechlich. Das arabische Heer, das in die beiden Reiche einmarschierte, war keineswegs eine Stammeshorde, sondern eine gut organisierte Streitmacht, und eine Anzahl der ihr angehörenden Soldaten hatte militärische Erfahrung im Dienste der großen Reiche oder während der Kämpfe nach dem Tod des Propheten erworben. Der Einsatz von Kamelen als Fortbewegungsmittel verschaffte ihnen einen Vorteil bei Feldzügen über große Entfernungen. Die Aussichten auf Land und Reichtum verbanden sie zu einer Interessengemeinschaft, und vielen verlieh die glühende Überzeugung, dem rechten Glauben zu dienen, eine besondere Art Stärke.

*1 niederschlagsreicher Gebietsstreifen nördlich der Syrischen Wüste*

*Albert Hourani: Geschichte der arabischen Völker. Aus dem Englischen von Manfred Ohl und Hans Sartorius. Frankfurt 2002, S. 45 f.*

## 3 Das Verhältnis von Glaube und Macht

*Innerhalb des expandierenden islamisch-arabischen Reiches bildete sich ein anderes Verhältnis zwischen Religion und Politik heraus, als im benachbarten christlichen Byzanz oder dem Frankenreich.*

*a) Der islamische Gelehrte Abu Muhammad ibn Qutaiba (828–899) beschreibt dieses Verhältnis mit folgender Metapher:*

Der Islam, die Regierung und das Volk sind wie das Zelt, die Stange, die Schnüre und die Pflöcke. Das Zelt ist der Islam; die Stange ist die Regierung; die Schnüre und Pflöcke sind das Volk. Kein Teil kommt ohne die anderen aus.

*Bernard Lewis (Hrsg.): Der Islam von den Anfängen bis zur Eroberung von Konstantinopel. Bd. 1: Die politischen Ereignisse und die Kriegführung. Aus dem Englischen von Hartmut Fähndrich. Zürich und München 1981, Nr. 47, S. 265.*

*b) Der US-amerikanische Islamwissenschaftler Bernard Lewis (geb. 1916) erläutert die Beziehungen von geistlicher und weltlicher Gewalt im Islam:*

Muslime regierten, nahmen Steuern ein und führten Krieg – wie andere auch. Weit mehr als bei anderen spielte bei all diesen Tätigkeiten jedoch ihre Religion eine Rolle. Insbesondere zwischen Christen und Muslimen war der Unterschied in dieser Hinsicht tiefgreifend. Drei Jahrhunderte hindurch, bis zur Bekehrung Konstantins des Großen, bildeten die Christen eine Minderheit. Sie waren ständig Verdächtigungen und oft sogar Verfolgungen durch den Staat ausgesetzt. Während dieser Zeit entwickelten sie ihre eigenen Institutionen, aus denen schließlich die Kirche wurde. Muhammad, der Begründer des Islam, war sein eigener Konstantin. Unter ihm wurde der Islam zu einem politischen ebenso wie einem religiösen System. […] Für den Propheten und seine Begleiter stellte sich daher die Alternative zwischen Gott und Kaiser gar nicht – eine Alternative, bei der sich zwar nicht Christus selbst, aber zahlreiche Christgläubige wie in einer Schlinge verfingen. Für die Lehre und Erfahrungswelt der Muslime gab es keinen Kaiser. Gott war das Oberhaupt des Staates, und sein Prophet Muhammad lehrte und herrschte in seinem Namen. In seiner Eigenschaft als Prophet hatte er keinen Nachfolger und konnte auch keinen haben. Als höchster Souverän der politisch-religiösen Gemeinschaft des Islam folgte ihm eine lange Reihe von Kalifen nach. […] Es existierte nicht wie im christlichen Reich eine Unterscheidung zwischen *imperium* [= weltlicher Gewalt] und *sacerdotium* [= geistlicher Gewalt], und es gab auch keine eigenständigen geistlichen Einrichtungen, keine Kirche mit einem eigenen Oberhaupt.

*Bernard Lewis: The Middle East. 2000 Years of History from the Rise of Christianity to the Present Day. London 1995 (Paperback 2000), S. 138. Übers. M. Brabänder*

## 4 Die Kalifen – Nachfolger Muhammads

*Der weitgereiste Diplomat und Historiker Abd ar-Rahman Ibn Chaldun (1332–1406) charakterisiert das Wesen des Kalifats im Vorwort zu seinem berühmten Geschichtswerk:*

Die politischen Vorschriften führen lediglich zu den Vorteilen dieser Welt: „Sie kennen nur etwas Äußeres vom irdischen Leben“ (Koran 30,6). Was der Gesetzgeber [= der Prophet Muhammad] aber für die Menschen bezweckt, ist ihr jenseitiges Heil. Entsprechend den göttlichen Gesetzen ist es nötig, die Menge zu den religiösen Gesetzesvorschriften zu leiten, in den Dingen dieser wie jener Welt. Diese Vorschrift besteht für diejenigen, welche sich mit den Religionsgesetzen befassen, nämlich den Propheten und seine Nachfolger, und das sind die Kalifen […]

Die Königsherrschaft ist natürlich; sie besteht darin, die Menge zu dem zu bringen, was die vernunftgemäße Anschauung erfordert, um weltliche Vorteile zu gewinnen und Schädliches abzuwehren. Das Kalifat besteht darin, die Menge zu dem zu bringen, was der Gesichtspunkt des Religionsgesetzes im Hinblick auf ihre himmlischen *und* irdischen Vorteile erfordert, welche [Letztere] auf diese [Erstere] zurückgehen. Denn nach Auffassung des Gesetzgebers müssen alle irdischen Zustände hinsichtlich der Vorteile des Jenseits beurteilt werden. So ist das Kalifat tatsächlich eine Stellvertretung des Gesetzgebers [= Gottes] bezüglich der Überwachung des Glaubens und der Lenkung der Welt durch ihn.

*Ibn-Chaldun: Ausgewählte Abschnitte aus der Muqaddima. Aus dem Arabischen von Annemarie Schimmel. Tübingen 1951, S. 109.*

**5 Golddenar des Kalifen al-Mutawakkil (847–860)**
*Auf der Rückseite ist ein Dromedar abgebildet, eine Erinnerung an die fernen Ursprünge der arabischen Beduinen in den Wüsten.*

**6 Arabischer Krieger auf einem Dromedar**
*Miniaturmalerei Ende 11. Jahrhundert*

### 7 Die Pflichten des Kalifen

*Der Rechtsgelehrte Bar-ad-Din ibn Gama'a (1241–1333) fasst die Aufgaben des Herrschers zusammen:*

Dem Imam [hier: Kalifen] obliegt die Wahrnehmung folgender zehn öffentlicher Pflichten:

1. Die Religion soll er entsprechend den verankerten Prinzipien und dem Konsens der ersten Generation der Muslime erhalten. Wenn ein Neuerer auftritt oder ein Zweifler davon abweicht, muss ihm der Kalif die Beweise der Religion darlegen, ausführen, was richtig ist, und auf ihn die angemessenen Regeln und Strafen anwenden, so dass die Religion vor Schaden geschützt und die Gemeinde vor Irrtum bewahrt bleibt.
2. Die zwischen Prozessführern gefällten Urteile soll er ausführen und Streit zwischen Zankenden schlichten, damit Gerechtigkeit herrsche und niemand Unrecht begehe oder erleide.
3. Die Länder des Islams soll er verteidigen und sie vor fremdem Eindringen schützen, damit man ohne Gefahr für Leben und Besitz seinen Unterhalt verdienen und nach Belieben reisen kann.
4. Die gesetzlichen Strafen soll er durchsetzen zum Schutz der Gebote Gottes vor Verletzung und zur Wahrung der Rechte seiner Diener vor Schädigung und Vernichtung.
5. Die Grenzfestungen soll er mit angemessenem Nachschub und zu ihrer Verteidigung wirksamen Kräften versehen, damit der Feind sie nicht in einem Überraschungsangriff nimmt, sie entweiht oder das Blut von Muslimen oder Verbündeten vergießt.
6. Heiligen Krieg soll er gegen alle diejenigen führen, welche auch nach der Aufforderung, den Islam anzunehmen, ihn weiterhin ablehnen, bis sie entweder Muslime werden oder in das Schutzverhältnis [= *dhimma*] eintreten, damit Gottes Wahrheit über jede Religion die Oberhand gewinne.
7. Beute und Almosen soll er einsammeln, gemäß den Vorschriften des heiligen Gesetzes, wie sie in eindeutigen Texten und aufgrund von unabhängigem Urteil festgelegt sind, und zwar ohne Terror und Unterdrückung.
8. Die Gehälter und anderen vom Staatsschatz zu entrichtenden Gelder soll er ohne Verschwendung und ohne Knausrigkeit festsetzen und die Zahlungen pünktlich, weder zu früh noch zu spät, vornehmen.
9. Fähige und zuverlässige Männer soll er anstellen, die aufrichtig sind bei der Erfüllung der Aufgaben, die er ihnen überträgt, und im Umgang mit den Geldern, die er ihnen anvertraut; so werden die Aufgaben fachkundig ausgeführt und die Gelder gewissenhaft geschützt.
10. Mit der Überwachung aller Angelegenheiten und der Überprüfung aller Verhältnisse soll er sich selbst befassen, damit er so persönlich die Gemeinde regiere, den Glauben schütze und sich nicht auf Vertreter stütze, um für das eigene Vergnügen oder für den Gottesdienst Zeit zu haben.

*Bernard Lewis (Hrsg.): Der Islam von den Anfängen bis zur Eroberung von Konstantinopel. Bd. 1: Die politischen Ereignisse und die Kriegführung. Aus dem Englischen von Hartmut Fähndrich. Zürich und München 1981, Nr. 43, S. 257 f.*

## Das Verhältnis von Religion und Politik

### 8 Teilung der Gewalten im Islam?

*Der Orientalist Albert Hourani gibt die Auffassung des maßgeblichen Theologen und Philosophen Abu Hamid Muhammad al-Ghazali (1058–1111) zur Frage wieder, ob der Kalif seine Macht delegieren darf:*

Um die Bedingungen zu definieren, unter denen die Beziehung von Kalif, Sultan [= Regierungschef] und *ulama* [= den Religionsgelehrten] geregelt werden könnten, stellten al-Ghazali und andere, die in der religiösen Tradition standen, die Theorie auf, die Macht stehe dem Kalifen zu, ihre Ausübung könne jedoch auf mehr als seine Person verteilt werden. Das Kalifat (oder Immanat, wie die Theoretiker es üblicherweise bezeichneten) setze sich aus drei Elementen zusammen: der legitimen Nachfolge des Propheten, der Lenkung der weltlichen Geschicke der Gemeinschaft und der Wahrung des Glaubens. Nach al-Ghazalis Ansicht sollten diese drei Aspekte idealerweise in einer Person vereint sein, durften aber notfalls auch getrennt werden, wie es in seiner Zeit geschah. Der Kalif verkörperte die Nachfolge des Propheten; der Sultan stand an der Spitze der militärischen Macht und übte die Regierungsfunktionen aus; die *ulama* wachten über den Glauben und die religiöse Praxis.

*Albert Hourani: Geschichte der arabischen Völker. Aus dem Englischen von Manfred Ohl und Hans Sartorius. Frankfurt 2002, S. 187.*

## 9 Stammtafel Muhammads

*Dessen Abkunft wird über seinen Großvater bis auf Noah und Seth zurückgeführt, Vorfahren, die er mit den Juden teilt. Neben dem Propheten – dargestellt mit verhülltem Gesicht – finden sich Bilder der ersten vier Kalifen. Osmanische Darstellung aus dem 16. Jahrhundert*

## 10 Kann es mehrere Kalifen geben?

***Der einflussreiche Rechtsgelehrte Abu i-Hasan al-Mawardi (972–1058) äußerte sich im frühen 11. Jahrhundert zu der Frage, ob mehrere Kalifen gleichzeitig herrschen können:***

Was nun die Aufstellung von zwei oder drei Imamen [hier: Kalifen] zur gleichen Zeit und im gleichen Land anlangt, so ist eine solche laut *idschma* [= Konsens der Rechtsgelehrten] nicht zulässig. Wenn eine solche jedoch in den verschiedenen Ländern und weit auseinanderliegenden Städten vorgenommen wird, so ist diese – nach der Ansicht einer besonderen, von der Allgemeinheit abweichenden Gruppe – insofern zulässig, als es die Aufgabe des Kalifen ist, sich um die Angelegenheit der Muslime zu kümmern, und jeder Einzelne von ihnen eher in der Lage ist, in seinem Verwaltungsbezirk nach dem Rechten zu sehen. [...] Die Hauptmasse der Muslime jedoch vertritt die Ansicht, dass die gleichzeitige Benennung zweier Kalifen in der gleichen Zeit nach der Scharia [= islamisches Gesetz] nicht zulässig sei. Das ergäbe sich aus der Tradition: „Wenn die Leute zwei Kalifen die Huldigung leisten, dann tötet den einen der beiden!“

*Gerhard Hoffmann (Hrsg.): Die Blütezeit der islamischen Welt. Ein Lesebuch. München 1994, S. 47 f.*

## 11 Einsetzung in das Kalifenamt

***Nach dem Tod Muhammads kam der Nachfolgefrage eine zentrale Bedeutung zu und sie war äußerst umstritten. Al-Mawardi (vgl. M 10) stellt die unter den Sunniten (dazu siehe M 12) gängigen Auffassungen zusammen, wie der Kalif rechtmäßig in sein Amt kommt:***

Das Imamat [hier: Kalifat] kann auf zweierlei Art übertragen werden: Entweder aufgrund einer Wahl durch Wahlmänner oder aufgrund einer Ernennung durch den vorhergehenden Kalifen. Hinsichtlich der Amtsübertragung aufgrund einer Wahl durch Wahlmänner sind die Gelehrten geteilter Meinung über die Frage der Anzahl der zur Wahl eines Kalifen nötigen Wahlmänner. [...]

Wenn die Wahlmänner zur Wahl zusammentreten, prüfen sie die Qualifikationen der Kandidaten und schreiten dann zur Ernennung desjenigen unter ihnen, welcher der Würdigste ist, welcher am meisten den geforderten Bedingungen[1] genügt und welchem die Leute Gehorsam zu leisten am ehesten willens sind. Sie anerkennen ihn unverzüglich. [...]

Wenn einer von zwei Kandidaten gewählt wird und sich dann beide um das Kalifat streiten, so ist das nach einigen Juristen so tadelnswert, dass beide dadurch disqualifiziert sind und das Kalifat einem anderen zu übertragen ist. Doch nach Ansicht der meisten Gelehrten und Juristen disqualifiziert ein solcher Streit nicht und ist das Streben nach dem Kalifat nicht an sich verwerflich. [...]

Die Juristen sind uneinig darüber, wie man einen Streit zwischen zwei gleichermaßen qualifizierten Kandidaten beilegen kann. Die einen sagen, man solle das Los werfen und den Gewinner vorziehen. Andere sagen, die Wahlmänner dürfen frei wählen und ohne Los denjenigen ernennen, den sie vorzögen.

*1 Rechtschaffenheit, umfassende Kenntnisse, körperliche Unversehrtheit, Urteilsvermögen, Mut und Stärke, Abstammung vom Stamm der Quraysh (dem Muhammad angehörte)*

*Bernard Lewis (Hrsg.): Der Islam von den Anfängen bis zur Eroberung von Konstantinopel. Bd. 1: Die politischen Ereignisse und die Kriegführung. Aus dem Englischen von Hartmut Fähndrich. Zürich und München 1981, Nr. 43, S. 253–255.*

## 12 Streit um die Nachfolge des Propheten

*Die Islamwissenschaftlerin Christine Schirrmacher erläutert die Spaltung zwischen Sunniten und Schiiten:*

Aus der nach Muhammads Tod unmittelbar ausbrechenden Auseinandersetzung über die Nachfolgefrage ergab sich die geschichtlich und theologisch folgenschwerste Spaltung der islamischen Gemeinschaft in mehrere Gruppierungen, unter denen als bedeutendste die hervorgingen, die später als „Sunniten" und „Schiiten" bezeichnet wurden. Mit dem Begriff „Schiiten" sind die Anhänger Alis gemeint, des Vetters und Schwiegersohns Muhammads, die als Nachfolger eine Person aus der Familie des Propheten forderten und daher „Shi'at Ali" („Partei des Ali") genannt wurden. Die sunnitische Mehrheit verlangte lediglich einen fähigen Heerführer aus Muhammads Stamm, den Quraysh, machte aber gleichzeitig dessen bestätigende Wahl durch einen Rat und seine öffentliche Huldigung zur Bedingung. [...]

Der einzig verfügbare männliche, wenn auch nicht direkte Nachkomme Muhammads, Ali, konnte seinen Anspruch auf das Kalifat gegen die sunnitische Mehrheit jedoch zunächst nicht durchsetzen. In seiner Abwesenheit wurde noch im Jahr 632 Muhammads enger Vertrauter und Heerführer Abu Bakr zum ersten Kalifen (regierte 632–634 n. Chr.) gewählt, danach folgten Umar (634–644) und Uthman (644–656), die alle zur sunnitischen Anhängerschaft gehörten. Erst im Jahr 656 konnte Ali (656–661) als vierter Kalif für wenige Jahre die Macht erringen. Nach seinem Tod fiel die Führerschaft über die islamische Welt erneut an die Sunniten, die die Herrschaft mit der Dynastie der Umayyaden (661–749) und der Abbasiden (750–1258) für die sunnitische Mehrheit viele Jahrhunderte lang [faktisch] erblich machen konnten.

*http://www.islaminstitut.de/uploads/media/Schiiten.pdf (Stand 19.04.2010)*

**13 Muhammad bestimmt seinen Schwiegersohn Ali zu seinem Nachfolger**

*Dieses Bild gibt die Sicht der Schiiten wieder; die Mehrheitsgruppe der Sunniten bestreitet den Sachverhalt.*

## 14 Der Prophet Muhammad zum Gehorsam gegenüber dem Kalifen

*Durch den Kalifen al-Muttaqi (940–944) sind folgende, dem Propheten zugeschriebene Aussprüche überliefert:*

Hört und gehorcht, selbst wenn ein zottiger schwarzer Sklave über euch gesetzt ist. Wer auch versuchen sollte, meine Gemeinde zu teilen – schlagt ihm den Kopf ab. Wenn zwei Kalifen gehuldigt wird, töten den zweiten. Wer an seinem Herrscher etwas sieht, was er missbilligt, soll geduldig sein; denn wer sich selbst von der Gemeinde auch nur eine Spanne weit entfernt und dann stirbt, stirbt als Ungläubiger. Gehorcht euren Herrschern, was auch geschieht. Wenn ihre Befehle im Einklang stehen mit der Offenbarung, die ich euch brachte, werden sie dafür belohnt und ihr werdet für euren Gehorsam belohnt; wenn ihre Befehle nicht im Einklang stehen mit dem, was ich euch brachte, tragen sie die Verantwortung dafür, ihr aber seid ohne Schuld. [...]

Wenn ihr Herrscher über euch habt, die das Gebet, die Almosensteuer und den heiligen Krieg für Gott anordnen, dann verbietet euch Gott, sie zu schmähen, und erlaubt euch, hinter ihnen zu beten. Wenn jemand gegen meine Gemeinde auftritt, wenn sie vereint ist, und sie zu teilen trachtet, töten ihn, wer immer es sei. [...] Gehorchen ist die Pflicht eines jeden Muslims, ob es ihm gefällt oder nicht, solange ihm nicht befohlen wird, eine Sünde zu begehen. Wenn ihm befohlen wird, eine Sünde zu begehen, muss er nicht gehorchen.

*Bernard Lewis (Hrsg.): Der Islam von den Anfängen bis zur Eroberung von Konstantinopel. Bd. 1: Die politischen Ereignisse und die Kriegführung. Aus dem Englischen von Hartmut Fähndrich. Zürich und München 1981, Nr. 40, S. 223 f.*

## 15 Soll man einem schlechten Herrscher gehorchen?

*Der Gelehrte Bar-ad-Din ibn Gama'a (→ vgl. M7) schreibt zur Legitimität tyrannischer Kalifen:*

Zu einer Zeit, da es keinen Imam [hier: Kalifen] gibt und ein Ungeeigneter das Kalifat erstrebt und die Bevölkerung durch seine Macht und seine Heere unter Druck hält [...], zu einer solchen Zeit ist seine Herrschaft gültig und man muss ihm Gehorsam leisten, damit die Eintracht unter ihnen gewahrt bleibt. Das ist selbst dann so, wenn er, nach richtiger Ansicht, unwissend und ungerecht ist. Wenn das Kalifat auf diese Weise, durch Gewalt und Übermacht, einem Mann übertragen ist, dann ein anderer auftritt, der den Ersten durch seine Macht und seine Heere überwältigt, dann ist der Erste abgesetzt und der Zweite wird, wie wir darstellten, zum Wohlergehen der Muslime und zur Bewahrung ihrer Einheit Kalif.

*Bernard Lewis (Hrsg.): Der Islam von den Anfängen bis zur Eroberung von Konstantinopel. Bd. 1: Die politischen Ereignisse und die Kriegführung. Aus dem Englischen von Hartmut Fähndrich. Zürich und München 1981, Nr. 44, S. 259 f.*

## 16 Der Zerfall der Kalifenmacht

*Der Tübinger Islam-Historiker Heinz Halm (geb. 1942) beschreibt den Prozess der Regionalisierung der Herrschaft im Gebiet des Islam:*

Seit der abbasidischen Revolution [d. h. dem Sturz der Umayyaden-Dynastie 749/750 n. Chr.] begann das Kalifenreich zu schrumpfen. Mit der Verwurzelung der islamischen Herrschaft in den Provinzen begannen sich die regionalen Sonderinteressen gegenüber der Zentralregierung bemerkbar zu machen. Die ungeheuren Entfernungen erschwerten die Kommunikation und damit eine direkte administrative Kontrolle der Randgebiete. Bagdad war nicht mehr in der Lage, Armeen zu unterhalten, die das Riesenreich zwischen den Pyrenäen und dem Indus hätten zusammenhalten können.

Die Regionalisierung der Herrschaft erfolgte nach zwei Mustern. Das eine war die Bildung von Staaten, die von Bagdad unabhängig waren. Die arabischen Kämpfer auf der Pyrenäenhalbinsel erkannten die neue Dynastie nicht an. 756 nahmen sie einen flüchtigen Umayyadenprinzen auf, der dem Massaker an seiner Familie entronnen war und sich nun als „Befehlshaber" (*amîr*) von al-Andalus – d. h. der islamischen Pyrenäenhalbinsel – etablierte und seine Herrschaft an seine Nachkommen weitergeben konnte. [...]

Das andere Modell wurde seit 800 in Kairuan praktiziert. Die arabische Lagerstadt im heutigen Tunesien war 761 von einer abbasidischen Truppe besetzt und Bagdad unterworfen worden; einen Offizier dieser Truppe, Ibn a-Aghlab, setzte der Kalif Harun ar-Raschid im Jahre 800 als Gouverneur und militärischen Befehlshaber (*amîr*) ein. Er wurde der Begründer einer *de facto* unabhängigen Gouverneursdynastie, der Aghlabiden (800–909), die mit dem Einverständnis des Kalifen, der der nominell anerkannte Oberherr blieb, den mittleren Maghreb[1] und Sizilien regierte. Der Emir schuldete dem Kalifen einen jährlichen Geldbetrag sowie – als Zeichen der Anerkennung seiner Oberhoheit – die Nennung seines Namens im Bittgebet am Ende der Freitagspredigt und auf den Münzen. Ähnliche, nominell Bagdad unterstehende Gouverneursdynastien etablierten sich später in Ägypten sowie in Ostiran und Zentralasien; sie schränkten die tatsächliche Macht des Bagdader Kalifen erheblich ein.

*1 Gebiet Nordafrikas westlich von Ägypten*

*Heinz Halm: Die Araber. Von der vorislamischen Zeit bis zur Gegenwart. München 2004, S. 36–38.*

## 17 Grundlagen der islamischen Rechtsprechung

*Der Bagdader Rechtsgelehrte und Prediger Abu ,l-Faradj ibn al-Djauzi (1116–1201) zitiert aus einer Ernennungsurkunde für einen Oberrichter:*

Er [= der Kalif] befiehlt ihm Gottesfurcht, denn das ist der schützende Schild. Er soll Gottes Schrift in allem, was er tut, zu seiner Richtschnur machen und danach sein Urteilen und Richten ordnen [...]. Er soll die Sunna [= Brauch] des Gottesgesandten Muhammad zum Gegenstand des Wunsches, den er anstrebt, und zum Vorbild, dem er folgt, machen. Er soll den Konsens beachten. Er soll sich an das Vorbild der rechtgeleiteten Kalifen halten. Er soll seine persönliche Entscheidung dort treffen, wo es weder Schrift noch Sunna oder Konsens gibt. Er soll zu seiner Gerichtsversammlung den bringen, dessen Wissen und Meinung er zur Hilfe nehmen kann. Er soll mit Blicken und Worten zwischen den Parteien schlichten, wenn sie vor ihn treten, und jedem der beiden ihren Anteil an seiner Gerechtigkeit und Billigkeit zukommen lassen, damit der Schwache vor seiner Ungerechtigkeit sicher ist und der Starke an seiner Zuneigung verzweifelt.

Er befiehlt ihm, seine Gehilfen und Gefährten, seine Sekretäre und Mittel, auf die er sich stützt, so zu beaufsichtigen, dass er verhindert, dass sie sich verbotener Lebensweise zuwenden, und sie davon abhält, sich verbotene Einnahmen zu verschaffen.

*Gerhard Hoffmann (Hrsg.): Die Blütezeit der islamischen Welt. Ein Lesebuch. München 1994, S. 51 f.*

**Arbeitsvorschläge**

○○● a) Geben Sie die auf der ersten Karte der beiden Auftaktseiten dargestellte politische Gliederung des Orients und Europas zurzeit Muhammads wieder.

○○● b) Zeigen Sie auf, in welchen Etappen sich das Herrschaftsgebiet des Islam bis zum Jahre 750 ausweitete. (M 1)

●●● c) Diskutieren Sie, inwiefern die Kennzeichnung der Grenzverläufe und die Verwendung einheitlicher Farbtiefen problematisch sind (M 1).

○○● d) Geben Sie die internen und externen Gründe für die rasante Ausweitung des islamischen Machtbereichs wieder (M 2).

○○● e) Beschreiben Sie, wie die politische und religiöse Sphäre im Islam einander zugeordnet sind (M 3).

○●● f) Erläutern Sie den Unterschied zu den christlichen Gesellschaften Europas. (M 3)

●●● g) Vergleichen Sie die Besonderheiten des Kalifenamtes mit der gewöhnlichen Königsherrschaft (M 4).

○●● h) Ordnen Sie die Pflichten des Kalifen den Bereichen Verwaltung, Militärwesen, Rechtspflege und Religion zu (M 7).

●●● i) Diskutieren Sie mit ihren Mitschülern die Frage, mit welcher Epoche der europäischen Geschichte man diese Herrschaftsauffassung ansatzweise vergleichen kann (M 4, M 7).

○○● j) Geben Sie wieder, warum und in welcher Weise der Kalif nach der Meinung des Autors Herrschaftsbefugnisse an andere delegieren darf (M 8).

●●● k) Vergleichen Sie diese Auffassung mit derjenigen von Bar-ad-Din ibn Gama'a (M 7).

○●● l) Untersuchen Sie, ob die maßgeblichen islamischen Autoritäten die Aufteilung des Reiches unter mehrere Kalifen für möglich hielten (M 10).

○○● m) Geben Sie wieder, über welche Eigenschaften ein Kandidat für das Kalifat verfügen muss und wie er in sein Amt gelangt (M 11).

○○● n) Zeigen Sie auf, zu welchen Streitfällen es bei der Erhebung eines Kalifen kommen kann und welche Unklarheiten bestehen (M 11).

○○● o) Stellen Sie dar, wie es zur Spaltung zwischen Sunniten und Schiiten kam (M 12, M 13).

●●● p) Vergleichen Sie den Konflikt zwischen Schiiten und Sunniten mit Konflikten im Christentum, z. B. zwischen katholischer und protestantischer Kirche (M 12).

○○● q) Beschreiben Sie, inwieweit ein Muslim nach den Worten des Propheten zum Gehorsam gegenüber dem Herrscher verpflichtet ist (M 14).

○○● r) Untersuchen Sie, ob die Gehorsamspflicht auch einem ungerechten Herrscher gegenüber besteht (M 15).

○●● s) Arbeiten Sie Unterschiede/Gemeinsamkeiten zwischen M 14 und M 15 heraus.

○●● t) Untersuchen Sie, warum das einheitliche islamische Reich zerfiel und nach welchen Mustern die Herrschaft regionalisiert wurde (M 16).

●●● u) Diskutieren Sie die Schwierigkeiten, den in diesem Text geschilderten Sachverhalt in einer Geschichtskarte darzustellen (M 16).

○○● v) Nennen Sie die Quellen, aus denen ein Richter bei seiner Rechtsprechung schöpfen soll (M 17).

○○● w) Geben Sie die weiteren Obliegenheiten eines Richters wieder (M 17).

# Grundwissen: Glaube und Herrschaft in der islamischen Welt

## Die Frühphase der islamischen Expansion

→ 1 S. 106
→ 2 S. 106

Bereits unter dem Propheten Muhammad (570 - 632) war der größte Teil der arabischen Halbinsel durch Kriege und Verträge für den Islam gewonnen worden. Als nach dessen Tod mehrere Stämme die geschlossenen Bündnisse aufkündigten, stellte der erste Kalif, Abu Bakr (632 - 634), die alten Zustände mit militärischer Gewalt wieder her. Seine Anhänger wurden dabei zu kampferprobten Kriegern.

Abu Bakrs Nachfolger, der Kalif Umar (634 - 644), richtete die neugewonnene militärische Kraft der Araber nach außen und gab der politischen Landschaft des Vorderen Orients in nur wenigen Jahren ein völlig neues Gesicht. Zwei Großreiche hatten sich bis dahin die Vorherrschaft über die Region geteilt: im Westen das Byzantinische Reich, das aus der östlichen Hälfte des Römischen Reiches hervorgegangen war, und im Osten das persische Reich der Sassaniden. Beide waren bis dahin von Süden her nie ernsthaft bedroht worden und erkannten die neuartige Gefahr daher zu spät. Auch waren sie durch innere Probleme und vorausgegangene Kämpfe gegeneinander erheblich geschwächt. So konnten die arabischen Stammesverbände im Jahre 635 die unter byzantinischer Herrschaft stehende syrische Hauptstadt Damaskus einnehmen, und als Byzanz ein Jahr später endlich ein großes Heer entsandte, wurde dieses am Fluss Yarmûk von den islamischen Reiterkriegern besiegt. Ganz Syrien und Palästina gingen damit dauerhaft für Ostrom verloren. Vermutlich noch im selben Jahr 636 wurde auch das Heer der Sassaniden von der neuen Militärmacht aus dem Süden besiegt. Für die Perser war die Niederlage noch katastrophaler als für Byzanz: Sie büßten einen Großteil ihres Staatsgebiets mitsamt der Hauptstadt ein und sechs Jahre später wurde auch der Rest ihres Reiches von den Arabern erobert. Bis zum frühen 8. Jahrhundert reichten die dem Islam unterworfenen Gebiete von Spanien über Nordafrika (einschließlich Ägypten) bis zur Mündung des Indus. Die als *futûh* (= Öffnung, Eroberung) bezeichnete Phase hatte damit ihren Abschluss gefunden.

**Muhammad und seine Anhänger ziehen nach Mekka** *Osmanische Miniatur, 2. Hälfte des 16. Jahrhunderts*

## Politik und Herrschaft: das Kalifat

→ 3 S. 107
→ 4 S. 107
→ 7 S. 108

Die für das christliche Abendland schließlich vollzogene Trennung in eine politische und eine religiöse Sphäre ist dem Islam fremd. Der Prophet Muhammad war zugleich geistlicher *und* weltlicher Führer der *umma* (= Gemeinschaft der Gläubigen). Nicht anders verstanden sich seine Nachfolger, die Kalifen. Sie waren sozusagen Kaiser und Papst in einer Person. Ihre doppelte Aufgabe bestand darin, Recht und Ordnung in der diesseitigen Welt zu gewährleisten sowie die Gläubigen auf die jenseitige vorzubereiten. Die Maßstäbe dafür waren nicht willkürlich, sondern richteten sich nach den Vorschriften des Korans, dem beispielhaften Leben des Propheten (= Sunna) und den religiösen Gesetzen (= Scharia). Regierung und Verwaltung, Militär, Rechtspflege und Religion - kein Bereich war von der Zuständigkeit des Kalifen ausgenommen.

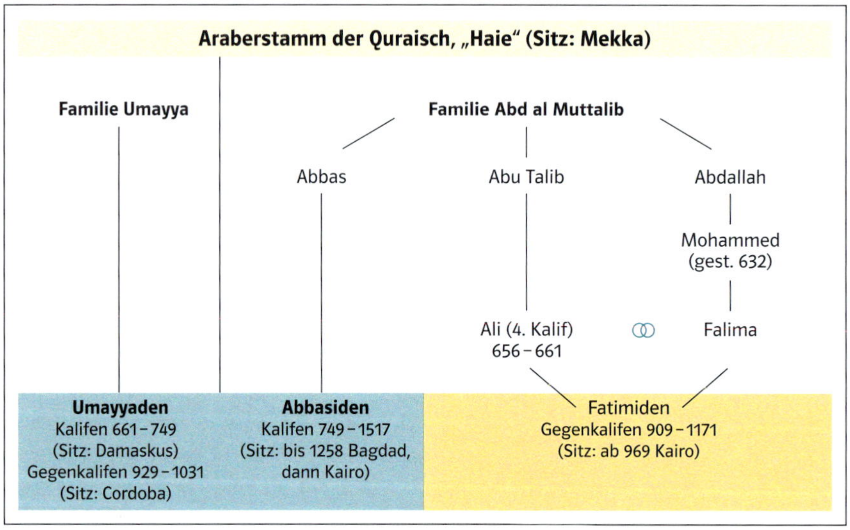


→ 8 S. 108
→ 10 S. 109

Diese auf den Kalifen ausgerichtete Auffassung beschreibt ein Ideal, das im Laufe der Zeit mit der Realität allerdings immer weniger übereinstimmte. Die vielfältigen Anforderungen der Staatsführung konnten von einer einzigen Person allein gar nicht bewältigt werden und so mussten die gelehrten Wächter der rechten Lehre den Erfordernissen der Praxis schließlich Zugeständnisse machen. Sie akzeptierten, dass der Kalif bestimmte Aufgaben an andere delegieren durfte - die Regierungsgeschäfte etwa an den Wesir bzw. Sultan, die Religions- und Rechtspflege an die *ulama* (= Religionsgelehrten). Nur musste zumindest grundsätzlich die Gesamtverantwortung in seiner Hand bleiben. Dieser Kompromiss war auch noch aus einem anderen Grund erforderlich geworden. Wegen der Größe des Reiches, aber auch wegen Machtverschiebungen am Hof nahm die reale Macht des Kalifen kontinuierlich ab und beschränkte sich schließlich auf repräsentative Funktionen. Der Kalif war zu einem bloßen Schattenherrscher geworden.
An den Randgebieten des Reiches versuchten regionale Machthaber immer wieder (und nicht selten mit Erfolg), eigenständige, von der Zentrale in Damaskus bzw. Bagdad unabhängige Herrschaften zu errichten. Damit stellt sich die Frage, ob es denkbar und zulässig sei, das Kalifat auf mehrere Personen aufzuteilen. Die Mehrzahl der Rechtsgelehrten verneinte diese Möglichkeit und hielt an der Auffassung fest, dass es immer nur einen Nachfolger des Propheten geben könne. Dass es in der Praxis dennoch zur Errichtung von Gegenkalifaten kam, wurde von der herrschenden Rechtsmeinung nicht als rechtmäßig akzeptiert.

Die europäische Staatenwelt hatte um diese Zeit keine Ähnlichkeit mit dem gegenwärtigen Zustand. Osteuropa wurden mit dem Königreich Polen und dem Großfürstentum Moskau von Mächten geprägt, die es heute in dieser Gestalt nicht mehr gibt. Vor allem Polen hatte durch seine dynastische Verbindung mit dem Großfürstentum Litauen zu jener Zeit eine Ausdehnung und Macht wie niemals zuvor und danach.

### Wie wurde man Kalif?

→ 11 S. 109

Der Prophet Muhammad hinterließ bei seinem Tod im Jahre 632 keinen Sohn. Auch hatte er keinen seiner Gefolgsleute dazu bestimmt, nach ihm die *umma* zu führen. Die Nachfolgeregelung war daher völlig offen - und ebenso umstritten. Einig war man sich darin, dass der Nachfolger (= *chalifa*, daher „Kalif“) Muhammads vorbildliche persönliche Eigenschaften verkörpern und dem gleichen Stamm wie

der Prophet (den Quraysh aus Mekka) angehören musste. Eine Gruppe, die später sogenannten Schiiten (= „Shi'at Ali", d.h. Partei des Ali), ging darüber hinaus: Sie verlangte, dass der neue Herrscher aus Muhammads engerer Familie stammen müsse, und trat für dessen Vetter und Schwiegersohn Ali ein. Die Mehrheitsgruppe der Sunniten teilte diese Auffassung jedoch nicht und favorisierte eine freie Wahl des Nachfolgers. Doch auch damit blieben zentrale Fragen offen: Welche und wie viele Personen sollten wahlberechtigt sein? Bei welchen Mehrheitsverhältnissen war die Wahl gültig? Und welche Rolle sollte es spielen, wenn sich künftige Kalifen für eine bestimmte Person als ihren Nachfolger aussprachen?
Beim Tod des Propheten folgte ihm Abu Bakr (632 - 634), ein enger Vertrauter, als Herrscher über die *umma*. Nach ihm erlangten Umar (634 - 644), Uthman (644 - 656) und schließlich doch noch der anfangs gescheiterte Ali (656 - 661) das Kalifat. Sie repräsentierten aber jeweils nur eine bestimmte Gruppe der rivalisierenden islamischen Führungsschichten (frühe Gefährten des Propheten/Helfer aus Medina/später Bekehrte aus Mekka). Die Rechtmäßigkeit ihrer Herrschaft wurde daher immer wieder infrage gestellt und sowohl Uthmann als auch Ali fielen politisch motivierten Mordanschlägen zum Opfer. Mit Mu'awiya I. (661 - 680), dem fünften Nachfolger der Propheten, wurde das Kalifat schließlich erblich: Er begründete die Dynastie der Umayyaden (661 - 749) und verlegte die Hauptstadt in das syrische Damaskus. Unter den Umayyaden erreichte die Macht des arabischen Reiches ihren Höhepunkt. Ihr gewaltsamer Sturz durch das nachfolgende Herrschergeschlecht der Abbasiden (750 - 1258) läutete den allmählichen Niedergang des Kalifats ein.

## Gehorsam gegenüber dem Kalifen und Niedergang des Kalifats

Die Araber hatten dem Islam in nur wenigen Jahrzehnten ein riesiges Reich erobert. Schon früh stellten regionale Sonderinteressen und Streitigkeiten innerhalb der Führungseliten dessen Einheit auf die Probe. Für die verantwortlichen Staatsmänner und Gelehrten war die Verteidigung der *umma* gegen Spaltungstendenzen daher von größter Wichtigkeit: Wer sich dieser Gemeinschaft entgegenstellte, war kompromisslos zu bekämpfen. Daneben schärfte man den Gläubigen unbedingten Gehorsam gegenüber dem Kalifen ein. Dies sollte sogar dann gelten, wenn der Herrscher offenkundig schlecht regierte oder das Volk unterdrückte. In diesem Fall solle Gott ihn im Jenseits zur Verantwortung ziehen, nicht aber die Menschen im Diesseits. Eine einzige Ausnahme gab es von der strengen Gehorsamspflicht für die Muslime: Den Befehl, eine Sünde zu begehen, durfte man verweigern.

→ 12 S. 110
→ 14 S. 110
→ 15 S. 111
→ 16 S. 111

Die neue Kalifen-Dynastie der Abbasiden ging auf einen Onkel Muhammads, Abbas, zurück; sie war mit dem Propheten also eng verwandt. War die politische Führungsschicht unter den Umayyaden noch ausschließlich arabisch geprägt, so fanden nun auch persische Elemente Zugang zu den Machtpositionen des Reiches. Am deutlichsten kam diese Entwicklung darin zum Ausdruck, dass unter den Abbasiden die Hauptstadt nach Osten, in den Iran, verlegt wurde: Kalif al-Mansûr (754 - 775) ließ den kleinen Ort Bagdad am Tigris zum neuen Zentrum des Reiches ausbauen. Mit Harun ar-Rashid (786 - 809), einem Zeitgenossen Karls des Großen, endete jedoch die Reihe starker Abbasiden-Herrscher. Schon vorher war es an den Rändern des Reiches zu Ablösungserscheinungen gekommen. Bereits im Jahre 756 hatte sich al-Andalus, das muslimische Spanien, von der Zentralgewalt abgespalten, und bald folgten weitere Gebiete im Westen und Osten. Zwar erkannten sie die Oberhoheit des Kalifen in Bagdad zumeist formell auch weiterhin an, doch änderte das nichts an der Tatsache, dass es sich faktisch um unabhängige Staaten handelte. Die Erosion der Kalifen-Herrschaft spielte sich aber auch in der Hauptstadt selbst ab. Mehr und mehr wurden die Abbasiden von einflussreichen Generälen und Provinzgouverneuren abhängig und so sanken die einst allmächtigen „Herrscher der Gläubigen" bis zum Beginn des 10. Jahrhunderts auf den Rang von Marionetten herab.

# 2.2 Minderheiten unter muslimischer Herrschaft

## Der Islam und andere Religionen

**1 Christus auf einem Esel neben Muhammad auf einem Kamel**
*Muhammad erkannte Jesus, neben Abraham und Moses, als seinen Vorgänger an, dessen Botschaft er jedoch durch seine eigene ersetzte. Persische Miniatur aus dem 18. Jahrhundert*

**2 Der Koran und die Andersgläubigen**

*Im Laufe seines Wirkens äußerte sich Muhammad mehrmals über den Umgang mit Nichtmuslimen. Dies tat er meist in Reaktion auf ganz bestimmte Umstände in spezifischen Situationen. Dies geschah am Anfang, als er hoffte, viele Stämme in der Region von Mekka und Medina für den Islam bekehren zu können, aber auch, als sich bei Medina jüdische Stämme einer Missionierung und einer Unterordnung unter seiner Vorherrschaft verweigerten.* (**Online-Link** 430075-0202) *Im Zuge der Eroberungszüge unterwarfen die Araber immer mehr Gebiete mit einer Vielzahl von Religionen, u.a. unterschiedlichen Ausprägungen des Christentums. Die Muslime bildeten für lange Zeit nur eine dünne Oberschicht in diesen Gebieten, was sich wiederum auf die Auslegung der heiligen Schrift auswirkte:*

*Sure 9,5*: Und wenn nun die heiligen Monate abgelaufen sind, dann tötet die Heiden, wo (immer) ihr sie findet, greift sie, umzingelt sie und lauert ihnen überall auf! Wenn sie sich aber bekehren, das Gebet verrichten und die Almosensteuer geben, dann lasst sie ihres Weges ziehen! Gott ist barmherzig und bereit zu vergeben.

*Sure 9,29*: Kämpft gegen diejenigen, die nicht an Gott und den jüngsten Tag glauben und nicht verbieten, was Gott und sein Gesandter verboten haben, und nicht der wahren Religion angehören – von denen, die die Schrift erhalten haben – (kämpft gegen sie), bis sie kleinlaut aus der Hand Tribut entrichten!

*Sure 9,30*: Die Juden sagen: „Uzair [= Esra] ist der Sohn Gottes." Und die Christen sagen: „Christus ist der Sohn Gottes." Das sagen sie nur so obenhin (ohne dass damit ein realer Sachverhalt gegeben wäre). Sie tun es (mit dieser ihrer Aussage) denen gleich, die früher ungläubig waren. Diese gottverfluchten (Leute)! Wie können sie nur so verschroben sein!

*Sure 9,31*: Sie haben sich ihre Gelehrten und Mönche sowie Christus, den Sohn der Maria, an Gottes statt zu Herren genommen. Dabei ist ihnen (doch) nichts anderes befohlen worden, als einem einzigen Gott zu dienen, außer dem es keinen Gott gibt. Gepriesen sei er!

*Der Koran. Stuttgart u.a. 1982, S. 151–154. Übers. Rudi Paret*

## 3 Der Islam und andere Religionsgemeinschaften

*Der Gelehrte As-Sahrastānī (1075–1153) setzt sich mit dem Wesen der nichtmuslimischen Religionen auseinander:*

Jene, die außerhalb der wahren Gemeinschaft und des islamischen Gesetzes stehen, aber ein göttliches Gesetz und Vorschriften, göttliche Verordnungen und Zeichen anerkennen, sind die Leute der Schrift. Sie sind aufgeteilt in jene, die ein wirklich geoffenbartes Buch wie die Thora[1] und das Evangelium besitzen, weshalb die Offenbarung sie als Leute der Schrift anspricht, und jene, die eine zweifelhafte Schrift besitzen, wie die Magier[2] und die Manichäer[3]. Denn die Schriftblätter, die Ibrahim [= Abraham] herabgesandt worden waren, wurden wegen Neuerungen, die die Magier eingeführt haben, wieder in den Himmel emporgeholt. Doch ist es erlaubt, Abkommen und Schutzverträge mit ihnen abzuschließen, und werden sie neben die Juden und Christen gestellt. Sie sind also auch Leute der Schrift. Doch ist es nicht erlaubt, Heiratsbeziehungen zu ihnen zu knüpfen oder ihre Opfer zu essen, da ihnen die Schrift weggenommen worden ist. [...]

Die Juden und die Christen sind die beiden großen Gemeinschaften der Leute der Schrift. [...] Die Muslime haben verdeutlicht, dass diese beiden Gemeinschaften [die Offenbarung] verändert und abgewandelt haben. Isa [= Jesus] bestätigte nämlich nur das, was Musa [= Moses] gebracht hatte. Beide sind Boten, die das Kommen unseres Propheten Muhammad ankündigten.

1 Heilige Schrift des Judaismus
2 Anhänger einer alten iranischen Religion (Mazdaismus/Zoroastrismus)
3 Anhänger einer jüngeren iranischen Religion (Manichäismus)

*Gerhard Hoffmann (Hrsg.): Die Blütezeit der islamischen Welt. Ein Lesebuch. München 1994, S. 216 f.*

## 4 Juden, Christen und der Islam

*Der amerikanische Orientalist Bernard Lewis (geb. 1916) kennzeichnet die Sicht des Islam auf das Verhältnis der großen Religionen zueinander:*

Aus der Sicht der muslimischen Tradition war die Mission Muhammads nicht etwas Neues, sondern eine Fortsetzung – eine weitere und diesmal endgültige Phase im langen Kampf zwischen Monotheismus [= Glaube an nur einen Gott] und Vielgötterei. Für die Muslime war Muhammad das Siegel der Propheten, der letzte in einer langen Reihe von Gott ernannter Apostel, von denen jeder ein Buch der Offenbarung mitgebracht hatte. Diese waren die Thora, die Psalmen und das Evangelium aus den Händen von Moses, Davids und Jesus. Muhammad war der Letzte und Größte von ihnen, und das Buch, das er brachte, war der Koran. Dieser vervollständigt und ersetzt alle vorherigen Offenbarungen. Aus Sicht der Muslime waren sowohl der jüdische als auch der christliche Glaube zur Zeit ihrer Entstehung wahre Religionen, frühere Phasen in der gleichen Abfolge von Missionen und Offenbarungen. Durch den Apostel Muhammad wurden diese Offenbarungen jedoch hinfällig. Ihre Wahrheiten waren auch in seiner Botschaft enthalten, und was diese nicht umfasste, war nicht wahr – sondern das Ergebnis von Verzerrungen und Verfälschungen dieser früheren Schriften durch ihre unwürdigen Bewahrer.

*Bernard Lewis: The Middle East. 2000 Years of History from the Rise of Christianity to the Present Day. London 1995 (Paperback 2000), S. 219 f. Übers. M. Brabänder*

# Juden und Christen unter islamischer Herrschaft

## 5 Die Stellung der Nicht-Muslime

*Derselbe Forscher beschreibt die Lage von Christen und Juden im Islam:*

Das Verhältnis zwischen dem islamischen Staat und den nichtmuslimischen Gemeinden wurde im Gesetz wie in der Praxis durch einen Pakt, die sogenannte *dhimma*, geregelt; die Nutznießer dieses Vertrages bezeichnete man als Vertragsvolk oder – kürzer – als *dhimmis* [= Schutzbefohlene]. Die Bestimmungen die *dhimma* erkannten diesen Gemeinden einen gewissen Status zu, sofern sie den Primat des Islam und die Überlegenheit der Muslime eindeutig bejahten. Dies drückte sich in der Einrichtung der Kopfsteuer und der Unterwerfung unter eine Reihe von Beschränkungen aus, die im Einzelnen vom heiligen Gesetz definiert wurden.

*Bernard Lewis: Die Juden in der islamischen Welt. Vom frühen Mittelalter bis ins 20. Jahrhundert. Aus dem Englischen von Liselotte Julius. München 1987, S. 28 f.*

## 6 Der „Vertrag des Umar"

*Der Vertragstext geht angeblich auf den Kalifen Umar (634–644) zurück. Als dieser Syrien eroberte, mussten die dortigen Christengemeinden der Überlieferung nach das folgende, auch für die Zukunft maßgebliche Vertragsformular akzeptieren (hier die wichtigsten Punkte):*

Als Ihr gegen uns zogt, erbaten wir von euch Sicherheitsversprechen für uns, unsere Nachkommen, unseren Besitz und die Mitglieder unserer Gemeinde, und wir verpflichteten uns euch gegenüber zu Folgendem:

Wir werden in unseren Städten oder in deren Umgebung weder neue Klöster oder Kirchen bauen, noch werden wir, sei es bei Tag oder bei Nacht, diejenigen instand setzen, welche verfallen sind oder in muslimischen Vierteln liegen.

Wir werden unsere Tore für Durchziehende und Reisende weit offen halten. Wir werden alle bei uns durchreisenden Muslime drei Tage lang aufnehmen und verpflegen.
Wir werden weder in unseren Kirchen noch in unseren Wohnungen einem Spion Unterschlupf gewähren oder ihn vor den Muslimen verstecken.
Wir werden unsere Religion weder öffentlich kundtun noch jemanden dazu bekehren. Wir werden keine Verwandten daran hindern, zum Islam überzutreten, wenn sie das wollen.
Wir werden den Muslimen Achtung erweisen, und wir werden uns von unseren Sitzen erheben, falls sie zu sitzen wünschen.
Wir werden nicht danach trachten, den Muslimen zu ähneln, indem wir irgendwelche ihrer Kleidungsstücke nachahmen.
Wir werden keine Sättel besteigen, keine Schwerter umgürten und irgendwelche Waffen weder tragen noch mit uns führen.
Wir werden uns, wo immer wir auch sein mögen, gleich bekleiden, und wir werden uns den Gurt [als Unterscheidungsmerkmal] um die Hüfte binden.
Wir werden unsere Kreuze oder Bücher weder in den Straßen noch auf den Märkten der Muslime zur Schau stellen. Wir werden die Glocken in unseren Kirchen leise läuten. Wir werden unsere Stimmen beim Gottesdienst im Beisein von Muslimen nicht erheben; auch beim Totengeleit werden wir unsere Stimmen nicht erheben. Wir werden auf den Straßen und Märkten der Muslime keine Lichter zeigen. Wir werden unsere Toten nicht in der Nähe von Muslimen begraben.
Wir werden keine Häuser bauen, die höher sind als die der Muslime.

*Bernard Lewis (Hrsg.): Der Islam von den Anfängen bis zur Eroberung von Konstantinopel. Bd. 2: Religion und Gesellschaft. Aus dem Englischen von Hartmut Fähndrich. Zürich und München 1982, Nr. 74, S. 271–273.*

**7 Im Kampf um die Vorherrschaft über die reiche Oase Medina befiehlt Muhammad die Hinrichtung der männlichen Mitglieder des besiegten jüdischen Stammes Banu Quraiza** (**Online-Link** 430075-0203)
*Nachdem seine Macht gesichert war, kehrte er wieder zur Toleranzpolitik gegenüber Andersgläubigen zurück.*

### 8 Religiöse Toleranz und Herrschaftskonsolidierung

***Der deutsche Orientalist Albrecht Noth (1937–1999) denkt über die Bedeutung des Umgangs des Islam mit anderen Religionen nach:***

Die Abmachungen […] lassen bereits in den Anfängen eine Verhaltensweise der Eroberer erkennen, die außerordentlich weitreichende Konsequenzen haben sollte: ihre Bereitschaft (und Fähigkeit) zum Kompromiss und Arrangement. Eine muslimische Ökumene [= Gesamtheit der Gläubigen] – so lässt sich hier schon generalisierend feststellen – ist wesentlich durch Vereinbarungen und Verträge zustande gekommen und nicht durch eine praktizierte Missionskriegs-Mentalität. Den Muslimen ist anscheinend sehr schnell deutlich geworden, dass die autochthone [= einheimische] Bevölkerung in den Regionen ihrer ersten Vorstöße zu großen Teilen wenig Grund und Neigung zur Loyalität [= Treue] gegenüber den Repräsentanten der jeweiligen politischen Ordnungen hatte, in die sie eingebunden war, daher auch keine großen Anstrengungen unternahm, diese ernsthaft zu verteidigen. Der Grund hierfür ist vor allem in bereits seit langer Zeit schwelenden und zum Teil erbittert ausgetragenen Religionskonflikten zwischen Provinzbevölkerung und herrschender Staatsgewalt zu suchen […] Eine politische Neuorientierung, möglicherweise ein Wechsel in der Herrschaft, konnten daher großen Teilen der autochthonen Provinzbevölkerung in Syrien/Palästina und im Irak durchaus als attraktiv erscheinen, falls sie sich unter Voraussetzungen vollzogen, die eine Verbesserung ihrer Lebensumstände versprachen.
In dieser Situation war es nun von höchster Bedeutung, dass die allmählich vordringenden Muslime von der eingesessenen Bevölkerung in den Provinzen der Groß-

reiche durchweg Unterwerfung, nicht aber Konversion zum Islam verlangten [...]. Religionsfreiheit hatte aus den eben genannten Gründen für viele der von der muslimischen Eroberung betroffenen Untertanen der beiden zentralistischen Großreiche bis dato nicht bestanden, der Herrschaftswechsel brachte somit in einem wesentlichen Bereich erhebliche Vorteile, ja die muslimischen Eroberer wurden mitunter regelrecht als Befreier begrüßt. Es verwundert daher auch nicht, dass die Muslime in der autochthonen Bevölkerung immer wieder auf Bereitschaft stießen, ihnen bei der Errichtung, Erhaltung und dem Ausbau ihrer Herrschaft behilflich zu sein.

*Albrecht Noth: Die islamisch-arabische Expansion. In: Maria Haarmann (Hrsg.): Der Islam. Ein Lesebuch. München 2001, S. 71–74.*

## 9 Möglichkeiten und Grenzen

*Der amerikanische Islamwissenschaftler Mark Cohen (geb. 1943) beschreibt die Gratwanderung erfolgreicher Christen und Juden im islamischen Herrschaftsbereich:*

Für den Islam waren Juden und Christen Ungläubige, auch wenn sie als *dhimmis* geschützt waren. Die herrschende Gruppe der Muslime behandelte sie daher mit Geringschätzung und Verachtung. Dies stand in Übereinstimmung mit ihrer religiösen Unterordnung und ihrem niederen Rang in der muslimischen Gesellschaft. Trotzdem überschritten die Juden (und Christen) im täglichen Leben regelmäßig die Grenzen der gesellschaftlichen Hierarchie und waren – wenn auch zeitlich begrenzt und manchmal kaum spürbar – Muslimen in vergleichbaren Lebensumständen praktisch gleichgestellt. Zwar konnten sie jederzeit den Zorn der Muslime und sogar deren Verfolgung auf sich ziehen. Trotzdem erfreuten sich Juden (und Christen) in den frühen und klassischen Perioden des Islam einer nachhaltigen Sicherheit. [...]
Berufliche Integration und wirtschaftliche Leistung waren manchmal riskant. Ihr Erfolg verführte einige Juden (und Christen) dazu, dass sie sich allzu sehr außerhalb der Nische zu Hause fühlten, die ihr niedriger religiöser Rang ihnen zuwies. Oft missachteten sie dann die Beschränkungen ihres *dhimmi*-Status. Manch ein muslimischer Herrscher schien das zu dulden und sah über diese flagranten Verstöße gegen die Klauseln des Umar-Paktes (→ vgl. M 6) hinweg. Wenn solche Umstände zusammentrafen, führte das bei den Muslimen oft zu Unmut und verschärfte die latente religiöse Geringschätzung der Ungläubigen. Die Folge waren Ausschreitungen.
Die Zweischneidigkeit im Verhältnis von Muslimen und *dhimmis* kommt beispielhaft in der exponiertesten Position zum Ausdruck, in der *dhimmis* in Erscheinung traten: dem Staatsdienst. Auf diesem Feld war der Unterschied zwischen Theorie und Praxis viel stärker ausgeprägt als im Bereich des Handels. Als Angestellte der Regierungen, ganz zu schweigen vom Amt des ersten Ministers, übten *dhimmis* eine Macht über Muslime aus, die zu den Vorschriften angemessener Unterordnung in einem krassen Widerspruch standen. Viele der schmerzhaftesten Episoden von Unterdrückung und Verfolgung, die Juden und Christen durchmachen mussten, gehören in diesen Zusammenhang. Sie nahmen ihren Ausgang in der Erbitterung der Muslime darüber, dass *dhimmis* ihre prominente Position in einer Weise zur Schau stellten, die mit den Einschränkungen aufgrund ihres religiösen Ranges absolut unvereinbar war.

*Mark Cohen: Under Crescent and Cross. The Jews in the Middle Ages. Princeton 1996, S. 195 f. Übers. M. Brabänder*

## 10 Ein Trauerzug mit Folgen

*Der Bagdader Prediger und Rechtsgelehrte Abu ‚l-Faradj ibn al-Djauzi (1116–1201) berichtet von einem Zusammenstoß in der Hauptstadt:*

Im Frühjahr 1013 verstarb die [christliche] Tochter des Arztes Abu Nuh al-Ahwazi, die Ehefrau von Abu Nasr ibn Isra'il, dem Sekretär von al-Munasih Abu ‚l-Haidja'. Ihr Trauerzug fand am Tage statt, mit Klageweibern, Trommeln und Oboen, mit Mönchen, Kreuzen und Kerzen. Da trat ein Muslim auf, missbilligte das und bewarf den Trauerzug mit Steinen. Einer der Sklaven des Munasih fiel über den Muslim her und hieb ihm mit einer Keule so über den Kopf, dass er ihn erschlug und Blut floss. Da flohen die Christen mit dem Trauergeleit in die Kirche im Griechenviertel. Die Muslime folgten ihnen, plünderten die Kirche und die meisten der benachbarten Christenhäuser. Ibn Isra'il aber kehrte in sein Haus zurück. Da griffen sie ihn an, und er ergriff die Flucht vor ihnen. Doch wurde Ibn Isra'il aus seinem Versteck geholt und schließlich zum Hause von al-Munasih gebracht. Da brach der Krieg zwischen der Volksmenge und den Sklaven von al-Munasih aus und steigerte sich so, dass die Korane auf den Märkten aufgestellt und die Moscheetüren geschlossen wurden. [...] Dann traf das Schreiben des Kalifen an al-Munasih ein, in dem er das Geschehene missbilligte, die Angelegenheit als ungeheuerlich bezeichnete, Ibn Isra'il suchte und seine Auslieferung verlangte. [...] Das Volk überfiel eine Schar von Christen und tötete sie. Weitere Schreiben erreichten al-Munasih, bis er bereit war, Ibn Isra'il in den Kalifenpalast zu bringen. Der Kalif hielt das Volk von ihm ab und erlegte den *dhimmis* die Binde [als Kennzeichen] auf. Dann ließ er im Monat Mai Ibn Isra'il frei.

*Gerhard Hoffmann (Hrsg.): Die Blütezeit der islamischen Welt. Ein Lesebuch. München 1994, S. 219 f. Übers. Gerhard Hoffmann/Holger Preissler*

### 11 Grenzüberschreitung

*Der Kalif al-Mutawakkil (847–861) ließ um 850 folgenden Erlass veröffentlichen:*

Dem Herrscher der Gläubigen ist zu Ohren gekommen, dass Männer ohne Urteilsvermögen und Einsicht bei ihrer Arbeit die Hilfe von *dhimmis* suchen; sie machen sie zu ihren Vertrauten, geben ihnen gegenüber Muslimen den Vorzug und räumen ihnen Autorität über die Untertanen ein. Sie [= die *dhimmis*] unterdrücken sie und erheben die Hände gegen sie in Tyrannei, Arglist und Hass. Der Herrscher der Gläubigen […] hat beschlossen, seinen Beamten in den Provinzen und Städten zu schreiben, sie sollten bei ihrer Tätigkeit keine *dhimmis* mehr beschäftigen oder sie teilhaben lassen an den Pflichten und Vollmachten, die ihnen vom Herrscher der Gläubigen übertragen und anvertraut worden sind.

*Gleichzeitig gab der Kalif den Befehl:*

Sämtliche Christen und [anderen] *dhimmis* müssen honigfarbene Kapuzen und Gürtel tragen, beim Reiten Sättel mit hölzernen Steigbügeln und zwei hinten befestigten Kugeln benutzen; ihre Kappen müssen von anderer Farbe als die der Muslime und mit zwei Knöpfen versehen sein. […] Sämtliche neu erbauten Kirchen sind zu zerstören, und ihnen ist der zehnte Teil der Häuser zu nehmen. Wenn der Platz ausreicht, soll dort eine Moschee entstehen. […] Die *dhimmis* sollen Teufelsbilder an ihre Haustüren nageln, um sie damit von den Wohnstätten der Muslime zu unterscheiden.

*Bernard Lewis: Die Juden der islamischen Welt. Vom frühen Mittelalter bis ins 20. Jahrhundert. Aus dem Englischen von Liselotte Julius. München 1987, S. 50 f.*

### 12 Ein christlicher Wesir unter Muslimen

*Der Geograf Yaqut al-Hamawi (1179–1229) berichtet über folgenden Vorfall:*

Zum Richter Isma'il ibn Ishaq kam der Wesir [= leitender Minister] Abdun ibn Sa'id, der Christ war. Der Richter erhob sich vor ihm und hieß ihn willkommen. Doch bemerkte er, dass die Zeugen und die sonstigen Anwesenden es ihm nicht gleichtaten. Als der Wesir gegangen war, sprach Isma'il ibn Ishaq zu ihnen: „Ich habe eure Ablehnung gespürt. Gott der Erhabene aber spricht: ‚Gott verbietet euch nicht, die pietätvoll und gerecht zu behandeln, die euch nicht wegen der Religion bekämpft oder euch nicht aus euren Wohnstätten vertrieben haben‘ (Koran 60,8). Dieser Mann entscheidet über die Angelegenheiten der Muslime. Er ist zwischen uns und unserm Kalifen ein Gesandter. Es gehört [dieses Handeln] zu [unserer] Pietät.“ Da schwieg die Menge.

*Gerhard Hoffmann (Hrsg.): Die Blütezeit der islamischen Welt. Ein Lesebuch. München 1994, S. 217. Übers. Gerhard Hoffmann/Holger Preissler*

### 13 Staatsbürger zweiter Klasse

*Der Orientalist Bernard Lewis (➔ vgl. M 4) interpretiert den Rechtsstatus der dhimmis:*

In fast jeder Hinsicht war die Lage der Nichtmuslime unter traditioneller islamischer Herrschaft wesentlich leichter als die von Nichtchristen oder selbst von ketzerischen Christen im mittelalterlichen Europa, ganz zu schweigen von gewissen Geschehnissen im neuzeitlichen Europa oder auch im heutigen Nahen Osten. Doch ihr Status war legal und sozial unterprivilegiert oder, wie man heute sagen würde, der von Staatsbürgern zweiter Klasse. Gegenwärtig beinhaltet dieser Ausdruck eine formale Verurteilung und ist zum Schlagwort für das Verhalten einer herrschenden Gruppe geworden, die in derselben Gesellschaft eine andere auf unverantwortliche Weise diskriminiert. Die Formulierung verdient jedoch eingehendere Prüfung. Staatsbürgerschaft zweiter Klasse ist, wenn auch zweitklassig, immerhin noch eine Art der Staatsbürgerschaft. Damit sind einige, freilich nicht alle Rechte verbunden, und das ist sicherlich besser als gar keine.

*Bernard Lewis: Die Juden in der islamischen Welt. Vom frühen Mittelalter bis ins 20. Jahrhundert. Aus dem Englischen von Liselotte Julius. München 1987, S. 62.*

**14 Modell der im Jahr 330 eingeweihten Grabeskirche in Jerusalem**

*Das Modell zeigt das Gotteshaus Mitte des 12. Jahrhunderts. Nach Beschädigungen infolge kleinerer Brände und Erdbeben wurde die Kirche Mitte des 16. Jahrhunderts abgerissen.*

**Arbeitsvorschläge**

○○● a) Geben Sie wieder, wie der Koran die nichtmuslimischen Religionen einteilt und welche Behandlung durch die Muslime er vorschreibt (M 2).

○○● b) Beschreiben Sie, in welcher Hinsicht Judentum und Christentum kritisiert werden (M 2).

○●● c) Erläutern Sie, was der Islam unter „Leuten der Schrift" versteht und welche Unterscheidung er dabei trifft (M 3).

○○● d) Geben Sie das islamische Verständnis der jüdischen und christlichen Lehre wieder (M 3, M 4).

○○● e) Zeigen Sie auf, wie die Stellung von Christen und Juden in der islamischen Welt geregelt wurde (M 5).

○●● f) Ordnen Sie die Bestimmungen des Vertrags einer der drei Kategorien zu: Sicherheit/religiöse Diskriminierung/soziale Diskriminierung. Erläutern Sie ihren Zweck (M 6).

○●● g) Untersuchen Sie, inwiefern die Behandlung der unterworfenen dhimmis durch die Muslime zur Festigung der islamischen Herrschaft beitrug (M 8).

○○● h) Beschreiben Sie den Spielraum, der Christen und Juden für gesellschaftlichen Aufstieg unter der Herrschaft des Islam tatsächlich zur Verfügung stand (M 9).

○●● i) Erklären Sie unter Heranziehung von M 6 und M 9, warum es zum Ausbruch der in M 10 geschilderten Ausschreitungen kam.

○○● j) Schildern Sie den weiteren Verlauf und das Ende des Konfliktes. Entwickeln Sie einen anderen möglichen Ausgang (M 10).

●●● k) Vergleichen Sie den in M 10 geschilderten Vorgang mit dem in M 11.

●●● l) Vergleichen Sie den in M 11 wiedergegebenen Erlass des Kalifen mit den Bestimmungen des Umar-Paktes (M 6).

○●● m) Erklären Sie vor dem Hintergrund von M 10 das Verhalten der beteiligten Muslime bei dem in M 12 geschilderten Vorfall.

●●● n) Geben Sie die Auffassung des Autors von M 13 wieder und nehmen Sie Stellung dazu.

# Grundwissen: Minderheiten unter muslimischer Herrschaft

## Der Islam und andere Religionen

→ 1 S. 116
→ 2 S. 116
→ 3 S. 117

Für Muslime ist der Islam die einzige wahre Religion. Bereits der Prophet Muhammad war sich aber bewusst, dass bestimmte Glaubensrichtungen mit seiner Lehre eng verwandt waren. Dies hatte zur Folge, dass er andere Religionen grundsätzlich in zwei Gruppen einteilte. Keine Toleranz gab es gegenüber solchen, die mehrere Götter verehrten. Diese „Götzendiener" hatten grundsätzlich nur die Wahl zwischen dem Übertritt zum Islam und dem Tod. Anders verhielt es sich mit Gemeinschaften, deren Glaube wie der Islam selbst auf einer göttlichen Offenbarung beruhte und die ebenfalls nur einen einzigen Gott verehrten. Zu diesen sogenannten Schriftbesitzern zählten in erster Linie Juden (mit der Thora) und Christen (mit dem Evangelium). Ihnen wurde der Charakter von echten, wenn auch früheren und unvollkommenen Vorläufern des Islam zugestanden. Die ihnen eigenen Offenbarungen galten als glaubwürdig, doch waren sie aus Sicht des Islam unvollständig und zudem durch falsche Auslegungen verzerrt worden.
Wegen ihrer Nähe zum Islam wurde Juden und Christen das Recht zugestanden, unter muslimischer Herrschaft ihren Glauben beizubehalten. Unter bestimmten Bedingungen ließen die neuen Herren die jüdischen und christlichen Gemeinden weitgehend in Ruhe und erlaubten ihnen, auch ihre inneren Angelegenheiten selbst zu regeln. Zumeist entschieden sich die unterworfenen „Schriftbesitzer" erst im Verlauf von Generationen dazu, zum Islam überzutreten. In vielen Regionen des *dar al-Islam* („Haus des Islam") dauerte es daher Jahrhunderte, bis die Muslime zur Mehrheitsbevölkerung wurden.

## Juden und Christen im Islam

→ 4 S. 117
→ 5 S. 117
→ 6 S. 117 f.
→ 7 S. 118
→ 8 S. 118 f.
→ 9 S. 119

Wie sah das Verhältnis zwischen siegreichen Muslimen und unterworfenen Christen bzw. Juden konkret aus? Die wesentlichen Bedingungen wurden in einem Vertrag festgehalten, der die andersgläubigen Gemeinschaften zu „Schutzbefohlenen" (= *dhimmis*) machte. Gegen äußere Gefahren wurden sie von den herrschenden Muslimen verteidigt, mussten aber grundsätzlich die Vorrangstellung des Islam anerkennen und eine besondere Kopfsteuer entrichten; dies hatte schon Muhammad selbst bestimmt. Dazu kam eine ganze Reihe diskriminierender sozialer und rechtlicher Bestimmungen, die im Einzelfall variierten. Sie machten die *dhimmis* zu Bürgern zweiter Klasse. Beispielsweise durften sie keine Waffen tragen und mussten Muslimen jederzeit mit Ehrerbietung begegnen. Sie hatten an ihrer Kleidung erkennbar zu sein und waren vor Gericht gegenüber den Muslimen benachteiligt. Bei ihrer Religionsausübung mussten die *dhimmis* sich unauffällig verhalten (z. B. auf lautes Glockenläuten und die öffentliche Zurschaustellung ihrer religiösen Symbole verzichten) und sie durften keine neuen Gotteshäuser bauen.
Die freie Religionsausübung und weitgehende Selbstverwaltung, die der *dhimmi*-Status mit sich brachte, waren für die Betroffenen dennoch von unschätzbarem Wert. Gerade die Bewohner der Randprovinzen des byzantinischen und sassanidischen Reiches waren wegen religiöser Differenzen mit den Zentralen oft verfolgt und unterdrückt worden. Die neue religiöse Toleranz unter der Herrschaft des Islam erschien demgegenüber geradezu als eine Befreiung, und so dachten die Unterworfenen zumeist gar nicht daran, sich für die Wiederherstellung der alten Zustände einzusetzen. Darin liegt ein wichtiger Grund für die Tatsache, dass dem Islam einmal unterworfene Gebiete nur ganz selten wieder verloren gingen, obwohl die Muslime anfangs nur einen verschwindend geringen Bevölkerungsanteil ausmachten.

**Jerusalem als heilige Stadt aller drei „Buchreligionen"**
*Während die Juden an der Klagemauer beten und christliche Pilger zur Grabeskirche kommen, verehren die Muslime den Felsendom. Auf dem zentralen Platz des Tempelberges in Jerusalem errichtete der Umayyaden-Kalif Abd al-Malik im Jahr 72 der Hedschra (691/692 n. Chr.) den Felsendom als Wallfahrtsort. Dabei dienten christliche Bauten als Vorbild. Die osmanischen Sultane ließen den Felsendom Mitte des 16. Jahrhunderts mit farbigen Fliesen verkleiden.*
*Die Bedeutung des Felsendoms ist umstritten. Meist wird er als jener Ort gedeutet, von dem aus der Prophet Muhammad seine mystische Himmelsreise antrat. Nichtmuslimische Historiker sehen in ihm einen Prachtbau, mit dem die Umayyaden die Herrschaft der Muslime über die christliche Stadt Jerusalem symbolisieren wollten.*

## Möglichkeiten und Grenzen des Zusammenlebens

→ 10 S. 119
→ 11 S. 120
→ 12 S. 120
→ 13 S. 120

Die zahlreichen Einschränkungen für Juden und Christen im *Dar al-Islam* wurden in der Praxis meist weniger streng gehandhabt, als ihr Wortlaut es vermuten lässt. Viele *dhimmis* brachten es zu Wohlstand, und nicht selten gelang ihnen der Aufstieg zu einflussreichen, ja führenden politischen Ämtern. Gerade in den ersten Jahrhunderten des Kalifats lässt sich eine Tendenz hin zu mehr Toleranz erkennen; erst die Kreuzzüge führten einen Umschwung herbei. Mit wachsendem wirtschaftlichem und sozialem Erfolg der Andersgläubigen stieg aber auch ihr Risiko. Setzten sie sich nämlich zu offensichtlich über die Grenzen hinweg, die ihre rechtliche Stellung ihnen vorschrieb, konnte dies bei ihren muslimischen Mitbürgern leicht als Provokation empfunden werden. Manchmal entstanden so auch gewaltsame Ausschreitungen.

Aber auch vonseiten des Staates wurden *dhimmis*, welche die ihnen gebührenden Beschränkungen missachteten, immer wieder belangt. Dies war zumeist dann der Fall, wenn ein frommer, ehrgeiziger Herrscher die Versäumnisse seines nachlässigen Vorgängers wettmachen wollte. Typische Beispiele sind die Kalifen Umar II. (717 - 720) und al-Mutawakkil (847 - 861). Sie setzten Christen und Juden zwar keinen Verfolgungen aus, sorgten aber dafür, dass die Bedingungen des *dhimmi*-Vertrags wieder strikt eingehalten wurden. Wirklich gefährlich wurde es für die andersgläubigen Gemeinden nur, wenn eine fanatisch-rigorose Richtung des Islam an die Macht kam, die keinerlei Abweichung vom rechten Glauben duldete. Dies geschah jedoch äußerst selten. Ein solcher Fall ist in den Almohaden (Herrschergeschlecht 1147 - 1261) greifbar, die von der Mitte des 12. Jahrhunderts an über hundert Jahre lang das westliche Nordafrika sowie das muslimische Spanien beherrschten.

# 2.3 Glaube und Herrschaft im europäischen Mittelalter

## Papsttum und Kaisertum im Investiturstreit

### 1 Das sakrale Königtum des Hochmittelalters

*Nach seiner Wahl im Jahre 1024 reiste der neue König Konrad II. nach Mainz, um die Weihe zu empfangen. Dabei richtete der Erzbischof folgende Worte an ihn:*

Zur höchsten Würde bist du gelangt: Du bist ein Stellvertreter Christi. Nur wer ihn nachahmt, ist ein wahrer Herrscher. Es kommt dir zu, auf diesem Königsthron die unvergänglichen Ehren im Auge zu behalten. Auf der Erde zu herrschen ist ein großes Glück; im Himmel zu triumphieren aber das höchste. Gott erwartet gewiss nicht wenig von dir, doch wünscht er sich in erster Linie Folgendes: Gib dem Land, das immer zu dir aufschaut, Recht, Gerechtigkeit und Frieden. Verteidige die Kirchen und die Geistlichen, beschütze die Witwen und Waisen. Durch diese und andere gute Taten wird dein Thron hier und in Ewigkeit gefestigt.

*Wipos Gesta Chuonradi imperatoris. In: MGH SS rer. Germ. Bd. 61: Die Werke Wipos. Hrsg. von Harry Bresslau. Hannover und Leipzig 1915, S. 22 f. Übers. M. Brabänder*

### 2 Der König als Richter über die Päpste, 1046

*Wegen Machtkämpfen in Rom war die Situation an der Spitze der Kirche unklar. Ein Chronist berichtet:*

1044: Die Römer jagten Papst Benedikt wegen seiner Verbrechen davon und machten spontan einen gewissen Silvester zum neuen Papst. Diesen konnte Benedikt mithilfe einiger Leute jedoch vertreiben. Kaum auf den Heiligen Stuhl zurückgekehrt, trat Benedikt freiwillig vom Papsttum zurück und gab seine Zustimmung, dass im Jahre 1046 ein gewisser Gratian, der sich Gregor [VI.] nannte, zum Papst geweiht wurde. […]

1046: Als König Heinrich [III.] nach Italien zog, reist ihm Gratian, den die Römer nach der Vertreibung seines Vorgängers zum Papst gemacht hatten, entgegen. Heinrich empfing ihn in Piacenza zunächst ehrenvoll, erklärte ihn danach aber auf einer Synode in Sutri für abgesetzt. An seiner Stelle wurde [Bischof] Suidger von Bamberg, obwohl er nicht recht wollte, unter Zustimmung aller zum neuen Papst gewählt.

*Die Chronik Hermanns von Reichenau. Zit. nach: http://flaez.ch/hermannus/chronicon.html. Übers. M. Brabänder (Stand 13.04.2010)*

### 3 Die Vorrechte des Papstes laut Gregor VII., 1075

*Die Kirchenreformbewegung kämpfte seit dem 10. Jahrhundert um die Unabhängigkeit der Kirche von der weltlichen Gewalt. Für die Päpste ging es dabei vor allem um die Einsetzung (= Investitur) von Bischöfen, die bisher Kaiser und Könige vorgenommen hatten. Der energische Papst Gregor VII. (1073–1085) ging über diesen Streitpunkt aber weit hinaus. Er hielt seine Leitsätze in einem privaten Dossier fest, dem „Dictatus Papae". Hier ein Auszug:*

- Einzig der römische Bischof [= der Papst] kann Bischöfe absetzen und sie auch wieder einsetzen.
- Er allein darf über die kaiserlichen Abzeichen verfügen.
- Alle Fürsten haben allein die Füße des Papstes zu küssen.
- Ihm ist es erlaubt, Kaiser abzusetzen.
- Seine Entscheidungen können von niemandem aufgehoben werden, während er allein die Beschlüsse aller anderen aufheben darf.
- Über ihn darf niemand Recht sprechen.
- Die römische Kirche hat nie geirrt und sie wird nach Aussage der Heiligen Schrift auch in Zukunft niemals irren.
- Wer mit der römischen Kirche nicht übereinstimmt, kann nicht als rechtgläubig gelten.
- Der Papst kann Untertanen von ihrem Treueid gegenüber ungerechten Herrschern lösen.

*Das Register Gregors VII., Buch 2, Nr. 55 a. In: MGH Epp. sel. Bd. 2, 1. Hrsg. von Erich Caspar. Berlin 1920, S. 202–208. Übers. M. Brabänder*

### 4 „Steige herab", 1076

*Papst Gregor VII. hatte König Heinrich IV. (1056–1106) wegen der eigenmächtigen Einsetzung von Bischöfen mehrfach ermahnt und schließlich Berater des Königs exkommuniziert. Dieser berief daraufhin eine Synode (= Kirchenversammlung) nach Worms ein und richtete von dort den folgenden Brief an den Papst:*

Heinrich, König nicht durch widerrechtlichen Thronraub, sondern durch rechtmäßige Einsetzung von Gott, an Hildebrand, nicht mehr den Papst, sondern den falschen Mönch.

Diesen Gruß hast du für das von dir angerichtete Chaos verdient, von dem du keinen Stand in der Kirche verschont hast. Allen brachtest du Verwirrung statt der gebührenden Ehrenstellung, Schimpf und Schande statt des päpstlichen Segens. Von allem, was vorgefallen ist, will ich nur das Empörendste erwähnen. Du wagtest es, die hervorragendsten Männer der heiligen Kirche anzutasten, nämlich Erzbischöfe, Bischöfe und Priester – Gesalbte des Herrn also! Mehr noch: Wie Knechte, die keine Ahnung davon haben, was ihr Herr tut, hast du sie unter deinen Füßen zertreten. Der Applaus des Pöbels war dir dabei sicher. All diese ausgezeichneten Männer hast du wie Dummköpfe behandelt und bist fest davon überzeugt, dass allein du selbst alles weißt und verstehst. Dieses Wissen hast du aber nicht im positiven Sinne eingesetzt, sondern nur um zu zerstören und zu vernichten. [...]

Auch mich hast du angetastet – obwohl ich, wenn auch unwürdig unter Gesalbten der Kirche, zum Königtum gesalbt wurde! Obwohl die Überlieferung der heiligen Kirchenväter lehrt, dass Gott allein ein Urteil über mich zusteht und dass ich für kein Verbrechen abgesetzt werden darf; es sei denn, ich fiele vom Glauben ab, was Gott verhindern möge. [...]

Durch diesen Fluch und das Urteil aller unserer Bischöfe sowie unser eigenes bist du verdammt. Steige herab und verlasse den apostolischen Stuhl, auf den du mit unlauteren Mitteln gelangt bist. Möge ein anderer den Thron des heiligen Petrus in Besitz nehmen; jemand, der Gewalttätigkeit nicht durch vorgespielte Gläubigkeit zu verstecken sucht, sondern die wahre Lehre des heiligen Petrus verbreitet.

Ich, Heinrich, König von Gottes Gnaden, rufe dir mit allen unseren Bischöfen zu: steige herab, steige herab!

*Die Briefe Heinrichs IV. Hrsg. von Carl Erdmann. (MGH Deutsches Mittelalter: Kritische Studientexte.) Leipzig 1937. Nr. 12, S. 15 ff.. Übers. M. Brabänder*

### 5 Der Papst als Richter über den König, 1076

*Papst Gregor VII. fasste seine Antwort während einer Ostersynode in Rom in die Form eines Gebets an den Apostel Petrus:*

[...] Ich bin davon überzeugt, dass es Dir durch Deine Gnade und nicht etwa durch meine Verdienste gefallen hat und auch weiterhin gefällt, dass das Dir in besonderem Maße anvertraute christliche Volk mir gehorcht; denn ich bin Dein Stellvertreter. Durch Deine Gnade wurde mir von Gott die Macht gegeben, zu binden und zu lösen im Himmel und auf Erden. Auf diese Zuversicht baue ich, wenn ich zur Ehre und Verteidigung Deiner Kirche im Namen des allmächtigen Gottes, des Vaters, des Sohnes und des Heiligen Geistes, durch Deine Macht und Autorität dem König Heinrich, dem Sohn Kaiser Heinrichs, der sich mit unerhörtem Hochmut gegen deine Kirche erhoben hat, die Herrschaft über das ganze Reich der Deutschen und über Italien entziehe. Alle Christen löse ich vom Band des Eides, den sie ihm geschworen haben oder noch schwören werden, damit niemand ihm weiterhin wie einem König diene. Wer nämlich darauf aus ist, die Ehre Deiner Kirche zu beeinträchtigen, der soll selbst den Rang einbüßen, den er bis dahin innehatte. Er [= König Heinrich] hat es versäumt, wie ein Christ zu gehorchen. Er ist auch nicht zu Gott zurückgekehrt, den er verlassen hat: Stand er doch in Kontakt mit exkommunizierten Personen und setzte sich, wie Du selbst bezeugen kannst, über meine Ermahnungen hinweg, die ich zu seinem eigenen Wohl an ihn richtete. An Deiner Stelle spreche ich daher den Kirchenbann über ihn aus, im Vertrauen auf Dich, damit die Völker wissen und erfahren, dass Du Petrus bist und auf Deinem Felsen der Sohn des lebendigen Gottes seine Kirche gebaut hat; die Tore der Hölle mögen sie nicht überwinden.

*Das Register Gregors VII., Buch 3, Nr. 10a. In: MGH Epp. sel. Bd. 2, 1. Hrsg. von Erich Caspar. Berlin 1920, S. 270 f. Übers. M. Brabänder*

**6 Heinrich IV. vor dem Burgtor zu Canossa**

*Historiengemälde 383 x 236 cm von Eduard Schwoiser (1826–1902), 1862* (Online-Link 430075-0204)

## 7 Der Tag von Canossa, Januar 1077

*Die Exkommunikation des Königs nutzten einige mächtige Fürsten in Deutschland für einen Aufstand. Heinrich IV. geriet in die Enge und musste um jeden Preis einen Ausgleich mit dem Papst herbeiführen. In der Absicht, ihn um Vergebung zu bitten, zog der König im Winter 1076/77 über die Alpen. Gregor VII. hatte sich auf die Burg Canossa zurückgezogen und wollte erst nichts davon wissen, seinen Gegenspieler zu empfangen. Der Chronist Lampert von Hersfeld berichtet über die dramatischen Vorgänge:*

Nach langem Bitten und Flehen ließ sich der widerwillige Papst umstimmen. Er erlaubte, dass Heinrich unter folgenden Bedingungen bei ihm erscheinen dürfe: Er müsse für das Geschehene ernsthaft Buße tun und die Schuld, die er durch die Verunglimpfung des Papstes auf sich geladen habe, jetzt durch die Befolgung der päpstlichen Beschlüsse sühnen.

Heinrich näherte sich also, wie man es ihm aufgetragen hatte. Jene Burg besaß drei Mauern, und er wurde in den zweiten Mauerring hineingelassen. Alle seine Begleiter mussten draußen bleiben. Vom Morgen bis zum Abend stand er da und wartete auf den päpstlichen Urteilsspruch – barfuß, hungrig und ganz schlicht, ohne alle königlichen Gewänder oder Herrschaftszeichen. Auch am zweiten und dritten Tag lief es so. Am vierten Tag wurde er endlich zum Papst vorgelassen, und nach lang andauerndem Tadel erfolgte schließlich unter [mehreren] Bedingungen die Lösung vom Kirchenbann.

*Lamperti Hersfeldensis Annales. In: MGH SS rer. Germ. Bd. 38: Lamperti monachi Hersfeldensis Opera. Hrsg. von Oswald Holder-Egger. Hannover/Leipzig 1894, S. 291 ff. Übers. M. Brabänder*

## 8 Folgen für das Kaisertum

*Der Erlanger Historiker Werner Goez (1929–2003) denkt über die Tragweite des Investiturstreits für das weltliche Herrscheramt nach:*

Der ideelle Verlust, den das Kaiser- und Königtum erfahren hatte, war zumindest in Deutschland und Oberitalien nicht mehr auszugleichen. Es war allerdings nicht so sehr Canossa, welchem hierbei entscheidende Bedeutung zukam, sondern Rom, wo Gregors VII. Gegenschlag auf die Provokation von Worms [siehe M 4] erfolgt war, *„von der alles Unheil, das wir nun erleiden, seinen Anfang nahm"*, wie Erzbischof Gebhard von Salzburg seinem Amtsbruder Hermann von Metz schrieb. Die Fastensynode des Jahres 1076 [siehe M 5] mit der erstmaligen Absetzung und Exkommunikation eines gesalbten und gekrönten christlichen Königs durch den Papst bildete einen der größten Wendepunkte in der Geschichte des Mittelalters; Canossa war die Konsequenz daraus. So sahen es bereits die Zeitgenossen. Der Gregorianer Bonizo von Sutri beschrieb das Echo auf die bislang unerhörte Tat Gregors: *„Als die Kunde vom Bann des Königs dem Volk in die Ohren drang, erzitterte unser ganzer römischer Erdkreis."* […]

Gegen allen höfisch-diplomatischen Brauch bezeichnete [der Papst seinen Gegenspieler] als den „König der Deutschen" und stellte den Salier damit in eine Reihe mit den anderen Königen der lateinischen Christenheit. Damit entkleidete er Heinrich und sein herrscherliches Amt, das „imperium Romanum", das für Gregor lediglich ein „regnum Teutonicum" war, ein „deutsches Königtum", der Unvergleichlichkeit. Für Gregor – das ließ er 1075 im „Dictatus Papae" [siehe M 3] ausdrücklich niederschreiben – galt allein das Papsttum als einzigartig, weil der römische Bischof als Nachfolger des Apostelfürsten Petrus durch göttliche Einsetzung der Sachwalter Christi auf Erden war.

*Werner Goez: Kirchenreform und Investiturstreit. Stuttgart 2008, S. 192 ff.*

## 9 Das Ende des Investiturstreits – das Wormser Konkordat, 1122

*Gregor VII. und Heinrich IV. erlebten den Ausgang des Konfliktes nicht mehr. Erst unter Papst Kalixt II. und König Heinrich V. konnte ein Ausgleich erzielt werden. Der Berliner Historiker Heinrich August Winkler (geb. 1938) würdigt diesen Kompromiss in seiner Bedeutung für den weiteren Verlauf der europäischen Geschichte:*

Vorbereitet wurde der Friedensschluss oder, wohl treffender, Waffenstillstand von Worms durch die Beilegung des Investiturstreits in Frankreich und England, wo er viel weniger dramatisch verlaufen war als in Deutschland. In beiden westeuropäischen Königreichen kam dabei jene Unterscheidung zwischen „Spiritualien" und „Temporalien", zwischen den geistlichen und den weltlichen Elementen des Bischofsamtes, zur Anwendung. […] Heinrich V. verzichtete auf die Investitur mit Ring und Stab; er gestand die freie Bischofwahl zu, die freilich in Gegenwart des Königs oder seiner Beauftragten stattfinden sollte, so dass dem weltlichen Herrscher ein beträchtlicher Einfluss auf den Wahlausgang zukam. In Deutschland sollte die Investitur der Regalien[1] der kirchlichen Weihe des Bischofs vorausgehen. […]

Die Trennung von geistlicher und weltlicher Gewalt war eine der Bedingungen für alles, was es seit dem 11. Jahrhundert im Okzident an Fortschritt gab. Bis zur modernen Gewaltenteilung, der Trennung von gesetzgebender, ausführender und rechtsprechender Gewalt, war es zwar noch ein weiter Weg. Aber ohne die Urform der Gewaltenteilung, wie sie beim Ausgang des Investiturstreits vereinbart wurde, wäre die spätere Ausdifferenzierung der politischen Sphäre nicht vorstellbar gewesen. Die

Säkularisierung [= Verweltlichung], von der das Mittelalter noch weit entfernt war, wurde erst möglich, nachdem der Herrschaftsbereich des Papstes von dem des Kaisers oder Königs abgehoben und Macht durch Gegenmacht vertraglich begrenzt worden war. Mit diesem Trennungsstrich zog der christliche Westen nach über einem Jahrtausend praktische Konsequenzen aus dem Wort des Religionsstifters: „So gebt dem Kaiser, was des Kaisers ist, und Gott, was Gottes ist." Der Dualismus zwischen geistlicher und weltlicher Gewalt, der für den Okzident bestimmend blieb, war im Ansatz bereits ein Pluralismus: die Voraussetzung dafür, dass sich Widerspruch entfalten und den Gang der Entwicklung beeinflussen konnte.

*1 Hoheitsrechte des Königs oder seiner Beauftragten*

*Heinrich August Winkler: Geschichte des Westens. Von den Anfängen in der Antike bis zum 20. Jahrhundert. München 2009, S. 55–61.*

## 10 Widersprüche auch nach dem Wormser Konkordat

***Auch dem gefundenen Kompromiss in Worms (➔ M 9 S. 126) dauerte es vielerorts noch Jahre, bis die neuen Regelungen akzeptiert wurden. Im hier dargestellten Dachmedaillon des Kölner Heribert-Schreins aus den 1160er-Jahren ist es noch der Kaiser, der oben dem Heiligen Heribert die erzbischöflichen Insignien überreicht, während der Papst (unten) zusieht.***

## 11 Das Verhältnis von päpstlicher und kaiserlicher Macht

***Um ihre Auffassungen anschaulich zu machen, kleideten zwei der bedeutendsten Päpste sie in Metaphern:***

***a) Papst Innozenz III. (1198–1216) in einem Brief (1198):***

Gott, der Schöpfer aller Dinge, hat zwei große Lichter am Himmelsgerüst befestigt: ein bedeutenderes für den Tag und ein geringeres für die Nacht. In gleicher Weise hat er für das Gebäude der universellen Kirche, die mit himmlischem Namen benannt wird, zwei hohe Würden geschaffen: eine bedeutendere für die Seelen (also sozusagen für den Tag) und eine geringere für die Körper (also sozusagen für die Nacht). Es handelt sich dabei um die päpstliche Würde und die königliche Gewalt. Der Mond empfängt sein Licht von der Sonne; er ist ihr in Umfang und Beschaffenheit, in Lage und Wirkungskraft deutlich unterlegen. Genauso verhält es sich mit der königlichen Gewalt, die ihre Würde und ihren Glanz von der päpstlichen Autorität empfängt.

*Kurt Aland und Carl Mirbt (Hrsg.): Quellen zur Geschichte des Papsttums und des römischen Katholizismus. Bd. 1. Tübingen 1967, Nr. 599, S. 311. Übers. M. Brabänder*

***b) Papst Bonifaz VIII. (1294–1303) in einer Urkunde (1302):***

Zwei Schwerter hat die Kirche in ihrer Gewalt, ein geistliches und ein weltliches. Letzteres wird *für* die Kirche, Ersteres *von* der Kirche geführt. Ersteres liegt in der Hand des Priesters, Letzteres in der der Könige und Ritter – es ist aber auf Wunsch und Weisung des Priesters zu führen. Es gehört sich nämlich, dass das eine Schwert dem anderen untergeordnet ist; die weltliche Gewalt muss sich der geistlichen unterwerfen. [...] Dass aber die geistliche Macht jede weltliche an Würde und Erhabenheit in den Schatten stellt, muss man umso eindeutiger zugeben, als das Weltliche überhaupt vom Geistlichen überragt wird. Dies sehen wir ganz deutlich am Kirchenzehnten, an Segen und Heiligsprechung, am allgemeinen Ansehen, das diese Macht genießt, und an ihrer Verfügung über all diese Dinge. Die Wahrheit ist doch: Die geistliche Gewalt hat die weltliche einzusetzen und über sie zu richten, wenn sie nicht gut ist.

*Kurt Aland und Carl Mirbt (Hrsg.): Quellen zur Geschichte des Papsttums und des römischen Katholizismus. Bd. 1. Tübingen 1967, Nr. 746, S. 459. Übers. M. Brabänder*

## 12 Das Papsttum und die deutsche Königswahl

***Im Jahre 1198 kam es in Deutschland nach dem Tod Heinrichs VI. zu einer Doppelwahl: Kurz hintereinander wurden Otto IV. (aus der Dynastie der Welfen) und Herzog Philipp von Schwaben (ein Staufer) von rivalisierenden Gruppen zu Königen erhoben. Innozenz III. (➔ vgl. M 11 a) nahm für sich das Recht in Anspruch, die strittige Wahl zu entscheiden. Er begründete dies in einem Schreiben aus dem Jahr 1202 folgendermaßen:***

Jene Fürsten, denen dies nach Recht und alter Gewohnheit zukommt, haben das Recht und die Macht, den König zu wählen, der danach zum Kaiser erhoben wird. Dies erkennen wir pflichtgemäß an. Dieses Recht und

diese Macht verdanken sie allerdings dem apostolischen Stuhl [= dem Papst], der das römische Kaisertum in der Person Karls des Großen von den Griechen auf die Germanen übertragen hat. Aber auch die Fürsten müssen etwas anerkennen und tun dies ja auch, wie sie in unserer Gegenwart bekannt haben: Das Recht, den zum König Gewählten und zum Kaiser zu Erhebenden zu prüfen, steht *uns* zu. Denn wir sind es, die ihn salben, weihen und krönen. Es ist doch allgemein üblich, dass demjenigen die Prüfung einer (gewählten) Person zusteht, der auch das Auflegen der Hände vollzieht. Nehmen wir einmal an, die Fürsten wählten nicht nur in einer zwiespältigen Wahl, sondern sogar einmütig einen Frevler oder Exkommunizierten, einen Tyrannen oder Dummkopf, einen Häretiker oder Heiden zum König. Müssten wir dann etwa auch eine solche Person salben, weihen und krönen? Das ist völlig ausgeschlossen! […]
Dass es uns nach Recht und Gewohnheit zusteht, bei einer strittigen Wahl eine Entscheidung zugunsten einer der Parteien herbeizuführen, ist offenkundig. Zuvor haben wir nämlich mit Ermahnungen auf beide Seiten eingewirkt und ihnen genügend Zeit für eine Einigung gegeben. Außerdem haben beide Parteien mehrfach die Salbung, Weihe und Krönung von uns verlangt. Wenn nun die Fürsten trotz Ermahnung und Bedenkzeit nicht zu einer Einigung finden können oder wollen – soll dann der apostolische Stuhl auf seinen Vogt [= Schutzherrn] und Verteidiger verzichten? Soll dann ihre Schuld als Strafe auf ihn zurückfallen?

*MGH LL Const.II. Hrsg. von Ludwig Weiland. Hannover 1896, Nr. 398, S. 505 f. Übers. M. Brabänder*

**13 Papst und Kaiser in Eintracht**
*Noch im 14. Jh. finden sich idealisierte Darstellungen einer gleichberechtigten Eintracht zwischen Papst und Kaiser, wie hier in der Kapelle Santa Maria Novella in Florenz. Die darin enthaltene Hoffnung erfüllte sich jedoch nicht mehr.*

## Das Ende des Streits zwischen weltlicher und geistlicher Macht

### 14 Das Reichsgesetz „Licet iuris", 1338

*Beim letzten großen Streit um die päpstlichen Rechte an der deutschen Königswahl führte König Ludwig IV. auf einem Reichstag in Frankfurt ein Gesetz herbei, das die Ansprüche des Papstes zurückwies:*

Wohl erklären die Zeugnisse beider Rechte [= des kirchlichen und des weltlichen] offensichtlich, dass die kaiserliche Würde und Gewalt unmittelbar von Gott ihren Ausgang nehmen und Gott durch die Kaiser und Könige der Welt dem Menschengeschlecht seine Rechte gegeben hat und dass der Kaiser allein kraft der Wahl derer, denen sie zukommt, wahrer Kaiser wird und keiner anderen Konfirmation [= Bestätigung] oder Approbation [= Billigung] bedarf, da er ja in weltlichen Dingen auf Erden keinen Oberen hat, sondern ihm alle Nationen Untertan sind und der Herr Jesus Christus selbst befohlen hat: „Gebt Gott, was Gottes, und dem Kaiser, was des Kaisers ist."
Und doch haben einige von Geiz und Ehrgeiz verblendet, […] lügnerisch und fälschlich behauptet, dass die kaiserliche Würde und Gewalt vom Papst stamme und dass der zum Kaiser Gewählte kraft der Wahl weder wahrer Kaiser noch König sei, solange er nicht vom Papst oder apostolischen Stuhl konfirmiert, approbiert und bekräftigt sei. Und durch solche verkehrten Behauptungen und pestbringenden Dogmen erregt der Teufel Streitigkeiten, verursacht Hader, bereitet Kampf und Aufruhr.
Um solches Übel zu vermeiden, erklären wir daher mit Rat und Zustimmung der Kurfürsten und anderen Fürsten des Reiches:

1. Die kaiserliche Würde und Gewalt ist unmittelbar von Gott allein.
2. Nach Recht und seit alters bewährter Gewohnheit des Reiches ist einer, der von den Kurfürsten des Reiches einmütig oder mit ihrer Mehrheit zum Kaiser oder zum König gewählt ist, sofort durch die Wahl allein wahrer König und als römischer Kaiser zu rechnen und zu nennen, und ihm gebührt von allen dem Imperium Untertanen Gehorsam.
3. Er hat die volle Gewalt, die Güter und Rechte des Reiches zu verwalten und alles Übrige zu tun, was dem wahren Kaiser zukommt, und er bedarf dazu weder des Papstes noch des apostolischen Stuhles noch irgendeines anderen Approbation, Konfirmation, Autorität oder Zustimmung.

*Wolfgang Lautemann (Hrsg.): Geschichte in Quellen. Bd. 2: Mittelalter (Reich und Kirche). München 1978, Nr. 701, S. 771 f.*

## 15 Der Ausklang des Konfliktes

***Der Gießener Mittelalter-Historiker Peter Moraw (geb. 1935) beschreibt den Ausklang des Konfliktes zwischen Papsttum und Kaisertum:***

Das politische Kräftespiel im lateinischen Europa und bald auch darüber hinaus wurde immer mehr zu einer ineinandergreifenden Situation. Große Konflikte, die zwei Gegner gleichsam auf einer isolierten Bühne austrugen, sollte es bald nicht mehr geben. Nach einer letzten großen Anstrengung am Anfang und teilweise noch während des 14. Jahrhunderts zog sich das Papsttum immer mehr vom Machtspiel der großen europäischen Geschichte zurück. Es war einfach zu wenig, was in einer immer mehr nach Truppenzahlen und Geldsummen rechnenden und wertenden Welt von der Kurie bereitgestellt werden konnte. Unauffällig verließ der Papst gerade auch die Bühne der deutschen Geschichte. Die Reformation wird dieses Faktum, nachdem es schon im Mittelalter stattgefunden hatte, im nächsten, im 16. Jahrhundert für jedermann offenkundig machen. An den großen Wandlungen der Reichsverfassung am Ende des Mittelalters hatten die Päpste keinen Anteil mehr, was in jeder beliebigen historischen Phase des Mittelalters zuvor seit den Saliern[1] unmöglich und undenkbar gewesen wäre.

*1 deutsche Königsdynastie 1024–1125*

*Peter Moraw: Kaisertum und Kaisergedanke im lateinischen Europa in Antike und Mittelalter. In: Wahl und Krönung. Hrsg. von Bernd Heidenreich. Frankfurt a. M. 2006, S. 54.*

### Arbeitsvorschläge

○○● a) Geben Sie wieder, wie der Erzbischof von Mainz die Stellung des Königs beschreibt (M 1).

○○● b) Schildern Sie die Situation an der Spitze der Kirche vor dem Eingreifen König Heinrichs III. sowie dessen Vorgehensweise zur Klärung der Lage (M 2).

○●● c) Charakterisieren Sie das Machtverhältnis zwischen König/Kaiser und Papst zu dieser Zeit (M 2).

○●● d) Ordnen Sie der Stellung des Papstes auf Basis des Dictatus Papae von Gregor VII. den drei Sachbereichen zu: Allgemeines/Stellung innerhalb der Kirche/Verhältnis zur weltlichen Gewalt (M 3).

○○● e) Geben Sie wieder, welche Vorwürfe König Heinrich IV. gegen den Papst erhebt und was für ihn daraus folgt (M 4).

○●● f) Analysieren Sie, wie Gregor VII. sein Vorgehen gegen Heinrich IV. rechtfertigt, welche Vorwürfe er gegen den König erhebt und welche Maßnahmen er gegen ihn ergreift (M 5).

○○● g) Geben Sie anhand des Berichts des Lampert von Hersfeld wieder, wie der König die Lösung vom Kirchenbann erreichte (M 7).

○●● h) Untersuchen Sie das Historiengemälde M 6 auf der Basis der auf S. 25 beschriebenen methodischen Arbeitsschritte. Identifizieren Sie die Protagonisten und bewerten Sie anschließend, wie der Künstler sie dargestellt hat.

●●● i) Nehmen Sie Stellung zu der Frage, welche Bedeutung dem letztlich gefundenen Kompromiss zwischen Papst und Kaiser in Gestalt des Wormser Konkordats beigemessen werden kann und welche Folgen der Investiturstreit für das Herrschaftsverständnis in Mitteleuropa hatte (M 8, M 9).

●●● j) Vergleichen Sie das Verhältnis von Kaiser und Papst in den Darstellungen M 11 a und M 11 b.

○○● k) Geben Sie anhand von M 12 wieder, welche Rechte der Papst für sich nach dem Tod Heinrichs IV. beansprucht und wie er dies begründet.

●●● l) Vergleichen Sie das Reichsgesetz von 1338 (M 14), das die Erhebung zum römisch-deutschen König und Kaiser regelte, mit M 12.

○○● m) Beschreiben Sie anhand der Darstellung von Moraw (M 15), wie der Konflikt zwischen geistlicher und weltlicher Gewalt sein Ende fand.

# Grundwissen: Glaube und Herrschaft im europäischen Mittelalter

### Papsttum und Kaisertum bis zum Investiturstreit

→ 1 S. 124
→ 2 S. 124

In der Organisation der frühen christlichen Kirche kam dem Bischof von Rom noch keine herausragende Bedeutung zu. Als sich das Papsttum im 8. Jahrhundert von den germanischen Langobarden bedroht sah, setzte es seine Hoffnung auf das fränkische Herrschergeschlecht der Karolinger. Deren Oberhaupt Pippin konnte im Jahre 751 dank päpstlicher Zustimmung das fränkische Königtum erringen. Im Gegenzug befreite er als „Schutzherr der Römer" (*Patricius Romanorum*) den Papst aus der Bedrohung durch die Langobarden. Das Bündnis zwischen Papsttum und Karolingern konnte weiter gefestigt werden, als Pippins Sohn Karl der Große (768 – 814) im Jahre 800 durch Papst Leo III. zum Kaiser gekrönt wurde. Nach dem Untergang des weströmischen Reiches in den Wirren des 5. Jahrhunderts war das abendländische Kaisertum damit sozusagen neu entstanden.
Dem Papsttum brachte diese Entwicklung zwar Sicherheit gegen äußere Bedrohungen, jedoch keinen Zuwachs an Macht und Bedeutung. Im Gegenteil: Gerade Karl der Große fühlte sich aufgrund seiner neuerlangten Würde zu selbstherrlichen Eingriffen in innerkirchliche Angelegenheit ohne Weiteres berechtigt. An diesem grundsätzlichen Übergewicht der weltlichen Macht änderten auch der Zerfall des Fränkischen Reiches und der Übergang des Kaisertums auf die deutschen Königsdynastien der Ottonen (919 – 1024) und Salier (1024 – 1125) nichts. Aus Sicht der Könige und Kaiser dieser Zeit kamen ihre Herrschaftsrechte unmittelbar von Gott und sie fühlten sich für die Ordnung der Kirche selbst verantwortlich. So setzte beispielsweise König Heinrich III. (1039 – 1056) im Jahre 1046 gleich drei konkurrierende und als unwürdig befundene Päpste ab und suchte persönlich einen geeigneten Nachfolger aus.

### Kirchenreform, Papstrevolution und der Konflikt mit der weltlichen Gewalt

→ 3 S. 124
→ 4 S. 124 f.
→ 5 S. 125
→ 6 S. 125
→ 7 S. 126
→ 8 S. 126
→ 9 S. 126 f.

Vom östlichen Frankreich ging zu Beginn des 10. Jahrhunderts eine Bewegung aus, die schließlich ungeahnte Folgen haben sollte. Viele Klöster und Kirchen waren in der späten Karolingerzeit in die Hand von Laien geraten, also weltlichen Adligen ohne geistliche Weihe. Diese benutzten den kirchlichen Besitz für ihre eigenen Zwecke, was von den Betroffenen zunehmend als Missbrauch empfunden wurde. Von fortschrittlichen Klöstern nahm eine Reformbewegung ihren Ursprung, die unter dem Motto „Freiheit für die Kirche" den Einfluss der Laien zurückzudrängen versuchte. Aber auch kirchenintern war der Reformbedarf groß. Priester und Mönche hielten sich vielfach nicht mehr an die geistlichen Regeln. Besonders verbreitet war der Verstoß gegen das Zölibat, also die Ehelosigkeit des Klerus. Auch war es üblich geworden, kirchliche Ämter und Würden gegen Bestechungsgelder zu vergeben.
Mit großem Nachdruck gingen die Reformer gegen diese Missstände vor. Einen entschiedenen Förderer fanden sie in dem deutschen König Heinrich III. Er setzte nacheinander eine ganze Reihe von Päpsten ein, die der Reformbewegung entstammten und ihr nun auch in Rom den Weg bereiten sollten. Dieser als „Papstrevolution" bezeichnete Vorgang ging aber schon bald über Heinrichs Absichten weit hinaus. Dass das Papsttum seine innerkirchliche Position ausbaute und sich selbst an die Spitze einer streng hierarchischen Ordnung setzte, war für den König noch unproblematisch. Zum Konflikt musste es allerdings kommen, als Papst Gregor VII. (1073 – 1085) die Forderung „Freiheit für die Kirche" auch auf die Einsetzung (= Investitur) der Bischöfe bezog und die sogenannte Laieninvestitur 1075 für unzulässig erklärte. Gerade für die deutschen Könige war dieses Verbot nicht akzeptabel. Sie waren es seit vielen Jahrzehnten gewohnt, Bischöfe selbst einzusetzen, weil sie

ihnen zugleich wichtige weltliche Herrschaftsrechte übertrugen. Ein wesentlicher Teil der Reichsverwaltung beruhte auf dieser Politik; wie sollte der König da das Recht der Investitur aus der Hand geben?

**Heinrich IV. küsst Gregor VII. die Füße**
*Holzschnitt von Lucas Cranach d. Ä. aus dem Passional Christi und Antichristi, Wittenberg 1521*

König Heinrich IV. (1056 - 1106) ließ das päpstliche Verbot außer Acht und setzte auch weiterhin Bischöfe ein. Papst Gregor VII. reagierte darauf mit ungewöhnlicher Schärfe, indem er dem Herrscher mit dem Ausschluss aus der Kirche (= Exkommunikation) drohte. Es kam zum Eklat: Im Jahre 1076 erhob eine Kirchenversammlung in Worms unter Leitung König Heinrichs schwere Vorwürfe gegen Gregor VII. und befahl ihm, den päpstlichen Stuhl zu verlassen. Als Reaktion darauf vollzog der Angegriffene die bereits angedrohte Exkommunikation des Königs und löste alle Treueide, welche die Fürsten an Heinrich banden. Zum ersten Mal hatte ein Papst damit einen König abgesetzt!

Da in Deutschland einige mächtige Fürsten die Situation für einen Aufstand gegen den König nutzten, wurde es für Heinrich IV. gefährlich. Um seine Krone zu retten, lenkte er gegenüber dem Papst ein: Im Winter 1076/77 zog er über die Alpen, unterwarf sich Gregor VII. bei Canossa und erreichte damit die Loslösung vom Kirchenbann. Schon nach wenigen Jahren brach der Konflikt jedoch in aller Schärfe erneut aus; keiner der Hauptbeteiligten sollte sein Ende noch erleben. Erst im Jahre 1122 schlossen König Heinrich V. und Papst Kalixt II. einen Kompromissfrieden, das Wormser Konkordat. Es griff einen Lösungsansatz auf, mit dem zuvor schon der Konflikt um die Investitur in England und Frankreich beigelegt werden konnte. Dieser Ansatz beruhte auf der Unterscheidung zwischen den zwei Seiten der bischöflichen Amtsgewalt: der geistlichen (*spiritualia*) und der weltlichen (*temporalia*). Nur mit den „Temporalien" durfte der König die Bischöfe künftig belehnen. Vorher hatte eine freie Wahl stattzufinden, bei der er oder ein von ihm Bevollmächtigter allerdings anwesend sein durfte.

## Päpstlicher Machtanspruch, Königswahl und der Ausklang des Konflikts

→ 11 S. 127
→ 12 S. 127 f.
→ 14 S. 128
→ 15 S. 129

Seit dem Investiturstreit stand für die Päpste fest, dass sie der weltlichen Macht übergeordnet waren. Gern benutzten sie bildliche Vergleiche, z. B. wurden die beiden Gewalten als zwei Schwerter bezeichnet. Dabei sei das weltliche nur im Auftrag und im Interesse der Kirche zu führen, war ihr also untergeordnet und von ihr abhängig.

Da in Deutschland das Königtum eng mit dem Kaisertum verknüpft war (es stellte sozusagen seine Vorstufe dar), ließ eine Einmischung der Päpste nicht lange auf sich warten. Im Jahre 1198 wurden zwei konkurrierende Fürsten zu Nachfolgern des verstorbenen Kaisers Heinrich VI. gewählt. Diese unklare Lage nutzte Papst Innozenz III. (1198 - 1216) geschickt aus. Er nahm für sich das Recht in Anspruch, die beiden Thronbewerber auf ihre Geeignetheit hin zu prüfen und damit den Wahlausgang zu entscheiden. Seine Begründung: Da die spätere Kaiserkrönung traditionell dem Papst zustehe, müsse dieser rechtzeitig sicherstellen, dass ein geeigneter Mann erhoben werde. Nach langem Streit wiesen die deutschen Königswähler, die sogenannten Kurfürsten, diesen Anspruch des Papstes im Jahre 1338 schließlich zurück. Noch im gleichen Jahr wurde ihr Standpunkt in verschärfter Form als Reichsgesetz beschlossen.

Die kontroversen Auffassungen über das Verhältnis von geistlicher und weltlicher Gewalt waren damit nicht zu einem Ausgleich gebracht worden. Dennoch verblasste der Konflikt in der folgenden Zeit immer mehr. Das Papsttum konnte mit der steigenden materiellen Macht der Könige letztlich nicht mithalten und durch die Reformation im 16. Jahrhundert wurde es in seinen Grundlagen erschüttert. Dem Anspruch der Päpste auf politische Vorherrschaft war damit jede Basis entzogen.

# 2.4 Minderheiten im mittelalterlichen Abendland

## Juden als „Entwicklungshelfer" in der Stadtentwicklung

### 1 Konzilsbeschlüsse zum Umgang mit Juden aus dem frühen Fränkischen Reich

*Aus der Zeit nach dem Untergang des Römischen Reiches sind für die ehemaligen nördlichen Provinzen kaum Nachrichten über das Fortbestehen der jüdischen Gemeinden überliefert. Am aussagekräftigsten sind vereinzelte Beschlüsse regionaler Konzile (= Kirchenversammlungen):*

– Kanon [= Beschluss] XV des Konzils von Épône, 517:
Sowohl Geistlichen als auch Laien ist es verboten, gemeinsam mit Juden zu speisen. Auch möge sich niemand mit einem unserer Kirchenleute das Brot reichen, der sich durch eine Mahlzeit zusammen mit Juden verunreinigt hat.

– Kanon XIX des Konzils von Orléans, 533:
Kein Christ soll eine Jüdin und kein Jude soll eine Christin zur Ehefrau nehmen, denn wir haben bestimmt, dass zwischen solchen Personen die Ehe ungültig ist. Wer sich trotz einer Ermahnung weigert, eine solche Verbindung zu beenden, ist ohne Zweifel zur Gnade des christlichen Abendmahls nicht mehr zuzulassen.

– Kanon XIV des Konzils von Orléans, 538:
Allen Christen verbieten wir, dass sie mit Personen jüdischen Glaubens ein intimes Verhältnis eingehen. Wenn jemand gegen dieses Gebot verstößt, soll er ohne Ansehen der Person bis zur Auflösung des Verhältnisses der Exkommunikation anheimfallen.

– Kanones XIII–XVI des Konzils von Mâcon, 583:
Es soll nicht erlaubt sein, dass man Juden zu Richtern oder Steuereintreibern über Christen macht. Dadurch könnte nämlich – was Gott verhüten möge – der Eindruck entstehen, dass die Christen ihnen unterworfen sind.
Juden soll es gemäß einem Edikt König Childeberts [575–596] nicht erlaubt sein, von Karfreitag bis Ostern die Straßen und Märkte zu benutzen, da dies einer Verhöhnung der Christen gleichkäme. [...]
Kein Sklave christlichen Glaubens soll künftig im Besitz eines Juden bleiben müssen. Jeder Christ hat das Recht, einem solchen Sklaven für elf Solidi [= kleine Goldmünzen] entweder die Freiheit zu schenken oder ihn in seinen eigenen Besitz zu überführen. Es wäre nämlich eine Schande, wenn Menschen, die Christus der Herr durch sein eigenes Blut erlöst hat, in den Fesseln seiner Verfolger gefangen bleiben sollten.

*MGH LL Sectio III: Concilia. Bd.1: Concilia Aevi Merovingici. Hrsg. von Friedrich Maaßen. Hannover 1893, S. 22, S. 64, S. 78, S. 158 f. Übers. M. Brabänder*

### 2 Ecclesia und Synagoga

*Eine beliebte mittelalterliche Doppel-Allegorie war die Gegenüberstellung der christlichen Kirche (lat. Ecclesia) und der jüdischen Synagoge in der Kathedrale von Chartres aus dem 13. Jahrhundert.* (**Online-Link** 430075-0205)

### 3 Schutzbrief Kaiser Ludwigs des Frommen für zwei Juden (vor 825)

Alle unsere Lehnsleute und Untertanen [...] sollen wissen, dass wir diese Juden, den Rabbi Domatus und seinen Neffen Samuel, in unseren Schutz genommen haben. Kraft der vorliegenden Urkunde erteilen wir deshalb euch selbst, euren Untergebenen sowie euren Nachfolgern den Befehl, dass niemand die genannten Juden aus irgendeinem ungerechtfertigten Vorwand belästigen oder sie in Rechtsstreitigkeiten verwickeln soll. Auch sollt ihr zu keiner Zeit wagen, ihnen etwas von dem Eigentum, das sie rechtmäßig zu besitzen scheinen, wegzunehmen oder sie darin zu beeinträchtigen. Ferner soll sich niemand unterstehen, von den genannten Juden Zollabgaben, Pferde-, Herbergs-, Trink- oder Wegegeld, Ufer-, Tor-, Brücken- oder Reisezoll sowie Zehrgeld zu verlangen. Darüber hinaus haben wir ihnen gestattet, mit ihrer Ware Handel zu treiben und sie zu verkaufen, an wen sie wollen. Auch soll es ihnen erlaubt sein, ihrem eigenen Recht gemäß zu leben. [...]

*MGH LL Sectio V: Formulae. Formulae Merowingici et Karolini Aevi. Hrsg. von Karl Zeumer. Hannover 1886, S. 309 f. Übers. M. Brabänder*

### 4 Bischof Rüdiger von Speyer an die jüdische Gemeinde seiner Stadt (1084)

*Im 11. Jahrhundert entstanden in Deutschland zahlreiche neue Städte. Diese benötigten Fachleute, die sich mit Geldwirtschaft und Fernhandel auskannten. Ein solches Know-how brachten jüdische Siedler mit. Um diese zur Ansiedlung zu bewegen, boten ihnen die Stadtherrn bevorzugte Rahmenbedingungen:*

Als ich, Rüdiger, auch Hutzmann genannt, Bischof von Speyer, den Ort Speyer zu einer Stadt gemacht habe, habe ich geglaubt, die Ehre unseres Ortes um ein Vielfaches zu vergrößern, wenn ich hier auch Juden ansammelte. Ich siedelte also die Versammelten außerhalb der Gemeinschaft und des Wohnbezirks der übrigen Bürger an, und damit sie nicht so leicht durch die Unverschämtheit des Pöbels beunruhigt würden, habe ich sie mit einer Mauer umgeben.

Ihren Wohnort [...] habe ich ihnen unter der Bedingung übergeben, dass sie jährlich dreieinhalb Pfund Speyerer Geldes zum gemeinsamen Verbrauch der Klosterbrüder zahlen. Innerhalb ihres Wohnbezirks und in der Gegend außerhalb des Hafens bis zum Schiffshafen und im Schiffshafen selbst habe ich ihnen das Recht zugestanden, Gold und Silber frei zu tauschen und alles zu kaufen und zu verkaufen, was sie wünschen. Dasselbe Recht habe ich ihnen auch in der gesamten Stadt zugestanden. [...] Schließlich habe ich verfügt, dass wie der Stadtrichter unter den Bürgern, so auch ihr Synagogenvorsteher über alle Klagen, die sie untereinander erheben oder die gegen sie erhoben werden, entscheiden soll. [...]

*Julius Schoeps und Hiltrud Wallenborn (Hrsg.): Juden in Europa. Ihre Geschichte in Quellen. Bd.1: Von den Anfängen bis zum späten Mittelalter. Darmstadt 2001, Nr. 52, S. 120 f.*

## Pogrome in der Zeit der Kreuzzüge

### 5 Die Folgen des 1. Kreuzzuges für die jüdischen Gemeinden in Deutschland (1096)

*Noch bevor sich die großen Ritterheere auf den Weg ins Heilige Land machten (vgl. Kapitel 2.4), nahmen ungeordnete Gruppen meist einfacher Leute den Kreuzzugsaufruf des Papstes auf. Als sie auf die wohlhabenden jüdischen Gemeinden im Rheinland und in Lothringen stießen, kam es trotz des Einschreitens der Bischöfe zu Massakern. Über die Vorgänge in Worms im Mai 1096 berichtet der jüdische Gelehrte Salomo bar Simson:*

Es geschah, als die Kreuzfahrer durch die Städte kamen, in denen Juden lebten, da sprachen sie zueinander: „Wohlan, wir haben uns auf den weiten Weg zum Heiligen Grab gemacht, um unsere Rache an den Muslimen zu vollziehen, dabei sind es doch die Juden, die unter uns wohnen, deren Väter Christus grundlos ans Kreuz geschlagen und getötet haben. Wir wollen zuerst an ihnen Rache üben und sie vertilgen." Daraufhin überfielen sie die jüdische Gemeinde von Worms. Diese hatte sich in zwei Gruppen geteilt: Die einen waren in ihren Häusern geblieben, die anderen zum Bischof geflüchtet. Da erhoben die Kreuzfahrer sich wie die Wölfe der Wüste gegen die daheim Gebliebenen und plünderten sie aus, Jung und Alt. Sie zerstörten die Häuser, raubten und machten Beute. Sie nahmen die Thora-Rolle, traten sie in den Schmutz, zerrissen und verbrannten sie. Nach sieben Tagen wurden auch diejenigen in Schrecken versetzt, die noch im Palast des Bischofs waren; die Kreuzfahrer misshandelten sie wie die vorigen und übergaben sie dem Schwerte. [...] Sie ließen keinen übrig außer ganz wenigen, die sie zur Taufe gezwungen hatten. An die 800 betrug die Zahl der Getöteten.

*Eva Haverkamp, (Hrsg.): Hebräische Berichte über die Judenverfolgungen während des Ersten Kreuzzugs. Hannover 2005, S. 252 – 276 (leicht vereinfacht).*

### 6 Das hochmittelalterliche Papsttum und die Juden

*a) Papst Alexander III. (1159–1181) nimmt die Juden unter seinen Schutz*

*Auch nach dem 1. Kreuzzug kam es immer wieder zu Ausschreitungen gegen Juden. Schließlich reagierte der Papst auf diese Situation:*

Obwohl die Juden lieber in ihrer Verstocktheit verharren, als die verborgene Bedeutung der Schriften der Propheten kennen zu lernen und so zur Erkenntnis des christlichen Glaubens und des Heils zu gelangen, wollen wir, weil sie uns dennoch um unseren Schutz und unsere Hilfe gebeten haben, aus der Güte christlicher Frömmigkeit heraus [...] ihre Bitten anhören und ihnen den Schild unseres Schutzes gewähren.

So setzen wir fest, dass kein Christ sie gegen ihren Willen zwingen darf, zur Taufe zu kommen [...] Es soll es auch kein Christ wagen, ohne das Urteil der Landesherrschaft Juden zu verletzen, sie zu töten, ihnen ihr Vermögen wegzunehmen oder ihre guten Gewohnheiten [...] abzuändern. Vor allem soll niemand sie bei der Feier ihrer Feste durch Steinwürfe oder Stockschläge belästigen, und es soll niemand Dienstleistungen von ihnen erzwingen, die sie bisher nicht zu erbringen gewohnt waren. Um der Verirrung und Schlechtigkeit niederträchtiger Menschen entgegenzutreten, bestimmen wir außerdem, dass niemand es wagen soll, einen jüdischen Friedhof zu schänden oder zu überfallen oder, um Geld zu erhalten, die Leichname wieder auszugraben.

*Julius Schoeps/Hiltrud Wallenborn (Hrsg.): Juden in Europa. Ihre Geschichte in Quellen. Bd.1: Von den Anfängen bis zum späten Mittelalter. Darmstadt 2001, Nr. 48, S. 114 f.*

*b) Bestimmungen des Vierten Laterankonzils (1215)*

*Das Vierte Laterankonzil unter der Leitung von Papst Innozenz III. war die wohl wichtigste Kirchenversammlung des Mittelalters. Mit Blick auf die Juden wurde dabei verordnet:*

– Kanon 67: Je mehr sich die Christen gegenüber der Eintreibung von Wucherzinsen zurückhalten, umso mehr werden sie dabei von den Juden in Bedrängnis gebracht, sodass das Vermögen der Christen rasch zur Neige geht. […] Falls die Juden in Zukunft weiterhin überhöhte Zinsen von Christen erpressen, sollen sie von deren Gemeinschaft ausgeschlossen werden […].

– Kanon 68: In einigen Gegenden kann man Juden und Sarazenen[1] durch ihre besondere Kleidung von den Christen unterscheiden. In anderen Regionen ist aber eine solche Unordnung entstanden, dass die verschiedenen Gruppen nicht mehr auseinanderzuhalten sind. Es kommt daher gelegentlich vor, dass Christen mit jüdischen oder sarazenischen und Juden oder Sarazenen mit christlichen Frauen irrtümlicherweise Beziehungen eingehen. Damit diese Leute sich für solch ausschweifende und verwerfliche Intimitäten künftig nicht mehr auf ein Versehen herausreden können, bestimmen wir: Juden und Sarazenen beiderlei Geschlechts müssen sich in jedem christlichen Land und zu jeder Zeit durch ihre Kleidung von der übrigen Bevölkerung unterscheiden. […]

– Kanon 69: Es wäre widersinnig, wenn ein Lästerer Christi Amtsgewalt über Christen ausübte. […] Wir verbieten daher, dass Juden öffentliche Ämter bekleiden, weil sie in einer solchen Funktion für Christen kaum zu ertragen sind. […]

*1 in mittelalterlichen Quellen Sammelbezeichnung für Muslime*

*Zit. nach: http://www.fordham.edu/halsall/basis/lateran4.html Übers. M. Brabänder (Stand 22.04.2010)*

**7 Der König verkündet einen Landfrieden. Dieser soll auch die Juden (links) schützen.**
*Illustration aus dem Sachsenspiegel, um 1230*

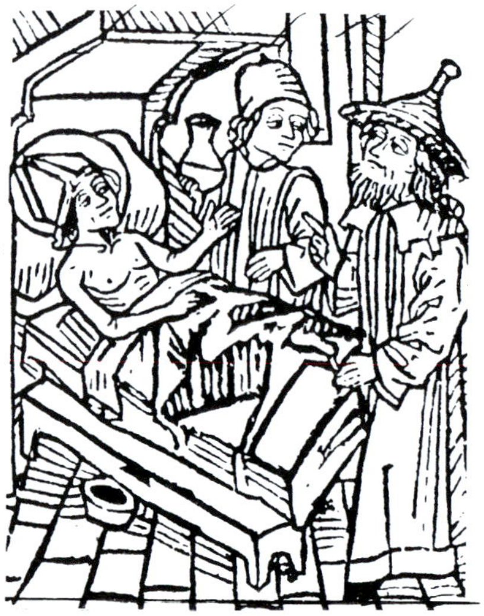

**8 Jüdischer Arzt und sein Patient**
*Holzschnitt aus dem 17. Jahrhundert*

## Das Ende der jüdischen Stadtkultur im Deutschen Reich

### 9 Die Judenverfolgungen während der großen Pest (1348–1350)

*Seit Ende des 13. Jahrhunderts kam es in vielen Städten zu Unruhen zwischen Zünften und Patriziern oder zwischen Gesellen und Zunftmeistern. In diesen aufgeheizten sozialen und wirtschaftlichen Konflikten gerieten auch die jüdischen Gemeinden unter Druck.*

*Eine neue Dimension der Gewalt wurde um die Mitte des 14. Jahrhunderts erreicht. Von der Krim kommende Handelsschiffe schleppten die Pest in Italien ein. Eine verheerende Pandemiewelle überrollte daraufhin Europa. Auf der Suche nach einer Erklärung für diese Katastrophe richtete sich die Aufmerksamkeit der Zeitgenossen bald auf die Juden:*

a) Es gab zu jener Zeit ein weit verbreitetes Gerücht, das keineswegs aus der Luft gegriffen sein kann, da ja laut Aristoteles' „Ethik" gilt: „Eine Sache, von der alle berichten, ist nicht völlig frei erfunden". Dieses Gerücht also besagt, dass das allgemeine Sterben seinen Ursprung in der Giftmischerei der Juden hat. […] Erzählungen zufolge haben die Juden das Gift widerlicher Tiere zu Pulver zermahlen und damit kleine Säcke gefüllt, die sie dann in Brunnen und Quellen versenkten. Tatsächlich sollen Christen solche Säckchen bei Brunnenreinigungen gefunden haben. Die Juden wurden daher verbrannt, getötet, zerstückelt und auf jede nur denkbare Weise umgebracht.

*Annales Matseenses. In: MGH SS IX. Hrsg. von Georg Heinrich Pertz. Hannover 1851, S. 829 f. Übers. M. Brabänder*

b) Auf das Rad geflochten [d.h. unter grausamster Folter] gestanden einige Juden, Gift verstreut und das Wasser vergiftet zu haben. Es kann also niemand mehr an ihrer Schuld zweifeln. Von Köln bis Österreich wurden alle Juden, Jung und Alt, für dieses Verbrechen verbrannt und erschlagen.

*Heinrich von Diessenhofen: Chronik. In: Fontes Rerum Germanicarum IV. Hrsg. von Johann Friedrich Boehmer. Stuttgart 1868 [Nachdruck Aalen 1969], S. 69. Übers. M. Brabänder*

**10 Juden fliehen aus einer fränkischen Stadt**

*In der spätmittelalterlichen Agrarkrise und der wirtschaftlichen Umbruchsituation durch Einführung frühkapitalistischer Produktionsweisen (siehe Kap. 1.5) nahm der Konkurrenzkampf zwischen Gewinnern und Verlieren der Veränderungen zu. Dies verband sich vielerorts mit den antijüdischen Ressentiments und Weltuntergangsängsten während der Pestjahre. Nach blutigen Pogromen, denen Tausende zum Opfer fielen, kam es im 15. Jahrhundert schließlich in fast allen deutschen Städten zur Vertreibung der jüdischen Gemeinden. Ähnliches geschah auch im übrigen christlichen Europa. Die Könige von Spanien, Portugal und Frankreich vertrieben ihre gesamte jüdische Bevölkerung. Viele flohen nach Osteuropa, in die Stadtzentren der muslimischen Welt Nordafrikas oder in das Osmanische Reich.*
*Darstellung in einer Handschrift hebräischer Klagelieder, Ende 14. Jahrhundert*

**Arbeitsvorschläge**

○●● a) Untersuchen Sie, welche Motive hinter den Konzilsbeschlüssen zum Umgang mit Juden stehen (M 1).

○●● b) Analysieren Sie die Darstellung von Ecclesia und Synagoga (M 2).

○○● c) Geben Sie die Vergünstigungen des kaiserlichen Schutzbriefs für die Empfänger wieder (M 3).

●●● d) Vergleichen Sie die Bestimmungen mit denjenigen von M 1. Erörtern Sie, warum der Kaiser Privilegien wie dieses gewährte (M 3).

○●● e) Geben Sie die auf die Juden bezüglichen Bestimmungen der Urkunde M 4 wieder und nennen Sie bzw. erschließen Sie die zugehörigen Motive. Worin liegt der Hauptunterschied zu M 3?

○●● f) Beschreiben Sie die Vorgänge in Worms im Jahre 1096 und zeigen Sie auf, wie die Kreuzfahrer ihr Vorgehen rechtfertigten. Arbeiten Sie weitere Motive für die Ausschreitungen heraus (M 5).

○●● g) Der Papst nimmt die Juden in M 6 a gegen Verletzungen ihrer Integrität sowie gegen materielle Beeinträchtigungen in Schutz. Ordnen Sie die einzelnen Punkte diesen Kategorien zu.

○○● h) Geben Sie die Bestimmungen wieder, die das Konzil hinsichtlich der Juden traf, und schreiben Sie die Begründungen dafür auf (M 6 b).

●●● i) Vergleichen Sie die Beschlüsse von M 6a mit denen von M 6 b.

○●● j) Beschreiben Sie und untersuchen Sie die Darstellung (M 7).

○○● k) Geben Sie wieder, was man den Juden zurzeit des Schwarzen Todes vorwarf und welche Folgen das für sie hatte (M 9).

●●● l) Erörtern Sie die Stichhaltigkeit der gegen die Juden erhobenen Anschuldigung (M 9).

# Grundwissen: Minderheiten im mittelalterlichen Abendland

## Juden im Fränkischen Reich

→ 1 S. 132
→ 3 S. 132

Mit den römischen Legionen waren in der Spätantike auch Juden nach Gallien und Germanien gekommen und in den *civitates* an Rhein, Maas und Donau sind jüdische Gemeinden für jene Zeit entweder nachgewiesen oder zumindest sehr wahrscheinlich. Der Niedergang des Römischen Reiches hatte für die jüdischen Ansiedlungen nördlich der Alpen dann aber gravierende Folgen. Besonders im Osten des Frankenreiches überdauerten nur wenige städtische Siedlungen diese Epoche. Damit waren wahrscheinlich auch die wenigen jüdischen Gemeinden verschwunden. Im Westen und Süden gerieten die verbliebenen jüdischen Gemeinden im christlichen Umfeld von Westgoten und Franken häufig unter Druck. Die Konzilsgesetzgebung der Merowingerzeit, eine der aussagekräftigsten Quellengattungen jener Epoche, enthält immer wieder diskriminierende, auf Separierung der Juden von den Christen abzielende Bestimmungen.

Seit dem späten 8. Jahrhundert änderte sich das Bild allmählich. Die karolingischen Herrschaftsträger zeigten sich an einem Ausbau der Fernhandelswege interessiert und dabei erwiesen sich jüdische Kaufleute aufgrund ihrer weiträumigen Vernetzung als unentbehrlich. Jüdische Fernhändler verbanden die neuen germanischen Reiche mit Nordafrika und dem Nahen Osten. Sie brachten von dort begehrte Luxuswaren und besaßen Erfahrung in der Geldwirtschaft. Solche kommerziellen Fachkräfte wurden von den Herrschern mit großzügigen Privilegien ausgestattet, was zu einem latenten Widerspruch in der Rechtssetzung der Karolinger führte: Einerseits übernahmen sie die gegenüber Juden repressive und diskriminierende Gesetzgebung der Konzile, andererseits aber erfreuten sich einzelne jüdische Geschäftsleute erheblicher Vergünstigungen. Proteste von Bischöfen gegen diese Praxis blieben nicht aus.

## Die Epoche der Ottonen und Salier

→ 4 S. 133

Zahl und Bedeutung der jüdischen Ansiedlungen nahm auch nach dem Zerfall des Frankenreichs stetig zu. Entlang des Rheins entstanden in Köln, Mainz, Worms und Speyer wirtschaftlich und kulturell blühende jüdische Gemeinden, die weit über die Grenzen des Deutschen Reiches ausstrahlten. Neben den Königen und Kaisern trugen nun auch die Bischöfe den ökonomischen Notwendigkeiten Rechnung: Sie milderten die diskriminierenden Konzilsgesetze ab und warben Juden mit weitreichenden Handels-, Autonomie- und Schutzprivilegien für ihre Residenzstädte geradezu an.

Trotz dieser für die Juden insgesamt günstigen Lage gab es aber weiterhin auch eine Schattenseite. Die alten antijüdischen Ressentiments bestanden fort und entluden sich in gelegentlichen Ausschreitungen. Durch die Kirchenreformbewegung des 11. Jahrhunderts (**→ vgl. Kapitel 2.3**) wurden solche intoleranten Tendenzen noch verstärkt und führten geradewegs in die Katastrophe des Jahres 1096.

Im November 1095 hatte Papst Urban II. zum Kreuzzug gegen die Muslime im Orient aufgerufen (**→ vgl. Kapitel 2.5**). Von diesem Appell fühlten sich allerdings nicht nur Ritter, sondern auch zahlreiche Angehörige des dritten Standes angesprochen. Einige Gruppen dieses sogenannten Bauern- oder Volkskreuzzuges fielen als Erstes über die wohlhabenden jüdischen Gemeinden in ihrer Heimat her: In Worms, Mainz, Trier, Köln, Regensburg, Prag und weiteren Orten wurden die Judenviertel geplündert, die Bewohner massakriert oder zur Taufe gezwungen – oft unter aktiver Teilnahme ihrer christlichen Mitbürger. Diese Massaker verstießen gegen alles kirchliche und weltliche Recht und in den meisten Fällen versuchten die Bischöfe, den bedrängten Juden Asyl zu gewähren. Trotzdem kamen Tausende ums Leben.

### Das hochmittelalterliche Papsttum und die Juden

➔ 5 S. 133
➔ 6 S. 133

Nach den Ausschreitungen des Jahres 1096 erkannte auch das Papsttum die Notwendigkeit, Vorkehrungen gegen die Wiederholung solcher Exzesse zu treffen. Laut der bis zum Ende des Mittelalters maßgeblichen Lehre des heiligen Augustinus galten die Juden als eine zu duldende Minderheit, da ihre Existenz dem Beweis der christlichen Wahrheit sowie der Möglichkeit ihrer späteren Bekehrung diene. Seit 1120 erließen die Päpste daher in regelmäßigen Abständen Bullen zum Schutz von Integrität und Autonomie der Juden. Zugleich lebte aber auch die gegenläufige, diskriminierende Tendenz fort, welche bereits die frühe Konzilsgesetzgebung geprägt hatte (➔ vgl. M1). Dieser auf Isolierung der Juden von den Christen abzielende Traditionsstrang fand 1215 eine Bestätigung in den Beschlüssen des großen Vierten Laterankonzils. Den Juden wurde nicht nur die Befähigung zur Bekleidung öffentlicher Ämter abgesprochen; das Konzil unterwarf sie auch kennzeichnenden Kleidungsvorschriften. Die bewusste Absonderung von der christlichen Mehrheitsbevölkerung wurde damit augenfällig.
Dies geschah in einer Zeit, in der die katholische Kirche zunehmend an Einfluss gewann und in Konkurrenz zur weltlichen Macht des Kaisers trat. Einher damit ging ein energisches Vorgehen gegen jegliche Abweichungen von der „reinen" christlichen Lehre des Papstes.

### Der Niedergang der jüdischen Gemeinden im 14./15. Jahrhundert

➔ 9 S. 134
➔ 10 S. 135

Die zunehmende Ausgrenzung und Gewalt verschärfte die religiöse Intoleranz im christlichen Europa. Seit dem 13. Jahrhundert wuchs auch wieder der Druck auf die jüdischen Gemeinden. Dabei traten zwei neue Vorwürfe hinzu, die rasch zu Stereotypen wurden: der des *Ritualmords* (demnach töteten Juden kleine christliche Kinder, um deren Blut für Heilzwecke zu verwenden) und des *Hostienfrevels* (angeblich entwendeten und vernichteten Juden geweihtes christliches Abendmahls-Brot). Die sich daraus ergebende Gefährdungslage konnte leicht eskalieren und gewalttätige Übergriffe hervorrufen.
Den entscheidenden Einschnitt für die Entwicklung der jüdischen Gemeinden in Mitteleuropa brachte dann der Ausbruch der großen Pest im Jahre 1347. Über den bakteriellen Verbreitungsweg der mit Handelsschiffen von der Krim nach Europa eingeschleppten Krankheit wussten die Menschen jener Zeit natürlich nichts. Auf der hilflosen Suche nach Erklärungen machten sie schon bald die Juden als Sündenböcke aus und warfen ihnen vor, die Seuche durch die Vergiftung der Brunnen herbeigeführt zu haben. Das darauf folgende „Judenbrennen" kostete einem Teil der jüdischen Bevölkerung das Leben. Die Nachkommen der Überlebenden wurden im 15. Jahrhundert aus den Städten vertrieben.

**Verbrennung von Juden**
*Als Sündenböcke für wirtschaftliche Probleme und die Pestepidemie fielen im 14. Jahrhundert im christlichen Europa zehntausende Juden Massakern und Pogromen zum Opfer.*
*Kolorierter Holzschnitt 1493, Schedelsche Weltchronik*

# 2.5 Kreuzzüge – Gründe für den Zusammenstoß zweier Kulturen

## Ursachen und Motive der Kreuzzüge

**1** **Machtverhältnisse in Europa und Vorderasien am Vorabend des 1. Kreuzzuges 1096**

### 2 Der Kreuzzugsaufruf Papst Urbans II. (27. November 1095)

*Die historische Rede des Papstes, gehalten während eines Konzils in Clermont (Südfrankreich), ist in vier Versionen überliefert. Dem Original am nächsten kommt vermutlich die des Chronisten und Kreuzzugsteilnehmers Fulcher von Chartres (1059–1127):*

Ihr Söhne Gottes – mit großem Nachdruck habt ihr versprochen, untereinander den Frieden zu wahren und treu auf die Rechte der Kirche achtzugeben. Darüber hinaus gibt es aber noch eine weitere Aufgabe, für die sich euer Einsatz lohnt. Es handelt sich um eine Angelegenheit, die ebenso Gott wie euch selbst betrifft. Gerade erst habt ihr durch ihn Kräftigung und Motivation erfahren; also setzt eure Energie jetzt in Taten um. Es ist nämlich erforderlich, dass ihr euren Brüdern im Morgenland, die auf eure schon mehrfach erbetene Unterstützung angewiesen sind, schleunigst zu Hilfe kommt. Die meisten von euch wissen bereits, dass die Türken, ein persisches Volk, bis zum Mittelmeer und zum Bosporus vorgedrungen sind. Von den Grenzen des Byzantinischen Reiches aus haben diese Eindringlinge die christlichen Länder mehr und mehr eingenommen und die schon siebenfach besiegten Christen mit militärischer Gewalt überwunden. Dabei haben sie viele unserer Glaubensbrüder getötet oder in die Gefangenschaft verschleppt. Die Kirchen wurden zerstört und das Reich Gottes verwüstet. Wenn ihr zulasst, dass diese Türken noch eine Zeitlang so weitermachen, werden die Gottgläubigen auch in vielen weiteren Gebieten überrannt werden. Deshalb fordere ich euch auf, ich flehe euch an – nein, nicht ich, sondern Gott der Herr: Redet als Verkündiger Christi auf alle Menschen ein, gleichgültig welchem Stand sie angehören. Bringt durch unablässige Ansprachen Ritter und Fußvolk, Reiche und Arme dazu, dass sie den Christen im Orient rechtzeitig bei der Vertreibung dieses nichtswürdigen Volkes aus unseren Gebieten zur Hilfe eilen. Den Anwesenden sage ich es, den Abwesenden lasse ich es ausrichten, Christus aber befiehlt es.

Allen, die dort hinziehen und ihr dem Tod verfallenes Leben beenden – sei es auf dem Marsch oder während der Schiffspassage oder im Kampf gegen die Heiden –, wird die Vergebung ihrer Sünden zuteil werden. Dies verspreche ich allen, die sich auf den Weg machen; denn von Gott wurde ich zu solchen Zugeständnissen ermächtigt. Was für eine Schande ist es doch, wenn ein so verachtenswertes, entartetes und Dämonen dienendes Volk die durch den wahren Glauben ausgezeichneten Verehrer des allmächtigen Gottes, die in Christi Namen erstrahlen, dermaßen überwältigt. Wie viele Vorwürfe werden euch von Gott selbst gemacht werden, wenn ihr denen nicht helft, die genauso wie ihr dem christlichen Bekenntnis zugerechnet werden. Brecht auf zum verdienstvollen Kampf gegen die Ungläubigen, der in einem Triumph enden wird! Dies gilt gerade für diejenigen, die es bisher gewohnt waren, endlose Fehden zu führen – und das auch noch gegen Christen! Wer bisher ein Räuber war, aus dem wird nun ein Soldat Christi! Wer einst gegen seine Brüder und Blutsverwandten kämpfte, soll nun mit dem Recht auf seiner Seite gegen die Barbaren in die Schlacht ziehen! Wer sich bisher für eine Handvoll Münzen als Söldner verkaufte, soll nun ewigen Lohn erhalten! Wer sich bislang zum Schaden für seinen Körper und seine Seele abmühte, soll sich nun für doppelte Ehre anstrengen! Ohne Zweifel werden hier die Traurigen und Armen, dort aber die Fröhlichen und Wohlhabenden sein; hier die Feinde Gottes, dort aber seine Freunde. Nichts soll den Aufbruch der Kreuzfahrer verzögern. Sobald sie ihre Besitztümer verpachtet und den Bedarf für die Reise zusammengestellt haben, sollen sie sich, von Gott geleitet, bei Anbruch des Frühlings entschlossen auf den Weg machen.

*Fulcher von Chartres: Historia Hierosolymitana, Kap.3. In: Recueil des historiens des croisades. Historiens occidentaux. Bd. 3. Paris 1866, S. 323 f. Übers. M. Brabänder*

## 3 Motive für die Entscheidung zum Kreuzzug

***a) Der Kleriker und Kanzler des Königsreiches Jerusalem, Wilhelm von Tyrus (1130–1186)* (Online-Link 430075-0206), *schreibt in seiner „Geschichte der Kreuzfahrerstaaten":***

Es war offensichtlich, dass Gott der Herr hinter dem Unternehmen stand: Menschen jeden Alters ließen sich mit großem Eifer auf den päpstlichen Aufruf ein, auch wenn es dabei um eine beschwerliche und äußerst schwierige Angelegenheit ging. Dabei feuerten die Worte des Papstes nicht nur die Anwesenden zum Kreuzzug an. Seine Predigt ging weit und breit in die Welt hinaus und ermunterte auch diejenigen zum Kreuzzug, die sie nicht selbst gehört hatten. Zudem wurden die Bischöfe gemäß ihrem Auftrag zu eifrigen Förderern des Unternehmens. Sie reisten in ihren Bistümern umher, machten bei den Menschen für den Kreuzzug Werbung und verbreiteten so das Wort des Lebens unter den Völkern. Jedes Korn, das dabei zu Boden fiel, trug Früchte. So schien das Wort des Herrn wahrhaftig in Erfüllung zu gehen: „Ich bin nicht gekommen, um den Frieden zu bringen, sondern das Schwert" (Matth. X,34). Ehemänner trennten sich von ihren Frauen und umgekehrt; Väter verließen ihre Kinder, Söhne ihre Eltern. Kein Band der Liebe gab es, das stark genug gewesen wäre, diesen Eifer zu behindern. Viele Mönche verließen ihr Kloster, und Menschen, die sich um des Herrn willen freiwillig eingeschlossen hatten, kamen nun aus ihrem Gefängnis hervor.

Nicht bei allen Kreuzfahrern waren allerdings nur Frömmigkeit und klare Urteilskraft im Spiel, als sie ihren Entschluss trafen. Manche wollten einfach ihre Freunde nicht verlassen, andere nicht als antriebslos gelten. Wieder andere schlossen sich aus Leichtsinn an oder um Leute, bei denen sie hoch verschuldet waren, an der Nase herumzuführen. Aus ganz unterschiedlichen Gründen strömten die Menschen also herbei. Niemand im Abendland scherte sich dabei um Alter oder Geschlecht, Rang oder Stand; niemand ließ sich durch Warnungen von dem Vorhaben abschrecken. Alle gaben unterschiedslos ihr Wort und gelobten mit einem Herz und einer Stimme den Kreuzzug. [...]

Für alle, die sich zum Kreuzzug verpflichtet hatten, galt folgende, auch vom Papst unterstützte Vereinbarung: Sie wollten ihre Kleidung mit dem Zeichen des lebendig machenden Kreuzes kennzeichnen. Damit trugen sie die Erinnerung an denjenigen auf ihren Schultern, dessen Leidensort sie aufsuchen wollten – sie eiferten Christus selbst nach.

*Wilhelm von Tyrus: Historia Rerum Gestarum in Partibus Transmarinis I,16. In: Jacques P. Migne: Patrologiae cursus completus. Series Latina. Bd. 201. Paris 1855, S. 234–236. Übers. M. Brabänder*

*b) Der französische Benediktinermönch Guibert von Nogent (1053–1124)* (**Online-Link** 430075-0207) *berichtet in seinem Geschichtswerk über den 1. Kreuzzug:*

Nicht nur hochrangige Adlige und einfache Ritter zeigten Interesse an der Sache. Auch die armen Leute fühlten sich so stark zu dem Vorhaben hingezogen, dass keiner von ihnen seine geringen Mittel bedachte oder sich mit der Trennung von seinem Haus, seinen Weinstöcken und Äckern beschäftigte. Den besten Besitz verkauften sie sogar noch zu einem viel niedrigeren Preis, als wenn bitterste Kerkerhaft sie gefangen gehalten hätte und ein sofortiger Freikauf erforderlich gewesen wäre.

In jener Zeit war die Ernte überall schlecht ausgefallen, und sogar bei den Reicheren herrschte ein großer Mangel. Selbst wenn hin und wieder etwas zum Verkauf angeboten wurde, hatten die Menschen doch nichts oder kaum etwas, wovon sie es hätten kaufen können. Die Masse der Armen ernährte sich mehr und mehr von Kräutern und Wurzeln, und statt dieser kärglichen Nahrung gab es nur ganz selten einmal ein Stückchen Brot. [...] Während also jene wenig fruchtbare Zeit allen Menschen große Not brachte, kamen Unzählige auf den Gedanken auszuwandern. Verschiedene, viele Köpfe zählende Gruppen machten sich auf den Weg. Güter, die wertvoll zu sein schienen, als alle Menschen sesshaft waren, wurden bei diesem allgemeinen Aufbruch nun zu Spottpreisen zum Verkauf angeboten. [...] So wurde jener Mangel an Brotgetreide in sein Gegenteil verwandelt. Und wenn es jemandem gelang, durch irgendein Geschäft einen auch noch so kleinen Geldbetrag zu erlangen, war er bereit, alles dafür herzugeben – wobei der Käufer sogar selbst den Preis festlegen durfte. All dies taten die Menschen, um die Reise in der Nachfolge Gottes antreten zu können. [...]

Wen das Kreuzfahrtfieber noch nicht gepackt hatte, der machte sich über die anderen lustig, die ihr Hab und Gut verschleuderten. Völlig verarmt würden sie aufbrechen und in einem noch erbärmlicheren Zustand zurückkommen, so hieß es. Die gleichen Leute, die so sprachen, bereuten ihre Worte aber schon am nächsten Tag und tauschten ihren gesamten Besitz für ein paar Münzen ein, damit sie zusammen mit denen losziehen konnten, die sie gerade noch ausgelacht hatten. [...] Erstaunliche Dinge gab es zu sehen, über die man eigentlich hätte lachen können. Einige einfache Leute beschlugen nämlich ihre Rinder mit Hufeisen, als seien es Pferde. Dann packten sie ihre Habseligkeiten mitsamt den Kindern in einen

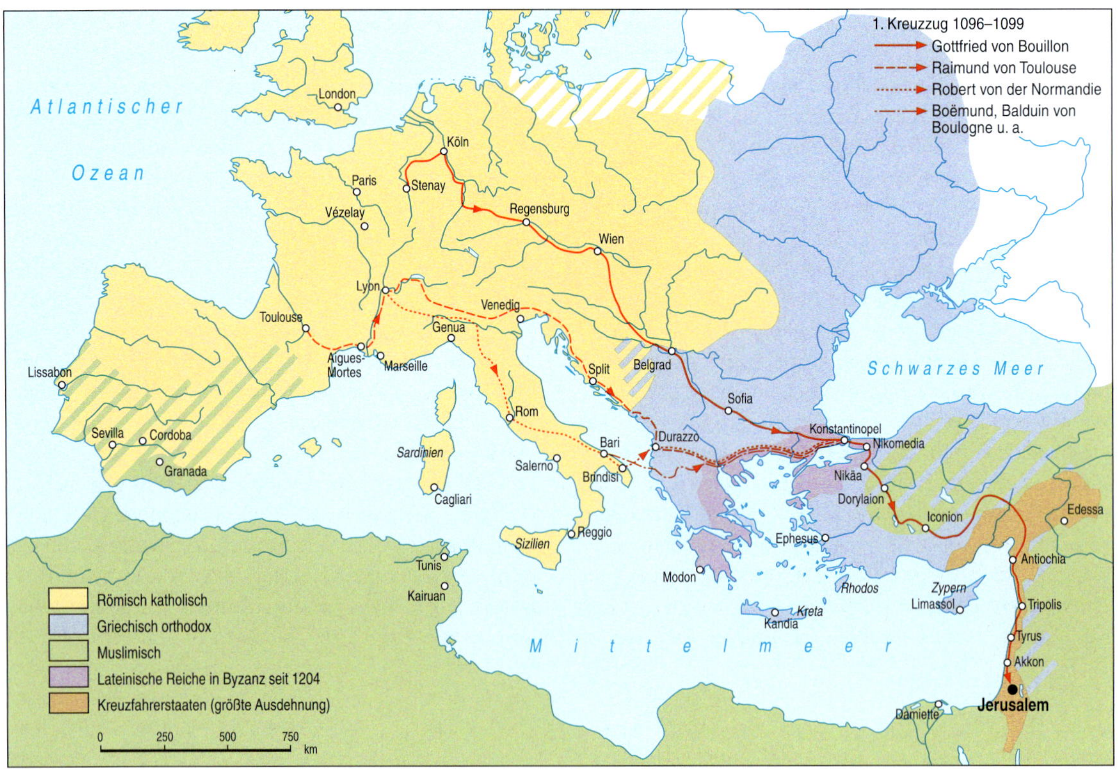


**4** **Verlauf des 1. Kreuzzuges 1096–1099**

Karren und machten sich auf den Weg nach Osten. Und sobald sie an einer Burg oder einer Stadt vorbeikamen, fragten die kleinen Kinder, ob dies jenes Jerusalem sei, das Ziel ihrer Reise.

*Guibert von Nogent: Gesta Dei per Francos. In: Recueil des historiens des croisades. Historiens occidentaux. Bd. 4, Paris 1879, S. 140–142. Übers. M. Brabänder*

*c) Der deutsche Kreuzfahrt-Historiker, Hans-Eberhard Mayer (geb. 1932), geht in seiner „Geschichte der Kreuzzüge" auf weitere Motive ein:*

Der bloße Klang des Namens Jerusalem muss für die Menschen des 11. Jahrhunderts einen magischen Glanz und Schimmer gehabt haben, den wir heute kaum mehr nachzuempfinden imstande sind. Jerusalem war das Schlüsselwort, das ganz bestimmte psychologische Reaktionen hervorbrachte und ganz bestimmte eschatologische [= endzeitliche] Vorstellungen erweckte. Man dachte nicht nur an die Stadt in Palästina, wo sich das Leiden und Sterben, das Begräbnis und die Wiederauferstehung Jesu Christi abgespielt hatten. Mindestens ebenso sehr wuchs vor den Augen der Menschen das Bild des himmlischen Jerusalem empor, mit seinen saphirenen Toren, seinen edelsteingeschmückten Mauern und Plätzen [...] Solche Vorstellungen mussten umso wirksamer zugunsten des Kreuzzuges arbeiten, als sicherlich eine gute Anzahl von Kreuzfahrern nicht imstande war, zwischen dem irdischen und dem himmlischen Jerusalem zu unterscheiden, und meinte, man marschiere geradewegs auf jene Stätte unendlicher Freuden zu. [...]
Der Kreuzfahrer unterschied sich vom Pilger durch seine Waffen, aber der Kreuzzug war im Grunde nichts anderes als eine bewaffnete Wallfahrt, die mit besonderen geistlichen Privilegien ausgestattet war und als besonders verdienstvoll galt. Der Kreuzzug war eine konsequente Fortbildung der Pilgeridee. Niemandem wäre es eingefallen, zur Eroberung der Heiligen Grabes auszuziehen, wären nicht schon Jahrhunderte hindurch die Menschen immer und immer wieder dorthin gewallfahrt. Der ständige Pilgerstrom musste in der Christenheit den Wunsch aufkeimen lassen, das Grab Christi selbst zu besitzen, nicht um die Schwierigkeiten der Pilgerfahrt zu beseitigen, sondern weil der Gedanke, die Heiligen Stätten, das „Erbgut Christi", in der Hand der Heiden zu wissen, für die Menschen allmählich immer unerträglicher wurde. Der Zusammenhang zwischen Wallfahrt und Kreuzzug liegt offen zutage. [...]
Man hat immer wieder auf die Abenteuerlust der Ritter und auf den Beutetrieb hingewiesen. Im Osten schien die Möglichkeit zu locken, rasch sein Glück zu machen und zu einer bedeutenderen Stellung zu kommen, als es in der alten Heimat möglich war. Die Eroberung Englands durch die Normannen 1066 hatte Ähnliches deutlich bewiesen. [...]. Nun sind Abenteuerlust und Beutetrieb individuelle Züge. Wir wissen aber von ökonomischen und sozialen Schwierigkeiten, die die ritterliche Klasse als Ganzes betrafen und die den Kreuzzug als Ausweg erscheinen ließen. [...] In Nordfrankreich entwickelte man die Primogenitur, das Erbrecht des Erstgeborenen. Den Nachgeborenen blieb es überlassen, sich selbst eine Versorgung zu suchen, entweder in der Kirche oder im Kriegsdienst. Es liegt auf der Hand, dass hier der Kreuzzug als Ventil für die zahlenmäßig anwachsende ritterliche Schicht wirken musste.

*Hans Eberhard Mayer: Geschichte der Kreuzzüge. Stuttgart 2005, S. 21 f. S. 25, S. 34 f.*

## Der Gedanke des „Heiligen Krieges"

### 5 Eine neue Sicht des Krieges

*Der Mönch Guibert von Nogent (➔ vgl. M 3b), ein Zeitzeuge des 1. Kreuzzuges, fasst die neue Einstellung zusammen:*

Gott hat in unseren Tagen heilige Kriege geschaffen, damit der Ritterstand und das orientierungslose einfache Volk, die sich wie früher in heidnischer Zeit gegenseitig bekämpfen, auf eine neue Weise zum Heil gelangen können. Ritter werden nicht mehr wie bisher dazu gezwungen, das weltliche Leben ganz und gar aufzugeben, indem sie in ein Kloster eintreten oder eine geistliche Würde übernehmen. Nein – sie können ihrer gewohnten Freiheit und Gewohnheit sowie ihrer Lebensweise treu bleiben und trotzdem ein Stück weit die Gnade Gottes erlangen.

*Guibert von Nogent: Gesta Dei per Francos. In: Recueil des historiens des croisades. Historiens occidentaux. Bd. 4. Paris 1879, S. 124. Übers. M. Brabänder*

### 6 Entstehung und Bedeutung des „Heiligen Krieges"

*Der Bochumer Mittelalter-Historiker Nikolas Jaspert (geb. 1962) untersucht das neue Phänomen:*

Die Kreuzzüge werfen heute ebenso wie in früheren Zeiten die Frage nach der Berechtigung des Krieges auf. Das Christentum gründet wesentlich auf dem friedlichen Wirken Christi. Es hatte daher im Gegensatz zum Islam – dessen Prophet sowohl ein geistlicher als auch ein militärischer Führer war – einen großen Gegensatz zu lösen: Es musste die widersprüchlichen Äußerungen der Bibel über den Krieg miteinander vereinbaren. [...] Der Klerus stellte ein Gedankengebäude zur Verfügung, das als Grundlage für den Krieg im Mittelalter und darüber hinaus diente – die Theorie vom gerechten Krieg. [...] Vier Kriterien mussten gegeben sein: die Kriegserklärung durch eine legitime Autorität, ein gerechtfertigter Kriegsgrund, das

Fehlen einer anderen Lösungsmöglichkeit und eine angemessene Form der Kriegführung. […]
Seit dem 9. Jahrhundert trafen neue Bedrohungen das Christentum: Die Angriffe der heidnischen Wikinger und Normannen, Ungarn und Slawen im Norden und Osten sowie der Muslime im Süden und Westen ließen nicht nur im griechischen Osten, sondern auch im lateinischen Westen den von Augustinus[1] angenommenen Fall immer wieder eintreten. Hier nun lässt sich in Einzelfällen sehr wohl eine theologische Auseinandersetzung mit dem Krieg feststellen – so auf der Iberischen Halbinsel, die zu Beginn des 8. Jahrhunderts von Muslimen erobert worden war. Im gebirgigen Norden (Asturien, León) verteidigten die Christen ihre Unabhängigkeit und begannen bald, ihr Herrschaftsgebiet allmählich nach Süden auszudehnen. Sie konnten darauf verweisen, dass es sich hierbei um ehemals christliche Territorien handelte, in denen obendrein noch Glaubensbrüder lebten. Dies allein reichte aus, um ihren Kampf zu rechtfertigen. In Asturien und León wurde ausdrücklich der Anspruch formuliert, einen gerechten Krieg, sogar einen Krieg *Deo auctoritate* [= mit Gottes Vollmacht] gegen eine aggressiv auftretende Religion zu führen. Chroniken des 9. bis 11. Jahrhunderts zeichnen die Auseinandersetzung nicht nur als gerechten, sondern sogar als geheiligten Krieg. […]
Aus Sicht der meisten christlichen Zeitgenossen waren auch die Kreuzzüge mehr als gerechte Kriege, mehr als eine Verteidigung gegen einen ungerechten Angriff. Auch sie waren geheiligt, denn hier kämpfte man nicht nur für die Verteidigung des Christentums, sondern unmittelbar

**7 Christus führt die Kreuzfahrer an**
*Französische Buchillustration um 1310*

für Gott. Man erfüllte seinen Willen, war Werkzeug des Herrn. Die Teilnahme an einem solchen Krieg war daher nicht mehr eine bußwürdige, sondern eine heilbringende Handlung, man kann in diesem Zusammenhang sogar von „verdienstvoller Gewaltanwendung" sprechen.

*1 Das Konzept des gerechten Krieges geht maßgeblich auf den Kirchenlehrer Augustinus (354 – 430), Bischof von Hippo Regius/Nordafrika, zurück.*

*Nikolas Jaspert: Die Kreuzzüge. Darmstadt 2006, S. 13 f.*

### 8 Heiliger Krieg und christliches Rittertum

***Der mittelalterliche Geschichtsschreiber Radulf von Caen berichtet über die Wirkung von Urbans II. Predigt auf den normannisch-sizilischen Ritter Tankred von Tarent (1072 – 1112) (Online-Link 430075-0208):***

Schon als junger Mann war Tankred vom Streben nach Ruhm besessen. Um ihn zu erwerben, zog er sich zahlreiche Verwundungen zu und schonte weder sein eigenes Blut noch das des Feindes. Sein kluger Geist ruhte dabei jedoch nicht, und immer öfter quälte ihn die Sorge. Er sah nämlich, dass die Kämpfe, die er als Ritter führte, dem göttlichen Gebot zuwiderliefen. Der Herr gebietet nämlich, dass man dem Angreifer, der einem auf die eine Wange geschlagen hat, auch die andere hinhält; ein weltlicher Ritter dagegen verschont nicht einmal das Blut seiner eigenen Verwandten. Laut dem Gebot des Herrn sollen wir demjenigen, der uns den Rock wegnimmt, auch noch den Mantel geben; demgegenüber gehört es zur Lebensweise der Ritter, die Wertgegenstände der erschlagenen Gegner an sich zu nehmen. Diese widersprüchlichen Verhaltensregeln und der Gedanke, ob es nicht besser sei, dem Kampf abzuschwören, brachten die Kühnheit des klugen Mannes fast zum Erliegen.

Aber dann stellte Papst Urban allen christlichen Kämpfern, die gegen die Heiden in den Krieg ziehen wollten, die Vergebung sämtlicher Sünden in Aussicht! War Tankred zuvor wie gelähmt gewesen, so kehrte seine Tatkraft augenblicklich zurück. Er sammelte neue Kräfte, und eine verdoppelte Kühnheit öffnete ihm die Augen. Vorher konnte er sich nämlich nicht entscheiden, ob er dem Weg des Evangeliums oder dem der diesseitigen Welt folgen sollte. Nun war der Waffengebrauch in den Dienst Christi gestellt worden, und diese zweifache Gelegenheit zum Kampf war für Tankred eine unglaubliche Motivation.

*Radulf von Caen: Gesta Tancredi in Expeditione Hierosolymitana. In : Recueil des historiens des croisades. Historiens occidentaux. Bd. 3, Paris 1876, S. 605 f. Übers. M. Brabänder*

### 9 „Heiliger Krieg" versus „gerechter Krieg"

***Der deutsche Mittelalter-Historiker Norbert Ohler definiert die Unterschiede:***

Heilige Kriege unterscheiden sich von gerechten nach Ursache, Ziel, Intensität und Dauer, was fließende Übergänge nicht ausschließt. Ein Feind wird im gerechten Krieg wegen seiner (Un-)Taten bekämpft. Im Heiligen Krieg wegen seines Glaubens. Der gerechte Krieg soll den Frieden (wieder)herstellen, der Heilige Krieg gilt der Vernichtung oder wenigstens Unterwerfung eines Feindes, der meist als auch sittlich verworfen dargestellt wird. Im Idealfall läuft die Lehre vom gerechten Krieg auf Konfliktbegrenzung hinaus, die vom Heiligen Krieg auf Konfliktverschärfung. Ein Heiliger Krieg ist nicht in das Ermessen der Menschen gestellt, sondern gilt als Pflicht des Gläubigen, da die unbehelligte Existenz des Ungläubigen den gerechten Zorn Gottes errege. Im Heiligen Krieg wird kollektiver Hass geweckt, durch Propaganda geschürt und durch Verluste gesteigert mit dem Ergebnis, dass Kompromisse (fast) unmöglich sind und der Krieg bis zum endgültigen Sieg über den Feind verlängert wird.

*Norbert Ohler: Krieg und Frieden im Mittelalter. München 1997, S. 68 f.*

## Die Kreuzzüge aus muslimischer Sicht

### 10 Die Kreuzzüge aus arabischer Sicht

***Der Historiker Ibn al-Atir (1160 – 1233) erklärt die Entstehung des Kreuzzugsgedankens in seinem Geschichtswerk so:***

Im Jahre 478 (1085/86 n. Chr.) nahmen die Franken Toledo und andere Plätze in al-Andalus [= Spanien] ein, wie schon berichtet wurde: Das war das erste Mal, dass die Macht ihres Reiches deutlich wurde, dass sie islamisches Gebiet angriffen und einen Teil davon an sich rissen. Dann griffen sie im Jahre 484 (1091) Sizilien an und besetzten es, wie ich ebenfalls schon berichtet habe, und richteten ihr Augenmerk auf die afrikanische Küste, wo sie einige Erwerbungen machten, die ihnen wieder abgenommen wurden; später machten sie andere, wie man sehen wird. Als nun das Jahr 490 (1097) gekommen war, zogen sie gegen Syrien. Der Grund war der: Ihr König Balduin[1], ein Verwandter des Franken Roger, der sich Siziliens bemächtigt hatte, sammelte eine große Menge Franken und sandte eine Botschaft zu Roger: „Ich habe eine große Menge gesammelt und komme jetzt zu dir, um von deinem Gebiet aus die Küste Afrikas zu erobern und damit dein Nachbar zu werden." Roger versammelte daraufhin seine Gefährten und beriet diesen Vorschlag mit ihnen. „Beim Evangelium", sagten sie, „das ist gut für uns und für sie; so wird das Land für das Christentum gewonnen." [Roger lehnte jedoch ab:] „Wenn sie zu mir kommen, brauchen sie umfangreiche Ausrüstung, Schiffe, die sie nach Afrika bringen, und zusätzliche Truppen von mir. Wenn sie das Land dann erobern, gehört es ihnen, ihren Nachschub jedoch müssen sie aus Sizilien beziehen, so dass ich das Geld verliere, das die Ernte mir hier jährlich einbringt. Haben sie dagegen keinen Erfolg, kehren sie in mein Land zurück und machen mir Ungelegenheiten. Tamîm[2] wird dann sagen: ‚Du hast mich verraten und den Vertrag mit mir gebrochen', und die Verbindungen und Fahrten zwischen uns brechen ab. Afrika aber bleibt immer in unserer Reichweite, und wenn wir mächtig genug sind, nehmen wir es." Er ließ Balduins Boten kommen und sagte zu ihm: „Wenn ihr zum heiligen Krieg gegen die Muslime entschlossen seid, ist es das Beste, Jerusalem zu erobern: Ihr befreit es aus ihren Händen und habt den Ruhm davon. Was Afrika betrifft, so gibt es zwischen mir und den Leuten dort Verträge und Eide." Darauf rüsteten sich jene und zogen gegen Syrien. Eine andere Ansicht darüber ist: Als die Fatimiden[3] Ägyptens sahen, wie die Macht des Seldschuken[4]-Reiches wuchs und es sich Syriens bis nach Gaza bemächtigte – ohne dass noch eine Provinz zwischen ihnen und Ägypten verblieben wäre – und wie Atsiz[5] sogar in Ägypten einfiel und es bedrängte, sandten sie aus Furcht zu den Franken und forderten sie auf, gegen Syrien zu ziehen, um sich in seinen Besitz zu setzen und so einen Puffer zwischen ihnen und den Muslimen[6] zu bilden. Aber Gott weiß es am besten.

*1 Dieser Balduin ist eine Fantasiegestalt, entstanden als Analogie zu verschiedenen Fürsten mit diesem Namen.*
*2 der Herrscher Tunesiens, Tamîm ibn Mu'izz (1061–1107)*
*3 schiitische Herrscherdynastie Ägyptens, 969–1171*
*4 türkisch-sunnitische Herrscherdynastie, 1040–1194*
*5 General des Seldschuken-Sultans Malikšâh, der 1076 Ägypten von Palästina aus angriff*
*6 Als Parteigänger der Schiiten werden die Fatimiden hier nicht als wahre Muslime gesehen.*

*Francesco Gabrieli (Hrsg.): Die Kreuzzüge aus arabischer Sicht. München 1975, S. 41 f. Übers. Lutz Richter-Bernburg/Barabara von Kaltenborn-Stachau*

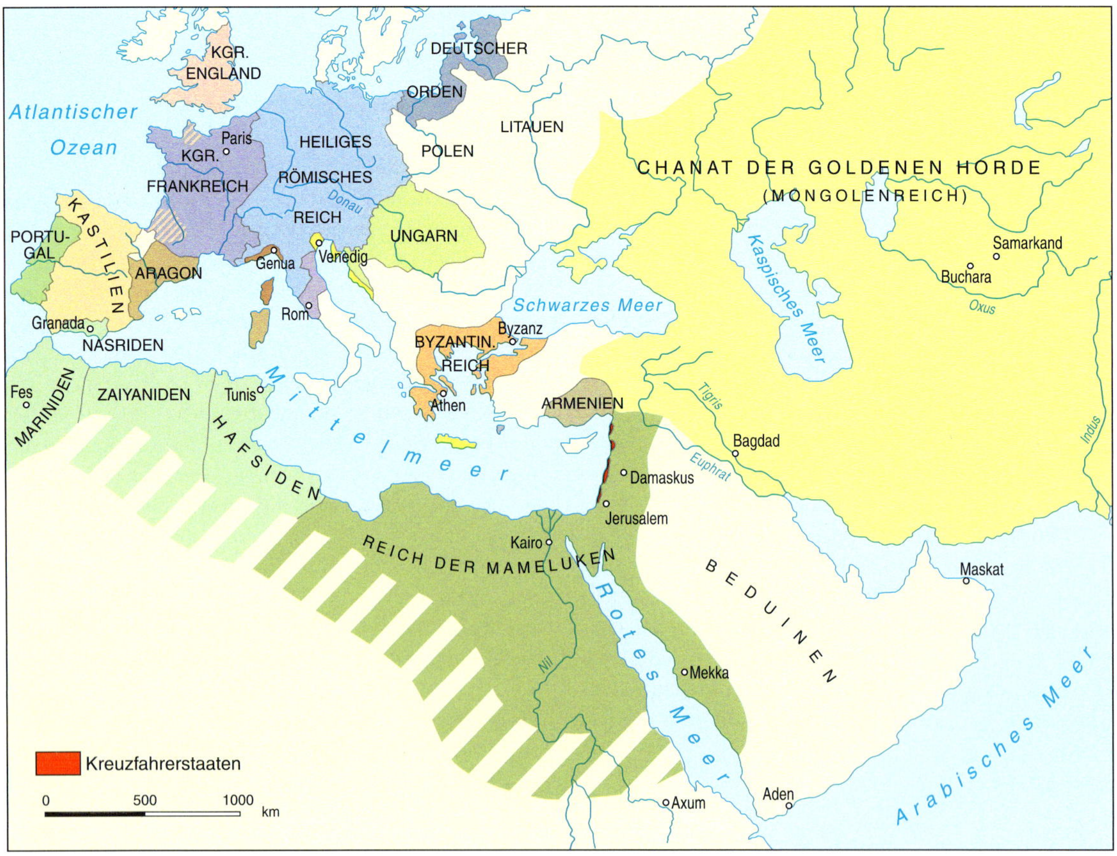


**11** **Die machtpolitischen Verhältnisse in Europa und dem Mittleren Osten Anfang der 1280er Jahre, kurz vor dem Fall der letzten Besitzungen der Kreuzfahrer**

**12 Ein heimkehrender Kreuzritter wird von seiner Frau begrüßt.**
*Plastik auf dem Grab des Grafen Hugues de Vaudemont in Nancy, frühes 12. Jahrhundert.*

**Arbeitsvorschläge**

○○● a) Beschreiben Sie die auf der Geschichtskarte M1 dargestellte machtpolitische Situation am Vorabend des 1. Kreuzzuges.

●●● b) Vergleichen Sie den islamischen Machtbereich jener Zeit mit der Lage 350 Jahre zuvor (➔ Kap. 2.1, M1). Was soll mit den Schraffierungen im unteren Teil angedeutet werden (M1)?

○○● c) Geben Sie wieder, wie Papst Urban II. in seinem Aufruf den Kreuzzug begründet. Zeigen Sie dabei auf, mit welchen Argumenten er die Menschen motivierte, sich am Kreuzzug zu beteiligen (M2).

○●● d) Untersuchen Sie die Wirkung des Kreuzzugsaufrufs auf die Zeitgenossen (M3).

○●● e) Arbeiten Sie weitere Motive heraus, die zur Entscheidung zum Kreuzzug führten (M3).

○●● f) Untersuchen Sie, welche Bedeutung die Legalisierung des Krieges gegen „Ungläubige" (vgl. M2) für die europäische Ritterschaft besaß (M5).

○●● g) Erläutern Sie die Elemente des „gerechten Krieges" gemäß der mittelalterlichen Kirchenlehre (M6).

○○● h) Beschreiben Sie die Weiterentwicklung vom „gerechten" zum „heiligen/geheiligten" Krieg (M6).

○●● i) Erläutern Sie die Wirkung des neuen Konzepts vom „Heiligen Krieg" auf die betroffenen Ritter (M8).

○●● j) Untersuchen Sie die bildliche Darstellung von M7 und setzen Sie sie in Bezug zu M8.

●●● k) Stellen Sie die Unterschiede zwischen „gerechtem" und „heiligem" Krieg einander gegenüber (M9).

○○● l) Geben Sie wieder, wie der arabische Chronist die Entstehung der Kreuzzugsbewegung erklärt (M10).

○●● m) Untersuchen Sie die Darstellung M10 mit Blick auf die Vorstellungen des Autors von den Zuständen im christlichen Abendland.

# Grundwissen: Kreuzzüge – Gründe für den Zusammenstoß zweier Kulturen

## Der Kreuzzugsaufruf von Clermont

→ 1 S. 138
→ 2 S. 138 f.

Im Jahre 1096 befand sich Papst Urban II. auf einer Rundreise durch Südfrankreich. An mehreren Orten hielt er dabei Kirchenversammlungen ab, sogenannte Konzile. Als er Mitte November ein solches Konzil in Clermont eröffnete, deutete nichts darauf hin, dass es später weltberühmt werden sollte. Zu der großen Predigt des Papstes, die für den 27. November angesetzt war, kamen so viele Menschen, dass sie kurzerhand auf ein freies Feld vor der Stadt verlegt wurde. Die Zuhörer hatten den Weg nicht umsonst gemacht, denn mit dieser Rede läutete der Papst die Kreuzzugsbewegung ein.
Den Anlass bildete offenbar eine Gesandtschaft des Kaisers von Byzanz, die ein Jahr zuvor bei einem Konzil in Italien erschienen war. Die Gesandten baten um Unterstützung gegen die aus Innerasien stammenden türkischen Seldschuken, die 1071 die byzantinische Armee besiegt hatten und sich seitdem in Kleinasien ausbreiteten. Diesen Hilferuf griff der Papst in Clermont nun auf. In grellen Farben malte er das Wüten der Seldschuken in den von Christen bewohnten Regionen aus: Von der Ermordung und Verschleppung der Menschen sowie der Verwüstung der christlichen Kirchen handelte der erste Teil der Rede. Gleich mehrfach rief der Papst seine Zuhörer dazu auf, ihren unterdrückten Glaubensbrüdern im Osten zu Hilfe zu eilen und die als primitive Dämonen-Anbeter beschriebenen Türken zu bekämpfen. Als Lohn versprach der Papst den Kreuzfahrern das Wohlwollen Gottes, insbesondere die Vergebung ihrer Sünden. Ausdrücklich bezeichnete er den Kreuzzug als ein verdienstvolles Unternehmen und die Teilnehmer als „Soldaten Christi" – und löste damit eine Massenbegeisterung aus.

## Motive für die Teilnahme am Kreuzzug

→ 3 S. 139

Was bewegte die Menschen dazu, sich auf ein so gefährliches und unüberschaubares Unternehmen einzulassen? Die Mischung der Motive war für jeden, der sich zum Kreuzzug entschloss, unterschiedlich. Insbesondere die wirtschaftliche und gesellschaftliche Position der angehenden Kreuzfahrer spielte dabei eine wichtige Rolle. Arme Leute, die nichts zu verlieren hatten, ließen sich besonders leicht vom Kreuzzugsfieber anstecken. Ohne die nötige Vorbereitung und Ausrüstung brachen viele von ihnen überstürzt und mit völlig naiven Vorstellungen in Richtung Osten auf – und scheiterten schon nach kurzer Zeit. Missernten und Hungersnöte ließen den Zug im Namen Christi ebenso als einen willkommenen Ausweg erscheinen wie drückende Verschuldung. Auch Gruppenzwang ist als Grund für den Entschluss zum Kreuzzug in den Quellen mehrfach belegt.
Dass unter den religiösen Motiven die vom Papst versprochene Sündenvergebung eine herausragende Rolle spielte, liegt auf der Hand. Schwerer zu fassen ist für uns heute Lebende die allgemeine Begeisterung im Umfeld der Kreuzzugsbewegung. Die Chronisten vermitteln den Eindruck einer endzeitlichen Stimmung, in der für eine kühle Abwägung der Vor- und Nachteile kein Platz war. Nur so ist es zu erklären, dass sich viele Menschen zum Kreuzzug (also einem im Kern kriegerischen Unternehmen) entschlossen, die dafür eigentlich völlig ungeeignet waren – wie Mönche, Frauen und Kinder. Der Zielort des Zuges, Jerusalem, muss für die Teilnehmer eine geradezu magische Anziehungskraft gehabt haben. Zwar ist es umstritten, ob der Papst die Stadt in seiner Clermonter Rede erwähnte, doch war sie bald in aller Munde. Dabei beflügelten Assoziationen vom himmlischen Jerusalem als Ort unendlicher Freuden bei vielen die Fantasie. Andere wollten in direkter Nachahmung Christi die Stätte von dessen Leben und Leiden persönlich erfahren. Seit langem

war Jerusalem zudem eines der wichtigsten Ziele für europäische Pilgerzüge und die Vorstellung vom Kreuzzug als einer bewaffneten Wallfahrt brauchte den damaligen Menschen nicht erst erklärt zu werden.

## Vom „gerechten Krieg" zum „heiligen Krieg"

→ 5 S. 141
→ 6 S. 141 f.
→ 7 S. 142
→ 8 S. 143
→ 9 S. 143

Für die Ritter, die eigentliche Zielgruppe des Kreuzzugsaufrufs, waren noch weitere Motive im Spiel. Für ihre Abenteuerlust und die Hoffnung auf Beute gab es in ihrer Heimat nur selten ein legales Betätigungsfeld. Auch fiel es vielen von ihnen schwer, ein Auskommen zu finden, wenn beispielsweise ein älterer Bruder den väterlichen Besitz erbte. Gemessen an der Friedensbotschaft des Evangeliums war die ritterliche Lebensweise insgesamt fragwürdig - schließlich war der „Beruf" eines Ritters der Kampf. Um diesen Widerspruch zu überwinden, hatte die Kirche schon früh die Lehre vom „gerechten Krieg" entwickelt. Danach wurde der Waffengebrauch als zulässig erklärt, wenn bestimmte entschuldigende Bedingungen erfüllt waren. So musste vor allem ein rechtfertigender Kriegsgrund vorliegen (also z. B. die Wiedererlangung von geraubtem Besitz), und der Kampf hatte der Wiederherstellung des Friedens zu dienen.

Die Weiterentwicklung der Idee vom „gerechten Krieg" ging von Spanien aus. Dort drängten die christlichen Königreiche im Norden der Halbinsel in langwierigen Kämpfen die Muslime zurück, die im frühen 8. Jahrhundert den größten Teil des Landes erobert hatten. Diesen Krieg gegen aggressive „Ungläubige" begriffen schon die Zeitgenossen als einen unmittelbaren, heiligen Auftrag Gottes. Und was für Spanien galt, das musste umso mehr für das Heilige Land gelten, den Ort von Leben und Leiden Christi. So bezeichnete Papst Urban II. in Clermont den Kreuzzug als einen „verdienstvollen Kampf" und die Teilnehmer als „Soldaten Christi". Für die Kreuzfahrer konnte es keinen Zweifel geben: Sie waren Streiter Gottes in einer geheiligten Mission.

## Die Kreuzzüge aus arabischer Sicht

→ 10 S. 143 f.
→ 11 S. 144

Von dem, was sich in Mitteleuropa im 11. Jahrhundert abspielte, wusste man in der arabischen Welt denkbar wenig. Die nördlichen, jenseits ihres eigenen Einflussbereichs liegenden Weltgegenden betrachteten die Muslime als barbarisch und unzivilisiert und schenkten ihnen kaum Aufmerksamkeit. Der Kreuzzug brach daher wie aus heiterem Himmel über die islamische Welt herein und seine anfänglichen Erfolge wären nicht denkbar gewesen, wenn Türken und Araber die Gefahr erkannt und sich geschlossen darauf vorbereitet hätten. Auch in den muslimischen Quellen werden die Vorgänge sehr stiefmütterlich behandelt; ein umfassendes Geschichtswerk über die Kreuzzüge etwa, wie es auf christlicher Seite in zahlreichen Versionen vorliegt, gibt es aus islamischer Sicht nicht. Die Ursache für den Kreuzzug vermuteten die dortigen Chronisten entweder in einer Verschwörung der christlichen Europäer gegen die *umma* oder in verräterischen Aktivitäten im eigenen Lager. Weitaus bedeutsamer als die Ursachen der Kreuzzüge waren für die Muslime deren Auswirkungen.

# 2.6 Zusammenleben von Menschen zweier Kulturen in den Kreuzfahrerstaaten

## Die Kreuzfahrer aus muslimischer Perspektive

### 1 Die Kreuzfahrer aus Sicht der Muslime

*a) Der syrische Ritter, Schriftsteller und Diplomat Usama ibn Munqidh (1095–1188)* (**Online-Link** 430075-0209) *charakterisiert die Kreuzfahrer in seiner Autobiografie:*

Wer immer sich vertraut gemacht hat mit dem, was die Franken[1] angeht, kann nicht anders, als Allah, den Allmächtigen, rühmen und heilig halten; denn er hat in ihnen Tiere gesehen, die den Vorzug des Mutes und des Eifers im Kampf haben, aber keinen anderen, ebenso wie die Tiere uns überlegen sind an Kraft und im Angriff.

*Régine Pernoud (Hrsg.): Die Kreuzzüge in Augenzeugenberichten. Aus dem Französischen von Hagen Thürnau. München 1980, S. 135.*

Bei den Franken findet man keinerlei Ehrgefühl oder Eifersucht. Wenn einer von ihnen mit seiner Frau auf der Straße geht und einen anderen trifft, nimmt der die Frau bei der Hand und zieht sie beiseite, um mit ihr zu sprechen, während ihr Mann dabeisteht und wartet, bis sie ihre Unterhaltung beendet hat. Wenn es ihm zu lange dauert, lässt er sie mit ihrem Gesprächspartner allein und geht.

*Francesco Gabrieli (Hrsg.): Die Kreuzzüge aus arabischer Sicht. München 1975, S. 119. Übers. Lutz Richter-Bernburg/Barabara von Kaltenborn-Stachau*

*b) Der Islamwissenschaftler Richter-Bernburg (geb. 1945) schreibt zum gleichen Thema:*

Grundsätzlich kennen die mehr oder weniger zeitgenössischen Muslime keine „Kreuzfahrer", sondern nur „Franken", teilweise mit ihren ethnisch-regionalen Untergruppen, doch prinzipiell immer mit diesem Volksnamen. Natürlich war damit auch die religiöse Zugehörigkeit bezeichnet, doch bestimmte diese nicht die Nomenklatur. Da andererseits der Name *Franken* seit Jahrhunderten in der arabisch-islamischen Bildungstradition bekannt war, verbanden sich damit schon vor dem Auftauchen der frühesten Kreuzfahrer – für die Muslime wie aus heiterem Himmel – auch bestimmte mehr oder weniger stereotype Vorstellungen. Schon aufgrund der relativ nördlichen Herkunft aus fernen Ländern der Ungläubigen konnten sie kaum als achtunggebietende Gegner gelten, wenn man auch ihre militärische Schlagkraft zu respektieren lernte. In der islamischen Bildungstradition hatten sich hellenistische Überlieferungen, nach denen klimatische und andere geografische Faktoren die körperliche, geistige und seelische Konstitution der jeweiligen Bewohner bedingten, mit religiös begründeten negativen Voreinstellungen gegenüber Ungläubigen verbunden, so dass die Franken in jedem Falle als Barbaren wahrgenommen werden mussten, gleichviel ob ihre Handlungen dem Vorurteil entsprachen oder nicht.

*1 arabische Sammelbezeichnung für die Bewohner West- und Mitteleuropas*

*Lutz Richter-Bernburg: Eroberung und Verlust des Heiligen Landes aus muslimischer Sicht (1099–1291). In: Kein Krieg ist Heilig: die Kreuzzüge. Hrsg. von Hans-Jürgen Kotzur. Mainz 2004, S. 79.*

**2** **Die Kreuzfahrerstaaten und Klein-Armenien zu Beginn des 12. Jahrhunderts**

### 3 Wertschätzung tapferer Kreuzritter

*Eine zeitgenössische Chronik berichtet über eine Episode während des Feldzugs des berühmten Sultans Saladin (1138–1193) gegen die befestigten Stätten der Kreuzfahrer:*

Saladin machte keine Fortschritte bei Tyrus [1187/88]; es gab keinen Tag, an dem die Christen nicht gegen die Sarazenen ausfielen, zwei- oder dreimal, unter einem spanischen Ritter, der sich in Tyrus aufhielt und ein grünes Wappen führte. Wenn die Ritter einen Ausfall machten, kam es vor, dass alle sich versammelten, um ihm zuzusehen. Die Türken nannten ihn den Grünen Ritter. Er trug auf dem Helm ein Hirschgeweih. [...]
Als Saladin Tripolis belagerte, kam in Tyrus die Flotte des Königs Wilhelm [von Sizilien] an und mit ihr zweihundert Ritter. Da ließ der Markgraf [Konrad von Montferrat] Schiffe ausrüsten, um Tripolis zu Hilfe zu kommen, und befahl den Rittern des Königs Wilhelm, sie sollten der Stadt helfen. Mit den Rittern, die der Markgraf schickte, fuhren sie dorthin, und unter ihnen befand sich der Grüne Ritter. Als die Hilfstruppen in Tripolis angekommen waren und sich ein wenig ausgeruht hatten, machten sie einen Ausfall, und der Grüne Ritter war ganz vorn. Die Sarazenen waren sehr verwundert, als sie den Grünen Ritter sahen, und ließen Saladin wissen, dass er zu Hilfe gekommen sei. Saladin entbot ihn zu sich und rief ihm zu, er solle unter freiem Geleit kommen und mit ihm sprechen. Der Grüne Ritter ging hin, und Saladin bereitete ihm viel Freude und zeigte ihm seine Pferde und seinen Besitz. Er aber machte sich nichts daraus. Und Saladin sagte, wenn er bei ihm bleiben wolle, würde er ihm große Ländereien schenken. Aber der Grüne Ritter sagte, er wolle nicht bleiben, er sei nicht in dieses Land gekommen, um bei den Sarazenen zu sein, sondern im Dienste Unseres Herrn die Christenheit zu befreien; er wolle den Sarazenen schaden, so viel er könnte. Er verabschiedete sich und ging fort in die Stadt.

*Régine Pernoud (Hrsg.): Die Kreuzzüge in Augenzeugenberichten. Aus dem Französischen von Hagen Thürnau. München 1980, S. 217 f.*

### 4 Christliche Frauen – nur Sklavinnen?

*Ibn Munqidh (→ vgl. M1) erzählt von einem Vorfall, der in seiner eigenen Familie seinen Ausgang nahm:*

In das Haus meines Vaters (möge Allah sich seiner erbarmen!) hatte man einige gefangene junge Mädchen der Franken gebracht. [...] Mein Vater zeichnete ein blühendes junges Mädchen aus. Er sagte zu der Haushälterin: „Lass sie ins Bad gehen, beseitige die Unordnung ihrer Toilette und kleide sie für die Reise!" Die Haushälterin gehorchte. Mein Vater vertraute das junge Mädchen einem seiner Knappen an und ließ es zum Emir Schihâb ad-Dîn Mâlik ibn Sâlim ibn Mâlik, dem Herrn von Kal'at Dja'bar, führen, einem seiner Freunde, dem er schrieb: „Wir haben von den Franken Beute gemacht, von der ich dir einen Teil zuschicke." Das junge Mädchen gefiel dem Emir und bezauberte ihn. Er behielt sie für sich zurück, und sie brachte ihm einen Sohn zur Welt, den er Badrân nannte. Sein Vater setzte ihn ein als voraussichtlichen Erben. Er wuchs heran, und sein Vater starb. Badrân regierte die Stadt und die Untertanen, während seine Mutter das Recht behielt, zu befehlen und zu verbieten.

*Régine Pernoud (Hrsg.): Die Kreuzzüge in Augenzeugenberichten. Aus dem Französischen von Hagen Thürnau. München 1980, S. 133 f.*

### 5 Ausbildung im christlichen Abendland?

*Derselbe Geschichtsschreiber berichtet von seiner Freundschaft mit einem Kreuzritter:*

Im Lager König Fulkos [von Jerusalem, 1092–1144] gab es einen angesehenen fränkischen Ritter, der als Pilger aus ihrem Land gekommen war und anschließend dorthin zurückkehrte. Er lernte mich gut kennen und wurde mein enger Freund, nannte mich Bruder, und zwischen uns entwickelte sich herzliche Freundschaft. Als er sich einschiffen wollte, um nach Hause zurückzukehren, sagte er zu mir: „Mein Bruder, ich fahre in mein Land und möchte gern, dass du deinen Sohn (den ich bei mir hatte, einen Jungen von vierzehn Jahren) mit mir schickst, damit er die Ritter kennenlernt, Verstand und Ritterlichkeit erwirbt und als verständiger Mann zurückkehrt." So kam ich dazu, Worte zu hören, die wahrlich nicht aus dem Munde eines verständigen Mannes kommen konnten! Wenn mein Sohn in Gefangenschaft geraten wäre, hätte das nicht schlimmer für ihn sein können, als ins Land der Franken zu ziehen. Ich antwortete: „Bei deinem Leben, das ist auch mein Wunsch! Mich hindert nur, dass seine Großmutter, meine Mutter, ihn sehr liebt und nicht mit mir gehen ließ, bevor ich ihr geschworen hatte, ihn ihr zurückzubringen." „Lebt deine Mutter noch?", fragte er. „Ja." „Dann handle nicht gegen ihren Willen."

*Francesco Gabrieli (Hrsg.): Die Kreuzzüge aus arabischer Sicht. München 1975, S. 124 f. Übers. Lutz Richter-Bernburg/Barabara von Kaltenborn-Stachau*

### 6 Toleranz und Intoleranz

*Über das Verhalten christlicher Ritter in Fragen des Glaubens schreibt Ibn Munqidh:*

Hier ist ein Beispiel für die Rohheit der Franken (Gott strafe sie): Als ich mich in Jerusalem aufhielt, ging ich gewöhnlich in die Moschee al-Aqsâ[1]. An ihrer Seite liegt ein kleiner Betraum, den die Franken in eine Kirche umgewandelt haben. Wenn ich in die Moschee al-Aqsâ kam, wo sich die Templer[2], meine Freunde, eingerichtet hatten, stellten sie mir immer den kleinen Betraum zur Verfügung, damit ich dort meine Gebete verrichten konnte. Eines Tages trat ich dort ein, sagte *Allâhu akbar* und stand, um mit dem Gebet zu beginnen. Da stürzte ein Franke herbei, ergriff mich, drehte mich mit dem Gesicht nach Osten[3] und sagte: „So betet man!“ Sofort schritten einige Templer ein, griffen und entfernten ihn, während ich mein Gebet wieder aufnahm. Er wartete aber einen Augenblick ab, in dem sie nicht achtgaben, stürzte sich wieder auf mich, drehte mich nach Osten und sagte: „So betet man!“ Wieder griffen die Templer ein, entfernten ihn und entschuldigten sich mit den Worten bei mir: „Er ist ein Fremder, der erst in diesen Tagen aus dem Frankenland gekommen ist und noch nie jemanden gesehen hat, der sich beim Gebet nicht nach Osten [wie die Christen] gewandt hätte.“

*1 Bis zur Rückeroberung Jerusalems durch Saladin im Jahr 1187 war das Gebäude im Besitz der Tempelritter.*
*2 Die Templer (1118–1312) waren einer der drei großen Ritterorden im Heiligen Land.*
*3 Muslime beten grundsätzlich mit dem Gesicht nach Mekka gerichtet.*

*Francesco Gabrieli (Hrsg.): Die Kreuzzüge aus arabischer Sicht. Aus dem Italienischen von Barbara von Kaltenborn-Stachau. München 1975, S. 122.*

## Die Kreuzfahrer im muslimischen Umfeld

### 7 Anpassung an die orientalische Lebensart

***Einige Kreuzfahrer, die sich im Heiligen Land niederließen, öffneten sich der Lebensweise der Einheimischen. Von einem solchen Fall berichtet Ibn Munqidh in seiner Autobiografie:***

Es gibt unter den Franken einige, die sich im Lande angesiedelt und begonnen haben, auf vertrautem Fuße mit den Muslimen zu leben. Sie sind besser als die anderen, die gerade neu aus ihren Heimatländern gekommen sind, aber jene sind eine Ausnahme, und man kann sie nicht als Regel nehmen. Hierzu so viel: Einmal schickte ich einen Gefährten in einem Geschäft nach Antiochia, dessen Oberhaupt Todros ibn as-Safî war, mit dem ich befreundet war und der in Antiochia eine wirksame Herrschaft ausübte. Er sagte eines Tages zu meinem Gefährten: „Ein fränkischer Freund hat mich eingeladen. Komm doch mit, dann siehst du ihre Gebräuche.“ „Ich ging mit“, erzählte mein Freund, „und wir kamen zum Hause eines der alten Ritter, die mit dem ersten Zug der Franken gekommen waren. Er hatte sich von seinem Amt und Dienst zurückgezogen und lebte von den Einkünften seines Besitzes in Antiochia. Er ließ einen schönen Tisch bringen mit ganz reinlichen und vorzüglichen Speisen. Als er sah, dass ich nicht zulangte, sagte er: ‚Iss getrost, denn ich esse nie von den Speisen der Franken. sondern habe ägyptische Köchinnen und esse nur, was sie zubereiten: Schweinefleisch kommt mir nicht ins Haus!‘ Ich aß also, sah mich aber vor, und wir gingen. Später überquerte ich den Markt. als eine fränkische Frau mich belästigte und in ihrer barbarischen Sprache mir unverständliche Worte hervorstieß. Eine Menge Franken sammelte sich um mich, und ich war schon meines Todes sicher: Da erschien der Ritter, erkannte mich, kam herbei und sagte zu der Frau: ‚Was hast du mit diesem Muslim?‘ ‚Er hat meinen Bruder Urso getötet‘, erwiderte sie. Dieser Urso war ein Ritter aus Apamena, der von einem Soldaten aus Hama getötet worden war. Er fuhr sie an: ‚Das hier ist ein Bürger, ein Kaufmann, der nicht in den Krieg zieht und sich nicht aufhält, wo man kämpft.‘ Dann herrschte er die Menge an, die sich angesammelt hatte. Sie zerstreute sich, und er nahm mich bei der Hand. So hatte die Tatsache, dass ich bei ihm gespeist hatte, zur Folge, dass mir das Leben gerettet wurde.“

*Francesco Gabrieli (Hrsg.): Die Kreuzzüge aus arabischer Sicht. Aus dem Italienischen von Barbara von Kaltenborn-Stachau. München 1975, S. 121 f.*

**8 Die heiligen Stätten der „Buchrelegionen“ Judentum, Christentum und Islam in Palästina**

## 9 Fremdheit und Vertrautheit

*Der Mainzer Historiker Ernst-Dieter Hehl analysiert die Unterschiede in den Verhaltensweisen erfahrener und unerfahrener Kreuzfahrer:*

Die Kreuzzüge und die nachfolgende Errichtung der Kreuzfahrerstaaten als eine im Grund kriegerische Auseinandersetzung zwischen der christlichen und muslimischen Welt hatten einen Effekt, den man aufgrund des religiösen Gegensatzes leicht übersieht. Aus politischer und militärischer Notwendigkeit lernte man sofort [...] Vereinbarungen zu schließen, die belastbar waren. [...] Im Heiligen Land konnten sich so Lebensumstände entfalten, die dem landläufigen Bild eines prinzipiellen Gegensatzes zwischen Christen und Muslimen völlig widersprechen. [...]

Der Neuankömmling aus dem lateinischen Europa, den man doch so dringend benötigte, sah häufig genug nur religiöse Verwahrlosung, und zwar aufseiten der Christen. Der islamische Beobachter notiert hingegen, wie die schon länger ansässigen Franken sich zumindest in einigen Fällen um zivile Umgangsformen zwischen Christen und Muslimen bemühten und dabei auch auf die islamischen Religionsvorschriften Rücksicht nahmen. Doch gleichzeitig fiel ihm auch das völlige Unverständnis auf, mit dem erst kürzlich angekommene Franken dem gegenüberstanden. [...]

Als sich die spanische Reconquista[1] wiederholt durchfahrender Kreuzfahrer bei Belagerungen muslimischer Städte bediente, lässt sich mehrfach beobachten, dass die Belagerten zu Abkommen mit dem örtlichen Anführer kommen wollten. Mit diesem ließen sich Vereinbarungen treffen, die selbst die weitere Existenz von Moscheen und die ungestörte Religionsausübung erlaubten. Mit den Kreuzfahrern, die sich an diesen Kämpfen beteiligten, schien das kaum machbar. Die Normannen, die aus eigener Kraft das muslimische Sizilien eroberten, haben derartige Verträge mit den besiegten Muslimen geschlossen. Im Heiligen Land selbst ist eine Fülle von Vereinbarungen zwischen den christlichen und muslimischen Herrschaftsträgern belegt. Aber sobald Kreuzfahrerheere dort tätig waren, verschoben sich die politischen Koordinaten, religiös begründeter Kampf trat in Konkurrenz zur zeitweiligen Lösung des Konflikts durch einen politischen Vertrag. Kreuzfahrer, die lange genug im Heiligen Land bleiben, haben sich vertraglichen Zwischenlösungen nicht verschlossen.

1 *Rückeroberung der zu Beginn des 8. Jahrhunderts an die Muslime verlorenen Gebiete Spaniens*

*Ernst-Dieter Hehl: Die Kreuzzüge. Feindbild – Erfahrung – Reflexion. In: Kein Krieg ist Heilig: die Kreuzzüge. Hrsg. von Hans-Jürgen Kotzur. Mainz 2004, S. 243 f*

## 10 Die Kreuzfahrer schlagen Wurzeln

*Der Kleriker Fulcher von Chartres (1059–1127) war Teilnehmer und ein wichtiger Chronist des 1. Kreuzzuges (***Online-Link** 430075-0210*). Über seine Landsleute, die sich im Heiligen Land niederließen, schreibt er zusammenfassend:*

Betrachte doch, wie Gott in unserer Zeit den Okzident in den Orient verwandelt hat: Wir waren Abendländer und sind jetzt zu Menschen des Morgenlands geworden. Wer ursprünglich Römer oder Franzose war, ist hier ein Bewohner Galiläas oder Palästinas, und wer einst in Reims oder Chartres lebte, aus dem ist ein Bürger von Tyrus oder Antiochia geworden. Schon denken wir nicht mehr an unsere Herkunftsländer, und viele von uns kennen sie nicht einmal mehr. Der eine besitzt bereits ein eigenes Haus und Dienerschaft praktisch wie nach heimischem Erbrecht; der andere hat eine Frau geheiratet, die nicht etwa aus seinem Herkunftsland stammt, sondern eine Syrerin, Armenierin oder sogar eine Sarazenin [= Muslimin] ist und die Gnade der Taufe empfangen hat. So mancher hat seinen Schwiegervater und seine Schwiegertochter bei sich oder seinen Schwiegersohn, Stiefsohn oder Stiefvater. Andere wiederum wohnen mit ihren Neffen oder Großneffen zusammen. Der eine besitzt Weinberge, der andere Felder. Man bedient sich abwechselnd verschiedener Sprachen, die den unterschiedlichen Völkerschaften bekannt und zum gemeinsamen Besitz geworden sind. Gegenseitiges Vertrauen verbindet Menschen, denen die Abstammung des jeweils anderen unbekannt ist. So steht geschrieben: „Der Löwe und das Rind teilen sich die gleiche Nahrung." Wer früher ein Fremder war, ist quasi zu einem Einheimischen geworden.

*Fulcher von Chartres: Historia Hierosolymitana, Kap. 37. In: Recueil des historiens des croisades. Historiens occidentaux. Bd. 3. Paris 1866, S. 468. Übers. M. Brabänder*

## 11 Die Kreuzfahrer und die Kultur des Islam

*Der Kieler Kreuzfahrt-Historiker Hans-Eberhard Mayer (geb. 1932) umreißt die Grenzen für die Assimilation der Kreuzfahrer:*

Kulturell blieb die fränkische Gesellschaft im Osten meist provinziell und ganz und gar von Europa abhängig. Man schloss sich sorgsam von allen islamischen Einflüssen ab, die in Spanien und Sizilien die Kultur so reich befruchteten. Mit den Muslimen hatte man eine Koexistenz, aber keine Symbiose. Schon die Zahl derer, die in der Oberschicht Arabisch lernten, war verschwindend gering. Die Umgangssprache war Französisch. [...] Über Äußerlichkeiten der Kleidung, der Heilkunde und des zivilisatorischen Komforts ging die Annäherung an den Islam nicht hinaus. Die Wissenschaft hatte in *Outremer*[1] überhaupt keinen Raum. Das heißt nicht, dass die Franken nicht Bedeutendes geleistet hätten, nur haben sie kaum Eigenes entwickelt.

*1 zeitgenössischer Begriff für die Kreuzfahrerstaaten*

*Hans Eberhard Mayer: Geschichte der Kreuzzüge. Stuttgart 2005, S. 225.*

## 12 Wechsel zwischen den Kulturen?

***Der Syrer Ibn Munqidh (➔ vgl. M1) berichtet über den Lebensweg eines in muslimische Gefangenschaft geratenen Christen:***

Unter den fränkischen Frauen, die in das Haus meines Vaters gebracht wurden, befand sich eine Alte mit einer ihrer Töchter, die jung und wohlgestaltet war, und einem kräftigen Sohn. Der Sohn wurde Moslem, und sein muslimischer Glaube war echter Art, nach dem, was er im Gebet und Fasten zur Schau trug. Er erlernte die Kunst der Bearbeitung des Marmors in der Schule eines Künstlers, der das Haus meines Vaters mit Marmorpflaster versah. Als dann sein Aufenthalt sich hinzog, verheiratete ihn mein Vater mit einer Frau aus frommer Familie und lieferte ihm alles, was er brauchte für seine Hochzeit und seine Einrichtung. Seine Frau schenkte ihm zwei Söhne, die unter uns heranwuchsen. Sie waren fünf und sechs Jahre alt, als ihr Vater, der Arbeiter Raoul, dessen Freude sie waren, mit ihnen und ihrer Mutter fortging, wobei er alles, was es in seinem Hause gab, mitnahm, um sich zu den Franken in Apamea zu begeben. Er wurde wieder Christ, er und seine Kinder, nach Jahren des Lebens im Islam, des Gebets und des Glaubens. Könnte doch Allah, der Allerhöchste, die Welt von diesem Gezücht reinigen!

*Régine Pernoud (Hrsg.): Die Kreuzzüge in Augenzeugenberichten. Aus dem Französischen von Hagen Thürnau. München 1980, S. 134 f.*

## 13 Die wirtschaftliche Lage der Muslime in den Kreuzfahrerstaaten

***a) Dem spanischen Muslim Ibn Djobaïr, der 1184 eine Pilgerfahrt nach Mekka unternahm, verdanken wir den folgenden Bericht:***

Wir haben Toron[1] auf einer Straße verlassen, an der viele Bauernhöfe von Moslems lagen, die unter den Franken in großem Wohlstand leben – möge Allah uns vor einer ähnlichen Versuchung bewahren! Die Bedingungen, die man ihnen auferlegt hat, sind Abgabe der Hälfte der Ernte zur Zeit des Einbringens und Zahlung einer Kopfsteuer von einem Denar und sieben Kirats, ferner eine kleine Steuer auf Obstbäume. Die Moslems sind Herren ihrer Behausungen und verwalten sie, wie sie können. Solches ist das Grundgesetz für die Bauernhöfe und Marktflecken, die sie auf fränkischem Gebiet bewohnen. Die Herzen zahlreicher Moslems sind erfüllt von der Versuchung, sich hier anzusiedeln, wenn sie die Lage ihrer Brüder in den von den Mohammedanern verwalteten Distrikten sehen, denn der Zustand der Letzteren ist ganz das Gegenteil von angenehm. Das Unglück für die Moslems ist, dass sie in den von ihren Glaubensgenossen regierten Gegenden sich immer über die Ungerechtigkeiten ihrer Gebieter zu beklagen haben, während sie nicht anders als zufrieden sind mit dem Verhalten der Franken, auf deren Gerechtigkeit sie sich immer verlassen können. [...]

Wir haben gerastet in einem Marktflecken der Bannmeile[2] von Akkon. Der mit der Überwachung betraute Pächter war ein Moslem; er war von den Franken ernannt und hatte die Verwaltung des Ortes, der von Bauern bewohnt war.

*Régine Pernoud (Hrsg.): Die Kreuzzüge in Augenzeugenberichten. Aus dem Französischen von Hagen Thürnau. München 1980, S. 129.*

***b) Über die Wirtschaftspolitik im Königreich Jerusalem ist folgende Nachricht überliefert:***

Er [= König Balduin von Jerusalem, 1100–1118] gab den Bürgern von Jerusalem eine große Freiheit und bestätigte sie durch eine mit seinem Siegel versehene Urkunde. Es bestand in der Stadt die Gewohnheit, hohe Zölle und Wegegelder für die Waren und die Leute zu nehmen, die in die Stadt kamen; und er bewilligte ihnen solche Freiheit, dass kein Lateiner und keine Ware, wie sie auch sein mochte, beim Betreten oder Verlassen von Jerusalem etwas zahlten und dass jeder in der Stadt ganz frei verkaufte und kaufte, was er wollte; und desgleichen bewilligte er den Syrern, Griechen und Armeniern und selbst den Sarazenen[3], dass sie Weizen, Gerste und alle Arten von Gemüse in die Stadt bringen konnte, ohne Zoll zu zahlen.

*1 wichtige Burg der Kreuzfahrer im südlichen Libanon an der Straße von Tyrus nach Damaskus*
*2 befriedete Schutzzone*
*3 Bezeichnung der Kreuzfahrer für die arabische und maurische Bevölkerung des Mittelmeerraums*

*Régine Pernoud (Hrsg.): Die Kreuzzüge in Augenzeugenberichten. Aus dem Französischen von Hagen Thürnau. München 1980, S. 123.*

## 14 Die Nachwirkungen der Kreuzzüge in der arabischen Welt von heute

***Der arabische Publizist Amin Maalouf (geb. 1949) beschreibt die Bedeutung der Kreuzzüge für die Gegenwart:***

Die arabische Welt ist von den Franken fasziniert und fürchtet sie zugleich. Sie hat sie als Barbaren erlebt und besiegt, aber sie beherrschen heute die Welt, und die Araber bringen es nicht fertig, die Kreuzzüge einfach als ein längst abgeschlossenes Kapitel der Geschichte zu betrachten. Man ist oft erstaunt festzustellen, in welchem

Maße die Haltung der Araber und der Muslime insgesamt dem Westen gegenüber noch heute von Vorkommnissen beeinflusst wird, die allgemein als vor sieben Jahrhunderten abgeschlossen gelten.

So beziehen sich, an der Schwelle zum dritten Jahrtausend, die politischen und religiösen Führungskräfte der arabischen Welt ständig auf Saladin, auf den Fall Jerusalems und seine Wiedereroberung. In der Volksmeinung und auch in gewissen offiziellen Reden wird Israel einem neuen Kreuzfahrerstaat gleichgestellt. […] Man kann nicht verhindern, dass sich in einer ständig angegriffenen muslimischen Welt ein Verfolgungskomplex einstellt, der bei manchen Fanatikern die Form einer gefährlichen Besessenheit annimmt. Man denke nur an den Türken Mehmet Ali Agca, der am 13. Mai 1981 auf den Papst geschossen und dazu in einem Brief erklärt hat: „Ich habe beschlossen, Johannes Paul II., obersten Kriegsherrn der Kreuzritter, zu töten." Abgesehen von dieser individuellen Tat ist es klar, dass der arabische Orient den Westen als einen natürlichen Feind sieht. Gegen ihn ist jede feindselige Handlung, sei es auf politischem, militärischem oder wirtschaftlichem Gebiet, eine legitime Rache. Und zweifellos rührt der Bruch zwischen den beiden Welten von den Kreuzzügen her, die heute noch wie eine Schändung, eine Schmach empfunden werden.

*Amin Maalouf: Der Heilige Krieg der Barbaren. Die Kreuzzüge aus der Sicht der Araber. Aus dem Französischen von Sigrid Kester. München 2008, S. 283 f. © Diederichs 1996*

**Arbeitsvorschläge**

○○● a) Geben Sie wieder, wie der muslimische Autor die Franken charakterisiert (M 1 a).

○●● b) Erläutern Sie diese Sichtweise vor dem Hintergrund von M 1 b.

●●● c) Stellen Sie die in M 3 bis M 5 geschilderten Episoden der Einschätzung von M 1 b gegenüber.

○●● d) Untersuchen Sie die unterschiedlichen Verhaltensweisen der beteiligten Christen gegenüber dem betenden Muslim in M 6.

○●● e) Der Autor von M 7 bezeichnet den christlichen Ritter, über den er berichtet, als eine Ausnahme. Erläutern Sie, was er damit meint.

●●● f) Erklären Sie das Verhalten des fränkischen Ritters in M 7 und stellen Sie es dem der Templer in M 6 gegenüber.

○●● g) Der Historiker Hehl unterscheidet in M 9 mit Blick auf die Kreuzfahrer zwischen Neuankömmlingen und solchen, die sich in den Übergangszonen zum islamischen Herrschaftsbereich (Palästina, Spanien, Sizilien) bereits niedergelassen haben bzw. von jeher dort lebten. Erläutern Sie den Sinn dieser Unterscheidung.

○●● h) Ordnen Sie die Personen in M 6 und M 7 den in M 9 aufgezeigten Verhaltensmustern zu.

○○● i) Geben Sie wieder, wie der Chronist Fulcher von Cartres die Lebensweise der Kreuzfahrer beschreibt, die sich im Heiligen Land niedergelassen haben (M 10).

○○● j) Zeigen Sie die Grenzen für die Integration der Kreuzfahrer auf (M 11).

○●● k) Beurteilen Sie vor dem Hintergrund von M 11 das Verhalten des christlichen Ritters in M 7.

○●● l) Erläutern Sie das Verdammungsurteil des Autors im letzten Satz von M 12.

○●● m) Untersuchen Sie unter Heranziehung von M 11 das Verhalten des Raoul in M 12.

○○● n) Beschreiben Sie die Lebensumstände der Muslime unter christlicher Herrschaft (M 13).

●●● o) Beurteilen Sie die Motive für diese Verwaltungspraxis der Christen (M 13).

○○● p) Geben Sie wieder, welche Rolle die Kreuzzüge in der heutigen Wahrnehmung des Westens durch die arabische Welt spielen (M 14).

●●● q) Nehmen Sie Stellung zur Auswirkung dieses Geschichtsbildes auf das Zusammenleben der Völker in unserer Zeit und diskutieren Sie Möglichkeiten der konstruktiven Auseinandersetzung mit ihm (M 14).

# Grundwissen: Zusammenleben von Menschen zweier Kulturen in den Kreuzfahrerstaaten

## Die Sicht der Muslime auf die Kreuzfahrer

→ 1 S. 148
→ 3 S. 49

Zu der Zeit, als im Westen die Kreuzzugsidee Gestalt annahm, war das kulturelle und zivilisatorische Gefälle vom muslimischen Orient zum christlichen Okzident enorm. Die Araber waren sich ihrer Überlegenheit in nahezu allen Bereichen von Wissenschaft, Technik und Kunst bewusst, ganz zu schweigen davon, dass sie den (aus ihrer Sicht) einzig wahren Glauben vertraten. An den Gebieten jenseits der Alpen waren sie daher nicht interessiert. Sie galten den Muslimen als kalt und nass, seine Bewohner dementsprechend als träge, dumpfe und rohe Barbaren. Für ihre Kampfkraft waren die Kreuzfahrer zwar geachtet und gefürchtet, doch sprach man ihnen schätzenswerte menschliche Eigenschaften ab. Sobald sich die „Franken" im Heiligen Land aber niederließen und Stück für Stück die orientalische Lebensart übernahmen, wurden Kontakte möglich; auch Eheschließungen mit ehemals christlichen, zum Islam übergetretenen Frauen kamen vor. Unerlässliche Voraussetzung für eine solche Annäherung war aus Sicht der Muslime jedoch, dass sich die Kreuzfahrer der islamischen Kultur und Lebensweise öffneten, nicht umgekehrt.

## Das Verhalten der Kreuzfahrer gegenüber den Muslimen

→ 4 S. 149
→ 5 S. 149
→ 6 S. 149 f.
→ 7 S. 150
→ 9 S. 151
→ 10 S. 151
→ 11 S. 151 f.

Zwei klar unterscheidbare Verhaltensmuster der Kreuzfahrer im Orient treten in den Quellen immer wieder hervor. Neuankömmlinge aus Europa waren für Kontakte mit Muslimen zumeist nicht zu haben und verhielten sich ihnen gegenüber unnachgiebig, oft arrogant. Sie verstanden sich selbst als überzeugte, wenn nicht sogar fanatische Kämpfer für den christlichen Glauben und brachten aus ihrer Heimat ein regelrechtes muslimisches Feindbild mit. Wer sich jedoch über einen längeren Zeitraum im Heiligen Land aufhielt, sich dort sogar niederließ, änderte nicht selten sein Verhalten. Man entdeckte die Vorzüge orientalischen Komforts und Lebensstils und eignete sich schrittweise neue Verhaltensweisen an, die man sich nicht selten von den Muslimen abschaute. „Wir sind zu Orientalen geworden" – so fasste ein christlicher Chronist des 1. Kreuzzuges diese Entwicklung zusammen. Mit dem Hineinwachsen in ihr neues kulturelles Umfeld – man spricht von „Akkulturation" – richteten viele Kreuzfahrer auch ihr Verhalten gegenüber den alteingesessenen Muslimen neu aus. An die Stelle engstirniger Vorurteile konnte eine gelassenere und tolerantere Einstellung treten, gerade auch in Fragen der Religion.

**Zweikampf zwischen einem christlichen (l.) und einem muslimischen Ritter (r.).**
*Englische Darstellung um 1340.*

→ 12 S. 152
→ 13 S. 152

Diese Annäherung hatte jedoch klare Grenzen. Zu einer Assimilation der Europäer oder einer echten Symbiose zwischen beiden Kulturen kam es nicht. Die „Franken" stellten selbst in den Kreuzfahrerstaaten nur eine kleine Bevölkerungsminderheit dar. Daher schotteten sie sich zur Bewahrung ihrer Identität gegenüber einer Vermischung mit islamischen Elementen weitgehend ab und blieben mental auf Europa fixiert. So ist es zu erklären, dass die Kreuzfahrer und ihre Nachkommen nach der Vertreibung aus dem Heiligen Land dort mit Ausnahme von Bauwerken keine Spuren hinterlassen haben.

Wirtschaftlich ging es den Muslimen, die durch die Kreuzzüge unter christliche Herrschaft geraten waren, zumeist gut. Als Händler wurden sie nicht diskriminiert und selbst islamische Quellen räumen ein, dass die „fränkischen" Grundherren ihre abhängigen muslimischen Bauern fair behandelten und keine überhöhten Abgaben verlangten. Dies wäre allerdings auch riskant gewesen, da die Christen von den Muslimen an Bevölkerungszahl weit übertroffen wurden.

## Nachwirkungen der Kreuzzüge

→ 14 S. 152 f.

Für die Menschen im Westen gehören die Kreuzzüge heute ebenso der Vergangenheit an wie etwa der Investiturstreit oder die Pestepidemie des 14. Jahrhunderts. Nicht so in der muslimischen Welt: Die Eroberung der auch für den Islam als heilig geltenden Stadt Jerusalem durch das Kreuzfahrerheer im Jahre 1096 und die nachfolgende Errichtung von Kreuzfahrerstaaten im Vorderen Orient stellen aus der Sicht vieler Muslime eine bis heute nachwirkende Schande dar. Auch waren die Kreuzzüge in ihren Augen nur der Auftakt einer seit Jahrhunderten andauernden Verschwörung des Westens gegen die islamische Welt, die in der Epoche des Kolonialismus ihren Höhepunkt fand und in der Gegenwart mit militärischen Mitteln (Kriege im Irak und in Afghanistan) wie durch kulturelle Verwestlichung fortgesetzt wird. Der frühere US-Präsident George W. Bush (2001 - 2009) wurde infolge seiner Außenpolitik in arabischen und amerikanischen Medien gleichermaßen als „Kreuzritter" dargestellt. **(→ Vgl. Kapitel 2.8 und 3.6)**

Die Erinnerung ist schwer belastet und vergiftet nachhaltig die Beschäftigung mit den gegenwärtigen Problemen der Weltpolitik. So kann Geschichte und der Umgang mit ihr auch zu einer Hypothek werden.

**Moderner Kreuzzug?**
*US-Präsident George W. Bush (2001 - 2009) betonte seine starke christliche Überzeugung und verwendete häufig religiöse Motive in seinen Reden und nutzte gern sakrale Orte für seine öffentlichen Auftritte, wie auf diesem Foto eine Baptistische Kirche am 20. Januar 2003. Nach dem Anschlag vom 11. September 2001 rief er die USA und deren Verbündeten zum „Kreuzzug" gegen das „Böse" und den „Terror" auf. Häufig stellten ihn Medien bzw. die Presseabteilung des Weißen Hauses in Fotos in Predigerpose dar.*

# 2.7 Wissenstransfer vom Orient zum Okzident

## Bewahrung und Weitergabe des antiken Wissens

### 1 Die zivilisatorische Überlegenheit der islamischen Welt

*Der amerikanische Orientalist Bernard Lewis (geb. 1916) charakterisiert die islamische Zivilisation des Mittelalters:*

Als die islamische Macht ihren Höhepunkt erreichte, gab es nur eine andere Zivilisation, die es mit dem hohen Grad, der Qualität sowie der Vielgestaltigkeit ihrer Leistungen aufnehmen konnte – China. Doch war die chinesische Zivilisation in ihrem Kern von regionaler Natur und auf Ostasien sowie eine bestimmte Volksgruppe beschränkt. [...] Im Gegensatz dazu erschuf der Islam eine wahre Weltzivilisation. Viele Völker gehörten ihr an, sie war international, man könnte sogar sagen: interkontinental.

[...] Mit Blick auf die Künste und die zivilisatorischen Wissenschaften hatte der Islam den bis dahin höchsten Stand in der Geschichte der Menschheit erreicht. Er hatte das Wissen und die Fähigkeiten des Nahen Ostens, des antiken Griechenlands und Persiens geerbt. Diese hatte er um mehrere wichtige Innovationen aus ferneren Gegenden bereichert; etwa die Verwendung und Herstellung von Papier aus China und das Rechnen mit Dezimalstellen aus Indien. Die moderne Literatur und Wissenschaft lassen sich ohne diese beiden Errungenschaften nur schwer vorstellen. Im islamisch geprägten Nahen Osten wurden dem ererbten Bestand mathematischer Kenntnisse zum ersten Mal die indischen Zahlen hinzugefügt. Von dort kamen sie in den Westen, wo wir sie bis heute als „arabische Zahlen" bezeichnen und damit nicht an ihre Erfinder, sondern ihre Vermittler erinnern. Dieses reiche Erbe erweiterten die Gelehrten und Wissenschaftler der islamischen Welt und leisteten durch ihre eigenen Beobachtungen, Experimente und Gedanken einen ungeheuer wichtigen Beitrag. Für die meisten Künste und zivilisatorischen Wissenschaften ist festzuhalten, dass das mittelalterliche Europa ein Schüler und in gewissem Sinne abhängig von der islamischen Welt war.

*Bernard Lewis: What Went Wrong? The Clash between Islam and Modernity in the Middle East. New York 2002, S. 6 f. Übers. M. Brabänder*

### 2 Das maurische Spanien und der Wissenstransfer nach Europa

*Der Tübinger Islam-Historiker Heinz Halm (geb. 1942) gibt einen Einblick in die Bedeutung islamischer Übersetzungstätigkeit für das christliche Europa:*

Ebenso bedeutsam wie für die Araber selbst war ihre Rezeption [= Übernahme] des antiken Erbes für das christliche Abendland, in dessen Klosterbibliotheken zwar die lateinische Literatur bewahrt wurde, die griechische aber allenfalls in lateinischer Übersetzung vorhanden war. Die Vermittlerrolle der Araber kann nicht hoch genug eingeschätzt werden. Das antike Schrifttum in arabischer Fassung fand seinen Weg nach Westeuropa vor allem über die Iberische Halbinsel [...]. So hat der gelehrte Kleriker Gerbert von Aurillac – nachmals Papst Silvester II. (999–1003) – in seiner Jugend drei Jahre lang in der katalonischen Bischofsstadt Vich und im nahe gelegenen Kloster Ripoll studiert und dabei seine Kenntnisse in Mathematik und Astronomie – vor allem im Gebrauch von astronomischen Instrumenten wie dem Astrolab[1] und der Armillarsphäre[2] – mithilfe arabischer Quellen vertieft. Die christliche Rückeroberung von Toledo durch König Alfons VI. von Kastilien 1085 schuf ein weiteres Zentrum der Beschäftigung mit der arabischen Literatur. Im Umkreis des Erzbischofs Raimund I. (1126–1151) entfaltete sich nun eine rege Übersetzertätigkeit aus dem Arabischen ins Lateinische, die von gelehrten Klerikern aus ganz Europa getragen wurde. [...] Die antike Mathematik und Astronomie nehmen in den über das islamische Spanien dem christlichen Abendland vermittelten antiken Werken eine zentrale Stellung ein. Dazu kamen die selbständigen Werke arabisch-islamischer Gelehrter, etwa die astronomischen Tabellen des Spaniers Maslama al-Madschriti („der Madrider", gest. um 1007), die der Engländer Adelard von Bath 1126 ins Lateinische übersetzte. [...]

Den größten Einfluss auf die abendländische Philosophie hat vielleicht der andalusische Aristoteliker Ibn Ruschd (latinisiert Averroës; 1126–1198) aus Cordoba ausgeübt, da sein umfangreiches Werk, ins Lateinische übersetzt, eine Welle des Aristotelismus in Westeuropa auslöste; eigentlich ist erst durch ihn Aristoteles im Abendland bekannt geworden.

*1 Gerät zur Winkelmessung am Himmel*
*2 Ringkugel; Gerät zur Messung von astronomischen Koordinaten*

*Heinz Halm: Die Araber. Von der vorislamischen Zeit bis zur Gegenwart. München 2004, S. 45 f.*

**3 Schatz der Optik (arab. Kitab al-Manazir, lat. Opticae thesaurus)**

*Der arabische Gelehrte Abu Ali al-Hasan ibn al-Haitham, lateinisiert: Alhazen, (ca. 965 – ca. 1040) verfasste u. a. eine siebenbändige Schrift über optische, physikalische und meterologische Fragen seiner Zeit. Teilweise griff er dabei Erkenntnisse antiker griechischer Philosophen auf. Die Abhandlung wurde Ende des 12. Jahrhunderts vom Arabischen ins Lateinische übersetzt.*
*Die arabischen Erkenntnisse der Lichtbrechung und Lichtreflexion beeinflussten maßgeblich die Malerei und Architektur der europäischen Renaissance, später auch Wissenschaftler wie Johannes Kepler.*
(➔ vgl. Kapitel 1.2)
*Kupferstich der Ausgabe des Thesaurus opticus 1572*

**4 Medizinischer Fortschritt aus dem Orient**

*Der Münsteraner Mittelalterhistoriker Kay Jankrift (geb. 1966) beschreibt den Stand der medizinischen Kenntnisse in der islamischen Welt des Mittelalters:*

Die Erweiterung medizinischen Wissens im Abendland durch Übersetzungen aus dem Arabischen war beträchtlich. Im Zeitalter der Kreuzzüge hielt die rege Übersetzertätigkeit an. Der als Übersetzer im spanischen Toledo wirkende Italiener Gerhard von Cremona (1114–1187) übertrug Texte des Avicenna[1] (980–1037) ins Lateinische, die unter dem Titel *Canon medicinae* rasch den bis dahin als heilkundliches Grundlagenwerk herangezogene *Liber regius* an Bedeutung überflügelte. […] Bis zum Ende des 12. Jahrhunderts flossen so all jene Werke in den Westen, die für die kommenden Jahrhunderte den Kern universitärer Lehrstoffe bilden sollten. […]

An den Höfen der fränkischen Könige von Jerusalem wirkten viele erfahrene Heilkundige, vor allem Orientalen. So klagt etwa Wilhelm von Tyrus[2], dass sich König Amalrich[3] hauptsächlich mit griechischen, koptischen[4] und syrischen Heilkundigen und Ärzten aus solchen christlich-orientalischen Völkerschaften umgebe. […]

Dass die arabische Heilkunst im Zeitalter der Kreuzzüge Glanzleistungen in großer Zahl hervorbrachte, wird in dem Werk Usama ibn Munquidhs[5] an vielen Stellen deutlich. Bei einem Scharmützel mit den Franken erlitt ein Gefolgsmann des Emirs einen Schwerthieb ins Gesicht. Der Streich durchtrennte Augenbraue und -lid, Wange, Nase und Oberlippe, sodass die gesamte Gesichtshälfte auf seiner Brust hing. Seine Kampfgefährten übernahmen die medizinische Erstversorgung und verbanden die Wunde. Zurückgekehrt nach Schaizar[6], wurde die Verletzung genäht und behandelt, bis – so unterstreicht Usama – alles wieder so gewesen sei wie früher. Sein Auge hatte der Krieger aber unwiederbringlich eingebüßt. Ein derartig erfolgreiches Nähen der Wunde war nicht zuletzt durch ein bruchsicheres Nähmaterial möglich geworden, das der große Avicenna entdeckt und erstmals verwendet hatte: Borsten von Schweinen. Im Zeitalter der Kreuzzüge begann der Okzident, die Juwelen des medizinischen Wissensschatzes aus dem Orient zu erblicken.

*1 latinisierte Form des arabischen Namens Ibn Sînâ; berühmter persischer Arzt und Wissenschaftler*
*2 Kleriker und Kanzler des Königreiches Jerusalem (1130–1186); vgl. Kapitel 2.4, M 3*
*3 König von Jerusalem 1163–1174*
*4 Als Kopten bezeichnet man ägyptische Christen.*
*5 syrischer Ritter, Schriftsteller und Diplomat (1095–1188); vgl. Kapitel 2.5, M 1*
*6 mittelalterliche Stadt und Festung in Syrien*

*Kay Jankrift: Krieger, Kranke und weise Ärzte. Medizin im Zeitalter der Kreuzzüge. In: Kein Krieg ist Heilig: die Kreuzzüge. Hrsg. von Hans-Jürgen Kotzur. Mainz 2004, S. 301–305.*

## 5 Wörter aus dem Arabischen

Alchemie, Algebra, Amulett, Aprikose, Artischocke, Atlasseide, Baldachin, Barchent, Chiffon, Damast, Dattel, Diwan, Estragon, Gitarre, Gurke, Jacke, Karaffe, Kattun, Kümmel, Laute, Limone, Mais, Marzipan, Matratze, Melone, Mütze, Muskat, Natron, Orange, Pantoffel, Pflaume, Pomeranze, Reis, Safran, Samt, Sirup, Sofa, Taft, Talisman, Tamburin, Tasse, Trompete, Zimt

*Heinz Dieter Schmid (Hrsg.): Fragen an die Geschichte. Bd. 2: Die europäische Christenheit. Frankfurt 1981, S. 69.*

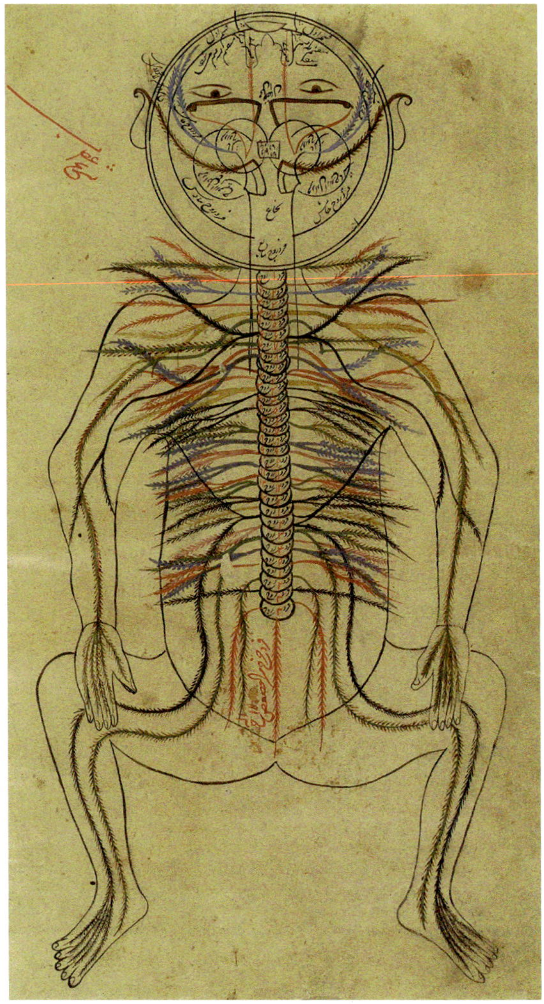

## 6 Arabische Anatomie

*Schaubild des Nervensystems aus Avicennas Handbuch „Kanon der Medizin". Das Buch wurde im 12. Jahrhundert ins Lateinische übersetzt und war mehrere Jahrhunderte hindurch ein medizinisches Standardwerk.*

### Arbeitsvorschläge

○○● a) Beschreiben Sie, welche Eigenschaften die islamische Zivilisation auszeichneten (M 1).

○○● b) Geben Sie wieder, welche Bedeutung die gelehrte Übersetzungstätigkeit im arabischen Spanien für das christliche Europa hatte (M 2).

○○● c) Beschreiben Sie die Bedeutung der islamischen Medizin für das mittelalterliche Europa (M 4, M 6).

○●● d) Ordnen Sie die Begriffe Bedeutungsgruppen zu und erläutern Sie die Häufung arabischer Lehnwörter in diesen Zusammenhängen (M 5).

# Grundwissen: Wissenstransfer vom Orient zum Okzident

**Bewahrung und Weiterentwicklung antiken Wissens**

→ 1 S. 156
→ 2 S. 156
→ 3 S. 157
→ 4 S. 157 f.
→ 5 S. 158
→ 6 S. 158

Als die arabischen Eroberungszüge um die Mitte des 8. Jahrhunderts ausklangen, waren mit Persien, Mesopotamien, Syrien und Ägypten Kerngebiete der antiken Zivilisation unter die Herrschaft des Islam geraten. Die Araber lernten dieses kulturelle Erbe bald zu schätzen. In zahlreichen Medresen (juristischen Lehranstalten), staatlichen Bibliotheken und astronomischen Observatorien wurden die Wissenschaften gepflegt. Den Bibliotheken kam neben der Sammlung und Aufbewahrung von Büchern die wichtige Aufgabe zu, Schriften anderer Kulturen ins Arabische zu übersetzen, um ihren Wissensschatz nutzbar zu machen. So gründete bereits der Kalif al-Ma'mun (813 - 833) in Bagdad ein „Haus der Weisheit“, das sich ganz der Übersetzungstätigkeit widmete. In den folgenden Jahren wurde beispielsweise fast der gesamte Bestand der griechischen Naturwissenschaften, Mathematik und Medizin ins Arabische übersetzt, ebenso umfangreiche Partien der klassischen Philosophie (vor allem die des Aristoteles).

Dank dieser reichen Zuflüsse nahm der Stand der Wissenschaften in der islamischen Welt bald eine unangefochtene Spitzenstellung ein. (**Online-Link** 430075-0211) Hätte es im Mittelalter Nobelpreise gegeben, wären sie wohl alle in den Orient gegangen. Das Arabische entwickelte sich zur universellen Wissenschaftssprache jener Zeit – ähnlich dem Englischen unserer Tage.

Auch im maurischen Spanien, arabisch: al-Andalus, gab es bald wichtige Zentren der Wissensvermittlung. Deren Bedeutung erkannten auch die christlichen Herrscher, als sie das Land in zähem Ringen von Norden her von den Muslimen zurückeroberten. So entstand in Toledo, das seit 1085 wieder in christlicher Hand war, eine von Krone und Kirche gleichermaßen geförderte Übersetzungsschule, die in den folgenden zwei Jahrhunderten alle bedeutenden wissenschaftlichen und philosophischen Schriften aus dem Arabischen ins Lateinische übersetzte. Viele von ihnen fanden anschließend ihren Weg in die Universitäten und Bibliotheken Europas und wirkten dort als Katalysatoren für die aufkeimenden Wissenschaften des Abendlandes.

Andere Schriften fanden über den Fernhandel im 12. und 13. Jahrhundert ihren Weg besonders in die norditalienischen Stadtstaaten und trugen zur Entstehung der Renaissance bei. (**→ Vgl. Kapitel 1.2 und 1.3**)

**Messung des Sonnenstands mithilfe eines Astrolabiums**
*Bagdad, 13. Jahrhundert*

# 2.8 Vom Osmanischen Reich zu (k)einem „Kampf der Kulturen“ Ende des 20. Jahrhunderts

## Eine neue islamische Macht in Europa – das Osmanische Reich

**1 Symbol einer neuen Kulturmacht im Osten**
*Unter dem Sultan Süleyman, genannt „der Prächtige“ (1520–1566), erreichte das Osmanische Reich seine größte Ausdehnung. Ausdruck fand dies nicht zuletzt in den Bauwerken des bekanntesten osmanischen Architekten Sinan. Dazu gehörte u. a. die Selimiye-Moschee (1575) in Edirne (osmanische Hauptstadt 1368–1453), die zu den größten Kuppelbauwerken Europas zählt.*

**2 Die Islamwissenschaftlerin Gudrun Krämer beschreibt die Lage des Osmanischen Reiches in verschiedenen Jahrhunderten**

a) Das Osmanische Reich war in seiner „klassischen Zeit“ zwischen 1450 und 1600 die bedeutendste muslimische Macht der Welt mit einer florierenden, auf Landwirtschaft, Handel und Handwerk beruhenden Wirtschaft, einer wachsenden Bevölkerung und einer vergleichsweise starken Zentralverwaltung. Die Gesamtbevölkerung des Reiches wurde um 1600 auf etwa 18–20 Millionen Menschen geschätzt, von denen reichsweit rund 85 Prozent auf dem Land lebten, etwa 15 Prozent in den Städten (in Anatolien waren es weniger als 10 Prozent […]). Mit rund 600000 Einwohnern war Istanbul 1550 eine der größten Städte der Welt, deren Versorgung und Kontrolle zu den wichtigsten Aufgaben der Zentralregierung zählten. […]

b) Unbestritten hatte das Osmanische Reich um 1600 seinen Zenit überschritten, wenngleich es seine Grenzen bis ins ausgehende 18. Jahrhundert erfolgreich verteidigte. Nicht umsonst aber steht hier „verteidigte“: Kriege wurden an allen Fronten weiter geführt, aber die Expansion kam zum Stillstand, und die Kriege kosteten mehr, als sie an Beute, Steuern und Abgaben einbrachten. Hier zeigte sich, wie sehr das Reich ungeachtet seiner vergleichsweise entwickelten Verwaltung auf den Krieg gebaut war. […] Über die Missstände bei Hofe hinaus sind strukturelle Faktoren bekannt, die nicht alle durch die osmanische Regierung beeinflusst werden konnten und die einzeln und in der Summe zur Schwächung der osmanischen Wirtschaft, Armee und Verwaltung beitrugen: In den 1580er Jahren führte der vermehrte Zufluss von Silber aus Mittel- und Südamerika zu einer raschen Entwertung der einheimischen (Silber-)Währung. […] Immer kostspieliger wurde zugleich der Unterhalt der Janitscharen[1], deren Zahl enorm anstieg (1595 waren es bereits 25000, 1660 rund 54000), während zugleich ihre militärische Leistungskraft deutlich zurückging. […] Staatliche Sparmaßnahmen verschärften die Krise: Unbezahlte oder entlassene Offiziere und Soldaten sowie Madrasa-Absolventen[2] (softas), die keine Anstellung in der staatlichen Verwaltung fanden, schlossen sich zu bewaffneten Banden zusammen, die das flache Land unsicher machten. Die Krise wirkte sich vor allem in Anatolien aus, dessen bäuerliche Wirtschaft die Belastungen nicht verkraftete, zumal in den 1580er Jahren nach lang anhaltender Dürre die Pest wütete. […] Zug um Zug verlor die Zentralregierung gegenüber den lokalen Eliten an Boden. […]

c) Nach 1750 zeichnete sich der Aufstieg lokaler Notabelnfamilien[3] in Anatolien, Südosteuropa und den arabischen Provinzen deutlich ab, Vorbote regionaler Autonomie- und Unabhängigkeitsbestrebungen. Für den Zentralstaat bedeutete das selbstverständlich einen Verlust an Einnahmen, Prestige und Kontrolle: Für die lokale Bevölkerung hatte es nur dann negative Folgen, wenn Dezentralisierung sich mit mangelnder Sicherheit verband, nicht aber, wenn die lokalen Machthaber aus Eigeninteresse die lokale Wirtschaft und Kultur förderten. […]

*1 Elitesoldaten im Osmanischen Reich*
*2 islamische Lehranstalt, sie vereinigt Lehrräume, Betsäle, Bibliothek und Wohnräume für die Studenten*
*3 Angehörige der sozialen Oberschicht*

*Gudrun Krämer: Geschichte des Islam. München 2005, S. 218 f., S. 225–228, S. 263, S. 276 f., S. 286 f.*

**3** **Das Osmanische Reich steigt zur neuen Macht im östlichen Mittelmeer auf**

## Die islamische Welt gerät gegenüber den westlichen Industrienationen ins Hintertreffen

### 4 Die Spätphase des Osmanischen Reichs

*Der Orientalist Albert Hourani charakterisiert die unterlegene Position der islamischen Völker seit Ende des 18. Jahrhundert im Vergleich zu Europa.*

Im neunzehnten Jahrhundert beherrschte Europa die Welt. Die industrielle Massenproduktion und die technischen Veränderungen bei Verkehrsverbindungen und Nachrichtenübermittlung – Dampfschiffe, Eisenbahn und Telegraf – führten zu einer Expansion des europäischen Handels und gleichzeitig zu einer militärischen Vormachtstellung der europäischen Staaten. Die französische Besetzung Algeriens in den Jahren 1830–1847 war die erste größere Eroberung eines arabischen Landes. Für die muslimischen Staaten und Gesellschaften bedeutete diese Niederlage, dass sie nicht länger in einer stabilen und unabhängigen kulturellen Einheit, dem Erbe ihrer Vergangenheit, leben konnten. Sie mussten von nun an die Kraft aufbringen, in einer Welt zu überleben, die von anderen beherrscht wurde. Die osmanische Regierung übernahm nach europäischem Vorbild neue Methoden zum Aufbau von Militär, Verwaltung und Rechtswesen. [...] Das Osmanische Reich verlor die meisten seiner europäischen Provinzen und wurde zunehmend ein türkisch-arabischer Staat. Während die religiöse und rechtliche Kultur des Islam bewahrt wurde, gewann eine neue Denkweise an Einfluss, mit der man die Gründe für die Stärke Europas zu erklären versuchte und zugleich nachweisen wollte, dass die muslimischen Länder europäisches Gedankengut und europäische Methoden übernehmen konnten, ohne dabei ihrem Glauben untreu zu werden. [...] Ihr Anliegen war die Reform des islamischen Rechts und die Einführung gleicher Bürgerrechte für alle; sie suchten auch nach einer neuen Grundlage für das Osmanische Reich, aber am Ende des neunzehnten Jahrhunderts gingen von den Ideen des Nationalismus die größten Impulse aus. Abgesehen von seltenen, kurz aufflammenden Unruhen berührten die neuen Ideen das Leben der Menschen auf dem Land und in der Wüste kaum.

Das Ende des Ersten Weltkriegs brachte die endgültige Auflösung des Osmanischen Reiches. Aus den Ruinen entstand die Türkei, ein neuer unabhängiger Staat; die arabischen Provinzen gerieten unter britische und französische Kontrolle. Mit Ausnahme einiger Teile der Arabischen Halbinsel befand sich mittlerweile die gesamte arabischsprechende Welt im Machtbereich der Europäer. Die ausländische Herrschaft führte zu neuen Verwaltungsstrukturen und gewissen Fortschritten im Bildungswesen; sie förderte aber auch, besonders in den gebildeten Schichten der Gesellschaft, nationalistische Tendenzen. In einigen Ländern gelangte man mit den fremden Machthabern zu einer Einigung über eine begrenzte Selbstverwaltung, aber in anderen blieb es bei einer unversöhnlichen Opposition.

*Albert Hourani: Die Geschichte der arabischen Völker. Von den Anfängen des Islam bis zum Nahostkonflikt unserer Tage. Frankfurt a. M. 5. Auflage 2006, S. 323 f. Übers. Manfred Ohl/Hans Sartorius*

**5** **Niedergang des Osmanischen Reiches im 18./19. Jahrhundert**

### 6 Orientierung am westlichen Modernisierungsmodell

***Der Begründer der modernen Türkei, Kemal Atatürk, hatte das Ziel, einen modernen, an der westlichen Zivilisation orientierten türkischen Nationalstaat zu schaffen:***

Die Reformmaßnahmen bringen drei grundsätzliche Folgerungen zum Ausdruck, die Atatürk aus dem Niedergang des Osmanischen Reiches und dem Scheitern des Modernisierungsprozesses gezogen hatte. Die europäische Zivilisation hatte sich der des Osmanischen Reiches überlegen gezeigt. Um die Türkei aus Unterlegenheit und Abhängigkeit zu befreien, hielt Atatürk eine konsequente Verwestlichung von Staat und Gesellschaft für geboten. Atatürk folgte damit einem Trend unter den Jungtürken[1], den einer ihrer Vertreter 1913 so beschrieben hatte: „Es gibt keine zweite Zivilisation: Zivilisation bedeutet europäische Zivilisation, und sie muss eingeführt werden – mit ihren Rosen und ihren Dornen."

Zum Zweiten beendete er die Diskussion um die Identität der Türken und die Grundlagen ihres Staates durch Propagierung eines ausgeprägten Nationalismus. Das Türkentum wurde zur Nationalität der auf dem Gebiet des türkischen Staates lebenden Menschen erklärt. „Ne mutlu Türküm diyene" (Wie erhaben ist es zu sagen: Ich bin ein Türke), galt als zentrales Bekenntnis. Noch wenige Jahre zuvor hatte eine sich als „osmanisch" fühlende Elite die „Türken" unter den Untertanen als unwissende Bauern und Hirten verachtet. Erst seit Ende des 19. Jahrhunderts hatten türkische Intellektuelle und Literaten begonnen, Stolz auf ihr Volkstum zu entwickeln – wie es Untertanen anderer Ethnien längst getan hatten.

Die Entdeckung der „türkischen Kultur" und die Reinigung der türkischen Sprache bildeten Kernelemente der Kulturpolitik des neuen türkischen Staates. [...] Der dritte Grundsatz war eine konsequente Säkularisierung. Der Islam trat als Identifikationsmerkmal in den Hintergrund. Die Religion hatte den Modernisierungsprozess des Reiches blockiert. Die islamische Reichsidee hatte darüber hinaus das osmanische Staatswesen in immer neue militärische Auseinandersetzungen verwickelt. Nun sollte Religion zur Privatangelegenheit des Einzelnen werden. Der Abschaffung des Kalifats entsprach die Abschaffung des Islam als Staatsreligion in der Verfassung von 1928. 1937 wurde das Prinzip des Laizismus – der Trennung von Religion und Staat – in die Verfassung übernommen: „Der Türkische Staat ist republikanisch, nationalistisch, volksverbunden, etatistisch[2], laizistisch[3] und revolutionär."

Der „Kemalismus"[4] ist weder eine Ideologie noch ein detailliertes Programm für gesellschaftliche Umgestaltung, kann jedoch als erster Versuch eines „eigenen Entwicklungsweges" bezeichnet werden, der späteren Reformern und Revolutionären im Nahen und Mittleren Osten als Vorbild gedient hat. [...] Nirgendwo sonst aber ist die Transformation so radikal erfolgt, hat sie so anhaltende Wirkung gezeigt und wurde sie so kompromisslos durchgesetzt wie in der Türkei.

*1 Die jüngtürkische Bewegung („Jungtürken") war eine um 1876 entstandene nationaltürkische Partei im Osmanischen Reich. Sie propagierte liberale Reformen nach westlichem Vorbild.*
*2 Adjektiv, beschreibt ein Prinzip, bei dem die Lösung gesellschaftlicher und wirtschaftlicher Probleme durch staatliche Regelungen erfolgen soll.*
*3 Adjektiv, beschreibt ein Modell, das auf einer strengen Trennung von Religion und Staat basiert.*
*4 türkischer, durch Mustafa Kemal Atatürk geprägter Nationalismus*

*Udo Steinbach: Informationen zur politischen Bildung Nr. 277/2002. Hrsg. von der Bundeszentrale für politische Bildung, S. 11.*

### 7 Eine tiefe historische Zäsur

***Gudrun Krämer schreibt über die tiefgreifenden Folgen des Zweiten Weltkrieges in der islamischen Welt:***

Der Zweite Weltkrieg bedeutete für die islamische Welt eine tiefere historische Zäsur als der Erste: Erst jetzt zogen sich die Kolonialmächte, freiwillig oder unfreiwillig, rasch oder verzögert, aus ihren Kolonien zurück. Ägypten und Irak waren schon seit den 1930er Jahren nominell unabhängig. 1947 erlebte die traumatische Teilung Indiens und die Gründung Pakistans – des ersten Staates der Moderne, der von Muslimen für Muslime gegründet wurde. [...] Auch der Nahe Osten erlangte nun seine politische Unabhängigkeit. Hier aber verband sich das Kriegsende mit der Gründung des Staates Israel im Mai 1948 und der Niederlage der arabischen Armeen im ersten arabisch-israelischen Krieg von 1948/49 – eine Hypothek, an der die jungen Regime Jahrzehnte trugen. [...] Die Niederlage gegen Israel löste in der arabischen Welt eine Welle von Militärputschen aus, die 1949 in Syrien begann und 1969 in Libyen ein vorläufiges Ende fand. [...] Zum Zeitpunkt der Unabhängigkeit bildete das Militär in den jungen Staaten der Region den einzigen vergleichsweise modern und gut organisierten Apparat. [...]
Unabhängig von ihrer Ideologie etablierten [die neuen Machthaber] autoritäre, „neopatrimoniale" Regime, in denen die Staatsführung den Versuch unternahm, die Gesellschaft nach eigenen Vorstellungen umzugestalten. Dabei stützten sie sich auf die rasch ausgeweitete Armee, Bürokratie und Sicherheitsdienste, eine Einheitspartei und Massenorganisationen. Begünstigt wurde die Entwicklung durch die Einnahmen („Renten") aus natürlichen Ressourcen, vor allem Erdöl, der strategischen Lage und/oder außenpolitischem Handeln, die den Regimen zuflossen. Sie erlaubten ihnen, sich von ihren eigenen Gesellschaften weitgehend unabhängig zu machen und deren Zustimmung durch soziale und andere Leistungen zu gewinnen oder aber Widerspruch zu unterdrücken („Rentierstaat").

*Gudrun Krämer: Geschichte des Islam. München 2005, S. 292–294.*

## Suche nach einem eigenen islamischen Weg

### 8 Legitimationsverlust „westlicher Modelle"

***Die Regime in den arabischen Staaten verloren bis zum Anfang der 1970er Jahre immer mehr den Rückhalt in der Bevölkerung. Dadurch wurde die „islamische Wende" ermöglicht. Gudrun Krämer nennt die Ursachen für den Legitimitätsverlust der Regierungen:***

Vielerorts war vom „Scheitern" des arabischen Sozialismus wie aller vom Westen übernommener Ideologien (Liberalismus, Kommunismus, Demokratie) die Rede. Die Regime sahen sich einem stetig wachsenden Leistungs- und Erwartungsdruck ausgesetzt, den sie mit ihrer hochfliegenden Rhetorik selbst erzeugt hatten: Ein hohes Bevölkerungswachstum („Bevölkerungsbombe"), das vor allem den Anteil junger Menschen dramatisch ansteigen ließ, Landflucht und Urbanisierung, steigende Ansprüche an Qualität und Umfang staatlicher Dienstleistungen von der Versorgung mit Nahrung, Wasser und Wohnraum bis zum Schul- und Gesundheitswesen verschärften den Legitimations- und Leistungsdruck auf die Regime. Verlangt wurden nicht nur politische Unabhängigkeit, wirtschaftliche Entwicklung und soziale Gerechtigkeit, sondern auch kulturelle Authentizität. Die aber wurde in den 1970er und 1980er Jahren vornehmlich mit Bezug auf den Islam definiert. [...] In den Vordergrund aber schoben sich Bewegungen, die mit Berufung auf Koran und Sunna eine grundlegende Reform von Staat und Gesellschaft forderten und dabei unmittelbar in die Politik eingriffen. [...]

*Gudrun Krämer: Geschichte des Islam. München 2005, S. 296.*

### 9 Islamismus als „eigener Weg"

***Der Journalist Albrecht Metzger über die Ziele des Islamismus:***

Für die Islamisten ist der Kolonialismus noch nicht beendet. Unabhängigkeit, soziale Gerechtigkeit, Gleichheit, Einheit, eine Gesellschaft ohne Laster und Korruption – das sind, stichwortartig zusammengefasst, die Ziele, die die Islamisten verfolgen. Unabhängigkeit heißt hier zuvorderst Unabhängigkeit von westlicher Dominanz, um die „Befreiung Palästinas" und damit das endgültige

Ende des europäischen Kolonialismus herbeiführen zu können. [...]
Der Islamismus, oder der politische Islam, wie er auch genannt wird, glaubt durch den Rückgriff auf die Urquellen des Islams die Probleme der heutigen Zeit lösen zu können. Er verlangt von seinen Anhängern, aktiv auf die Errichtung eines islamischen Staates hinzuarbeiten, in dem Gott und nicht der Mensch der Souverän ist. Wie dieser Staat genau aussehen soll, ist vielfach unklar. Klar ist jedoch, dass diese Bewegung totalitäre Ansätze hat. Grundsätzlich lehnt der politische Islam Pluralismus, Individualismus und Demokratie ab. In seiner verblendeten Form läuft er Gefahr, in den Terrorismus abzugleiten – nämlich dann, wenn seine Anhänger glauben, die Errichtung der göttlichen Ordnung verlange einen permanenten Dschihad, in dem die vermeintlichen Feinde des Islams mit allen Mitteln bekämpft werden müssten. Der 11. September war die schreckliche Manifestation dieses verblendeten Islamismus.

*Albrecht Metzger: Die vielen Gesichter des Islamismus. In : Aus Politik und Zeitgeschichte, B3-4/2002, S. 2, S. 6.*

## 10 Kampf der Kulturen?

***Der US-Amerikaner Samuel P. Huntington vertritt die These, dass es zwischen dem Westen und den islamischen Staaten zu einem „Kampf der Kulturen" komme.***

Er [Huntington] vertritt die These, dass Nationalstaaten zwar die mächtigsten Akteure auf dem Globus bleiben, die grundsätzlichen Auseinandersetzungen der Weltpolitik aber zwischen Nationen und Gruppierungen aus unterschiedlichen Kulturen auftreten werden. Dementsprechend schlug er vor, Staaten nicht mehr nach ihrer politischen oder ökonomischen Struktur oder ihrer wirtschaftlichen Entwicklungsstufe zu klassifizieren, sondern aufgrund ihrer kulturellen und zivilisatorischen Stellung einzuordnen. Die künftige Welt werde demnach hauptsächlich von sieben oder acht großen Kulturen geprägt werden. Dazu zählte er die westliche, die konfuzianische, die japanische, die islamische, die hinduistische, die slawisch-orthodoxe, die lateinamerikanische und möglicherweise die afrikanische Kultur. Für ihn hat „der samtene Vorhang der Kulturen den Eisernen Vorhang der Ideologien abgelöst als bedeutsamste Scheidelinie in Europa". Besondere Aufmerksamkeit schenkte Huntington der „islamischen Zivilisation", deren Militanz ihm zufolge nicht nur seit über 1300 Jahren die westliche von der islamischen Welt trennt und deren jahrhundertelange militärische Auseinandersetzungen kaum nachlassen, sondern sich noch verstärken werden. Sie wird sich, so Huntingtons Prognose, im Norden gegen die christlichorthodoxen Slawen über die aktuellen Kämpfe zwischen Armeniern und Aserbaidschans oder Inguschen und Osseten hinaus ausdehnen. Im Süden richtet sich der arabische Islam gegen die schwarzen Christen, wie es Kämpfe im Tschad und Sudan bereits zeigen. Auch in Asien stehen auf der einen Seite der Konfliktlinie die Moslems und vertiefen in ihrem Kampf gegen die Hindus nicht nur die Gräben zwischen Pakistan und Indien, sondern auch in Indien selbst. Nach Huntingtons Fazit hat Islam „blutige Grenzen".

*Mir A. Ferdowsi: Islamsicher Fundamentalismus – (k)ein Kampf der Kulturen. In: Ders. (Hrsg.): Weltprobleme. Bonn 2007, S. 101 f.*

## 11 Verschiedene Gesellschaften mit verschiedenen Hintergründen

***Der Politikwissenschaftler Mir A. Ferdowsi entkräftet 2007 die Thesen Huntingtons:***

Erstens: Eine nüchterne Analyse der Ereignisse in der ehemaligen Sowjetunion und in Jugoslawien zeigt, dass es sich hier nicht primär um Kultur-, Zivilisations- und Konfessionskriege, sondern um den Zerfall von Vielvölkerstaaten als Ergebnis tiefgreifender ökonomischer und politischer Krisen handelt. Die daraus entstandenen ethnischen und territorialen Konflikte nahmen nirgends ihren Ausgang von religiösen Fehden oder Abgrenzungen, wenn sie auch später z. B. in Bosnien, Aserbaidschan und Armenien ein unübersehbares Element bildeten. [...]
Zweitens: Das Phänomen religiöser Erneuerungen ist eine weltumspannende Erscheinung, die sich durch alle religiösen und ethnisch-kulturellen Weltbilder hindurchzieht und in so unterschiedlichen soziopolitischen Kontexten vorzufinden ist, wie z. B. in der arabischen Welt, in Indonesien, der Türkei, dem Iran und in Form eines sich militant politisierenden Hindu-Fundamentalismus im indopakistanischen Subkontinent oder in Israel durch die Hardliner der „Gush Emunim" ebenso wie der „Kach-Bewegung", aber auch und vor allem in den USA, wo der Begriff „Fundamentalismus" zum ersten Mal in Umlauf kam. [...] Noch heute ist in den USA eines ihrer wichtigsten Themen, ob der Mensch Ergebnis der Evolution sei oder, wie in der Bibel beschrieben, als Geschöpf Gottes direkt von Adam und Eva abstamme. Die von Darwin vor 150 Jahren formulierten und inzwischen eigentlich hinlänglich bewiesenen Erkenntnisse sind allerdings ein Politikum ersten Ranges. Denn etwa 44 Prozent der Bevölkerung bekennen sich zur Adam-und-Eva-Variante und bibeltreue Biologiebücher sind im Amerika der Jahrtausendwende keine Seltenheit, wie z. B. in Georgia, Alabama und Tennessee.
Drittens: Der Islam ist keine geschlossene Einheit und die Islamisierungstendenzen sind hier weder überall gleich stark noch inhaltlich identisch. Wie eine genau-

ere Betrachtung der Ideologie dieser Bewegungen [...] unschwer offenlegen würde, handelt es sich hierbei um Phänomene in verschiedenen Gesellschaften mit ganz verschiedenen Hintergründen, die je spezifische Formen aufweisen:

- Politik, die sich religiöser Begriffe oder Mythen zu politischen Zwecken bedient, also religiös, verbrämte Politik;
- religiöser Konservatismus, der sozial oft von einem religiösen Establishment getragen wird;
- Volksreligion oder Volksreligiosität, die man auch als Alltagsreligiosität bezeichnen könnte und die weitgehend unabhängig von politischen oder theologischen Debatten existiert.

*Mir A. Ferdowsi: Islamsicher Fundamentalismus – (k)ein Kampf der Kulturen. In: Ders. (Hrsg.): Weltprobleme. Bonn 2007, S. 102 f.*

## 12 Nachbar oder Erzfeind?

*Der Islamexperte Bernard Lewis beschreibt das Verhältnis der islamischen Gesellschaften zur USA.*

*a) Um die Wende vom 19. zum 20. Jahrhundert ist das Verhältnis durchaus positiv:*

Gegen Ende des 19. und im frühen 20. Jahrhundert wird den Vereinigten Staaten in Lehrbüchern und Enzyklopädien gleichermaßen wie in den Zeitungen dann mehr Raum gewidmet. Dennoch blieb das Interesse gering und beschränkte sich hauptsächlich auf die nichtmuslimischen Minderheiten. Die Texte über die Vereinigten Staaten in der allgemeinen Literatur sind insgesamt weder negativ noch positiv und erschöpfen sich in kurzen Darstellungen. [...] Der Zweite Weltkrieg, der Erdölboom und die politischen Entwicklungen der Nachkriegszeit führten zu einer erheblichen Verstärkung der amerikanischen Präsenz in den islamischen Ländern. Gleichzeitig kamen immer mehr Muslime in die Vereinigten Staaten, zunächst als Studenten, später als Lehrer, Geschäftsleute oder Touristen, und schließlich auch als Einwanderer. Das Kino und später das Fernsehen vermittelten Millionen Muslimen, für die der Name Amerika zuvor bedeutungslos gewesen war, einen Eindruck vom „American Way of Life" – oder zumindest einen Eindruck von einer Version dieses Lebensstils. In den unmittelbaren Nachkriegsjahren, als die europäische Konkurrenz am Boden lag und die japanische noch nicht entstanden war, wurde eine große Vielfalt amerikanischer Produkte auch auf den entlegensten Märkten verkauft. Amerikanische Produkte eroberten neue Kunden und, vielleicht wichtiger noch, schufen neue Vorlieben und Bedürfnisse. Für viele stand Amerika damals für Freiheit, Gerechtigkeit und für unbegrenzte Möglichkeiten. Noch mehr Menschen sahen in Amerika das Symbol für Reichtum und Macht und Erfolg, und zwar zu einer Zeit, als diese Errungenschaften noch nicht als Sünden oder Verbrechen verdammt wurden. Dann kam der große Umschwung. Er kam mit den Führern einer breiten und sich ausbreitenden religiösen Erneuerung, die ihre Feinde die Feinde Gottes nannten und ihnen einen „Wohnort und einen Namen" in der westlichen Hemisphäre gaben. Plötzlich, so schien es, war Amerika der Erzfeind, die Verkörperung des Bösen, der teuflische Widersacher all dessen, was gut ist, und insbesondere der erbitterte Feind der Muslime und des Islam. [...]

*b) Bernard Lewis untersucht auch die Ursachen für den wachsenden Hass auf die Vereinigten Staaten:*

Je offensichtlicher – zuerst im Zweiten Weltkrieg, dann im Kalten Krieg – die amerikanische Führungsrolle im Westen wurde, umso mehr konzentrierte sich der gegen den Westen gerichtete Hass auf die Vereinigten Staaten. [...] Nach dem Zusammenbruch des Dritten Reiches [...] traten eine andere Macht und andere, noch ausgeprägter amerikafeindliche Philosophie an ihre Stelle: die Sowjetunion und die sowjetische Spielart des Marxismus, die den westlichen Kapitalismus und die Vereinigten Staaten als seine am höchsten entwickelte und gefährlichste Ausprägung verdammten. [...] 1945 gehörte, so schien es zumindest, dem Sozialismus die Zukunft [...] und in der gesamten arabischen Welt schrieben Regierungen und Bewegungen die eine oder andere Form des Sozialismus auf ihre Banner. [...]

In der Region zog man aus diesen Ereignissen [der islamischen Revolution im Iran] vor allem zwei Lehren. Erstens: Die Vereinigten Staaten schreckten weder vor Intrigen noch vor Gewalt zurück, um Marionettenregierungen in Ländern des Nahen Ostens zu installieren beziehungsweise wieder an die Macht zu bringen. Zweitens: Die Vereinigten Staaten waren keine zuverlässigen Schutzherren. Wenn ihre Marionetten unter massiven Druck vonseiten des eigenen Volkes gerieten, ließen sie sie fallen. Die eine Erkenntnis rief Hass hervor, die andere Verachtung – eine gefährliche Kombination.

Über diese konkreten Missstände hinaus, so zahlreich und schwerwiegend sie auch sein mögen, geht es hier eindeutig um etwas tiefer Liegendes, um etwas, das jede Meinungsverschiedenheit in ein Problem verwandelte und jedes Problem unlösbar macht. Womit wir es heute zu tun haben, ist nicht nur Unzufriedenheit mit dieser oder jener amerikanischen Politik. Es handelt sich vielmehr um eine von Hass und Verachtung gleichermaßen genährte Ablehnung und Verdammung all dessen, wofür Amerika in der modernen Welt angeblich steht.

*Bernard Lewis: Die Wut der arabischen Welt. Warum der jahrhundertelange Konflikt zwischen dem Islam und dem Westen weiter eskaliert. Frankfurt a. M. 2003, S. 86–89, S. 93 f. Übers. Norbert Juraschitz/Thomas Pfeifer*

### 13 Historisch fällige Transformation

*Der aus dem Iran stammende Mohssen Massarrat, Professor für Politik und Wirtschaft, untersucht die tiefgehenden Ursachen für westlich-islamische Konflikte im Zeitalter der Globalisierung.*

In der islamischen wie in der gesamten Dritten Welt vollzieht sich gegenwärtig eine historisch längst fällige gesellschaftliche Transformation und Industrialisierung, die mit tiefgreifenden sozialen Brüchen, mit Entfremdung, Entwurzelung und individuellen Identitätskrisen einhergeht. Der Globalisierungsdruck verstärkt diesen Prozess. Die nachhaltigste Form soziokultureller und sozialpsychologischer Aufarbeitung dieses unabdingbaren und konfliktträchtigen Prozesses, der in Europa über einen Zeitraum von zwei Jahrhunderten stattgefunden hat, ist die Demokratisierung und Selbstbestimmung. Durch Einmischung, Intervention und Unterstützung korrupter und diktatorischer Regime sowie durch Aufpfropfen eigener Industrialisierungsmuster haben die großen westlichen Industriestaaten mit dazu beigetragen, dass die sozialpsychologische und soziokulturelle Aufarbeitung der gesellschaftlichen Transformation unterbrochen und verzerrt wurde bzw. überhaupt nicht stattfand. Die große Masse der Entwurzelten durch alle sozialen Gruppen hindurch empfindet so die dabei erlittene Identitätskrise als einen fremdgesteuerten Angriff auf eigene kulturelle Werte und ist daher dazu prädestiniert, Feindbildern zu folgen, ihr Heil in nationalistischen bzw. fundamentalistischen Perspektiven zu suchen und gleichzeitig das Ausland, den Westen und Amerika für das eigene Leid verantwortlich zu machen.

Die gegenwärtige Globalisierung ist asymmetrisch strukturiert, sie hat die ungleiche Einkommensverteilung in der Welt in den letzten Jahrzehnten vergrößert. Über eine Milliarde Menschen in der Dritten Welt kämpfen um das tägliche Brot und fristen verzweifelt ihr Dasein. Die in dieser Ungerechtigkeit schlummernden sozialen und politischen Instabilitätsfaktoren können unmöglich militärisch eingedämmt werden.

Dem privilegierten reichen Norden, der seine Beziehungen zu den Staaten des Südens allzu oft nach der ökonomischen bzw. geostrategischen Nützlichkeit als Militär-, Rohstoff- und Ölbasis ordnet und daher auch mit antidemokratischen Regimen politisch und militärisch paktiert, stehen die Zonen des Elends, der Sehnsucht nach Menschenwürde und Gerechtigkeit gegenüber. Die sozioökonomische Verelendung und die kulturelle Entwurzelung bei gleichzeitiger Zurschaustellung des Reichtums der Eliten durch globalisierte Kommunikationssysteme stellen den fruchtbarsten Nährboden für das Gedeihen des Terrorismus, des Drogenhandels und der mafiosen Netzwerke von heute und morgen dar.

Abschließend kann festgestellt werden, dass eine Reduzierung der Ursachen des internationalen Terrorismus auf Bin Laden und seine Al-Qaida, auf den islamischen Fundamentalismus oder gar auf den Islam selbst in die Irre führt. Vielmehr sind es die sozioökonomischen Defizite und kulturellen Brüche, Ungerechtigkeiten und Demütigungen sowie die Missachtung politischer, ökonomischer und kultureller Selbstbestimmung der Menschen, die Extremismus und Gewaltbereitschaft hervorrufen und im islamischen Fundamentalismus und arabischen Nationalismus im Nahen und Mittleren Osten, im serbischen Nationalismus auf dem Balkan,. im hinduistischen Fundamentalismus in Indien, in religiös kanalisierten Gewaltausbrüchen in Indonesien, im christlichen Fundamentalismus in den USA und im jüdischen Fundamentalismus in Israel ihre Ausdrucksform finden. Wachsende Bereitschaft zum „Kampf der Kulturen“, Zunahme des Drogenhandels und der kriminellen Finanztransaktionen sowie der Terroranschlag vom 11. September sind Ausdruck einer tief greifenden Instabilität der Welt. Die Vereinigten Staaten müssten gerade anlässlich des 11. Septembers 2001 erkennen, dass diese Politik sich langfristig „nicht rechnet“ und neue Konflikte heraufbeschwören kann.

*Mohssen Massarrat: Der 11. Septemger: Neues Feindbild Islam? Anmerkungen über tief greifende Konflitkstrukturen. Aus: Aus Politik und Zeitgeschichte (B3-4/2002)*

## (K)ein „Kampf der Kulturen“?

### 14 „War on Terrorism“

*Bei einer Pressekonferenz fünf Tage nach dem Attentat vom 11. September 2001 äußert sich der amerikanische Präsident George W. Bush über die Anschläge:*

Our nation was horrified, but it's not going to be terrorized. We're a great nation. We're a nation of resolve. We're a nation that can't be cowed by evil-doers. I've got great faith in the American people. If the American people had seen what [...] As I said yesterday, people have declared war on America, and they have made a terrible mistake, because this is a fabulous country. Our economy will come back. We'll still be the best farmers and ranchers in the world. We're still the most innovative entrepreneurs in the world. On this day of faith, I've never had more faith in America than I have right now. [...] we're facing a new kind of enemy, somebody so barbaric that they would fly airplanes into buildings full of innocent people. And, therefore, we have to be on alert in America. [..] We're also a nation under attack. [...] We need to go back to work tomorrow and we will. But we need to be alert to the fact that these evil-doers still exist.

We haven't seen this kind of barbarism in a long period of time. No one could have conceivably imagined suicide bombers burrowing into our society and then emerging all in the same day to fly their aircraft – fly U.S. aircraft into buildings full of innocent people – and show no remorse. This is a new kind of -- a new kind of evil. And we understand. And the American people are beginning to understand. This crusade, this war on terrorism is going to take a while. [...] Those who harbor terrorists will be brought to justice. It is time for us to win the first war of the 21st century decisively, so that our children and our grandchildren can live peacefully into the 21st century. [...] the American people should know that my administration is determined to find, to get them running and to hunt them down, those who did this to America. [...] They have roused a mighty giant. [...] That's why I say to the American people we've never seen this kind of evil before. But the evil-doers have never seen the American people in action before, either – and they're about to find out.

*Zit. nach: http://georgewbush-whitehouse.archives.gov/news/releases/2001/09/20010916-2.html (Stand 21.04.2010)*

**15 Ground Zero nach den Anschlägen**

***Der Begriff Ground Zero stammt aus der Militärsprache und bedeutet wörtlich übersetzt Bodennullpunkt. Damit bezeichnet man die Stelle, an der eine Bombe oder Rakete einschlagen soll oder eingeschlagen hat. Es handelt sich damit um die Zone, in der die Zerstörung am größten ist. Seit 2001 steht der Begriff auch für das zerstörte World Trade Center.***

**16 „Der Sturm des Glaubens ist gekommen"**

***Wenige Minuten nach dem Angriff der USA gegen Ziele in Afghanistan zeigte der Fernsehsender Al-Dschasira des Golfemirats Katar ein Video mit einer Rede Osama Bin Ladens. Dort äußert sich Bin Laden über die Anschläge am 11. September:***

Ich bezeuge, dass es keinen Gott außer Allah gibt, und Mohammed ist sein Prophet. Da ist Amerika, von Gott getroffen an einer seiner empfindlichsten Stellen. Seine größten Gebäude wurden zerstört, Gott sei Dank dafür. Da ist Amerika, voll Angst von Norden nach Süden, von Westen nach Osten. Gott sei Dank dafür. Was Amerika jetzt erfährt, ist unbedeutend im Vergleich zu dem, was wir seit etlichen Jahren erfahren. Unsere Gemeinschaft erfährt diese Erniedrigung und diese Entwürdigung seit mehr als 80 Jahren. Ihre Söhne werden getötet, ihr Blut wird vergossen, ihre Heiligtümer werden angegriffen, und niemand hört es und niemand nimmt Notiz.

Als Gott eine der Gruppen des Islams segnete, Speerspitzen des Islams, zerstörten sie Amerika. Ich bete zu Gott, dass er sie erhöhen und segnen möge. Während ich spreche, werden Millionen unschuldiger Kinder getötet. Sie werden in Irak getötet, ohne Sünden zu begehen, und wir hören keine Verurteilungen oder eine Fatwa von der Führung. Dieser Tage suchen israelische Panzer Palästina heim – in Dschenin, Ramallah, Rafah, Beit Dschalla und an anderen Orten im Land des Islams, und wir hören niemanden, der seine Stimme erhebt oder sich einen Schritt bewegt.

Wenn das Schwert niedergeht, nach 80 Jahren, richtet die Heuchelei ihr hässliches Haupt auf. Sie trauern und sie klagen um diese Mörder, die das Blut, die Ehre und die Heiligtümer der Muslime missbraucht haben. Das Geringste, was man über diese Leute sagen kann, ist, dass sie verderbt sind. Sie sind der Ungerechtigkeit gefolgt. Sie haben dem Schlachter den Vorzug vor dem Opfer gegeben, dem Unterdrücker vor dem unschuldigen Kind. Möge Gott ihnen seinen Zorn zeigen und ihnen geben, was sie verdienen. Ich sage, dass die Lage klar und offensichtlich ist. Nach diesem Ereignis, nachdem die Regierungsvertreter in Amerika gesprochen haben, angefangen mit dem Anführer der Ungläubigen weltweit, Bush, und seiner Begleiter, sind sie mit Macht mit ihren Männern angetreten und haben sogar Länder, die zum Islam gehören, zu diesem Verrat bewogen, und sie wollen Gott ihre Kehrseite zeigen, um den Islam zu bekämpfen, um Menschen im Namen des Terrorismus zu unterdrücken. Als Menschen am Ende der Welt, in Japan, zu Hunderttausenden getötet wurden, Junge und Alte, wurde das nicht als Kriegsverbrechen betrachtet, sondern es gilt als etwas, das gerechtfertigt ist. Millionen Kinder in Irak, auch das ist etwas, das gerechtfertigt ist. Aber wenn sie Dutzende Menschen in Nairobi und Daressalam verlieren, wird Irak angegriffen und Afghanistan angegriffen. Die Heuchelei stand mit ganzer Macht hinter dem Anführer der Ungläubigen weltweit, hinter den Feiglingen dieses Zeitalters, Amerika und denen, die auf dessen Seite sind. Diese Ereignisse haben die ganze Welt in zwei Lager geteilt: das Lager der Gläubigen und das Lager der Ungläubigen, möge Gott euch von ihnen fernhalten. Jeder Muslim muss danach drängen, seiner Religion zum Sieg zu verhelfen. Der Sturm des Glaubens ist gekommen. Der Sturm der Veränderung ist gekommen, um die Unterdrückung von Mohammeds Insel auszumerzen, Friede sei mit ihm. An Amerika und sein Volk richte ich nur wenige Worte. Ich schwöre bei Gott, der den Himmel ohne Säulen errichtet hat, weder Amerika noch die Menschen, die dort leben, werden von Sicherheit träumen, bevor wir diese in Palästina erleben, und nicht bevor alle ungläubigen Armeen das Land Mohammeds verlassen, Friede sei mit ihm. Gott ist groß, möge der Stolz mit dem Islam sein. Möge Frieden und Gottes Gnade mit euch sein.

*Inoffizielle Übersetzung der Nachrichtenagentur AP. Zit. nach: http://www.spiegel.de/politik/ausland/0,1518,161277,00.html (07.10.2001)*

## 17 „They hate our freedoms"

*Der US-Präsident George W. Bush spricht vor dem US-Kongress am 20. September 2001:*

[...] Tonight, we are a country awakened to danger and called to defend freedom. [...]Whether we bring our enemies to justice or bring justice to our enemies, justice will be done. [...] On September the 11th, enemies of freedom committed an act of war against our country. Americans have known wars, but for the past 136 years they have been wars on foreign soil, except for one Sunday in 1941. Americans have known the casualties of war, but not at the center of a great city on a peaceful morning. Americans have known surprise attacks, but never before on thousands of civilians. All of this was brought upon us in a single day, and night fell on a different world, a world where freedom itself is under attack. [...] The evidence we have gathered all points to a collection of loosely affiliated terrorist organizations known as al-Qaida. [...] Al-Qaida is to terror what the Mafia is to crime. But its goal is not making money. Its goal is remaking the world and imposing its radical beliefs on people everywhere. The terrorists practice a fringe form of Islamic extremism that has been rejected by Muslim scholars and the vast majority of Muslim clerics; a fringe movement that perverts the peaceful teachings of Islam. The terrorists' directive commands them to kill Christians and Jews, to kill all Americans and make no distinctions among military and civilians, including women and children. [...] The leadership of al-Qaida has great influence in Afghanistan and supports the Taliban regime in controlling most of that country. In Afghanistan we see al-Qaida's vision for the world. Afghanistan's people have been brutalized, many are starving and many have fled. Women are not allowed to attend school. You can be jailed for owning a television. Religion can be practiced only as their leaders dictate. A man can be jailed in Afghanistan if his beard is not long enough. [...] The United States respects the people of Afghanistan -- after all, we are currently its largest source of humanitarian aid -- but we condemn the Taliban regime. It is not only repressing its own people, it is threatening people everywhere by sponsoring and sheltering and supplying terrorists. [...] I also want to speak tonight directly to Muslims throughout the world. We respect your faith. It's practiced freely by many millions of Americans and by millions more in countries that America counts as friends. Its teachings are good and peaceful, and those who commit evil in the name of Allah blaspheme the name of Allah. The terrorists are traitors to their own faith, trying, in effect, to hijack Islam itself. [...] They hate our freedoms: our freedom of religion, our freedom of speech, our freedom to vote and assemble and disagree with each other. [...] And we will pursue nations that provide aid or safe haven to terrorism. Every nation in every region now has a decision to make: Either you are with us, or you are with the terrorists. [...] This is not, however, just America's fight. And what is at stake is not just America's freedom. This is the world's fight. This is civilization's fight. This is the fight of all who believe in progress and pluralism, tolerance and freedom. We ask every nation to join us. [...] The advance of human freedom, the great achievement of our time and the great hope of every time, now depends on us. [...] The course of this conflict is not known, yet its outcome is certain. Freedom and fear, justice and cruelty, have always been at war, and we know that God is not neutral between them. Fellow citizens, we'll meet violence with patient justice, assured of the rightness of our cause and confident of the victories to come. In all that lies before us, may God grant us wisdom, and may he watch over the United States of America.

*Zit. nach: http://www.historyplace.com/speeches/gw-bush-9-11.html*

## 18 Ziele der Terroristen

*Der Friedens- und Konfliktforscher Ulrich Schneckener schreibt über die Ziele des neuen, internationalen Terrors:*

Die terroristische Gewaltstrategie setzt im Wesentlichen auf psychische Effekte, das heißt Terroristen wollen keine Territorien erobern oder kontrollieren. Ihr Ziel ist es vielmehr, eine Bevölkerung insgesamt, bestimmte Gruppen oder Einzelpersonen zu schockieren und einzuschüchtern. Oftmals richtet sich die Gewalt gegen Ziele mit hohem Symbolgehalt (z.B. religiöse Orte, Denkmäler, Handels- und Bankenzentren, Polizeistationen und Militäreinrichtungen, Regierungs- und Parlamentsgebäude), um den „Gegner" zu provozieren oder zu demütigen. Gleichwohl geraten immer wieder [...] auch öffentliche Verkehrsmittel, Restaurants, Cafés, Diskotheken oder Marktplätze in das Fadenkreuz von Terroristen, die damit signalisieren, dass es im Prinzip jeden/jede treffen kann. [...] Die Opfer, gerade unter der Zivilbevölkerung, sind insofern oftmals willkürlich und anders als die Anschlagsorte nicht gezielt ausgewählt. Panik und Schockeffekte sind das eine, die Mobilisierung von Sympathisanten und Unterstützern sowie die Radikalisierung von politisch nahestehenden Bewegungen sind das andere strategische Motiv terroristischer Aktivitäten. Terroristen handeln daher zumeist im Namen von „als interessiert unterstellten Dritten". Sie verstehen sich dabei als Avantgarde, die sich für die „Unterdrückten" einsetzt [...]. Daraus speist sich das Bewusstsein moralischer Überlegenheit, mit der Terroristen ihre eigentlich unmoralischen Taten vor sich selbst und vor anderen rechtfertigen. In diesem Sinne stellt Terrorismus eine *Kommunikationsstrategie* dar, mit der politische Botschaften gleichermaßen an Freund und Feind übermittelt werden sollen. Allerdings erreichen Terroristen die gewünschte Mobilisierung von Sympathisanten in aller Regel weniger durch ihre Anschläge selbst, als vielmehr durch die Gegenreaktionen, die sie beim Adressaten des Anschlags hervorrufen. Die Attentate sollen den Gegner zu möglichst brutalen und unverhältnismäßigen Maßnahmen provozieren, die ihn, so das Kalkül der Terroristen, „entlegitimieren" und „demaskieren". Die Provokation der Anschläge dient damit der Entlarvung des vermeintlich Angegriffenen als „eigentlicher Aggressor". Terroristen setzen insofern auf eine *Aktion-Reaktion-Spirale*, bei der sie von der Rolle des Angreifers in die des Angegriffenen wechseln können.

*Ulrich Schneckener: Netzwerke des Terrors. Charakter und Strukturen des transnationalen Terrorismus. SWP-Studie S. 2/02, S. 10 f. (auch online: http://www1.bpb.de/files/TGV5AC.pdf)*

**19 Kampf gegen die „Achse des Bösen"** *Fotoausschnitt des iranischen Präsidenten Ahmadinedschad während einer Rede anlässlich des 17. Todestages des Gründers der Islamischen Republik Iran, Ayatollah Ruhollah Khomeini (in Überlebensgröße im Hintergrund) am 3. Juni 2006*
*Solche Fotoaufnahmen oder Fotoausschnitte fanden große Verwendung in der westlichen Berichterstattung nach dem 11. September 2001.*
*Vergleichen Sie dazu das Foto von US-Präsident Bush auf S. 155.*

**Arbeitsvorschläge**

○○● a) Beschreiben Sie mithilfe der Karte M 3 die größte Ausdehnung des Osmanischen Reiches. Erstellen Sie dann eine knappe Übersicht über die Gebietsverluste im 18./19. Jahrhundert (M 5). Ziehen Sie auch die Vorsatzkarten des Buches heran.

○●● b) Die islamische Kultur war der westlichen Kultur ebenbürtig, teilweise überlegen. Vergleichen Sie das hier gezeigte Beispiel osmanischer Architektur (M 1) mit Zeugnissen von Baukunst aus dem europäischen Bereich. Diese finden Sie z. B. im Internet. (**Online-Link** 430075-0212)

○●● c) Das Osmanische Reich verlor seit dem 18. Jahrhundert an außenpolitischer Bedeutung, weil es keinen Anteil am Fortschritt der europäischen Entwicklung und mit inneren Problemen zu kämpfen hatte. Erarbeiten Sie aus den Quellen (M 2 b, M 2 c, M 4) die dort genannten Ursachen der Stagnation.

○●● d) Vergleichen Sie die Situation im 18. Jahrhundert mit der während der Blütezeit des Reiches (M 1, M 2, M 3).

○●● e) Nach dem Ersten Weltkrieg begründete Mustafa Kemal 1923 die Republik Türkei. Erarbeiten Sie aus M 6 die Prinzipien, denen er dabei folgte.

●●● f) Mustafa Kemal wurde „Atatürk", also „Vater der Türken" genannt. Prüfen Sie anhand der vorliegenden Quellen (M 6), aus welchen Gründen er diesen Ehrentitel erhielt.

○○● g) In den 1970er und 1980er Jahren erstarkte der Islamismus. Erstellen Sie eine Übersicht über dessen Ziele. Nehmen Sie unter Heranziehung von M 7 bis M 9 Stellung, wo es aus Ihrer Sicht Reibungspunkte mit westlichen Vorstellungen gibt.

○●● h) Untersuchen Sie aus M 10 die Thesen Samuel Huntingtons zum „Kampf der Kulturen" und stellen Sie diesen die Argumente Mir A. Ferdowsis gegenüber (M 11).

●●● i) Vergleichen Sie das Amerika-Bild um die Wende vom 19. zum 20. Jahrhundert den späteren Entwicklungen gegenüber (M 12). Fassen Sie Ihre Erkenntnisse in einem Kurzreferat zusammen.

○○●/○●● j) Recherchieren Sie die Ereignisse des 11. September 2001 (**Online-Link** 430075-0213). Verfassen Sie einen kurzen für ein Jugendlexikon geeigneten Artikel über die Ereignisse und Folgen dieses Tages.

○●● k) Untersuchen Sie anhand der Quellen M 14 und M 17, wie Präsident Bush die Anschläge auf das World Trade Center bewertet. Beachten Sie dabei auch das Bild auf S. 155.

○○● l) Geben Sie die zentralen Inhalte der Rede Osama Bin Ladens (M 16) wieder.

●●● m) Vergleichen Sie die Bewertung Osama Bin Ladens (M 16) mit der Haltung George W. Bushs in M 14 und M 17.

○●● n) Bush und Bin Laden benutzen beide den Begriff „Terrorismus". Erklären Sie, für welche Phänomene beide das Wort jeweils verwenden (M 14, M 16, M 17).

●●● o) Erarbeiten Sie aus M 18 die Motive und Ziele des internationalen Terrorismus. Bewerten Sie, ob und inwiefern mit den Anschlägen des 11. September 2001 diese Ziele erreicht wurden.

○○●/○●●/●●● p) Recherchieren Sie in der Bibliothek oder im Internet (z. B. auf der Homepage der Bundeszentrale für politische Bildung http://www.bpb.de/die_bpb/) die Vorgänge um die islamische Revolution im Iran und die Rolle der USA. Gestalten Sie ihre Erkenntnisse als Schaubild und erläutern Sie dieses dann vor Ihrer Klasse.

○○●/○●●/●●● q) Erstellen Sie ein Kurzreferat, in dem Sie den Krieg gegen Afghanistan darstellen. Gehen Sie dabei genauer auf seine Ursachen und Folgen ein. Informationen erhalten Sie beispielsweise in den Veröffentlichungen der Bundeszentrale für politische Bildung oder auf deren Homepage. (**Online-Link** 430075-0214)

# Grundwissen: Vom Osmanischen Reich zu (k)einem „Kampf der Kulturen" Ende des 20. Jahrhunderts

### Der islamische Osten als bedeutende religiöse und politische Macht

→ 1 S. 160
→ 2 S. 160
→ 3 S. 161

Seit dem 10. Jahrhundert hatten auch türkische Stämme den Islam angenommen. Sie spielten bald eine wichtige Rolle im Machtgefüge der islamischen Welt. Als das Reich der türkischen Seldschuken in Anatolien an Macht verlor, konnte sich dort im 14. Jahrhundert Osman, der Fürst eines nomadischen Stammes, gegen seine Nachbarn durchsetzen und seinen Herrschaftsbereich – auch auf Kosten des christlichen Byzantinischen Reiches – erweitern. Unter den Nachfolgern Osmans entstand ein großes, auf einem hierarchisch aufgebauten Berufsheer und eine wirksame Verwaltung fußendes Reich. Mitte des 16. Jahrhunderts erreichte es seine größte Ausdehnung. Die Osmanen beherrschten den gesamten östlichen Mittelmeerraum bis nach Nordafrika sowie große Teile des Balkans. Für den Bestand des christlichen Mitteleuropas bedeutete die „Türkengefahr" eine ernsthafte Bedrohung. Zu dieser Zeit war das Osmanische Reich an Organisation, militärischer Schlagkraft und Zivilisation den europäischen Staaten ebenbürtig, teilweise sogar überlegen.

### Niedergang durch Stagnation

**Süleyman „der Prächtige" (1520–1566)**

In den folgenden Jahrhunderten wurde das Osmanische Reich von verschiedenen Krisen geschwächt: Der Konflikt zwischen den Untertanen und der von den Steuern befreiten Eliten führte zu einer Reihe von Aufständen in den ländlichen Gebieten. Hinzu kamen finanzielle Schwierigkeiten. Die Entdeckung der Seewege nach Indien und in die Neue Welt durch die Europäer schwächten den einträglichen Mittelmeerhandel. Auch führte der Import von Silber aus Amerika durch Spanien zu einer Entwertung der Währung. Parallel stiegen die Ausgaben für die Besoldung von Militär und Bürokratie. Militärisch musste das Osmanische Reich häufiger Niederlagen gegen europäische Staaten und territoriale Verluste hinnehmen. Trotz dieser Krisenerscheinungen erwies es sich jedoch noch längere Zeit als überlebensfähig. Durch das Erstarken regionaler und lokaler Eliten und die Entwicklung nationaler Bewegungen wurde die Zentralgewalt geschwächt und ab Mitte des 18. Jahrhunderts kam es verstärkt zur Einmischung europäischer Staaten in osmanische Belange. Darauf versuchte die Regierung mit Reformen zu reagieren, die aber die gewaltigen geistigen Veränderungen, die in Europa durch Buchdruck, Reformation und die Aufklärung ausgelöst worden waren, nicht aufholen konnten.

### Der Erste Weltkrieg verändert die Landkarte

→ 5 S. 162
→ 6 S. 162 f.

Im Ersten Weltkrieg stand das Osmanische Reich auf der Seite der Mittelmächte. Die Alliierten, v. a. Frankreich und Großbritannien unterstützten die gegen die osmanische Herrschaft gerichteten Aufstandsbewegungen in den arabischen Gebieten. Durch die Niederlage im Krieg zerbrach das Reich. Die Siegermächte besetzten weite Teile des ehemaligen Reichsgebietes. Gegen diese Besatzung regte sich Widerstand, dessen Anführer, der türkische General Mustafa Kemal Pascha, später Atatürk („Vater der Türken") genannt wurde. Atatürk begründete 1923 die Republik Türkei. Vorbild für den modernen Staat sollte die europäische Zivilisation sein. Ein zweiter Eckpunkt war die Schaffung eines türkischen Nationalismus durch gezielte Kulturpolitik. Nicht mehr der große Vielvölkerstaat Osmanisches Reich sollte der Bezugspunkt sein, sondern die selbstbewusste türkische Nation. Der dritte, in der heutigen Türkei umstrittenste Grundsatz war die Verbannung der Religion aus dem Staatswesen ins Privatleben. Die Türkei wurde zu einem säkularen Staat.

**Mustafa Kemal „Atatürk"**

Die anderen muslimischen Gebiete aus der Konkursmasse des Osmanischen Reiches blieben zunächst unter dem Mandat des Völkerbundes. Mandatsmächte waren Großbritannien und Frankreich, die im Ersten Weltkrieg den erwachenden Nationalismus der Araber genutzt hatten, um sie gegen die Osmanen aufzustacheln. Nur einige arabische Staaten (Irak, Transjordanien, Saudi-Arabien) konnten formal ihre Unabhängigkeit erreichen, faktisch blieben sie von Großbritannien abhängig. Die Grenzen der Mandatsgebiete wie auch der neuen Staaten im Nahen und Mittleren Osten wurden von den Mandatsmächten weitgehend willkürlich und ihren eigenen Interessen entsprechend festgelegt. Die arabische Nationalbewegung fand in den Mandatsmächten als Vertreter des Westens einen neuen Gegner.

## Die arabischen Staaten nach dem Zweiten Weltkrieg

→ 7 S. 163

Nach dem Zweiten Weltkrieg gelang es auch den arabischen Staaten, sich von der direkten Bevormundung durch die europäischen Staaten frei zu machen. Allerdings entstand in Palästina 1948 auch der Staat Israel, an dem sich sofort nach seiner Entstehung der bis heute schwelende Nahost-Konflikt entzündete. In den jungen arabischen Staaten gelangten durch Militärputsche neue, nationalistisch eingestellte Regime an die Macht. Diese organisierten Staat und Gesellschaft mit weitgehend modernen Mitteln wie Bürokratie oder Parteiorganisationen, fanden aber keine wirkliche Basis in der Bevölkerung. In den 1970er und 1980er Jahren erlebten die meisten muslimischen Gesellschaften die sogenannte „islamische Wende". Der politische Islam (auch „Islamismus" oder „islamischer Fundamentalismus") gewann an Bedeutung. Die Vertreter islamistischer Bewegungen berufen sich auf den Koran und lehnen westliche Ideale wie Demokratie und Individualismus ab. Stattdessen glauben sie, dass mit der absoluten Geltung der muslimischen Lehren und der Einführung der Scharia alle staatlichen und gesellschaftliche Probleme gelöst werden können.

## Belastete Beziehungen zum Westen

→ 8 S. 163
→ 9 S. 163 f.
→ 10 S. 164
→ 11 S. 164 f.

Die Geschichte vieler muslimischer Staaten beinhaltet Auseinandersetzungen mit europäischen Staaten schon in der frühen Neuzeit sowie vermehrt in der Epoche des Imperialismus und der Mandatszeit nach dem Ersten Weltkrieg. Die Gründung des Staates Israel sowie dessen Schutz durch die Europäer und die USA beeinträchtigte das Verhältnis zu den jungen islamisch geprägten Staaten im Nahen und Mittleren Osten noch mehr. Im Kalten Krieg zwischen der Sowjetunion und den kommunistischen Staaten einerseits und den USA und ihren Verbündeten andererseits suchten und fanden beide Seiten Verbündete im islamischen Raum. Beide Lager benutzten die genannten Staaten, um ihre Konflikte über diese Stellvertreter auszutragen und ihre eigene Machtposition auszubauen. Die jeweils andere Seite wurde als Verkörperung des Bösen dargestellt und somit eine neutrale Beurteilung durch die „befreundeten" Staaten verhindert.

## Der Hauptfeind der radikalen Islamisten: die USA

→ 12 S. 165
→ 13 S. 166

Das Verhältnis der USA zu den islamischen Staaten ist seit den 1970er Jahren besonders prekär. Zum einen ist die USA die bedeutendste Schutzmacht des Staates Israel, was sie an sich schon zu einem ausgewiesenen Feind all jener Staaten und politischen Bewegungen macht, die das Ende Israels herbeisehnen. Zum anderen unterstützen die USA aus eigennützigen Motiven verschiedene Regimes in der Region, die in der eigenen Bevölkerung wenig Rückhalt besaßen. Die von den Vereinigten Staaten gestellten Machtmittel dienten dann zur Unterdrückung von oppositionellen Kräften. Gerade die Ausrichtung der amerikanischen Politik an ihren eigenen ökonomischen, politischen und militärischen Bedürfnissen rief Kritik hervor. Auch passte die Rolle der USA als selbsternanntem Hort der Demokratie häufig nicht zu ihrem konkreten Handeln.
Außerdem führte die ökonomische Vorreiterrolle der USA dazu, dass sie als Sündenbock für die durch die Globalisierung verursachten politischen, wirtschaftlichen und gesellschaftlichen Probleme diente. Die USA wurde somit zum Inbegriff alles

Negativen, aus Sicht des Islamismus zum „Hort des Bösen“, während der (politische) Islam im Zuge der Anschläge des 11. September seinerseits zum größten Feind der USA und des Westens stilisiert wurde.

### Der Schock des 11. September 2001

→ 14 S. 166 f.
→ 15 S. 167
→ 17 S. 168

Am 11. September 2001 flogen zwei Maschinen der Fluglinie American Airlines in das World Trade Center in New York. Dessen Zwillingstürme galten seit ihrer Erbauung (1966 - 1973) als eines der Wahrzeichen New Yorks und als Symbol amerikanischer Wirtschaftskraft. Die beiden Hochhaustürme waren der Wucht der Einschläge und vor allem der gewaltigen Hitze der durch die großen Mengen Flugbenzins ausgelösten Brände nicht gewachsen und stürzten ein. Bei diesem Anschlag kamen über dreitausend Menschen, darunter zahlreiche zur Rettung herbeigeeilte Feuerwehrleute und andere Helfer ums Leben. Vom World Trade Center blieben nur rauchende, mehrere Dutzend Meter hohe Schuttberge übrig, die Aufräumarbeiten dauerten mehrere Monate. Parallel zu den New Yorker Anschlägen wurden zwei weitere Flugzeuge entführt. Eines stürzte von den Entführern gelenkt in das Pentagon, den Sitz des amerikanischen Verteidigungsministeriums. Das letzte Flugzeug zerschellte in der Nähe von Pittsburgh am Boden. Vermutlich war es darin zu einem Kampf der Passagiere mit den Entführern gekommen, nachdem einige der Fluggäste über Handy von Angehörigen über die Abstürze in New York informiert worden waren.

### Die Urheber der Anschläge und ihre Ziele

→ 16 S. 167
→ 18 S. 168 f.

Als Urheber der Anschläge vom 11. September wurden Mitglieder die islamistischen Terrororganisation Al-Qaida identifiziert. Die US-Regierung beschuldigte deren Anführer Osama Bin Laden, die Anschläge in Auftrag gegeben zu haben. Dieser stritt anfangs jede Verbindung zu den Anschlägen ab. In mehreren Videobotschaften bekannte er sich aber später zu seiner Urheberschaft. Somit gehören die Ereignisse des 11. September zu einer Reihe von Anschlägen auf US-Einrichtungen, die seit Anfang der 1990er Jahre unternommen werden. Die Terrororganisation sieht ihre Gewalttaten als Mittel, die islamische Welt im „Befreiungskampf“ gegen den dominanten Westen zu vereinen, aber auch um muslimische Politiker und Gruppen zu bestrafen, die mit dem Westen zusammenarbeiten. Ziel ist es, die islamischen Staaten zum reinen Islam zurückzuführen und den Einfluss des Westens zu beenden. Dabei werden massive Gegenreaktionen der „Angegriffenen“ herausgefordert, die zeigen sollen, dass es sich bei diesen um den eigentlichen Angreifer handelt.

### Kriege als Reaktion auf die Anschläge

Der US-amerikanische Präsident George W. Bush rief in Reaktion auf die Anschläge den „Krieg gegen den Terror“ aus und bezeichnete Staaten wie den Irak, Iran, Nordkorea und Afghanistan als „Achse des Bösen“. Dieser seit der Amtsübernahme durch Bushs Nachfolger Barack Obama (2008) offiziell nicht mehr benutzte Begriff bezeichnete das politische, juristische und militärische Vorgehen gegen den internationalen Terrorismus. Da das aus Taliban bestehende Regime in Afghanistan die Anschläge guthieß und Osama Bin Laden Unterschlupf gewährte, bildete sich eine Koalition aus den USA und Großbritannien, die im Oktober 2001 mit dem Angriff auf Afghanistan begann. Die USA berief sich dabei auf die Selbstverteidigungsklausel in der Charta der Vereinten Nationen und auf die einstimmig verabschiedete Resolution 1368 der Vereinten Nationen vom 12. September 2001, in der die Anschläge vom 11. September verurteilt wurden. In den Zusammenhang des Krieges gegen den Terror gehört auch der 2003 begonnene Krieg gegen den Irak und dessen Diktator Saddam Hussein. Für die USA bedeutete der Irak ein internationales Sicherheitsrisiko. Als Begründung für den Beginn der Kampfhandlungen diente die Behauptung, dass der Irak über Massenvernichtungswaffen verfüge und in die Anschläge des 11. September verwickelt sei. Beides hat sich mittlerweile als falsch herausgestellt. Der nur sechs Wochen dauernde Irakkrieg endete mit dem Sturz Saddam Husseins.

# Teste dich selbst

## Leitfragen

Beantworten Sie die Leitfragen auf der Auftaktdoppelseite (➔ S. 100) stichpunktartig.

## Methodentraining

Ziehen Sie aus Kapitel 2.5 die Geschichtskarten über die machtpolitischen Verhältnisse in Europa und dem Mittleren Osten am Vorabend des 1. Kreuzzuges (➔ M1 S. 138) und Anfang der 1280er Jahre, kurz vor dem Fall der letzten Kreuzfahrerstädte (➔ M11 S. 144) heran.

Geben Sie die auf den Karten dargestellten Machtverhältnisse wieder.

Untersuchen Sie die Geschichtskarten hinsichtlich der gewählten geografischen Ausschnitts.

### 1 Das Schicksal der Juden in Orient und Okzident

*Der amerikanische Islamwissenschaftler Mark Cohen (geb. 1943) trifft folgende vergleichende Aussage:*

Es ist keine Überraschung, dass die Juden im islamischen Mittelalter nur sehr wenige muslimische Gewaltakte, geschweige denn Antisemitismus in ihrem kollektiven Gedächtnis bewahrten, ganz im Gegensatz zu ihren Brüdern in christlichen Landen, die ihre Geschichte als eine lange Kette des Leidens konstruierten.

*Mark Cohen: Zustände wie im alten Andalusien. In: FAZ Nr. 248, 25. Oktober 2003, S. 41.*

### 2 Eine Einschätzung der Kreuzzugsbewegung

*Der Philosoph und Schriftsteller Denis Diderot fällte in der „Encyclopédie" (erschienen 1751–1780), dem weitverbreiteten lexikalischen Standardwerk der französischen Aufklärung, folgendes Urteil über die Kreuzzüge:*

Lange Zeit hindurch konnte man es sich nur sehr schwer vorstellen, wie sowohl das einfache Volk als auch die Fürsten jemals einer Epoche so tiefer Finsternis und einer so großen Verkennung ihrer wirklichen Interessen anheimfallen konnten. Da setzte sich ein ganzer Erdteil in Richtung eines armseligen und kleinen Landstrichs in Bewegung, um die dortige Bevölkerung zu massakrieren und sich ein Felsenloch [= das Heilige Grab] anzueignen, das keinen Tropfen Blut wert ist und das sie im Geiste ebenso gut aus der Ferne verehren konnten.

*Denis Diderot: Encyclopédie. Bd. 2. Hrsg. von John Lough und Jacques Proust. Paris 1976, S. 523. Übers. M. Brabänder*

## Arbeitsvorschläge

○●● a) Untersuchen Sie den in der Quelle geschilderten Sachverhalt anhand von Kapitel 2.2 und 2.4 auf die ihm zugrunde liegenden Ursachen. (M1)

○○● b) Geben Sie die Auffassung des Autors von M2 in Ihren eigenen Worten wieder.

○●● c) Untersuchen Sie die Aussage von M2 anhand von Kapitel 2.5 daraufhin, ob die zugrunde liegenden Kriterien für eine Beurteilung der Kreuzzugsepoche angemessen sind.

●●● d) Nehmen Sie Stellung zu Diderots These. (M2)

# Probeklausur: Die islamische Welt zu Beginn des 21. Jahrhunderts

## 1 Krise und Zukunft der islamischen Welt

*Der US-amerikanische Islamwissenschaftler Bernard Lewis (geb. 1916) zieht Bilanz:*

Im Verlauf des 20. Jahrhunderts wurde es überdeutlich, dass die Dinge im Nahen Osten und überhaupt in den islamischen Ländern völlig schiefgegangen waren. Im Vergleich zu ihrem tausendjährigen Rivalen, dem Christentum, war die Welt des Islam arm, schwach und unwissend geworden. Das 19. und 20. Jahrhundert brachten die Vorrangstellung und damit zugleich die Vorherrschaft des Westens klar zum Ausdruck. [...]

Viele Heilmittel wurden ausprobiert: Waffen und Fabriken, Schulen und Parlamente. Keines davon bewirkte jedoch den erwünschten Erfolg. Hier und dort brachten sie eine gewisse Erleichterung, und für bestimmte Gruppen der Bevölkerung sogar Vorteile. Es gelang aber nicht, das zunehmende Ungleichgewicht zwischen dem Islam und der westlichen Welt zu beheben oder auch nur seine Ausweitung aufzuhalten. [...]

Aus der Sicht derjenigen, die man neuerdings als Islamisten oder Fundamentalisten bezeichnet, stellt es sich so dar: Die modernen islamischen Länder sind von Versagen und Unzulänglichkeit gekennzeichnet, weil sie fremdartige Ideen und Praktiken übernommen haben. Sie seien vom wahren Islam abgefallen, und folglich hätten sie ihre ehemalige Größe eingebüßt.

Die sogenannten Modernisierer oder Reformer nehmen die entgegengesetzte Position ein. Für sie liegt die Ursache für den Niedergang nicht in der *Aufgabe*, sondern in der *Beibehaltung* der alten Gewohnheiten, insbesondere in der Starrheit und Allgegenwart des islamischen Klerus. Dieser, so sagen sie, sei verantwortlich für die Fortdauer von Einstellungen und Praktiken, die vor tausend Jahren kreativ und fortschrittlich gewesen sein mögen, es heute aber nicht mehr sind. [...]

Eine geläufige Auseinandersetzung mit diesem Thema beschäftigt sich nicht mit dem Glauben im Allgemeinen, sondern einem spezifischen Problem: der Stellung der Religion und ihrer Repräsentanten im politischen System. Aus dieser Perspektive liegt ein wesentlicher Grund für den westlichen Fortschritt in der Trennung von Kirche und Staat und der Entstehung einer von weltlichen Gesetzen beherrschten Zivilgesellschaft. [...]

Wenn die Völker des Nahen Ostens so weitermachen wie bisher, könnte der Selbstmordattentäter zum Symbol für die gesamte Region werden. Dann wird es keinen Ausweg geben aus der Abwärtsspirale von Hass und Trotz, Wut und Selbstmitleid, Armut und Unterdrückung. [...]

Vielleicht gelingt es ihnen aber, sich von Groll und Opferrolle freizumachen, ihre Meinungsverschiedenheiten beizulegen und ihre Talente, Energien und Ressourcen in einer gemeinsamen, kreativen Anstrengung zu vereinigen. Dann können sie aus dem Nahen Osten wieder das machen, was er in Antike und Mittelalter war: ein maßgebliches Zentrum der Zivilisation. Nach Lage der Dinge liegt die Entscheidung bei ihnen.

*Bernard Lewis: What Went Wrong? The Clash between Islam and Modernity in the Middle East. New York 2002, S.151–160. Übers. M. Brabänder*

---

**Arbeitsvorschläge**

○○● a) Geben Sie wieder, wie der Autor den Niedergang der islamischen Welt in der jüngeren Geschichte charakterisiert und welche Gründe er dafür anführt.

○●● b) Untersuchen Sie die Tragfähigkeit der hier referierten Thesen unter Bezugnahme auf Kapitel 2 dieses Buches.

●●● c) Nehmen Sie Stellung zu dem abschließenden Urteil des Verfassers.

# 3 Menschenrechte und Menschenbild in historischer Perspektive

**Leitfragen**

Welches Bild vom Menschen herrschte in der griechischen Welt der Antike? Wie entwickelte sich dort eine Ungleichheit zwischen freien Männern einerseits und anderen Bevölkerungsgruppen?

Wie treibt das Gedankengut der Aufklärung die „Befreiung aus der selbstverschuldeten Unmündigkeit" (Kant) voran und beeinflusst das politische Denken?

Was waren die Ursachen und Ziele der Revolution 1789? Wie kam es zur Erklärung der Menschenrechte?

Galten die Menschenrechte für alle Menschen oder hatten auch diese Rechte ihre Grenzen? Welche Bedeutung haben die Menschenrechte heute?

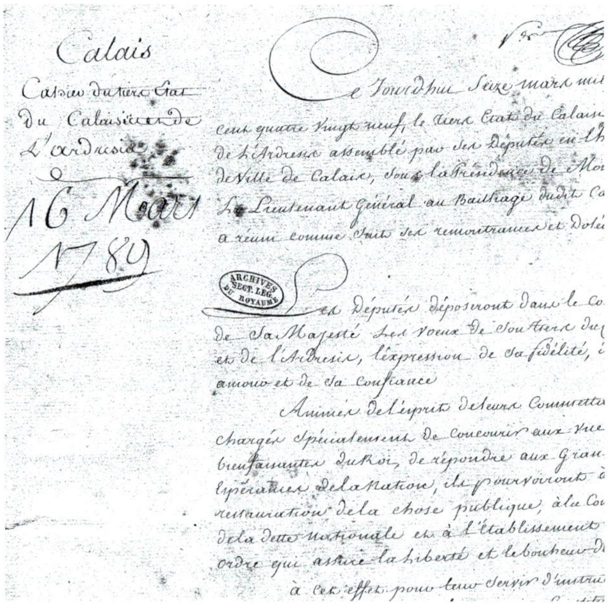

Calais
Cahier du tiers Etat
du Calaisis et de
l'Ardresis
16 Mars
1789

Aujourd'hui Seize mars mil
cent quatre vingt neuf, le tiers Etat du Calaisis
de l'Ardresis assemblé par ses Députés en l'h
de Ville de Calais, sous la Présidence de Mo
le Lieutenant Général au Bailliage dudit Ca
a réuni comme suit ses remontrances et Dolé

Les Députés déposeront dans le se
de Sa Majesté les voeux de son tiers des
et de l'Ardresis, l'expression de sa fidélité,
amour et de sa confiance

Animés de l'esprit de leurs Commettants
chargés spécialement de concourir aux vues
bienfaisantes du Roi, de répondre aux gran
espérances de la Nation, ils pourvoiront à
restauration de la chose publique, à la co
de la dette nationale et à l'établissement
ordre qui assure la liberté et le bonheur d
à cet effet pour leur servir d'instru

**Titelseite eines „Beschwerdeheftes" von 1789 (Ausschnitt)**

600 v. Chr. – 450 v. Chr. – 300

- **594 v. Chr.** Reformen Solons in Athen
- **561–510 v. Chr.** Tyrannis in Athen
- **508 v. Chr.** Reformen des Kleisthenes in Athen
- **480 v. Chr.** Seeschlacht bei Salamis im Rahmen der Perserkriege
- **um 450 v. Chr.** Vollausbau der demokratischen Ordnung zur Zeit des Perikles
- **431–404 v. Chr.** Machtverlust Athens im Krieg gegen Sparta
- **4. Jh. v. Chr.** Blütephase der griechischen Philosophie (Platon, Aristoteles, …)
- **334–323 n. Chr.** Siegeszug des Makedonenkönigs Alexander, dadurch Ausbreitung der griechischen Kultur

Online-Link
430075-0300

Operatoren

Für eine kritische Betrachtung der Entwicklung verschiedener Menschenbilder in der Geschichte und der Menschenrechte ist der Umgang mit schriftlichen Zeugnissen von zentraler Bedeutung. Entsprechend wichtig ist es, solche Schriften zusammenfassen, in den historischen Kontext einzuordnen und ihre Absichten beurteilen zu lernen.

Methoden

Deshalb steht die Textanalyse im Vordergrund der methodischen Arbeit des nachfolgenden Kapitels.

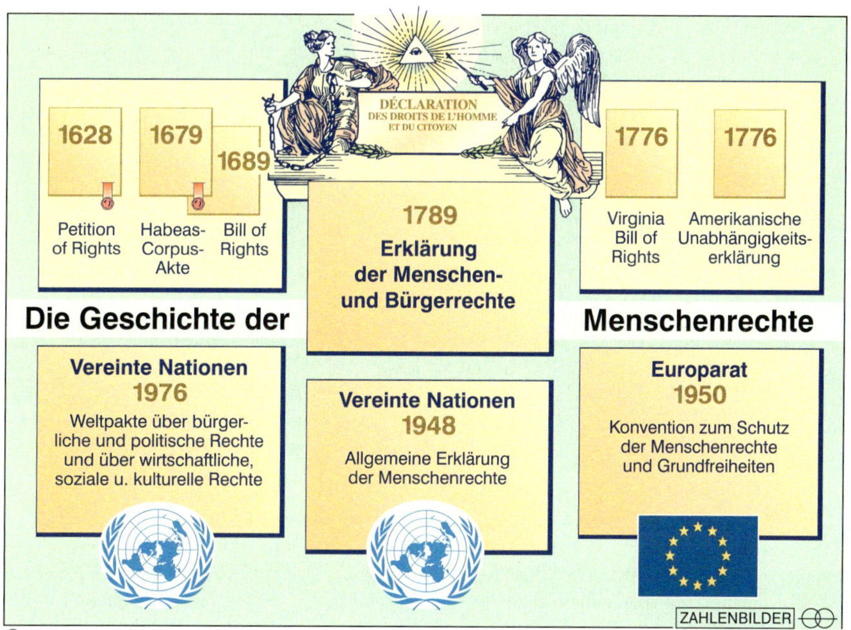


 60 108

| 1200 | 1700 | 1800 |
|---|---|---|

**1215** Magna Charta Libertatum Königliche Garantie der Adelsrechte in England

**1661–1715** absolutistische Herrschaftsform durch Ludwig XIV. in Frankreich

**1689** Bill of Rights Königliche Garantie der Rechte des britischen Parlaments

**18. Jh.** Ausbreitung des Gedankenguts der Aufklärung durch Kant und andere

**1776** Unabhängigkeitserklärung der USA

**1789** Französische Revolution

Erklärung der Menschenrechte

| | 600 v. Chr. | 1300 | 1600 |
|---|---|---|---|
| **Politische Entwicklung** | In der Polis Athen entwickelt sich im Zusammenspiel innenpolitischer Herausforderungen und außenpolitischer Zwänge das politische System von einer ursprünglichen Monarchie über eine Phase der Adelsherrschaft zu einer Herrschaft des Volkes. In der Demokratie treffen die freien Athener Bürger alle wesentlichen Entscheidungen auf Volksversammlungen und in den Volksgerichten.<br><br>Viele griechische Stadtstaaten ahmen diese Entwicklung zum Teil nach, andere entwickeln abweichende Modelle. | Im Übergang vom Spätmittelalter zur Frühen Neuzeit beginnt in einzelnen europäischen Ländern eine Weiterentwicklung der politischen Strukturen.<br><br>Genauere Informationen bietet die Zusammenschau auf S. 20/21. | Unter König Ludwig XIV. wird im traditionell zentralistisch organisierten Frankreich die Machtfülle des Königs zum absolutistischen System ausgebaut.<br><br>Angehörige des Bürgertums als Teil des politisch rechtlosen Dritten Standes übernehmen Dienste für ihn, so dass Adel und Klerus politisch entmachtet werden können. |
| **Menschenbild** | Von der politisch motivierten Entwicklung profitieren freie Griechen männlichen Geschlechts.<br><br>Allen anderen Bevölkerungsgruppen werden Abstufungen in unterschiedlicher Form auferlegt. Auf der untersten Ebene befinden sich die als Besitztum angesehenen Sklaven. | <br>Diskussion zwischen jüdischen und christlichen Gelehrten.<br><br>Toleranz, Gewalt- und Gewissensfreiheit werden von den Humanisten als wichtige Prinzipien des Zusammenlebens betrachtet. | Dem Naturrecht als Quelle der Menschenrechte wird steigende Bedeutung zugemessen.<br><br>Die absolutistischen Herrscher sehen sich jedoch weiterhin als von „Gottes Gnaden" über die Untertanen erhoben.<br><br>Gelehrte wie Thomas Hobbes formulieren die Idee eines Gesellschaftsvertrages, in dem der Untertan seine individuell-freiheitlichen Rechte an die Souveränität des Monarchen abtritt. Der Monarch steht dabei außerhalb des Rechts. |
| **Kultur und Wissenschaft** | In Kunst und Architektur entwickeln die Griechen ein hochstehendes Niveau. Dazu zählen auch Werke von Herodot und Thukydides, die als erste Geschichtsschreiber der Menschheit gelten.<br><br>Neben den sportlichen Wettkämpfen zu Ehren der Götter werden auch solche unter den Verfassern von Gedichten und Theaterstücken ausgetragen.<br><br>Philosophen erkunden natürliche Phänomene und stellen existenzielle Fragen der Menschheit. Ihre Ergebnisse prägen für rund 2000 Jahre das menschliche Wissen und bleiben in Teilen bis heute gültig. | Durch direktes Studium der Schriften antiker Autoren und der Wiederbelebung von deren Erkenntnissen wird ein kultureller Entwicklungsprozess in Gang gebracht.<br><br>Diese Entwicklung greifen auch die Reformatoren auf, die mit ihrer Auslegung der Bibel die religiösen Auffassungen ebenso neu belebten wie die Vorstellung von angemessener Bildung für alle Bevölkerungsschichten. | In allen kulturellen Bereichen blüht die Entwicklung auf und gelangt zu bemerkenswerten Ergebnissen. Mit der unseren Lexika vergleichbaren „Encyclopédie" gelingt in Frankreich ab 1751 eine Zusammenschau des Wissens der Zeit, die die bislang vereinzelten Erkenntnisse der Öffentlichkeit bereit stellt. Sie wird zur Grundlage breiter Diskussionen unter den Gebildeten, auch in Hinblick auf Kritik am absolutistischen System. |

Die Verfassungen der USA (1776), Polens (1791), besonders aber die Ereignisse der Französischen Revolution (1789 – 1799) führen zu tiefgreifenden gesellschaftspolitischen Veränderungen in ganz Europa und beeinflussen das moderne Demokratieverständnis entscheidend.

In Europa konkurrieren unterschiedliche Vorstellungen in oft erbitterter Form miteinander (Liberalismus, Sozialismus, Faschismus). Der Höhepunkt der Auseinandersetzung wird in den Jahren 1917 bis 1989 erreicht.

In der 2. Hälfte des 20. Jahrhunderts setzen sich nach und nach demokratische und liberale Staatsmodelle in Europa durch.

Beginn der europäischen Integration in Gestalt der EU.

Die Vorstellungen der Aufklärung und des Liberalismus bereiten den Weg zur Erklärung der Menschen- und Bürgerrechte 1789.

Noch werden diese jedoch nur eingeschränkt angesehen. Für viele Gruppen von Menschen bleiben die Rechte eingeschränkt.

Bis weit ins 20. Jahrhundert hinein wird das Völkerrecht meist als Kollektivrecht für Völker oder Bevölkerungsgruppen verstanden. Erst mit der Erklärung der UN-Menschenrechtskonvention werden die Menschenrechte als Individualrechte des Einzelnen festgeschrieben.

Es folgten die UN-Frauenrechtskonvention (1979) und die UN-Kinderrechtskonvention (1989).

Aufklärer propagieren vernunftbetonte Zugänge zu allen Daseinsbereichen, auch der politischen und sozialen Ordnung. Wissenschaftliche Erkenntnisse und rationales Denken stellen Althergebrachtes in Frage.

Parallel zur politischen Aufklärung (Immanuel Kant, Jean-Jacques Rousseau, …) verändern große Fortschritte in der Wissenschaft (Naturwissenschaften), der Wirtschaft (Industrialisierung) und ideologische Strömungen (z. B. Nationalismus) das Kulturverständnis in West- und Mitteleuropa grundlegend.

Die Welt erlebt, besonders unter US-amerikanischen Einfluss, vermehrt gemeinsame Mode- und Konsumvorstellungen.

Wirtschaftliches Handeln, wissenschaftliche Forschung und neue Kommunikationsmittel werden ebenso zu globalen Phänomen wie Bedrohungen durch Umweltprobleme und Terrorismus. Dies prägt in vielfältiger Weise das Menschenbild und die Diskussion um Menschenrechte.

1700 — 1850 — 2000

# Methode: Quelleninterpretation

**Vieles kann als Quelle dienen**

Unter Quellen versteht man in der Geschichtswissenschaft Zeugnisse aus vergangener Zeit, die durch menschliches Handeln entstanden und bis zur Gegenwart erhalten geblieben sind.
Steinzeitliche Höhlenmalereien zählen dazu; eine römische Wasserleitung, eine mittelalterliche Urkunde oder eine Rede Adolf Hitlers.
Ihnen allein können wir Informationen entlocken über das Denken und Handeln der Menschen zu ihrer Entstehungszeit. Dieses „Entlocken" ist die Interpretation und damit verwertbare Ergebnisse zustande kommen, bedarf es einer Vorgehensweise, die die richtigen Fragen stellt und dadurch zu angemessenen Ergebnissen kommt. Naturgemäß ist die grundsätzliche Vorgehensweise bei allen Arten von Quellen ähnlich, in den Einzelheiten aber doch unterschiedlich.
Da die Interpretation sprachlicher Quellen die zentrale Arbeitstechnik im Geschichtsunterricht darstellt, steht diese im Mittelpunkt dieses Methodenteils.

**Quellen müssen gedeutet werden**

Ehe mit der Interpretation begonnen werden kann, ist jedoch eine zentrale Frage zu stellen: Was sool mithilfe der Quellen überhaupt herausgefunden werden? Oder anders: Worin besteht unser „erkenntnisleitendes Interesse"?
Die dann durchzuführende „Quelleninterpretation" teilt sich in zwei zentrale Arbeitsschritte: die Analyse und die Interpretation im engeren Sinne.

Zur Analyse gehört, dass
a) man sich *über den Autor informiert*. Lexika und im Internet erreichbare Informationen leisten hierzu gute Dienste.
b) die *Textsorte* und – eng verbunden damit –
c) die vom Autor beabsichtigten *Adressaten* erkannt werden. So ist z. B. eine Tagebucheintragung sehr privat, eine Parlamentsrede aber für eine weitreichende Öffentlichkeit bestimmt.
d) das *Thema* geklärt wird und
e) die Intention, also die den Autor leitende Absicht.
f) der *Ereigniszusammenhang* erfasst wird und damit die historische Situation bzw. der historische Kontext. Dazu gehört auch die Ermittlung des Datums der Entstehung der Quelle im Vergleich zum Datum des Ereignisses.
g) Nicht zuletzt muss natürlich auch der genauere *Inhalt des Dokuments* untersucht werden. Hierzu bietet es sich an,
   - entweder (weniger anspruchsvoll) das „textdurchschreitende Verfahren" zu benutzen, also den Text in Sinnabschnitte einzuteilen und diese zusammenzufassen, oder
   - (anspruchsvoller) sich an der Argumentationsstruktur des Autors zu orientieren und diese aufzugreifen und zu belegen.

   Beide Vorgehensweisen beinhalten auch, dass in die Darstellung, die möglichst mit eigenen Worten erfolgen sollte, ausgewählte Zitate eingebaut werden. Zeilenangaben helfen dabei, die eigene Aussage mit dem zu analysierenden Text zu verbinden.

In der eigentlichen Interpretation, der Interpretation im engeren Sinn, geht es nun zentral darum, die getroffenen Feststellungen zu verknüpfen und kritisch zu hinterfragen. Das Ziel ist, unter Wahrung der gebotenen Distanz des von außen schauenden Betrachters zu einem Urteil zu gelangen.

h) Anknüpfend an der schon vorgenommenen Feststellung des Themas und seiner Intention muss die „spezielle Aussage" dieser Quelle für das anfangs formulierte „erkenntnisleitende Interesse" untersucht werden. Dazu muss – auf der Basis der Ergebnisse der Analyse – deren *Einordnung* in den zu behandelnden Zusammenhang vorgenommen werden. Ein Vergleich mit anderen Quellen zu diesem Thema oder (hilfsweise) darstellenden Texten und dem eigenen Vorwissen ermöglicht eine Absicherung.

i) Mit zusätzlichen Fragen nach der *Objektivität der Darstellung* und ggf. eingesetzten *sprachlichen Mitteln* erreicht man so eine Untersuchung, die

k) ein *Sachurteil* über die vorliegende Textquelle erlaubt. Dabei muss man allerdings immer bemüht sein, den Blick eines Zeitgenossen einzunehmen.

l) Dass man „hinterher immer klüger" ist, ist eine alte Volksweisheit. Diesen Wissensvorsprung gegenüber dem Autor und Adressaten darf man daher erst im allerletzten Schnitt, dem *Werturteil* nutzen. Hier ist es auch erlaubt, die eigene Meinung und die eigenen – bei uns auf dem Grundgesetz beruhenden – Wertvorstellungen einzubeziehen.

**Plutarch, Lykurgos**

***Der griechisch-römische Schriftsteller Plutarch berichtet um 100 n. Chr. über das Leben im antiken Sparta, dessen Grundlagen er auf eine Gründerpersönlichkeit mit Namen Lykurgos zurückführt.***

13. Geschriebene Gesetze hat Lykurgos nicht gegeben [...]

14. [...] Er kräftigte die Körper der Jungfrauen durch Laufen, Ringen, Diskus- und Speerwerfen, damit die Zeugung der Kinder in kräftigen Körpern erfolge [...] Weichlichkeit, Verzärtelung und alles weibische Wesen verbannte er und gewöhnte die Mädchen ebenso wie die Knaben, nackt ihre Aufzüge zu halten [...]

16. Das zur Welt Gekommene aufzuziehen unterlag nicht der Entscheidung des Erzeugers, sondern er hatte es (zur Sprechhalle) zu bringen, wo die Ältesten der Gemeindegenossen saßen und das Kind untersuchten und, wenn es wohl gebaut und kräftig war, sein Aufwachsen anordneten [...]; war es aber schwächlich und missgestaltet, so ließen sie es zu der sogenannten Ablage bringen, einem Felsabgrund am Taygetosgebirge. Denn sie meinten, für ein Wesen, das von Anfang an nicht fähig sei, gesund und kräftig heranzuwachsen, sei es besser, nicht zu leben, sowohl um seiner selbst wie um des Staates willen [...] Keineswegs) durfte jeder seinen Sohn halten und aufziehen, wie er wollte, sondern er nahm selbst alle, sobald sie sieben Jahre alt waren, zu sich und teilte sie in „Horden", in denen sie miteinander aufwuchsen, erzogen und gewöhnt wurden, beim Spiel wie bei ernster Beschäftigung immer beisammen zu sein. Als Führer der „Horde" wählten sie sich denjenigen, der sich durch Klugheit und Kampfesmut auszeichnete. Auf ihn blickten sie, hörten auf seine Befehle und unterwarfen sich seinen Strafen, so dass die Erziehung wesentlich in der Übung im Gehorsam bestand. [...] Lesen und Schreiben lernten sie nur so viel, wie sie brauchten; die ganze übrige Erziehung war darauf gerichtet, dass sie pünktlich gehorchen, Strapazen ertragen und im Kampfe siegen lernten. Daher verschärften sie bei fortschreitendem Alter das Training, schoren sie bis auf die Haut und gewöhnten sie, barfuß zu gehen und ihre Übungen in der Regel nackt zu halten. [...]

24. Die Zucht erstreckte sich bis auf die Erwachsenen. Keinem stand es frei, zu leben, wie er wollte, sondern sie lebten in der Stadt wie in einem Feldlager nach strengen Vorschriften für all ihr Verhalten und ihre Beschäftigung in der Öffentlichkeit, und überhaupt glaubten sie nicht sich, sondern dem Vaterlande zu gehören. [...]

27. Er gestattete es auch nicht allen, die den Wunsch hatten, das Land zu verlassen und zu reisen, so dass sie hätten fremde Sitten kennen lernen und zuchtlose Lebens- und andersartige Staatsformen sich zum Vorbild nehmen können. [...]

*Geschichte in Quellen, Band 1: Altertum. Hrsg. Von Walter Arend. München 1989, S. 143 – 145. Übers. K. Ziegler*

**Arbeitsvorschläge**

○○● a) Analysieren Sie die Quelle gemäß der Schritte a bis h.

○●● b) Ordnen Sie dieses Regelwerk in Spartas Situation ein und beurteilen Sie seine Notwendigkeit (Schritte h – k)

●●● c) Nehmen Sie aus heutiger Sicht Stellung (Schritt l).

# 3.1 Das attisch-hellenistische Menschenbild

## Die Polis – Kernstück griechischer Identität

**1 Herausbildung der Polis in Griechenland zwischen dem 12. bis 5. Jahrhundert v. Chr.**

**2 Vorbild und Gegenbild – Homers Darstellung der Polis (Stadt)**

*In der Odyssee wird die sagenhafte Polis Scheria des Volkes der Phaiaken mit der Lebensweise der einäugigen Kyklopen verglichen:*

Aber Nausithoos, der göttergleiche, ließ sie aufbrechen,
Ließ sie in Scheria siedeln […],
Ließ um die Stadt eine Mauer dann bauen und errichtete Häuser,
Und schuf Tempel der Götter und verteilte die Äcker.

[...] Odysseus (in der Stadt der Phaiaken)
Stand und bewunderte Häfen und richtig gehende Schiffe,
Versammlungsplätze *(agorai)* der Helden selbst und die langen Mauern,
Die hohen und auf Pfählen errichteten – ein Wunder anzuschauen. [...]
Weiter fuhren wir jetzt betrübten Herzens und kamen
Hin zum Land der Kyklopen, der übergewaltigen und gesetzlosen.
Keiner rührt eine Hand zum Pflanzen und Pflügen; sie überlassen
Alles den Göttern, den unsterblichen. Es wächst ja auch alles ganz ohne Säen oder Pflügen, der Weizen, die Gerste, die Reben,
Die den Wein spenden aus riesigen Trauben;
Und der Regen des Zeus lässt es wachsen.
Sie kennen weder ratspflegende Versammlungen noch rechtliche Regelungen.
Darum hausen sie auch auf den Gipfeln des hohen Gebirges nur in geräumigen Grotten, und jeder Einzelne gibt eigene Regeln
Dort Weibern und Kindern, und keiner sorgt für den andern.

*Odyssee 6, 2–10, 7, 45–45, sowie 9, 105–116. Zit. nach: Geschichte der Antike, Quellenband. Hrsg. von H.-J. Gehrke und H. Schneider. Stuttgart 2007, S. 30.*

### 3 Solon, Der Staat in Gefahr

***Solon lebte als Schriftsteller und Politiker um 600 v. Chr. in Athen. In Gedichten, wie hier der 3. Eligie, bringt er auch politische Einschätzungen zum Ausdruck. Jahrhunderte später betrachtete man ihn als einen der weisesten Männer Griechenlands.***

Unsere Stadt wird nie nach Rat der unsterblichen Götter
Noch mit Willen des Zeus je ins Verderben gestürzt:
Denn als Hüterin hält des Allgewaltigen Tochter,
Pallas Athene, die Hand sorgenden Sinns über sie.
Aber die Bürger selbst und ihre verworfenen Führer
Bringen die große Stadt, Törichte, selber in Not.
Denn die Schändlichen lockt die Gier nach großen Gewinnen [...]
Solches Verderben geht um im Volke; in Scharen verlassen
die Verarmten das Land, ziehn in die Fremde hinaus,
Werden verkauft als Sklaven und schimpflich mit Stricken gebunden,
(Müssen der Knechtschaft Joch tragen, das dort ihrer harrt.)
Und so kommt das gemeinsame Leid ins Haus eines jeden,
Und die Tore zum Hof halten das Übel nicht auf, [...]
Mir gibt das Herz den Befehl, die Athener so zu belehren:
Gilt kein Gesetz, wird viel Übel dem Staate zuteil.
Gilt das Gesetz, – es fügt zu schöner Ordnung das Ganze
[...] Macht ein Ende dem bitteren Zank. Befolgt man das Rechte,
Wird bei dem Menschengeschlecht alles gerade und gut.

*Zoltan Franyo u. a.: Frühgriechische Lyriker, Band 1. Berlin 1971, S. 34–37.*

## Wettkampf und Sport – das Leistungsprinzip

### 4 Die Unterlegenen

***Der griechische Dichter Pindar (gest. nach 445 v. Chr.) geht – nachdem er den Sieger im olympischen Knabenringkampf gepriesen hat – auf die Unterlegenen ein:***

Alkimedon hat, durch Fügung der Gottheit und da es ihm an Mut nicht fehlte, seinen vier Gegnern eine höchst unrühmliche Heimkehr beschert; das schändliche Gerede, das sie erwartet, zwingt sie nun dazu, auf geheimen Wegen und möglichst ohne Aufsehen in ihre Heimatstädte zurückzukehren.

*Pindar: Achte Olympische Ode, 67–69. Übers. A.-K. und F. Lamke*

### 5 Die Bedeutung von Sport und Wettkampf

***Der Archäologe Rainer Vollkommer schreibt dazu:***

Sport war ein fundamental wichtiger Bestandteil des griechischen Lebens. Wettkämpfe (Agone) waren weitverbreitet. Jede Polis hatte ihre eigenen Spiele, die mit religiösen Festen und Versammlungen verbunden waren. [...] Das griechische Bedürfnis nach Wettkampf kam auch in anderen Lebensbereichen zum Tragen. Wettkampf, Wettstreit und Wettbewerb waren eine der zentralen Antriebsfedern griechischen Schöpfertums, die zu der unglaublich schnellen Entwicklung in vielen Sparten führte. Siegreich zu sein, war das Beste, was einem Griechen geschehen konnte. Durch einen Sieg erhob er sich in dem Moment über alle anderen und alle anderen verehrten ihn für den Sieg. Sieger bei den großen Panhellenischen Spielen wurden besonders honoriert, weil diese Siege auch ein enormer Prestigegewinn für die Polis waren. Die Städte überreichten ihrem Sieger meist hohe Prämien, wie Geld, ein Haus, lebenslange Speisung und Befreiung vom Militär [...]
Die Griechen waren auch die ersten, die für den Sport eine eigene Architektur entwickelten [...] Spätestens mit 12–13 Jahren fingen die Jünglinge an, im Gymnasion (von gymnos, „nackt") mithilfe von Trainern zu üben und sich zu messen. Der Sport wurde nackt betrieben, so dass sich der schöne athletische Körper zur Freude der Zuschauer offenbarte. [...]

*Rainer Vollkommer: Das antike Griechenland. Stuttgart 2007, S. 132–135.*

### 6 Sportliche Erfolge – und ihr Wert?

*Xenophanes von Kolophon, ein früher griechischer Philosoph, lebte im 6. Jahrhundert v. Chr. und bereiste weite Teile der von Griechen besiedelten Welt. Über sportliche Erfolge schreibt er:*

Aber wenn einer den Sieg in der Schnelle der Füße gewänne,
oder im Fünfkampf auch, dort, wo der heilige Hain
Zeus' in Olympia liegt bei Pisas Quellen, im Ringen
mit den Fäusten den Kampf stünde, den schmerzlichen, durch,
oder den grausigen Streit, den sie Pankration nennen,
rühmlicher anzuschaun wäre den Bürgern er nicht.
Wohl, er gewänne weit sichtbar den Ehrenplatz bei den Spielen und auf Kosten der Stadt würd' ihm ein öffentlich Mahl,
und er empfinge noch ein Geschenk, das ihm köstlich erschiene.
Siegt' er mit Rossen auch, würd' ihm dies alles zuteil;
Und doch war' er nicht würdig wie ich. Ist besser als Pferde-Stärke und Männerkraft unsere Weisheit ja doch.
Wahrlich, grundlos hält man es so. Der tüchtigen Weisheit Stärke vorzuziehn, keineswegs ist es gerecht.
Wäre ein tüchtiger Kämpfer mit Fäusten unter den Bürgern [...]
wäre darum die Stadt doch nicht in besserer Ordnung,
und es würde der Stadt nur ein bescheidner Genuss,
wenn an Pisas Ufern im Wettstreit einer gewänne.
Denn die Kammern der Stadt macht ja dergleichen nicht voll.

*Xenophanes aus Kolophon: Fragment 2 (Elegien). Übers. Emil Staiger*

## Kindheit und Erziehung – zwei griechische Konzepte

### 8 Abhärtung der Jugend

*Der Autor Plutarch berichtet um 100 n. Chr. über die Erziehung; die Verfassung Spartas wird auf eine sagenumwobene Persönlichkeit namens Lykurg zurückgeführt.* → S. 177

War ein Kind zur Welt gekommen, so war es nicht das Recht des Vaters zu entscheiden, ob es aufzuziehen sei. Er musste es an einen festgesetzten Ort bringen, wo die Gemeindeältesten es genau untersuchten. War es von festem Gliederbau und kräftig, ließen sie es aufziehen [...] War es aber schwach und missgebildet, so ließen sie es in einen Felsabgrund hinabstürzen. Sie meinten nämlich, dass es für ein Wesen, das nicht fähig sei, gesund und kräftig heranzuwachsen, im eigenen Interesse und in dem des Staates besser sei, nicht zu leben [...]
Die Knaben entzog Lykurg, sobald sie sieben Jahre als waren, ihren Vätern und ließ sie in Herden miteinander aufwachsen und erziehen. Hier lernten sie, beim Spiel wie bei ernster Betätigung, immer beisammen zu sein. [...] Lesen und Schreiben lernten sie nur soviel, wie sie brauchten; die ganze übrige Erziehung war darauf gerichtet, dass sie lernten, pünktlich zu gehorchen, Strapazen zu ertragen und im Kampfe zu siegen [...] Zur Abhärtung durften sie nur barfuß gehen, und sie mussten ihre Übungen in der Regel nackt halten. Sobald sie zwölf Jahre alt waren, gingen sie stets ohne Unterkleidung und durften, abgesehen von wenigen Tagen im Jahr, weder baden noch sich salben.

*Nach Geschichte in Quellen, Bd. I, Altertum, 1965, S. 143 (unter Rückgriff auf das Original) PG 4/1992*

**7 Wettlauf der Frauen, dargestellt auf einer Amphore aus dem 5. Jahrhundert v. Chr.**
*Frauen und Mädchen hatten in Olympia eigene Spiele zu Ehren der Göttin Hera.*

**9 Spartanischer Krieger**
*Bronzefigur aus dem 6. Jahrhundert v. Chr. „Furchterweckend vom Haupte flattre der Busch ihm herab!", so dichtete Tyrtaios über den spanischen Hopliten.*

### 10 Ein standesgemäßes Leben

*Der Redner Demosthenes vergleicht 330 v. Chr. seinen Werdegang mit dem seines politischen Gegners Aischines.*

Mir also war es vergönnt, Aischines, in meiner Kindheit standesgemäß zur Schule zu gehen und so viel zu besitzen, wie man braucht, um sich nicht aus Mangel schimpflichem Tun zuwenden zu müssen, und, nachdem ich herangewachsen war, jenen Verhältnissen entsprechend zu handeln: Chöre zu finanzieren, Kriegsschiffe auszurüsten, freiwillige Steuerbeiträge zu spenden, kurz, weder im privaten noch im öffentlichen Leben es an Freigebigkeit fehlen zu lassen, vielmehr dem Staat sowohl als meinen Freunden mich nützlich zu erweisen, des Ferneren, als ich mich zum Eintritt in die politische Laufbahn entschlossen hatte, mich auf solche Weise für den Staat zu engagieren, dass ich sowohl von der Vaterstadt wie von vielen anderen griechischen Staaten vielmals durch Verleihung eines Kranzes geehrt worden bin [...] Du aber [...] prüfe im Vergleich damit, was du für ein Geschick gehabt hast: Drückend war die Armut, in der du als Knabe aufgewachsen bist, zusammen mit deinem Vater an die Schule gebunden, Tinte reibend und die Tische abwischend und die Schulstube fegend, in der Stellung eines Sklaven, nicht eines frei geborenen Knaben.

*Demosthenes: Kranzrede 257–258. Zit. nach Rolf Rilinger: Leben im antiken Griechenland. Ein Lesebuch. München 1990, S. 89 f.*

## Griechische Frauen – Wesen von geringerem Wert?

### 11 Die richtige Ehefrau

*a) Der Autor Xenophon (426–355 v. Chr.) lässt in seinem Werk über die Hauswirtschaft den Gutsbesitzer Isomachos Folgendes über seine Frau sagen:*

Sie war noch nicht fünfzehn Jahre alt, als ich sie heiratete. Die Zeit vorher hatte man fürsorglich auf sie aufgepasst, damit sie möglichst wenig sah, hörte und fragte. Ich war schon damit zufrieden, dass sie bei ihrem Kommen bereits verstand, mit Wolle umzugehen und ein Gewand anzufertigen, und dass sie auch schon bei der Spinnarbeit der Dienerinnen zugesehen hatte. Außerdem wusste sie, was mir sehr wichtig erscheint, gut Bescheid, was Ernährungsfragen angeht [...]

Ich riet ihr, nicht nach Art der Sklaven immer herumzusitzen, sondern wie eine Herrin vor dem Webstuhl zu stehen. [...]

*Xenophon: Oikonomikos (Hauswirtschaftslehre). Zit. nach: Helke Kammerer-Grothaus: Frauenleben-Frauenalltag im antiken Griechenland. Berlin 1984, S. 2, S. 35.*

*b) Isomachos äußert zu den Rollen der Geschlechter:*

Mir scheinen die Götter dieses Paar, das man Mann und Weib nennt, besonders gut zusammenpasst zu haben, damit es sich gemeinsam so viel Nutzen bringe wie möglich. Denn erstens ist dieser Bund geschlossen, um miteinander Kinder zu zeugen, damit die Menschen nicht aussterben. Zweitens schaffen sie sich mit den Kindern, die aus diesem Bunde hervorgehen, Stützen für das Alter. Da beide Arten von Arbeit nötig sind, die draußen und drinnen, schufen die Götter die Natur der Frau für die Arbeiten im Hause, die des Mannes aber für die Arbeiten außerhalb des Hauses. Die Frauen haben größere Liebe zu den Säuglingen, ihre Fürsorge ist gut für die Überwachung der Vorräte; der Mann dagegen ist mutiger, wenn es um Schutz des Hauses und Eigentums geht. Er ist eher dazu geschaffen, Kälte und Wärme, Märsche und Feldzüge zu ertragen.

*Xenophon: Oikonomikos, a. a. O.*

### 12 Die Parfümverkäuferin

*Amphore ca. 5. Jahrhundert v. Chr.*

### 13 Missachtung der Frauen?

*Der Historiker Wolfgang Schuller analysiert eine häufig zitierte Textstelle aus einer Rede, die um 340 v. Chr. vor einem athenischen Gericht gehalten wurde. Verklagt worden war die Hetäre Neaire, die sich und ihren Kindern das athenische Bürgerrecht erschlichen haben sollte. Hetären sind vielseitig ausgebildete Prostituierte, die z. B. Musikinstrumente beherrschten:*

Wie steht es nun drittens mit der angeblichen generellen, außergewöhnlichen Missachtung der Frauen durch die athenischen Männer? […] In der Rede gegen Neaira […] sagt der Kläger:

*Wir haben die Hetären der Lust wegen, die Nebenfrauen wegen der täglichen Pflege unseres Körpers, die Ehefrauen aber dazu, um uns legitime Kinder zu gebären und als verlässliche Wächter unseres Haushalts.*

Abscheu pflegt die erste und meist auch die letzte Reaktion auf diese Textstelle zu sein: Für die angenehmen Seiten des Lebens hält sich der Athener Lustobjekte, die Ehefrau ist auf die Rolle der Gebärmaschine und Putzfrau reduziert, und diese Verachtung der eigenen Frau wird auch noch mit zynischer Offenheit proklamiert. Aber gemach – ein bisschen näheres Hinsehen ergibt ein anderes Bild.

Wir fragen uns, in welcher Situation, in welcher Absicht und an welchen Adressaten diese Worte gesprochen worden sind. Die Rede richtet sich gegen Neaira, eine Frau, der vorgeworfen wird, sich als Ausländerin und […] Hetäre in das attische Bürgerrecht eingeschlichen zu haben. […] Hinzu kommt, dass die Rede sich an die dreistellige Zahl athenischer männlicher Bürger richtet, die als Geschworene über den Prozess zu entscheiden hatten. Ausgerechnet ihnen gegenüber erklärt der Ankläger nicht gerade ihre Ehefrauen für verächtliche Wesen, noch dazu zugunsten der Hetäre, deren Verurteilung durch die Geschworenen er gerade herbeiführen will. Auch aus dem unmittelbaren Zusammenhang ergibt sich das. Der Redner warnt die Richter nämlich, Neaira freizusprechen, indem er ihnen vor Augen führt, wie beleidigend es auf die Ehefrauen und Töchter wirken müsse, wenn sie davon erfahren würden, dass die Anmaßung einer Hetäre, rechtmäßige Ehefrau zu sein, folgenlos bliebe. […] Die Wertskala dieser Stelle ist also genau umgekehrt, als allgemein angenommen […]

*Wolfgang Schuller: Frauen in der griechischen und römischen Geschichte. Konstanz 1995, S. 53 f.*

## Außenpolitik und Innenpolitik – eng verwoben

### 14 „Die außenpolitische Komponente der Innenpolitik"

***Der Sieg der griechischen Flotte trug außenpolitisch zum Sieg über die Perser bei und ermöglichte die Bewahrung der Selbstständigkeit. Die innenpolitischen Folgen stellt der Historiker Jochen Bleicken so dar:***

Die außenpolitische Komponente der Innenpolitik zeigt sich besonders deutlich in der Frage des Flottenbaus. […] Denn da in der Seeschlacht alles von der Wendigkeit der Schiffe abhing, mussten die Kriegsschiffe Ruderschiffe (Galeeren) sein; jedes Schiff brauchte für die drei Ruderbänke 170 Ruderer, […]. Es kam hinzu, dass der Ruderer im Grunde kein Sklave sein konnte; denn seine Tätigkeit galt eher als Soldatendienst denn als reine Handarbeit zur Fortbewegung des Schiffes: Es kämpften ja nicht die Deckmannschaften der Schiffe durch Schießen, Entern und im Nahkampf miteinander, sondern man kämpfte durch Rammen, setzte demnach das ganze Schiff als Waffe ein; die Ruderer versahen also nicht den Dienst von Galeerensklaven, sondern sie lenkten die Waffe selbst. […]

**15 Griechische Ruderer einer Kriegsgaleere**

*Relief aus Kalkstein (um 450 v. Chr.). Ein solcher Schiffstyp verfügte mit drei übereinander angeordneten Reihen von Ruderern über etwa 200 Mann Besatzung. Eine solche Galeere war ungefähr 35 m lang und ca. 5,5 m breit.*

Aber woher sollten sie genommen werden? Es kamen da – abgesehen von der Heranziehung von in Athen ansässigen Fremden und von der Anwerbung von Ausländern – nur die ärmeren Bürger Athens in Frage, also diejenigen, die von ihrem Vermögen her nicht in der Lage waren, sich für den klassischen Soldatendienst, nämlich als Schwerbewaffnete für den Kampf in der Phalanx, selbst auszurüsten. Die Schwerbewaffneten kamen für den Ruderdienst deswegen nicht in Betracht, weil sie – abgesehen davon, dass sie der Zahl nach nicht genügten – für die Feldarmee benötigt wurden. So besetzten vornehmlich Athener die Ruderbänke, die keiner der drei Vermögensklassen angehörten, [...] die in Athen Theten hießen. Mit dem Ruderdienst, der Militärdienst war, erwarben sie aber nach damaligem Denken den Anspruch auf einen aktiven Anteil am politischen Leben, denn beides stand seit ältester Zeit in einem Kausalzusammenhang. [... Aber erst] die größte und folgenreichste Schlacht dieses Jahrhunderts, Salamis, hob das Ansehen des Ruderers so weit, dass man in ihm einen Kämpfer zu sehen vermochte. [...]

*Jochen Bleicken: Die athenische Demokratie. Paderborn 1994, S. 42 f.*

## Sklaverei – Grundvoraussetzung der Demokratie?

### 16 Herrschen und Dienen

*Der Philosoph Aristoteles schreibt in seinem Werk über die Politik zur Rolle der Unfreien:*

Welches die Natur und die Fähigkeit des Sklaven ist, wird hieraus klar. Der Mensch, der seiner Natur nach nicht sich selbst, sondern einem anderen gehört, ist von Natur ein Sklave; einem anderen Menschen gehört, wer als Mensch ein Besitzstück ist, das heißt ein für sich bestehendes, dem Handeln dienendes Werkzeug.

Ob es nun einen Menschen gibt, der von Natur derart ist oder nicht, und ob es besser und gerecht ist für einen Menschen, Sklave zu sein oder nicht, oder ob überhaupt jede Sklaverei gegen die Natur ist, dies ist nun zu untersuchen.

Es ist nicht schwer, dies theoretisch zu erkennen und aus der Erfahrung zu entnehmen. Das Herrschen und Dienen gehört nicht nur zu den notwendigen, sondern auch zu den zuträglichen Dingen. [...]

Von Natur ist also jener ein Sklave, der einem andern zu gehören vermag und ihm darum auch gehört, und der so weit an der Vernunft teilhat, dass er sie annimmt, aber nicht selbständig besitzt.

*Hagen Schulze/Ina Ulrike Paul (Hrsg.): Europäische Geschichte. München 1994, S. 428 f. Übers. O. Gigon*

### 17 Die Arbeit machten andere

*Der Historiker Jochen Bleicken über die Bedeutung der Sklaverei in der modernen historischen Forschung:*

Konnte eine der politischen Grundideen der Demokratie, dass nämlich jeder Bürger seine politischen Rechte auch ausüben können sollte und er darum für das politische Geschäft bezahlt werden musste, nicht nur dann verwirklicht werden, wenn der Sklave die Arbeit auf dem Feld, in den Manufakturen und Bergwerken tat und er also die Produkte schuf, damit der Bürger dem politischen Geschäft nachzugehen vermochte? Konnte die gewaltige athenische Flotte, für deren Bemannung man oft den letzten Mann brauchte, nicht nur deswegen in See stechen, weil es Sklavenhände gab, welche die lebensnotwendigen Produkte herstellten, und war darum nicht die athenische Seebunds- und Großmachtpolitik auf die Sklaverei gegründet?

Ist die Frage so allgemein und umfassend gestellt, lässt sie sich widerlegen: Auf jedem Arbeitsgebiet, ob nun in der Landwirtschaft, im Gewerbe oder im Handel, wären die Athener mit wenigen Ausnahmen auch ohne Sklaven ausgekommen, und in der Politik oder auf der Flotte und im Heer waren niemals alle Athener und selbst in Notlagen auch lediglich der größte Teil beschäftigt. Aber dieser Einwand ist doch nur bedingt richtig. [...]

Spielt es keine Rolle, dass nicht die ganze, aber doch ein beträchtlicher Prozentsatz der Arbeit von Sklaven getan wurde, wenn die Mehrheit der Athener außer Landes war? Ist es unwichtig, dass Vornehme und Wohlhabende sich gerade durch den Besitz von Sklaven größere Vermögen und völlige persönliche Unabhängigkeit erwarben? Es ist wohl kaum der Blick auf den einzelnen Berufszweig oder die einzelne, besondere Situation, der bedenklich stimmt, sondern die Summe der Möglichkeiten, die durch den Tatbestand einer großen Anzahl von Sklaven in wichtigen Berufen gegeben ist.

*Jochen Bleicken: Die athenische Demokratie. Paderborn 1994, S. 96.*

### 18 Die richtige politische Ordnung – eine Verfassungsdebatte

*Herodot überliefert eine Diskussion über die in Griechenland praktizierten Varianten der Ausgestaltung von politischer Herrschaft. Als Anlass dazu wählt er die bevorstehende Thronbesteigung eines ausländischen Alleinherrschers, des persischen Großkönigs Dareios I. im Jahr 521 v. Chr.*

(80) (Otanes sprach:) „Wie kann auch Alleinherrschaft eine wohlbestellte Ordnung sein, sie, der es erlaubt ist, ohne Rechenschaft zu tun, was ihr beliebt? Denn gelangte auch der Beste aller Menschen zu solcher Macht, sie stellte ihn außerhalb alles gewohnten Denkens. Denn in ihm wächst Überhebung, aus der Fülle, in der er steht, die

Missgunst aber ist von Anbeginn dem Menschen eingepflanzt. Hat er aber diese zwei, hat er alles Schlimme miteinander. Denn nun, übersättigt und voll Überhebung, tut er vieles Entsetzliche, anderes aber aus Missgunst. [...] Herrscht aber die Gemeinde, trägt das erstens den schönsten aller Namen: gleiches Recht, und zweitens, alles was der Alleinherrscher tut, das tut sie nicht; nach dem Los besetzt sie die Ämter, ist Rechenschaft schuldig über die Leitung, und alle Beschlüsse bringt sie vor die Gemeinschaft. Darum ist meine Meinung, wir lassen von der Alleinherrschaft und stärken die Gemeinde. Denn im Vielen steckt das Ganze."

(81) (Megabyzos sprach:) „Dass (Otanes) empfiehlt, die Macht an das Volk zu geben, da hat er die beste Meinung nicht getroffen. Denn nichts ist unverständiger, nichts überheblicher als so ein unnützer Haufe. Sind wir der Anmaßung und Willkür eines Herrn eben entgangen, nur um der Willkür einer zügellosen Menge in die Hände zu fallen? Das wäre doch ganz unerträglich. Denn tut jener etwas, so weiß er wenigstens, was er will; der Menge aber fehlt selbst dieses Wissen. Wie sollte sie's denn auch wissen, wo sie im Rechten weder unterwiesen ist noch es von selbst aus eigener Kraft je sah, sondern sie fällt über die Angelegenheiten her und stößt sie vor sich her, ohne Verstand, einem Sturzbach im Unwetter gleich. Wer es also mit dem Persern schlecht meint, der setze auf das Volk, wir aber sollten eine Gruppe der besten Männer auswählen und die mit der Gewalt bekleiden; denn unter denen werden auch wir selber sein, und von den besten Männern sind gewiss die besten Entscheidungen zu erwarten."

(82) (Dareios sprach:) „Besseres kann man nicht finden als den einen Mann, der das Beste ist. Denn er hat auch das beste Urteil und wird so für das Wohl des Volkes sorgen ohne Tadel, und was zu beschließen ist gegen Feinde, wird so am wenigsten verraten. Bei der Herrschaft Weniger aber, wo viele sich anstrengen, ihre Tüchtigkeit und ihr Verdienst für das Gemeinwohl zu zeigen, pflegen heftige Feindschaften unter den Einzelnen zu entstehen. Denn jeder will selber der Vorderste sein und siegen mit seiner Meinung, und darum geraten sie in große gegenseitige Feindschaften [...]"

*Zit. nach: Geschichte der Antike, Quellenband. Hrsg. von H.-J. Gehrke und H. Schneider. Stuttgart 2007, S. 64 ff.*

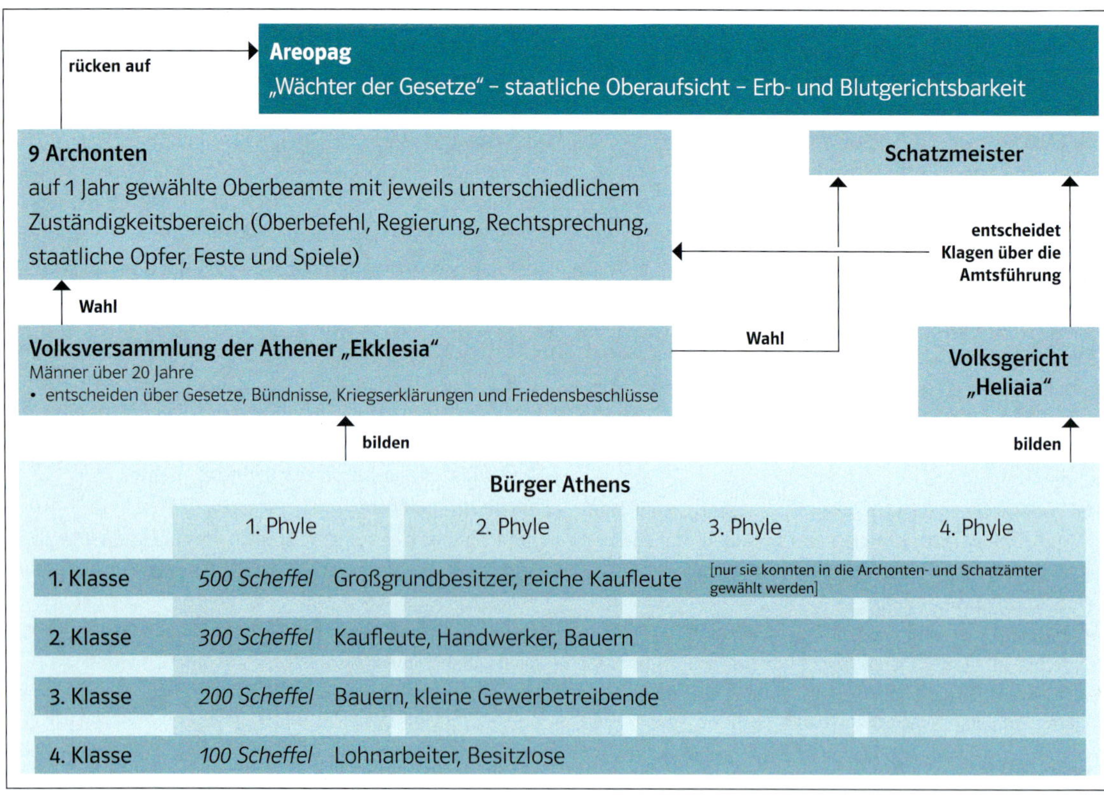


**19** **Grafische Darstellung der Verfassung Solons im 6. Jahrhundert v. Chr.**

## Die Athener und ihre Demokratie

### 20 Der richtende Bürger – ein Monarch?

*In der Komödie „Die Wespen" lässt 422 v. Chr. der Dichter Aristophanes ein Mitglied des Volksgerichts sprechen. Die Volksgerichte setzten sich aus juristisch nicht vorgebildeten athenischen Bürgern zusammen, die ausgelost wurden. Die Richter erhielten jetzt 3 Obolen pro Gerichtstag.*

Bei dem Eintritt gleich in die Schranken beweis' ich dir klar und unwiderleglich:
Daß sich unsre Gewalt wohl messen darf mit der Herrschaft jedes Monarchen!
Welch Wesen auf Erden ist hochbeglückt, gefeiert und reich, wie ein Richter,
Hat Freuden die Füll', ist gefürchtet zugleich, wie ein Richter, vor allem ein alter? […]
entgegen Streckt einer sogleich mir die samtene Hand, die den Seckel des Staates bestohlen.
Sie verneigen sich tief, und sie bitten und flehn und schwimmen in Tränen und schluchzen:
„O erbarme dich, Vater, o laß dich erflehn, wenn du jemals im Amte wohl selber
Dich ein bißchen vergriffen, hier oder im Feld, bei dem Einkauf für die Soldaten!" […]
Gibt's irgendwas Schönes, was Süßes, das dort nicht ein Richter zu hören bekäme? […]
Wenn Rat und Volk in Verlegenheit sind, wie ein wichtiger Fall zu entscheiden,
Dann verfügt ein Dekret, daß die Schuld'gen vor uns, vor den Richtern, sich haben zu stellen […]
Und das Schönste von allem, das Köstlichste just, das hätt' ich beinahe vergessen!
Ich komme nach Hause, mit der Löhnung im Maul, da umringen mich alle begrüßend
Und tun mir gar schön von wegen des Gelds […]
Nun sprich: bin ich nicht ein gewaltiger Herr,
Gewaltig wie Zeus, der Allmächtige, selbst […]
Und schleudr' ich den Blitz, dann schnarren vor Angst
Und Entsetzen die reichen, hochachtbaren Herrn
Und kacken sich voll […]

*Geschichte in Quellen, Band 1. Bearb. von W. Arend. München 1989, S. 255–257.*

### 21 Die „Hohe Schule Griechenlands"

*Thukydides berichtet mit einigem zeitlichen Abstand über eine Rede, die der Athener Politiker Perikles 431 v. Chr. während des Krieges gegen Sparta gehalten haben soll. Seit diesem Jahr bis 404 v. Chr. befanden sich Athen und seine Verbündeten in einem Krieg gegen Sparta und dessen Verbündete um die Vorherrschaft unter den Poleis.*

Wir leben in einer Staatsform, die die Einrichtungen anderer nicht nachahmt; eher sind wir für etliche ein Vorbild, als dass wir andere uns zum Muster nähmen. Mit Namen wird sie, weil wir uns nicht auf eine Minderheit, sondern auf die Mehrheit im Volke stützen, Volksherrschaft (Demokratie) genannt. Und es genießen auch alle für ihre eigenen Angelegenheiten vor den Gesetzen gleiches Recht; in der öffentlichen Bewertung jedoch fragt man allein nach dem Ansehen, das sich jemand auf irgendeinem Felde erworben hat, und nicht die Zugehörigkeit zu einem bestimmten Volksteil. Allein die persönliche Tüchtigkeit verleiht im öffentlichen Leben einen Vorzug, auch wird bei Armut keiner, der doch dem Volke Gutes zu leisten vermöchte, um der Geringheit seines Standes willen ausgeschlossen.
Ein freier Geist herrscht in unserem Staatsleben und wirkt auch im täglichen Leben und Treiben aller gegenseitigen Beargwöhnung entgegen […] Auch für mancherlei Erholung des Geistes von allen Anstrengungen ist bei uns gesorgt, teils durch die Pflege von Kampfspielen und Festen während des ganzen Jahres, teils durch schöne, jedem offen stehende Anlagen, deren täglicher Genuss den Missmut bannt. Zudem kommt bei der Größe unserer Stadt aus allen Teilen der Erde alles herein, und ebenso wie unsere heimischen Güter können wir die Erzeugnisse der ganzen Welt im eigenen Hause genießen.
Auch in der Pflege des Kriegswesenes unterscheiden wir uns von unseren Feinden […] Statt auf die üblichen Vorkehrungen und Schliche verlassen wir uns lieber auf die in uns selber ruhende Entschlossenheit zur Tat. […] Wir lieben das Schöne in Schlichtheit, lieben Wissen und Bildung, aber frei von Weichlichkeit. Reichtum ist bei uns zum Gebrauch in der rechten Weise, aber nicht zum Geprahl mit Worten da […]
Mit einem Wort also sage ich: Unsere Stadt ist im Ganzen die hohe Schule Griechenlands […]

*Geschichte in Quellen, Bd. 1. Bearb. von W. Arend. München 1989, S. 221 ff.*

## Philosophie oder die Suche nach dem, was die Welt im Innersten zusammenhält

### 22 Vom Nachdenken über die Natur …

*Der Schriftsteller und Theologe Arnulf Zitelmann schreibt über die Naturphilosophie:*

Jeder hat hierzulande schon den Namen des Heraklit gehört oder ist in der Schule mit dem „Satz des Pythagoras" bekannt gemacht worden. Beide stammen aus Ionien. Ionien und die vor seiner Küste liegende Inselwelt haben zahlreiche Philosophen hervorgebracht […] Sie alle suchten sich einen Vers darauf zu machen, was die Welt im Innersten zusammenhält.

Ich versuche mir vorzustellen, wie ich ohne die Erkenntnisse leben würde, die mir unsere Welt erklären. Nachts würde ich in den glitzernden Himmel schauen und mich fragen, was sind das eigentlich für Flimmerpunkte? Oder ich sähe das Meer, einen Sandstrand, einen Baum und ein Vogel flöge vorbei. Würde ich mich fragen, woher kommt das alles? Seit wann gibt es die Welt? Ich hätte keine Ahnung, dass ich mich auf einem kugelförmigen Planeten befinde. Das Sonnengestirn steigt auf und verschwindet, der Mond durchwandert das Himmelsrund, die Jahreszeiten wechseln. Warum ist alles so, wie es ist? Vielleicht haben alle Dinge einen Anfang. Ob es das Wasser war, aus dem später die Erde wurde? Oder war es das Feuer? Und so weiter.

Jetzt spätestens wird mir klar, was für eine riesige Leistung die ersten Naturforscher vollbrachten. Die ersten Philosophen, wie man damals sagte. Denn die haben sich derartige Fragen gestellt. [...] Die Ionier kannten keinen Gott, dem sie es zugetraut hätten, die Welt nach festen Gesetzen zu schaffen. Also versuchten sie, die Welt aus sich selbst zu erklären. [... Jedoch:] Man hatte viele Detailbefunde, die sich aber nicht zu einer Gesamtschau zusammenfügen ließen. Die Naturphilosophie war in eine Sackgasse geraten.

*Arnulf Zitelmann: Ich weiß, dass ich nichts weiß. Weinheim 2007, S. 47–49.*

## 23 ... zum Nachdenken über den Menschen

***Der Schriftsteller und Theologe Arnulf Zitelmann schreibt über die philosophische Richtung der Sophisten:***

Die Sophisten leiteten eine Kehrtwende ein. Statt der Naturgesetze begannen sie die Gesetze der Menschenwelt zu erforschen. [...] Folgen sie dem Vorbild der Natur? Oder bringen die Menschen selbst ihre Gesetze hervor? Woran orientieren sie sich dabei? Etwa daran, was gut für sie ist? Doch was für den einen gut ist, das ist für den anderen schlecht. Und umgekehrt. Offenbar, so schlussfolgerten die Sophisten, kann man über alles verschiedener Meinung sein. [...]

In einer sophistischen Schrift des 5. Jahrhunderts, Dissoi Logoi, spiegelt sich diese Haltung. [...] Die einen behaupten, auf der einen Seite stehe das, was ohne Tadel ist, auf der Gegenseite das, was Tadel verdient. Die anderen aber sagen, das Tadellose und das Tadelhafte seien ein und dasselbe. [...] Es sei auch nichts daran zu kritisieren, wenn man Freunden Gutes tut, aber es sei kein gutes Benehmen, seinen Feinden willfährig zu sein. Und bei den Spartanern sei es korrekt, Mädchen nackt zu trainieren, die Griechen Ioniens aber hielten das für unanständig. Die Thraker fänden tätowierte Frauen schön, bei den Griechen aber seien Tätowierungen eine Strafe, mit der man Verbrecher brandmarke. Um es allgemein auszudrücken, je nach Zeit und Ort kann offenbar alles Beliebige korrekt oder ungehörig sein.

Und so geht es weiter im Text. Sind Recht und Unrecht relativ oder sind es eindeutige Werte? [...]

Wo in aller Welt hat man schon Derartiges gehört? Darf man so denken? Darf man überhaupt so reden?

*Arnulf Zitelmann: Ich weiß, dass ich nichts weiß. Weinheim 2007, S. 49–51.*

## 24 Nie mehr Philosophie treiben?

***Der vor dem Volksgericht angeklagte Philosoph Sokrates soll sich, laut seinem Schüler Platon, wie folgt verteidigt haben:***

Wenn ihr zu mir sagtet: Sokrates, jetzt lassen wir dich frei, unter der Bedingung, dass du nicht mehr bei dieser Forschung verbleibst und nicht mehr Philosophie treibst; wenn du aber noch einmal bei dieser Beschäftigung ertappt wirst, musst du sterben – wenn ihr mich also, wie gesagt, unter dieser Voraussetzung frei ließet, so würde ich euch sagen: Ich habe euch, Männer von Athen, von Herzen gern und lieb, gehorchen aber werde ich mehr der Gottheit als euch, und solange ich Atem hole und Kraft habe, werde ich auf keinen Fall aufhören, Philosophie zu treiben und euch zuzurufen und klarzumachen, auf wen ich auch von euch immer stoße, indem ich meine gewohnten Worte spreche, nämlich: Du bester der Menschen, du bist Athener, gehörst zur Stadt, die am größten und ruhmreichsten ist in Kenntnis und Kraft, und für Geld zu sorgen schämst du dich nicht, dass du möglichst viel erwirbst, auch für Ruhm und Ehre; für Einsicht aber und für Wahrheit und für deine Seele, dass sie möglichst gut werde, mühst du dich nicht?

*W. Kranz: Vorsokratische Denker. Berlin 1959. S. 235 f.*

**Arbeitsvorschläge**

○●● a) Zeigen Sie an Homers Text (M 2) auf, wodurch sich für die Griechen die Polis auszeichnet. Untersuchen Sie dazu auch, woran bei den Kyklopen Kritik geübt wird.

○○● b) Übersetzen Sie zunächst den Text M 3 in Ihren Sprachgebrauch und fassen Sie anschließend, ausgehend von den zuletzt geäußerten Gedanken, Solons Kritik an den in Athen herrschenden Verhältnissen zuzammen.

●●● c) „Dabei sein ist alles", formulierte der Wiederbegründer der Olympischen Spiele in der Neuzeit, Pierre de Coubertin. Beurteilen Sie, inwieweit dies dem historischen Vorbild entspricht (M 4, M 5).

○○● d) Formulieren Sie eine Antwort an Xenophanes (M 6), in der Sie zu seiner Kritik Stellung nehmen. Berücksichtigen Sie dazu auch die Ausführungen von Rainer Vollkommer. (M 5)

○●● e) Spartas Lebensformen, so auch die die Erziehung betreffenden, stießen in anderen Poleis auf Zustimmung wie Ablehnung. Stellen Sie die Argumente für beide Positionen in M 8 gegenüber.

●●● f) Unterscheiden Sie Kindheit und Werdegang von Demosthenes und Aischines (M 10) und beurteilen Sie, mit welcher Absicht Demosthenes als Redner diese anführt.

●●● g) Vergleichen Sie die Erziehungskonzeption in Sparta und Athen (M 8, M 10). Verfassen Sie dazu eine Rede, in deren Mittelpunkt Sie die unterschiedlichen Entwürfe des Bilds vom Menschen kommentieren.

○●● h) Setzen Sie sich mit den Rollen der Geschlechter und deren Beziehungen (M 11 a, M 11 b) auseinander. Formulieren Sie anschließend eine Antwort aus der Sicht einer Griechin aus einer armen Familie.

●●● i) Erläutern Sie am Beispiel des Zitats und der Ausführungen von Schuller (M 13), weshalb es eine problematische Vorgehensweise darstellt, wenn einzelne Passagen zur Rolle der Frauen aus ihrem Zusammenhang herausgelöst werden.

●●● j) Beurteilen Sie auf Basis der Ausführungen des Historikers Bleicken, ob die Überschrift von M 14 ihre Berechtigung hat.

○●● k) Versetzen Sie sich in Aristoteles (M 16) und erläutern Sie aus seiner Sicht einem Gegner der Sklaverei deren Rechtfertigung.

●●● l) Vergleichen Sie die Argumente in M 18 zugunsten bzw. gegen die drei vorgestellten Regierungsformen in Form einer Tabelle und beurteilen Sie deren Stichhaltigkeit.

○●● m) Setzen Sie sich damit auseinander, weshalb in M 18 Herodot diese Diskussion in Persien stattfinden lässt, obwohl dies äußerst unwahrscheinlich ist.

○○● n) Fassen Sie die Kritik des Aristophanes an der zeitgenössischen Praxis in den Volksgerichten zusammen (M 20).

○○● o) Informieren Sie sich über die antike Komödie und zeigen Sie an diesem Beispiel deren Vorgehensweise auf. (**Online-Link** 430075-0301)

○●● p) Weisen Sie nach, dass in diesem Text (M 21) ein Idealbild Athens in der Zeit der Demokratie gezeichnet wird. Ordnen Sie das in die historische Situation ein.

●●● q) Diskutieren Sie das Bild vom Athener Bürger in demokratischer Zeit (M 21), das hier entworfen wird. Vergleichen Sie es mit dem Bürger in der Komödie von Aristophanes (M 20).

○○● r) Vollziehen Sie das Gedankenexperiment Zitelmanns (M 22) nach und bringen Sie Ihr Ergebnis in die Form eines Briefs an ihn.

●●● s) Schließen Sie sich der zentralen These (M 23), dass alles relativ sei, an oder weisen Sie diese zurück? Verfassen Sie dazu einen Tagebucheintrag.

●●● t) Für Sokrates ging es in diesem Verfahren um Weiterleben oder Hinrichtung. Beurteilen Sie vor diesem Hintergrund seine Argumentation in M 24.

# Grundwissen: Das attisch-hellenistische Menschenbild

## Anfänge der griechischen Kultur und Polisbildung

→ 4 - 7 S. 183 f.

Die Anfänge der griechischen Geschichte reichen zurück in die Bronzezeit, in der auf der Insel Kreta und auf dem griechischen Festland kulturell hochstehende „Palastkulturen" nachweisbar sind. Weshalb sie etwa zeitgleich um 1200 v. Chr. untergingen, ist ebenso ungewiss wie die Vorgänge im anschließenden „dunklen Zeitalter" bis etwa 700 v. Chr. Sicher ist, dass eine Art Völkerwanderung zunächst einen kulturellen Rückschritt bewirkte. Gleichzeitig bildeten sich aber auch wegweisende Strukturen heraus, wozu vor allem die Ordnung der zahlreichen selbständigen Poleis zählte.
So sehr die verschiedenen Poleis auf ihre Selbständigkeit achteten, untereinander stritten und Krieg führten, so sehr fühlten sie sich im Grundsatz den anderen Hellenen verbunden. Mit ihnen teilten sie u. a. den Glauben an die olympische Götterfamilie, die wie adlige Familien von dem Göttervater Zeus als Familienoberhaupt angeführt wurde, sowie die zu deren Ehren veranstalteten kultischen und sportlichen Festspiele. Sie teilten die in verschiedenen Dialekten gesprochene gemeinsame Sprache, die Schrift und die Dichtungen von Homer und Hesiod, sie teilten ihre Lebensart und nicht zuletzt auch den abschätzigen Blick auf die Barbaren.
In diesem Sinne zählten sich zu den Hellenen auch zahlreiche Poleis, die außerhalb des uns heute als Griechenland vertrauten Territoriums angelegt wurden.

## Die „Gleichen" und ihre Staatssklaven – die Polis Sparta

→ 8 S. 184
→ 9 S. 184

Die Entwicklungen in den Poleis verliefen unterschiedlich. Einen sehr eigenen Entwicklungsweg gingen die Spartaner. Einwanderer hatten um das Jahr 1000 v. Chr. ein Gebiet auf der südlichen Peloponnes-Halbinsel erobert und in den folgenden Jahrhunderten ihre Nachbarn gewaltsam in Abhängigkeit gebracht. Um deren Aufstände abwehren zu können, organisierten sich die Vollbürger, die Spartiaten, als eine ständig kampfbereite Berufsarmee. Ihnen arbeiteten die abhängigen Periöken (Umwohner) zu, die politisch abhängig waren, ihre persönliche Freiheit jedoch behielten und auch zum Militärdienst verpflichtet waren. Eine zweite Gruppe von Unterworfenen, die Heloten, wurde versklavt und zur Zwangsarbeit auf den Feldern gezwungen. Sie waren ständigen gewaltsamen Übergriffen ausgesetzt.
Von dieser, den Spartiaten zahlenmäßig weit überlegenen Gruppe, ging eine andauernde Bedrohung aus, weshalb man wohl auch alte Stammessitten beibehielt, die ansonsten im Griechenland im 5. Jahrhundert v. Chr. kaum noch anzutreffen waren. Dazu zählen die täglichen gemeinsamen Mahlzeiten ebenso wie die Erziehung der männlichen Kinder und Jugendlichen ab sieben Jahren zu Entbehrung und Kampfbereitschaft durch Ältere. Die Mädchen blieben in der Familie, nahmen aber ebenfalls an einem sportlichen Training teil, um später kräftige Söhne gebären zu können. Als erwachsene Frauen genossen sie für griechische Verhältnisse ungewöhnlich weitreichende Zuständigkeiten und Freiheiten, da die Männer lebenslang ihr komplettes Augenmerk auf die militärische Tätigkeit legten.

## Die attische Demokratie

→ 10 - 13 S. 185 f.
→ 21 S. 189

Wohl Mitte des 9. Jh. v. Chr. wurde das Gebiet der Halbinsel Attika einschließlich des Hafens Piräus Teil der Polis Athen. Eine Adelsherrschaft löste das ursprünglich monarchische System ab, in der die königlichen Befugnisse auf als Archonten bezeichnete Oberbeamte übertragen wurden. Wiederholte Unruhen der nichtadligen Athener bewirkten, dass wohl 594 v. Chr. dem angesehenen Solon eine besondere Aufgabe als „Wieder-ins-Lot-Bringer" übertragen wurde. Er beseitigte einige Altlasten, indem er u. a. wegen ihrer Schulden bereits versklavte Athener auf Staatskosten freikaufen ließ, und teilte außerdem die Bevölkerung in Vermögensklassen ein.

→ 18 S. 187f.
→ 19 S. 188
→ 20 S. 189

Die bisherigen Vorrechte der Geburt wurden abgelöst durch die neu geschaffene timokratische Ordnung. Der Zugang zu politischen Ämtern war zunächst von der Zugehörigkeit zur obersten Klasse abhängig und ebenso an die Klassen gekoppelt war der Umfang des Wehrdienstes des Einzelnen, der sich selbst ausrüsten musste. Künftig bilden die gemeinsam entweder als Reiter oder Fußsoldaten für Athen Kämpfenden die „Aktiv-Bürger" im politischen Sinn.
Ein von 561 bis 510 v. Chr. währendes Zwischenspiel der Tyrannis entsprach einer in vielen Poleis aufgetretenen Entwicklungsphase. Bei der anschließend notwendigen Neuordnung folgten die Athener dem Adligen Kleisthenes, der um 508 v. Chr. die Bürgerschaft mit einer neuen Phylenordnung systematisch durchmischte.

Tonscherbe als Stimmzettel beim Scherbengericht („Ostrakismus")

Infolge der Perserkriege und ihrer Auswirkungen schritt die Entwicklung des politischen Systems zügig fort. Als Schutz vor übermächtigen Einzelnen führte man 487 v. Chr. den Ostrakismus ein und ersetzte nahezu zeitgleich die bisherigen Wahlen für Beamtenstellen – mit Ausnahme der Heerführer – durch Losverfahren. Beide Maßnahmen bewirkten eine weitere Schwächung des Adels.
Unter dem Einfluss des Politikers Perikles, der sich während der kulturellen Blütezeit Athens in der Mitte des 5. Jh. als geschickter Demagoge betätigte, erhielten zunächst die Zeugiten und bald darauf auch die Theten vollwertige politische Rechte. Um ihnen auch wirtschaftlich die Teilnahme am politischen Leben zu ermöglichen, führte man für die Teilnahme Tagegelder (Diäten) ein.
Seit dem Bürgerrechtsgesetz von 451/50 v. Chr. galt nur als Bürger Athens, wessen Vater und Mutter bereits Bürger waren, zu diesem Zeitpunkt wohl 120 000 Personen, die sich somit selbst eine gewisse Exklusivität sicherten. Als Männer genossen sie alle, also auch politische Rechte. Dazu zählen vor allem das Rederecht und die Abstimmung bei Volksversammlungen, die Mitgliedschaft im die Beschlüsse ausführenden Rat der 500 und die Tätigkeit als Richter in den zahlreichen Volksgerichten. Frauen waren hiervon ausgeschlossen und auch rechtlich vom Vater oder Ehemann abhängig, besaßen aber z. B. ein Klagerecht bei schlechter Behandlung.
Als Händler und Handwerker waren die rund 25 000 Metöken für die Wirtschaft sehr wichtig. Diese nach Attika Zugewanderten besaßen nahezu alle Freiheiten und Pflichten wie die Athener mit Ausnahme der politischen Mitwirkung. Weitere etwa 100 000 Menschen in Attika waren Sklaven.

## Philosophen erklären die Welt

→ 22 - 24 S. 189f.

Mit Menschen als dem „Maß aller Dinge" befassten sich vor allem die Philosophen wie die Gruppe der Sophisten. Sie stellten angebliche Wahrheiten in Frage und betätigten sich als Lehrer des geschickten Argumentierens, weshalb sie unter politisch strebsamen jungen Männern viele Anhänger fanden.
Einer der bekanntesten Philosophen der Epoche war Aristoteles. Er zeigt sich aber nicht als Anhänger der Demokratie, sondern ihm schwebt eine Mischform mit monarchischen, aristokratischen und demokratischen Elementen vor.
Viele Philosophen wurden bereits von ihren Zeitgenossen verehrt, doch konnte die Philosophie auch lebensgefährlich sein, wie der Athener Sokrates erfahren musste. Während seine Heimatstadt fast dreißig Jahre in den Peloponnesischen Krieg gegen Sparta verstrickt war und diesen 404 v. Chr. endgültig verlor, hatte er die Athener auf öffentlichen Plätzen in Gespräche verstrickt und Fragen gestellt, bei deren Beantwortung sie die Unzulänglichkeit ihres eigenen Denkens erkennen sollten. Nach der Niederlage wurde er vor dem Volksgericht angeklagt – hatte er nicht auch die Götter erzürnt und so womöglich an der Niederlage Mitschuld? Der Kläger forderte die Todesstrafe, Sokrates selbst eine sehr geringe Geldstrafe. Die richtenden Bürger, die nur zwischen diesen beiden Anträgen wählen durften, stimmten mehrheitlich für die Todesstrafe. Den Giftbecher, mit dem die Todesstrafe vollstreckt wurde, soll er gelassen getrunken haben.

# 3.2 Eckpunkte in der Entwicklung des Menschenbildes vom Humanismus bis zur Aufklärung

## Neues Denken bahnt sich an

### 1 Wer aber Augen hat

*In seinem Hauptwerk „Dialogo" lässt Galileo Galilei 1632 einen Anhänger des „neuen" heliozentrischen Weltbilds mit einem Anhänger des „alten" geozentrischen Weltbilds diskutieren.*

Simplicio: Wenn man sich aber von Aristoteles lossagt, wer soll Führer in der Wissenschaft sein? Nennt Ihr irgendwelchen Autor!

Salviati: Des Führers bedarf man in unbekannten wilden Ländern, in offener ebener Gegend brauchen nur Blinde einen Schutz. Wer zu diesen gehört, bleibe besser daheim. Wer aber Augen hat, körperliche und geistige, der nehme diese zum Führer! Darum sage ich nicht, dass man Aristoteles nicht hören soll, ja, ich lobe es, ihn einzusehen und ihn fleißig zu studieren. Ich tadele nur, wenn man auf Gnade oder Ungnade sich ihm ergibt, derart, dass man blindlings jedes seiner Worte unterschreibt und, ohne nach anderen Gründen zu forschen, diese als ein unumstößliches Machtgebot anerkennen soll. Es ist das ein Missbrauch, der ein anderes schweres Übel im Gefolge hat: Man bemüht sich nicht mehr, sich von der Strenge seiner Beweise zu überzeugen. Was kann es Schmählicheres geben, als zu sehen, wie bei öffentlichen Disputationen, wo es sich um beweisbare Behauptungen handelt, urplötzlich jemand ein Zitat vorbringt, das gar oft auf einen ganz anderen Gegenstand sich bezieht, und mit diesem dem Gegner den Mund verstopft? Wenn Ihr aber durchaus fortfahren wollt, auf diese Weise zu studieren, nennt Euch fernerhin nicht Philosophen, nennt Euch Historiker oder Doktoren der Auswendiglernerei; denn wer niemals philosophiert, der darf den Ehrentitel eines Philosophen nicht beanspruchen. [...] Darum, Signore Simplicio, bringt uns Eure Beweise oder des Aristoteles Gründe und Beweise, nicht aber Zitate und bloße Autoritäten; denn unsere Untersuchungen haben die Welt der Sinne zum Gegenstand, nicht eine Welt von Papier.

*Zit. nach: Werner Heisenberg: Das Naturbild der heutigen Physik. Reinbek bei Hamburg 1955, S. 73 f.*

### 2 Die Zeit der Wiedergeburt

*Der norwegische Schriftsteller Jostein Gaarder (* 1952) gibt in seinem Roman „Sofies Welt" eine Einführung in die Philosophie, indem er der 14-jährigen Sofie durch die Romanfigur Alberto Knox wichtige Denkrichtungen und Philosophen vorstellen lässt.*

(Alberto Knox:) „Unter Renaissance verstehen wir eine umfassende kulturelle Blütezeit, die gegen Ende des 14. Jahrhunderts einsetzte. Sie begann in Norditalien, verbreitete sich dann aber rasch nach Norden."

(Sofie:) „Hast du nicht gesagt, dass ‚Renaissance' ‚Wiedergeburt' bedeutet?"

„Doch, und das, was wiedergeboren werden sollte, waren die Kunst und die Kultur der Antike. Wir sprechen deshalb auch oft vom Renaissance-Humanismus: Jetzt stellte man nämlich, nach dem langen Mittelalter, das alle Lebensbedingungen in ein göttliches Licht gerückt hatte, wieder den Menschen in den Mittelpunkt. Das Motto lautete: ‚Zurück zu den Quellen!', und die wichtigste Quelle war der Humanismus der Antike. [...] ‚Pferde werden geboren', hieß es, ‚Menschen dagegen werden nicht geboren, sie werden gebildete.'"

„Wir müssen also zum Menschen erzogen werden?"

„Ja, das dachten sie damals. [...] Ich werde dir jetzt über das neue Denken erzählen. [...] Vor allen Dingen führte die Renaissance zu einem neuen Menschenbild. Die Humanisten der Renaissance entwickelten einen ganz neuen Glauben an den Menschen und seinen Wert, was in scharfem Kontrast zum Mittelalter stand, wo einseitig die sündhafte Natur des Menschen betont worden war. Der Mensch wurde nun als etwas unendlich Großes und Wertvolles betrachtet. [...] Die Humanisten der Renaissance nahmen den Ausgang vom Menschen selber."

„Aber das hatten doch auch die griechischen Philosophen getan."

„Deshalb sprechen wir ja auch von einer ‚Wiedergeburt' des antiken Humanismus. [...] Das Ideal wurde das, was wir als den Renaissancemenschen bezeichnen. Darunter verstehen wir einen Menschen, der sich mit allen Bereichen des Lebens, der Kunst und der Wissenschaft befasst. Das neue Menschenbild zeigte sich außerdem im Interesse an der Anatomie des menschlichen Körpers. Wie in der Antike begann man, Tote zu sezieren, um herauszufinden, wie der Körper aufgebaut ist. Das war sowohl für die Medizin als auch für die Kunst wichtig. In der Kunst wurde es wieder üblich, den Menschen nackt darzustellen. Man kann sagen, das sei nach tausend Jahren der Scham passiert. Der Mensch wagte wieder, er selber zu sein. Er brauchte sich wegen nichts mehr zu schämen." [...]

„Aber die Humanisten der Renaissance verloren die Beherrschung?"

„Sie waren zumindest nicht besonders mäßig. [... Ein Beispiel ist der Petersdom in Rom.] Die Arbeiten setzten im Jahre 1506 ein und dauerten geschlagene hundertzwanzig Jahre, und erst weitere fünfzig Jahre später war der große Petersplatz vollendet."

„Das muss ja eine große Kirche sein."

„Sie ist über zweihundert Meter lang und hundertdreißig Meter hoch. Aber damit ist wohl genug über die Kühnheit der Renaissancemenschen gesagt."

*Jostein Gaarder: Sofies Welt. Ein Roman über die Geschichte der Philosophie. Wien 1993, S. 223, S. 225–227. Übers. Gabriele Haefs*

## Aufklärung – das Zeitalter der „Erleuchtung"

**3 Porträt eines unbekannten Künstlers von Immanuel Kant, ca. 1790**

### 4 Immanuel Kant – Was ist Aufklärung?

***Der Königsberger Philosoph Immanuel Kant (1724—1804) beantwortete die in der Berlinischen Monatsschrift 1784 aufgeworfene Frage wie folgt:***

Aufklärung ist der Ausgang des Menschen aus seiner selbst verschuldeten Unmündigkeit. Unmündigkeit ist das Unvermögen, sich seines Verstandes ohne Leitung eines anderen zu bedienen. Selbstverschuldet ist diese Unmündigkeit, wenn die Ursache derselben nicht am Mangel des Verstandes, sondern der Entschließung und des Muthes liegt, sich seiner ohne Leitung eines andern zu bedienen. Sapere aude! Habe Muth dich deines eigenen Verstandes zu bedienen! ist also der Wahlspruch der Aufklärung.

Faulheit und Feigheit sind die Ursachen, warum ein so großer Theil der Menschen, nachdem sie die Natur längst von fremder Leitung frei gesprochen, dennoch gerne Zeitlebens unmündig bleiben; und warum es Anderen so leicht wird, sich zu deren Vormündern aufzuwerfen. Es ist so bequem, unmündig zu sein. Habe ich ein Buch, das für mich Verstand hat, einen Seelsorger, der für mich Gewissen hat, einen Arzt, der für mich die Diät beurtheilt, u. s. w., so brauche ich mich ja nicht selbst zu bemühen.

*Berlinische Monatsschrift 12, 1784, S. 491 f.*

### 5 Die Erd ist groß und überall voll schöner Gottesgüter

***Mit seinem 1784 erschienenen und häufig gedruckten „Noth- und Hülfsbüchlein für Bauersleute" trug der Gelehrte Rudolph Zacharias Becker (1752–1822) zur sogenannten „Volksaufklärung" bei.***

Nutzen magst du wohl dein Vieh,
Aber plag und quäl es nie!
Wenig Milch und wenig Mist
Gibt die Kuh, die wenig frisst.

Iss und trink mit Mäßigkeit!
Wach und schlaf zu rechter Zeit!
Reinlich sei in allen Sachen!
Dies wird recht gesund dich machen.

Die Erd ist groß und überall
voll schöner Gottesgüter,
Und alle Menschen – Jud und Türk
Und Christ – sind unsre Brüder.

Für den Mann schuf Gott das Weib,
Ihn für sie nicht minder.
Eins fürs andre leben soll:
Beide für die Kinder.

*Noth-und Hülfsbüchlein. S. 405, S. 155, S. 240, S. 188. Zit. nach: Bernhard Askani: Ein Noth- und Hülsbüchlein für Bauersleute. Praxis Geschichte Heft 5, 1999, S. 27 ff.*

### 6 Robinson der Jüngere

***Der Theologe und Schriftsteller Joachim Heinrich Campe (1746–1818) verfasste mit seiner 1779/80 geschriebenen Nachdichtung des Robinson Crusoe-Romans von Daniel Defoe den ersten deutschen Jugendroman. Im Vorbericht erläutert er seine Absichten:***

Erstlich wolte ich meine jungen Leser auf eine so angenehme Weise unterhalten, als es mir möglich wäre; weil ich wußte, daß die Herzen der Kinder sich jedem

nützlichen Unterrichte nicht lieber öfnen, als wenn sie vergnügt sind. Auch darf ich hoffen, diese meine erste Absicht in einem ziemlichen Grade erreicht zu haben.
Dann nahm ich mir zweitens vor, an den Faden der Erzählung, die in diesem Buche zum Grunde liegt, so viel elementarische Kenntnisse zu schürzen, als es [...] nur immer geschehen könnte. Ich verstehe aber unter den elementarischen Kenntnissen nicht etwa blos litterarische, sondern auch [...] alle die Vorbegriffe von Dingen aus dem häuslichen Leben, aus der Natur und aus dem weitläuftigen Kreise der gemeinen menschlichen Wirksamkeit, ohne welche jeder andere Unterricht einem Gebäude gleicht, das keine Grundlage hat.
Nebenbei wolte ich freilig auch drittens manche nicht unerhebliche litterarische Vorerkenntniß, besonders aus der Naturgeschichte, mitnehmen [...]
Meine vierte und wichtigste Absicht war, die Umstände und Begebenheiten so zu stellen, daß recht viele Gelegenheiten zu moralischen, dem Verstande und dem Herzen der Kinder angemessenen Anmerkungen und recht viele natürliche Anlässe zu frommen, gottesfürchtigen Empfindungen dadurch hervorwüchsen [...]“

*H. Campe: Robinson der Jüngere. Zur angenehmen und nützlichen Unterhaltung für Kinder. Nachdruck Stuttgart 1981, S. 5 f. (Schreibweise wie im Original)*

## Die Rechtfertigung der absolutistischen Herrschaft

### 7 Aus der Sicht Ludwigs XIV.

***Zwischen 1668 und 1671 verfasste Ludwig XIV. (König 1643–1715) seine Memoiren. Diese waren, im Unterschied zur heutigen Wortbedeutung, als Lehrbuch für seinen Nachfolger gedacht.***

Was die Personen betrifft, die mich bei meiner Arbeit zu unterstützen hatten, so beschloss ich vor allem, keinen Premierminister zu wählen. [...] Denn nichts ist unwürdiger, als wenn auf der einen Seite ein Mann die ganzen Herrscherfunktionen ausübt, auf der anderen Seite ein König steht, dem nur der Titel übrig geblieben ist.
Hierzu war es notwendig, mein Vertrauen verschiedenen Männern zu übertragen und die Ausführung meiner Anordnungen auf sie zu verteilen. So erhielt niemand die Geschäfte in ihrem ganzen Umfang übertragen, und es galt, meine Mitarbeiter nach ihren verschiedenen Talenten auszuwählen: Diese Aufgabe des Königsamtes kann man vielleicht als die erste und wichtigste betrachten. Ich beschloss, sogar noch weiter zu gehen, um noch mehr in mir allein die ganze Herrschermacht zu vereinigen. [...]
Wenn ich Ihnen aber meine Auffassungen vollends enthüllen soll, so muss ich sagen, dass ich kein Interesse daran haben konnte, Untertanen von hervorragenderen Eigenschaften zu wählen. Vor allem kam es darauf an, meinen eigenen Ruf fest zu begründen und der Öffentlichkeit schon durch den Rang der Männer, die ich als meine Mitarbeiter nahm, klarzumachen, dass es nicht meine Absicht sein könne, meine Macht mit ihnen zu teilen. Ich musste darauf sehen, dass sie keine höheren Hoffnungen schöpfen konnten, als die Machtbefugnisse zu erhalten, die ich ihnen zuweisen würde. Bei Männern von hoher Abkunft ist dies recht schwierig durchzuführen. [...]
Ich in über alles unterrichtet, ich leihe dem geringsten meiner Untertanen Gehör, ich kenne zu jeder Stunde die Zahl und den Wert meiner Truppen, den Zustand meiner befestigten Plätze. Ich treffe dauernd meine Anordnungen für alle Bedürfnisse der Truppe, ich verhandle direkt mit den fremden Gesandten, ich empfange und lese die Depeschen, ich verfasse selbst einen Teil der Antworten und erkläre bei den übrigen meinen Sekretären kurz den Inhalt des Antwortschreibens. Ich regele selbst Einnahmen und Ausgaben des Staates, ich lasse mir von den Männern, denen ich wichtige Posten anvertraut habe, direkt Rechenschaft ablegen. Ich halte meine Angelegenheiten so geheim, wie es nur irgendjemand vor mir getan hat, ich verteile Gnadenbezeigungen nach meiner eigenen freien Wahl [...]

*Zit. nach: Ludwig XIV.: Memoiren. Basel/Leipzig: 1931, S. 33 f. Übers. Leopold Steinfeld*

**8 Wandteppich aus der Regierungszeit des „Sonnenkönigs“ Ludwig XIV.**
*Die Inschrift lautet frei übersetzt „Alles Andere überragend“.*

## 9 Aus der Sicht des Hofpredigers des Königs

*Der Geistliche Jacques Bénigne Bossuet (1627–1704) unterrichtete ab 1670 den Thronfolger. Seine Lehren veröffentlichte er später selbst.*

Wir haben also mit der Schrift begründet, dass die königliche Gewalt ihren Ursprung in der Gottheit selber hat; dass Gott sie seit Erschaffung der Welt sichtbar über die Menschen ausgeübt hat; dass er diese übernatürliche und wundersame Herrschaft über das Volk Israel fortdauernd ausgeübt hat bis zu der Zeit der Einsetzung der Könige; dass er darauf die Staatsform der erblichen Monarchie als die natürlichste und dauerhafteste unter allen ausgewählt hat [...]

Die Fürsten handeln also als Gottes Diener und Statthalter auf Erden. Durch sie übt er seine Herrschaft aus [...] Deshalb ist, wie wir gesehen haben, der königliche Thron nicht der Thron eines Menschen, sondern Gottes selber [...]

Aus alledem ergibt sich, dass die Person der Könige geheiligt ist; wer sich an ihnen vergreift, begeht ein Sakrileg. Gott lässt sie durch seine Propheten mit heiligem Öl salben, wie er die Priester und seine Altäre salben lässt. Aber auch ohne äußerliche Salbung sind sie geheiligt durch ihr Amt als die Repräsentanten der göttlichen Majestät [...]

Kommt ihre Gewalt von oben, so dürfen sie doch nicht glauben, sie seien Herren über sie, um nach ihrem Belieben davon Gebrauch zu machen. Vielmehr sollen sie sich ihrer mit Scheu und Zurückhaltung bedienen, als einer ihnen von Gott anvertrauten Sache, über die Gott von ihnen Rechenschaft fordern wird. [...]

Man muss dem Staat so dienen, wie der Fürst es verlangt, denn wir haben gesehen, dass in ihm die Vernunft (raison), die den Staat lenkt, ihren Sitz hat. Die dem Staat auf andere Weise zu dienen meinen als durch gehorsamen Dienst für den Herrscher, maßen sich selbst einen Teil der königlichen Autorität an: Sie stören die öffentliche Ordnung und die Eintracht aller Glieder mit dem Haupt. [...] Der Fürst blickt von einem höheren und weiteren Standort aus; [...] deshalb muss man ihm ohne Murren gehorchen, denn das Murren ist schon so viel wie eine Neigung zur Empörung.

*Fritz Dickmann: Geschichte in Quellen. Renaissance, Glaubenskämpfe, Absolutismus. München 2. Auflage 1976, S. 450 ff.*

## 10 Der Gesellschaftsvertrag

*Der Schriftsteller Jean-Jacques Rousseau (1712–1778) schreibt in seinem staatstheoretischen Werk „Du contrat social ou Principes du droit politique" (1762):*

„Wie findet man eine Gesellschaftsform, die mit der ganzen gemeinsamen Kraft die Person und das Vermögen jedes Gesellschaftsgliedes verteidigt und schützt und kraft dessen jeder Einzelne, obgleich er sich mit allen vereint, gleichwohl nur sich selbst gehorcht und so frei bleibt wie vorher?" Dies ist die Hauptfrage, deren Lösung der Gesellschaftsvertrag gibt.

Die Klauseln dieses Vertrages sind durch die Natur der Verhandlung so bestimmt, dass die geringste Abänderung sie nichtig und wirkungslos machen müsste. Die Folge davon ist, dass sie, wenn sie auch vielleicht nie ausdrücklich ausgesprochen wären, doch überall gleich, überall stillschweigend angenommen und anerkannt sind, bis nach Verletzung des Gesellschaftsvertrages jeder in seine ursprünglichen Rechte zurücktritt und seine natürliche Freiheit zurückerhält, während er zugleich die auf Übereinkommen beruhende Freiheit, für die er auf jene verzichtete, verliert.

Alle diese Klauseln lassen sich, wenn man sie richtig auffasst, auf eine einzige zurückführen, nämlich auf das gänzliche Aufgehen jedes Gesellschaftsgliedes mit allen seinen Rechten in der Gesamtheit [...]

Scheidet man also vom Gesellschaftsvertrage alles aus, was nicht zu seinem Wesen gehört, so wird man sich überzeugen, dass er sich in folgende Worte zusammenfassen lässt: „Jeder von uns stellt gemeinschaftlich seine Person und seine ganze Kraft unter die oberste Leitung des allgemeinen Willens, und wir nehmen jedes Mitglied als untrennbaren Teil des Ganzen auf." [...]

Diese öffentliche Person, die sich auf solche Weise aus der Vereinigung aller übrigen bildet, wurde ehemals Stadt genannt und heißt jetzt Republik oder Staatskörper.

*Jean-Jaques Rousseau: Der Gesellschaftsvertrag, 6. Kapitel. Aus: J. J. Rousseau: Der Gesellschaftsvertrag oder die Grundsätze des Staatsrechts. Stuttgart 1863. Übers. Herrman Denhardt*

## 11 Über die Freiheit

*Der französische Schriftsteller und Jurist Charles-Louis de Secondat, Baron de La Brède et de Montesquieu (1689–1755), veröffentlichte sein Werk „De l'esprit des lois" – Vom Geist der Gesetze – 1748 vorsichtshalber im schweizerischen Genf.*

Es gibt wohl kein Wort, dem man mehr unterschiedliche Bedeutungen gegeben hätte als dem Wort Freiheit. Kein Wort hat die Geister so vielfältig gefesselt. Die einen sahen darin die Leichtigkeit, mit der sie jemand, dem sie eine tyrannische Macht verliehen hatten, absetzen konnten. Die andern sahen darin die Befugnis, denjenigen auszuwählen, dem sie gehorchen mussten. Wieder andere hielten sie für das Recht, Waffen tragen und Gewalttaten begehen zu können. Manche verstanden darunter das Recht, sich nur von einem Mann aus ihrer Nation oder nach ihren eigenen Gesetzen regieren zu lassen. [...]

Jedoch bedeutet politische Freiheit nicht, dass man machen kann, was man will. [...] Freiheit ist das Recht, all das zu machen, was die Gesetze gestatten. Wenn ein Staatsbürger machen dürfte, was sie untersagen, so gäbe es keine Freiheit mehr, denn die anderen hätten diese Möglichkeit dann ja ebenso gut. [...]

*Zit. nach: Charles-Louis de Secondat, Baron de La Brède et de Montesquieu: De l'esprit des lois. Geneve 1748. – Ch. de Montesquieu: Vom Geist der Gesetze. Stuttgart: 1994, S. 213 f., S. 216 f. Übers. Kurt Weigand*

### 12 Über die drei Arten von Vollmacht

***Montesquieu entwirft in seinem Werk über den „Geist der Gesetze" eine Organisationsform des Staates, die bewirken soll, „dass die Macht die Macht bremse":***

Die politische Freiheit ist nur unter maßvollen Regierungen anzutreffen. Indes besteht sie selbst in maßvollen Staaten nicht immer, sondern nur dann, wenn man die Macht nicht missbraucht. Eine ewige Erfahrung lehrt jedoch, dass jeder Mensch, der Macht hat, dazu getrieben wird, sie zu missbrauchen. Er geht immer weiter, bis er an Grenzen stößt. Wer hätte das gedacht: Sogar die Tugend hat Grenzen nötig.

Damit die Macht nicht missbraucht werden kann, ist es nötig, durch die Anordnung der Dinge zu bewirken, dass die Macht die Macht bremse. [...]

Es gibt in jedem Staat drei Arten von Vollmacht: die legislative Befugnis, die exekutive Befugnis in Sachen, die vom Völkerrecht abhängen, und die exekutive Befugnis in Sachen, die vom Zivilrecht abhängen. [...] Diese Letztere soll richterliche Befugnis heißen und die andere schlechtweg exekutive Befugnis des Staates. [...] Sobald in ein und derselben Person oder derselben Beamtenschaft die legislative Befugnis mit der exekutiven Befugnis verbunden ist, gibt es keine Freiheit. Es wäre nämlich zu befürchten, dass derselbe Monarch oder derselbe Senat tyrannische Gesetze erließe und dann tyrannisch durchführte. Freiheit gibt es auch nicht, wenn die richterliche Befugnis nicht von der exekutiven Befugnis geschieden wird. Die Macht über Leben und Freiheit der Bürger würde unumschränkt sein, wenn diese mit der legislativen Befugnis gekoppelt wäre, denn der Richter wäre Gesetzgeber. Der Richter hätte die Zwangsgewalt eines Unterdrückers, wenn jene mit der exekutiven Gewalt gekoppelt wäre. Alles wäre verloren, wenn ein und derselbe Mann bzw. die gleiche Körperschaft entweder der Mächtigsten oder der Adligen oder des Volkes folgende drei Machtvollkommenheiten ausübte: Gesetze erlassen, öffentliche Beschlüsse in die Tat umsetzen, Verbrechen und private Streitfälle aburteilen. [...]

Stets gibt es im Staat Leute, die durch Geburt, Reichtum oder Auszeichnungen hervorragen. Wenn sie aber mit dem Volk vermengt würden und wie die andern bloß eine Stimme besäßen, so würde die gemeinsame Freiheit für sie Sklaverei bedeuten. Sie hätten keinerlei Interesse an der Verteidigung der Freiheit, denn die meisten Beschlüsse würden zu ihren Ungunsten gefasst. Ihre Teilnahme an der Gesetzgebung muss daher ihrer anderweitigen Vorrangstellung innerhalb des Staates angemessen sein. Das trifft zu, wenn sie eine Körperschaft bilden, die das Recht hat, Unternehmungen des Volkes auszusetzen, genauso wie das Volk das Recht hat, die ihrigen auszusetzen. Auf diese Weise wird die legislative Befugnis sowohl der Adelskörperschaft als auch der gewählten Körperschaft der Volksvertreter anvertraut. Jede hat ihre Versammlungen und Abstimmungen für sich sowie getrennte Gesichtspunkte und Interessen.

*Ch. de Montesquieu: Vom Geist der Gesetze. Stuttgart 1965, S. 211 ff. Übers. Kurt Weigand*

## England und USA – der Konflikt um die Rechte von König, Parlament und Bürgern

### 13 König oder Parlament – wer entscheidet?

***a) James I., seit 1603 König von England und Schottland, betont im März 1610 seine Position in einer Rede vor dem Parlament:***

Die Monarchie ist das Höchste auf Erden, da Könige nicht nur Gottes Statthalter auf Erden sind und auf Gottes Thron sitzen, sondern weil sie von Gott selbst als Götter bezeichnet werden.

Es gibt drei grundsätzliche Charakterisierungen der Monarchie: eine aus Gottes Wort entnommen und zwei andere aus den Bereichen der Politik und der Philosophie. In den Schriften werden die Könige Götter genannt und ihre Macht folglich in gewisser Weise mit der göttlichen Macht verglichen. Könige werden auch mit Familienvätern verglichen, denn ein König ist wahrlich ein parens patriae, der politische Vater seines Volkes. Und schließlich werden Könige mit dem Kopf eines Menschen als Mikrokosmos verglichen. [...]

So wie infrage zu stellen, was Gott tut, gotteslästerlich ist [...], so ist es aufrührerisch von Untertanen, infrage zu stellen, was ein König auf der Höhe seiner Macht tut. Aber gerade Könige werden immer gewillt sein zu erklären, was sie tun, wenn sie nicht den Fluch Gottes auf sich ziehen wollen. Ich werde nicht damit einverstanden sein, dass meine Macht infrage gestellt wird, aber ich werde immer gewillt sein, den Grund für alle meine Handlungen deutlich zu machen und meine Taten in Übereinstimmung mit meinen Gesetzen vollziehen. [...]

*Fritz Dieckmann: Geschichte in Quellen. Renaissance, Glaubenskämpfe, Absolutismus. München 1976, S. 358 f.*

**b) Die Gewalt des Königs ist doppelter Art**

*Der Abgeordnete Whitelocke erklärt im englischen Unterhaus Juni/Juli 1610 im Rahmen einer Steuerdebatte:*

Die souveräne Gewalt liegt [bei uns] nach allgemeiner Überzeugung beim König. Aber die Gewalt, die bei dem König liegt, ist doppelter Art: Die eine [übt er aus] im Parlament, d.h. mit Zustimmung des ganzen Staates, die andere außerhalb des Parlamentes als Einzelner für sich, geleitet allein von seinem eigenen Willen. [...]

Außer dem Besteuerungsrecht gibt es noch andere gleicher Art im Königreich, so das Recht der Gesetzgebung, der Einbürgerung, des Ausnahmezustandes [...] Alle diese Rechte gehören dem König nur im Parlament. Es gibt andere Rechte gleicher Natur, die der König ohne das Parlament ausüben kann und die ihm mehr durch Gewohnheit und politische Praxis zugewachsen sind, wie z.B. das Recht der Einbürgerung, das Münzrecht und das Recht, Krieg zu führen: Diese Gewalt hat der König seit unvordenklichen Zeiten ohne Widerspruch und Murren seiner Untertanen ausgeübt. [...]

Würde das Besteuerungsrecht stillschweigend unseren Königen überlassen und bedenkt man dabei, zu welchem Hauptzweck sie die Parlamente einberufen, nämlich um sich Geld zu verschaffen, so habe ich keine große Hoffnung, dass wir uns noch sehr häufig so wie jetzt versammeln könnten, denn dann würden sie sich eben auf die erwähnte andere Weise zu helfen wissen, [...]

*Zit. nach: Dieckmann, a.a.O., S. 358f.*

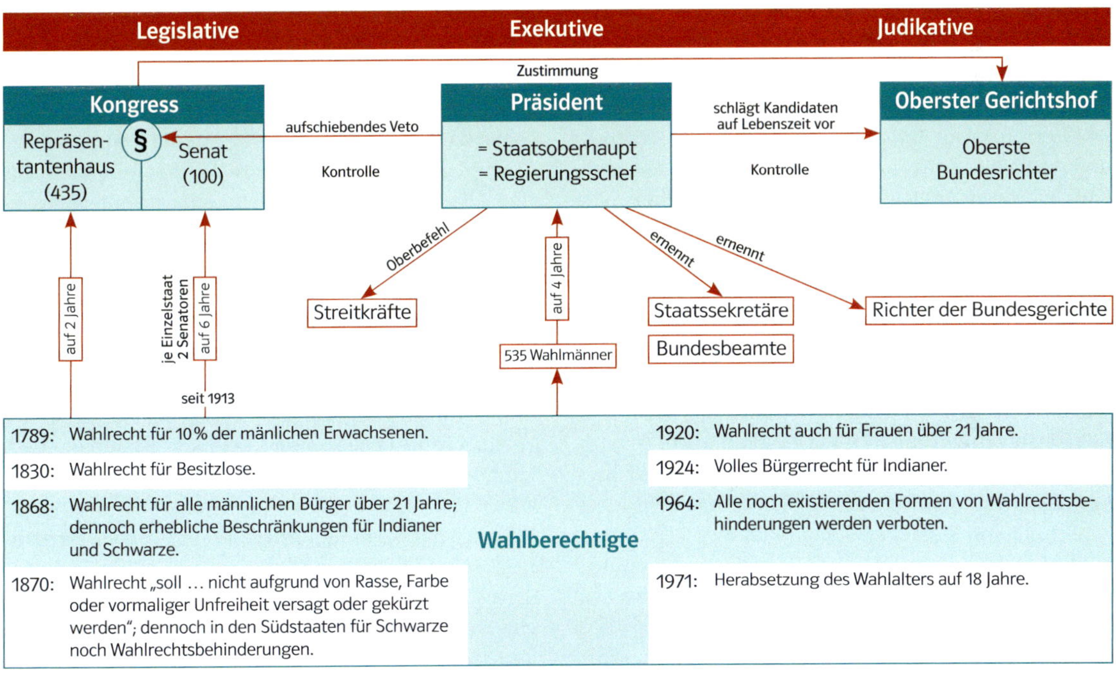


**14** **Schaubild der Verfassung der USA**

## 15 An Act Declaring the Rights and Liberties of the Subject and Settling the Succession of the Crown (1689)

*In England wählte das Parlament am Ende langjähriger heftiger Auseinandersetzungen um die englische Krone einerseits und die Rechte von König und Parlament andererseits einen neuen König. In der Folge dieser „Glorious Revolution" musste der Niederländer Wilhelm von Oranien (1650–1702) vor seiner Thronbesteigung als König Wilhelm III. zusammen mit seiner Frau Maria 1689 dieses als „Bill of Rights" bekannte Dokument unterschreiben (*Online-Link *430075-0302):*

That the pretended power of suspending the laws or the execution of laws by regal authority without consent of Parliament is illegal [...]

That levying money for or to the use of the Crown by pretence of prerogative, without grant of Parliament, for longer time, or in other manner than the same is or shall be granted, is illegal; [...]

That the raising or keeping a standing army within the kingdom in time of peace, unless it be with consent of Parliament, is against law; [...]

That election of members of Parliament ought to be free;

That the freedom of speech and debates or proceedings in Parliament ought not to be impeached or questioned in any court or place out of Parliament; [...]

And that for redress of all grievances, and for the amending, strengthening and preserving of the laws, Parliaments ought to be held frequently.

*http://avalon.law.yale.edu/17th_century/england.asp (Stand 12.04.2010)*

## 16 „Declaratory Act" des britischen Parlaments (1766)

***1766 sieht sich das britische Parlament aufgrund verschiedener Beschlüsse in den amerikanischen Kolonien zu folgender Festlegung veranlasst:***

Die genannten Kolonien und Pflanzungen in Amerika waren und sind rechtmäßig und notwendig der Reichskrone und dem Parlament von Großbritannien untergeordnet und von ihnen abhängig; und des Königs Majestät, durch und mit Rat und Zustimmung der geistlichen und weltlichen Lords und der Gemeinen von Großbritannien im versammelten Parlament, besaß und besitzt rechtmäßig und notwendig volle Gewalt und Vollmacht, Gesetze und Statuten zu erlassen, kraft deren die Kolonien und das Volk von Amerika, Untertanen der Krone Großbritannien, in allen erdenklichen Fällen verpflichtet werden. [...] Und alle Beschlüsse, Abstimmungen, Anordnungen und Verfahren in irgendeiner der genannten Kolonien und Pflanzungen, wodurch die Macht und Vollmacht des Parlaments von Großbritannien, Gesetze und Statuten wie oben gesagt zu erlassen, geleugnet oder bezweifelt wird, sind vollständig nichtig und kraftlos bezüglich aller und jeder Absichten und Zwecke, und sie werden hiermit dazu erklärt.

*Zit. nach: Amerikanische und Französische Revolution. Hrsg. von W. Lautemann/M. Schlenke (Geschichte in Quellen, Bd. 4). München 1981, S. 75 f.*

## 17 Aus der „Unabhängigkeitserklärung" vom 4. Juli 1776

***Im folgenden, v. a. von Thomas Jefferson verfassten Text (Online-Link 430075-0303) erläutern die als „Zweiter Kontinentalkongress" tagenden Delegierten aus den 13 Kolonien auf dem nordamerikanischen Kontinent ihren zuvor gefassten Beschluss, sich vom englischen Mutterland zu lösen.***

Wenn es im Laufe der Menschheitsgeschichte für ein Volk notwendig wird, die politischen Bande zu lösen, die es mit einem anderen Volke verbunden haben, und unter den Mächten der Erde den selbstständigen und gleichberechtigten Rang einzunehmen, zu dem natürliches und göttliches Gesetz es berechtigen, so erfordert geziemende Achtung vor den Ansichten der Menschen, dass es die Gründe darlegt, die es zur Absonderung bewegen.

Folgende Wahrheiten bedürfen für uns keines Beweises: Dass alle Menschen gleich geschaffen sind, dass sie von ihrem Schöpfer mit gewissen unveräußerlichen Rechten ausgestattet sind; dass dazu Leben, Freiheit und das Streben nach Glück gehören; dass zur Sicherung dieser Rechte Regierungen unter den Menschen eingesetzt sind, die ihre rechtmäßige Autorität aus der Zustimmung der Regierten herleiten; dass, wenn immer irgendeine Regierungsform diesen Zielen abträglich wird, das Volk berechtigt ist, sie zu ändern oder abzuschaffen und eine neue Regierung einzusetzen und diese auf solchen Prinzipien zu errichten und ihre Gewalten solchermaßen zu organisieren, wie es ihm zur Gewährleistung seiner Sicherheit und seines Glückes am ratsamsten erscheint.

Die Vernunft gebietet freilich, dass seit Langem bestehende Regierungen nicht aus geringfügigen und flüchtigen Anlässen geändert werden sollten; und dementsprechend hat alle Erfahrung gezeigt, dass die Menschen eher geneigt sind zu leiden, solange die Missstände erduldbar sind, als sich durch die Beseitigung altgewohnter Formen Recht zu verschaffen. Aber wenn eine lange Reihe von Missbräuchen und Übergriffen, die ausnahmslos das gleiche Ziel verfolgen, die Absicht deutlich werden lässt, das Volk unumschränktem Despotismus zu unterwerfen, so ist es sein Recht wie auch seine Pflicht, eine solche Regierung zu beseitigen und durch neue schützende Einrichtungen für seine künftige Sicherheit Vorsorge zu treffen.

Entsprechend haben unsere Kolonien geduldig ausgeharrt; und dementsprechend sind sie nun notgedrungen gezwungen, ihre bisherige Regierungsform zu ändern.

Die Regierungszeit des jetzigen Königs von Großbritannien ist voll wiederholt begangenen Unrechts und ständiger Übergriffe, die alle unmittelbar auf die Errichtung einer unumschränkten Tyrannei über unsere Staaten abzielen.

*Zit. nach: Udo Sautter: Geschichte der Vereinigten Staaten von Amerika. Stuttgart 1976, S. 524.*

**Arbeitsvorschläge**

○●● a) Ordnen Sie die beiden in der Anmoderation von M 1 genannten Standpunkte den Beteiligten zu und begründen Sie Ihre Entscheidung. Greifen Sie dazu auch auf Ihre Erkenntnisse aus Kapitel 1.4 zurück.

○●● b) Untersuchen Sie die Behauptung vom Gegensatz zwischen der „Welt der Sinne" und der „Welt des Papiers". Überlegen Sie, was Simplicio antworten würde, und mischen Sie sich mit einem eigenen Beitrag in den Dialog ein (M 1).

○●● c) Erläutern Sie das Menschenbild der Renaissance in Abgrenzung von mittelalterlichen Vorstellungen (M 2).

●●● d) Müssen Menschen zum Menschen erzogen werden? Nehmen Sie aus heutiger Sicht Stellung (M 2).

○●● e) Erläutern Sie, inwiefern Galilei sowohl in der Renaissance als auch in der geistigen Aufbruchsstimmung des 17. Jahrhunderts verankert ist (M 2).

●●● f) Übertragen Sie Kants Gedanken in Ihren Sprachgebrauch. Untersuchen Sie dann das Bild, das Kant von der Mehrheit seiner Mitmenschen hat, und diskutieren Sie dessen Ursachen (M 3).

●●● g) Nehmen Sie Stellung dazu, inwieweit es des Muts bedarf, um den Verstand zu benutzen. Fassen Sie Ihr Ergebnis in einem Leserbrief zusammen (M 4).

○●● h) Stellen Sie die Absichten, die Campe in M 6 verfolgt, zusammen und vergleichen Sie diese mit denjenigen von Becker in M 5 und mit Kants Entwurf (M 4).

●●● i) Begründen Sie unter Verwendung der Argumente des Königs, weshalb die Formel „L'état c'est moi" – „Der Staat bin ich" – Ludwigs XIV. Anspruch als absolutistischer König treffend beschreibt (M 7).

○○● j) Entwerfen Sie ein fiktives Interview mit Bossuet, in dessen Mittelpunkt die Frage der Rechtfertigung der königlichen Herrschaft und die Rolle des Herrschers stehen (M 9).

○●● k) Weisen Sie nach, dass Rousseau mit dem vorliegenden Text versucht, der staatlichen Ordnung ein grundlegend anderes Fundament zu geben, als Ludwig XIV. und Bossuet es tun (M 10).

○●● l) Untersuchen Sie Rousseaus Menschenbild, wie es in M 10 sichtbar wird.

○●● m) Stellen Sie die Bedeutungen des Begriffs Freiheit nach Montesquieu zusammen (M 11) und Ihren persönlichen Freiheitsbegriff diesen gegenüber.

○○● n) Stellen Sie die von Montesquieu entworfene Organisationsform als Strukturdiagramm dar. Verfassen Sie ergänzend einen Text für ein Schülerlexikon zum Stichwort „Gewaltenteilung – der Entwurf Montesquieus" (M 12).

○●● o) Stellen Sie nach selbst gewählten Aspekten die Argumentation des Königs der des Abgeordneten gegenüber (M 13 a und M 13 b).

●●● p) Vergleichen Sie die Stellungnahme des Königs mit derjenigen Bossuets und die des Abgeordneten mit der Montesquieus. Versetzen Sie sich in den jeweils später Lebenden und nehmen Sie aus seiner Sicht Anmerkungen vor.

○●● q) Das Dokument M 15 gilt als für den Parlamentarismus überhaupt grundlegend. Weisen Sie dies an seinem Wortlaut nach. Vergleichen Sie dazu auch diesen Text mit den Aussagen von König James I. und des Abgeordneten Whitelocke (M 13a und M 13 b).

○●● r) Verfassen Sie arbeitsteilig Zeitungskommentare zu M 16: einen für eine englische Zeitung, den anderen für eine in einer Kolonie erscheinende Zeitung. Vergleichen Sie diese anschließend miteinander.

○●● s) M 17 verdeutlicht das Selbstverständnis der USA. Erläutern Sie die Ursachen dessen und charakterisieren Sie das den Text prägende Menschenbild.

●●● t) Versetzen Sie sich in die Perspektive des englischen Königs und nehmen sie zu M 17 Stellung.

# Grundwissen: Eckpunkte in der Entwicklung des Menschenbildes vom Humanismus bis zur Aufklärung

**Seine Forschungen wurden ihm gefährlich**

Aussagen der Bibel oder anerkannter antiker Autoren in Frage zu stellen, konnte auch im 17. Jahrhundert das Denken und Forschen lebensgefährlich werden lassen. Der Astronom Galileo Galilei (1564–1642), der das um 1600 entwickelte Fernglas für eigene Himmelsbeobachtungen benutzte, bestätigte das heliozentrische Weltbild (→ vgl. Kap. 1.4) mit der Sonne im Mittelpunkt des Planetensystems. Dies stand im Widerspruch zu dem geozentrischen Weltbild, das die Kirche aus der Bibel herauslas, wobei sie der Lehre antiker Autoren wie Aristoteles folgte. Ein kirchliches Inquisitionsgericht zwang Galilei 1633, um sein Leben zu retten, seine Lehren zu widerrufen und den Rest seines Lebens unter Hausarrest zu verbringen.

**Neues Denken setzt sich nach und nach durch**

Galileis und anderer Forscher revolutionäre Vorgehensweise bestand darin, zunächst natürliche Phänomene genau zu beobachten, dann eine Behauptung aufzustellen, diese in mathematischen Zusammenhängen zu betrachten und sie schließlich experimentell abzusichern. Dadurch zerbrach die streng an Kirchenlehren und damit vor allem dem Wortlaut der Bibel ausgerichtete mittelalterliche Ordnung des Denkens endgültig.

In Fahrt gekommen war dieser Prozess vor allem in städtischen Schulen und ab dem 14. Jahrhundert auch an Universitäten. Als Katalysator dieses Aufbruchs wirkte in dieser als Renaissance bezeichneten Phase die Hinwendung zu antiken Philosophen und einem auf ihrem Wissen aufbauendem Bildungsideal, dem Humanismus. Gefördert durch die Lehren der Reformation und die Erfindung des Buchdrucks, der die schnelle Verbreitung neuer Ideen ermöglichte, gewann es zunehmend an Stellenwert, nachzudenken statt unbesehen zu glauben. (→ vgl. Kap. 1.2)

**„Habe den Mut, dich deines eigenen Verstandes zu bedienen" (Kant)**

Der französische Mathematiker René Descartes (1598–1650) stellte den Zweifel an allem in den Mittelpunkt. Von seinem Motto „cogito, ergo sum" – ich denke, also bin ich – spannt sich ein Bogen zum deutschen Philosophen Immanuel Kant (1724–1804), der den „Ausgang des Menschen aus seiner selbstverschuldeten Unmündigkeit" forderte. Während dieser als Aufklärung bezeichneten Phase wurde die Vernunft – lat. ratio – zur Richtlinie des neuen Denkens erhoben. Diskutiert wurde in Clubs und Versammlungen, was in Bereichen wie Erziehung und Theologie, Wirtschaft und Landwirtschaft, aber auch in Medizin, Naturwissenschaft, Technik und Politik in gedankliche Bewegung geraten war. In der umfangreichen „Encyclopédie" fand dieses Wissen seinen Niederschlag, und sie ermöglichte nun jedem, der Lesen konnte, sich selbst Informationen zu allen diesen Themen zu verschaffen und kompetent mitzudiskutieren.

**Auch politisch wird rational gedacht**

Die Aufklärer wandten rationales Denken auch auf soziale und politische Strukturen an und postulierten, dass nicht weiterhin Herkunft und Privilegien das Leben bestimmen sollten. Stattdessen rückten sie die Fähigkeiten des Einzelnen, die er in Freiheit und allen anderen gleich entwickeln und ausleben sollte, in den Mittelpunkt. Mit der Vorstellung, dass jeder Mensch durch seine Geburt bereits mit Rechten ausgestattet sei, die niemand ihm nehmen könne, beriefen sie sich dabei auf Vorstellungen aus dem Naturrecht.

**„L'état c'est moi"**

Die Realität in Frankreich und anderen europäischen Ländern sah allerdings deutlich anders aus. Aus dem Mittelalter stammende soziale und politische Strukturen mit Vorrechten für den Adel und die als Klerus bezeichnete Geistlichkeit wurden zwar modifiziert, aber so, dass die Stellung des Monarchen zu Lasten dieser Stände gestärkt wurde. Es entstand der moderne Staat mit einem starken Monarchen wie Ludwig XIV. an seiner Spitze. Die Formel „L'état c'est moi" - der Staat bin ich - charakterisiert treffend die Denk- und Handlungsweise dieser Monarchen. Der absolutistische Herrscher bestimmte die Leitlinien der Politik selbst und besetzte nachrangige Positionen mit qualifizierten Männern aus dem Bürgertum, von denen wegen ihrer Zugehörigkeit zum politisch rechtelosen „Dritten Stand" für ihn keine Gefahr ausging. Der König nutzte zudem seine Vorrechte, um traditionelle Mitwirkungsorgane nach Möglichkeit kaltzustellen. So wurden die Generalstände mit ihrem Recht zur Beteiligung an Entscheidungen zur finanziellen Lastenverteilung nach 1614 einfach nicht mehr einberufen. Die finanziellen Lasten der königlichen Prunksucht, der Unterhaltskosten für das neu geschaffene „Stehende Heer" und missglückter Kriegszüge wurden stattdessen nahezu ausschließlich dem Dritten Stand angelastet.
Diese Strukturen wurden in späterer Zeit auch als „Ancien Régime" bezeichnet.

**Gegenentwürfe der Aufklärer**

Im gebildeten Teil des Dritten Standes fanden daher kritische Positionen wie die von Jean-Jacques Rousseau (1712-1778) starken Anklang. In seinem Buch „Du contrat social" - Der Gesellschaftsvertrag (1762) - setzte er als Grundlage eines jeden Staates einen Vertragsschluss zwischen Regierenden und Regierten voraus. Als Folge dieser Überlegung konnte ein gegen den allgemeinen Willen (volonté générale) verstoßender Willkürherrscher den Anspruch auf den Gehorsam seiner Untertanen verlieren - und dies stand im krassen Widerspruch zum Anspruch des absolutistischen Herrschers.
Dies gilt auch für die Lehren des Baron de Montesquieu (1689-1755), der im „Geist der Gesetze" (1748) eine Aufteilung der staatlichen Gewalten forderte. Er stellte den Schutz der Rechte und Freiheiten der Untertanen in den Mittelpunkt, wozu künftig die Gesetzgebung, deren Ausführung (die Verwaltung) und die Rechtsprechung voneinander getrennt sein sollten.

**Das englische Parlament: der lange Kampf um Mitspracherechte**

Anders als in Frankreich bewahrte sich in England die als Parlament bezeichnete Ständevertretung ihre Rechte nicht nur, sondern es gelang ihr sogar, diese langfristig auszubauen. Nach einem ersten Schritt in Form der „Magna Charta" von 1214 folgte über vierhundert Jahre später mit der „Petition of Rights" von 1628 eine Stärkung dieser Mitspracherechte. Adelskämpfe und konfessionell bedingte Rivalitäten um die Krone sowie andauernde finanzielle Probleme stärkten die Position des Parlaments, dem mit der „Bill of Rights" von 1689 ein Durchbruch zu einer von königlichen Wohlwollen nicht mehr abhängigen Institution gelang.

**„No taxation without representation" - Bürger schaffen die USA**

Dreizehn Kolonien mit steuerpflichtigen Bürgern, aber kein einziger Abgeordneter im heimischen Parlament - diesen Zustand wollten sich die britischen Siedler auf dem nordamerikanischen Kontinent nicht weiter gefallen lassen, zumal nach dem „French and Indian War" ihre Steuerlast beträchtlich anwuchs. Als schuldig galt ihnen ihr britischer König George III., von dessen Herrschaft sie sich mit der Unabhängigkeitserklärung 1776 lossagten. Die Verfassung von 1788 gibt den USA als erstem Staat der Neuzeit eine Ordnung, die von Vertretern des Volkes erarbeitet wurde und das Gedankengut der Aufklärung politisch umsetzte.

# 3.3 Das Epochenjahr 1789 – die Revolution und die Menschenrechte

**1 „Man muss hoffen, dass dies Spiel bald ein Ende hat“** (**Online-Link** 430075-0304)
*Anonyme Karikatur aus dem Jahr 1789.*
*Auf dem Säbel steht: Gerötet vom Blut.*
*Auf der Hacke: Mit Tränen getränkt.*
*Auf den Zetteln werden Steuern, Dienste, Abgaben und Adelstitel genannt.*
*Die Tiere symbolisieren die Adelsprivilegien Jagd- und Fischrecht.*

### 2 Die Beschwerdebriefe – ein revolutionäres Programm?

*Als Ludwig XVI. 1788 die Generalstände einberief, wurden überall bei den Wahlen der Ständevertreter Beschwerdeschriften verfasst, die wichtige Einblicke in die Stimmungslage der Bevölkerung geben.*

*a) Die Einwohner des Dorfes Guyancourt forderten:*

1. dass alle Steuern von den drei Ständen ohne irgendwelche Ausnahme gezahlt werden, von jedem Stand gemäß seinen Kräften;
2. das gleiche Gesetz und Recht im ganzen Königreich;
5. die völlige Beseitigung jeglicher Art von Zehnten in Naturalien; […]
8. dass die Eigentumsrechte heilig und unverletzlich sind;
9. dass rascher und mit weniger Parteilichkeit Recht gesprochen wird;
10. dass alle Frondienste, welcher Art sie auch sein mögen, beseitigt werden;
11. dass die Einziehung zum Heeresdienst nur in den dringenden Fällen erfolgt […]
17. dass alle Pfarrer verpflichtet sind, alle ihre Amtspflichten zu erfüllen, ohne dafür irgendwelche Bezahlung zu fordern; […]

*I. u. P. Hartig: Die Französische Revolution. Stuttgart 1985, S. 34 f.*

*b) Aus der Beschwerdeschrift der Gemeinde Colmare:*

1. Wenn der Klerus und Adel so wie wir zahlten, dann würde das den Staat erheblich stärken, wodurch er imstande wäre, dem unterdrückten Volk Erleichterung zu verschaffen.
2. Wir erbitten die Abschaffung der indirekten Steuern und der Salzsteuer. […]
6. Es sollte das Wild, wie Hasen, Kaninchen und andere wilde Tiere, die den Bauern großen Schaden verursachen, getötet werden. […]
8. Wir fühlen uns auch berechtigt, eine Bemerkung zum Frondienst auf den großen Straßen zu machen. Wir halten es für natürlicher, dass diejenigen für Kosten und Unterhalt aufkommen, die sie beschädigen, aber ohne Behinderung des Handels. […]
10. Wir bitten um Abschaffung überflüssiger Mönche und Nonnen.
11. Wir bitten, dass Gemeindeland und leere Flächen zum Vorteil des Staates bestellt werden.
12. Wir bitten, dass alle Maschinen jeder Art, wie die zum Baumwollspinnen, abgeschafft werden, da sie der Bevölkerung Schaden zufügen.
13. Wir bitten, dass der Mühlenzwang im Land abgeschafft wird. […]

*W. Lautemann/M. Schlenke (Hrsg.): Geschichte in Quellen, Bd. IV. München 1981, S. 150 f.*

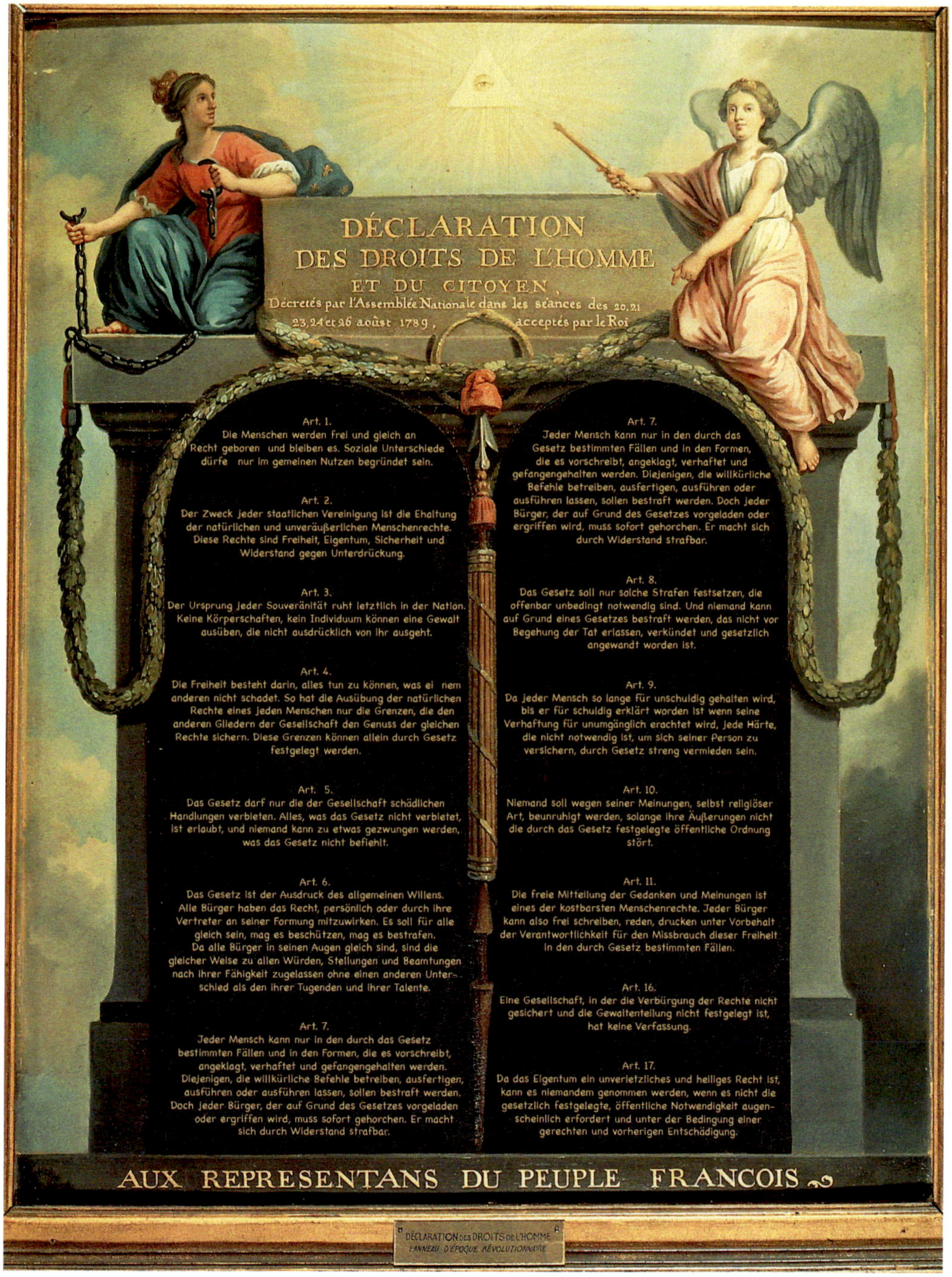


**3** **Erklärung der Menschenrechte 1789** (im französischen Original im **Online-Link** 430075-0305)

## 4 Die Nacht vom 4. zum 5. August 1789 – Abschaffung des Ancien Régime?

*Unter dem Eindruck der revolutionären Ereignisse in Paris und auf dem Lande verabschiedete die Nationalversammlung in einer turbulenten Nachtsitzung Beschlüsse von großer Tragweite. Erst am 11. August folgte eine schriftliche Niederlegung. Dies ist die Zusammenfassung des Präsidenten am Ende der Nachtsitzung:*

Aufhebung der Leibeigenschaft und der Toten Hand[1], unter welcher Bezeichnung auch immer diese praktiziert wird. Möglichkeit der Auslösung der Feudalabgaben. Aufhebung der gutsherrlichen Gerichtsbarkeit. Abschaffung des ausschließlichen Jagdrechts, der Taubenschläge und der Kaninchengehege. Anstelle des Zehnten Besteuerung in Geld. Möglichkeit der Auslösung aller Zehnten jeglicher Art. Aufhebung aller Privilegien, einschließlich der Steuerfreiheiten. Steuergleichheit bei jedem Steuertyp mit Beginn des Jahres 1789, genaue Regelungen ergehen noch durch die Provinzstände. Zulassung aller Bürger zu zivilen und militärischen Posten. Erklärung über eine bald zu errichtende kostenfreie Gerichtsbarkeit und Abschaffung des Ämterkaufs.

Abschaffung besonderer Provinz- oder Städteprivilegien. Erklärung der Abgeordneten mit bindendem Mandat, an ihre Wähler zu schreiben, um deren Zustimmung zu erhalten.

Aufhebung mehrerer Städteprivilegien, so die von Paris, Lyon, Bordeaux usw.

Abschaffung des Jus deportus[2] und des Vacat[2], der Annaten[2] und des mehrfachen Pfründenbesitzes.

Abschaffung der ohne Rechtstitel erlangten Pensionen. Reform der Zünfte.

Zur Erinnerung an diesen Tag soll eine Medaille geprägt werden. Ein feierliches Tedeum[3], eine Abordnung soll zum König geschickt werden, um ihm im Namen der Versammlung den Titel „Erneuerer der französischen Freiheit“ mit der Ehrung der Versammlung zu überbringen und ihn zu bitten, persönlich am Tedeum[3] teilzunehmen.

1 *Unfreie durften ihren Besitz nicht weitervererben; als im Mittelalter nach und nach Erblichkeit möglich war, musste diese im Todesfalle jeweils neu erkauft werden.*
2 *verschiedene Formen von Kirchenabgaben*
3 *feierlicher Gottesdienst*

*Wolfgang Lautermann/Manfred Schlenke (Hrsg.): Geschichte in Quellen. Amerikanische und Französische Revolution. München 1981, S. 197 f.*

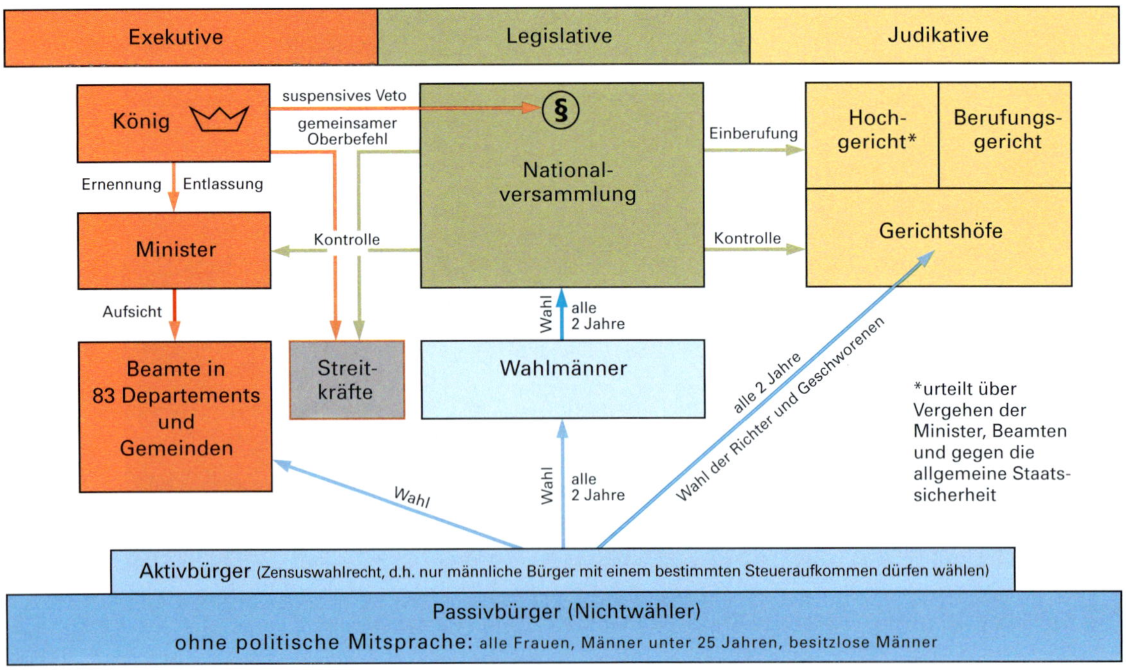


**5 Verfassungsschema der Französischen Verfassung von 1791**

## 6 Kritik an der Menschenrechtserklärung

*Honoré Gabriel Riqueti, Graf von Mirabeau (1749–1791), Publizist und Revolutionär, Vertreter des Dritten Standes und Abgeordneter in der Nationalversammlung, kommentierte 1789 die Menschenrechtserklärung in der Zeitschrift „Courrier de Provence":*

Eine uneingeschränkte Erklärung der Menschenrechte, die auf alle Zeiten, alle Völker, alle moralischen und geographischen Breiten der Erde anwendbar ist, war zweifellos eine große und schöne Idee; ehe man jedoch so großzügig an das Gesetzbuch anderer Nationen dachte, hätte man wahrscheinlich besser daran getan, die Grundlagen unseres eigenen, wenn nicht fest zu umreißen, so doch wenigstens zu vereinbaren [...]

Bei jedem Schritt, den die Versammlung bei der Abfassung der Menschenrechte tut, sieht man sie erschrocken über den Missbrauch, den der Bürger mit ihnen treiben könnte, und den sie aus Vorsicht oft übertrieben darstellt. Daher diese vielfältigen Einschränkungen, die minutiösen Vorbehaltsklauseln und Bedingungen, die mühsam ausgearbeitet und auf alle Artikel angewandt werden: Einschränkungen, Vorbehalte und Bedingungen, die fast überall die Rechte durch Pflichten und die Freiheit durch Fesseln ersetzen, und die, indem sie sich in mehr als einer Hinsicht über die lästigen Details der Gesetzgebung hinwegsetzen, den Menschen in seiner Bildung an den bürgerlichen Stand zeigen – und nicht als von der Natur her frei.

*Courrier de Provence Nr. 31/1789. Zit. nach: Albert Soboul: Die Große Französische Revolution. Ein Abriss ihrer Geschichte (1789–1799). Darmstadt 1983, S. 151.*

### Arbeitsvorschläge

- ○○● a) Listen Sie die in den Beschwerdeheften (M 1) formulierten Forderungen auf.
- ●●● b) Diskutieren Sie, ob die Forderungen revolutionäre Qualität besitzen (M 2).
- ○○● c) Fassen Sie die wichtigsten Beschlüsse in M 4 zusammen.
- ○○● d) Ordnen Sie die Beschlüsse bestimmten Kategorien oder Themenbereichen zu (M 4).
- ○●● e) Bewerten Sie die Beschlüsse unter der Fragestellung, ob sie eine Abschaffung des Absolutismus und des Ständesystems bedeuten (M 4).
- ●●● f) Beschreiben Sie die Elemente der Abbildung M 3, die symbolische Bedeutung haben können.
- ○○● g) Entschlüsseln Sie in Partner- oder Gruppenarbeit möglichst viele dieser Symbole und fassen Sie die formulierten Menschen- und Bürgerrechte nach Kategorien geordnet zusammen (M 3).
- ●●● h) Diskutieren Sie, inwieweit die in M 3 formulierten Rechte noch aktuelle Bedeutung besitzen.
- ●●● i) Untersuchen Sie, ob die Quellen M 1 bis M 5 als Teile eines kontinuierlichen Prozesses gewertet werden können.
- ○○● j) Identifizieren Sie Passagen in der Erklärung der Menschen- und Bürgerrechte (M 5), auf die sich Mirabeau beziehen könnte, und überprüfen Sie, inwieweit seine Kritik berechtigt ist (M 6).

# Grundwissen: Das Epochenjahr 1789 – die Revolution und die Menschenrechte

### Die Krise des Ancien Régime

→ 1 S. 204

Die akute Wirtschaftskrise und der Staatsbankrott waren zwar Katalysatoren der Französischen Revolution, doch gehörten die Gesellschaftskrise des Ständesystems und die Herrschaftskrise des Absolutismus zu den Ursachen der Revolution. Die Privilegien von Klerus und Adel, vor allem die Steuerfreiheit, wurden nicht mehr akzeptiert, und die absolute Stellung des Königs wurde von Staatstheoretikern und Aufklärern schon seit Jahrzehnten in Frage gestellt.

### Die Beschwerdehefte – eine Volksbefragung

→ 2 S. 204

Viele dieser Ideen finden sich in den Beschwerdeheften, von denen noch heute fast 60 000 erhalten sind. Sie enthalten kein klares politisches oder gar revolutionäres Programm, zeigen aber, wie verbreitet und tiefgehend die Unzufriedenheit mit den bestehenden Zuständen war.

### Der Ballhausschwur – der Dritte Stand formiert sich

Nachdem sich die Generalstände im Frühsommer 1789 nicht auf einen Abstimmungsmodus hatten einigen können, versammelten sich die Abgeordneten des Dritten Standes im Ballhaus von Versailles, erklärten sich zur Nationalversammlung und schworen, nicht auseinanderzugehen, bis sie Frankreich eine Verfassung gegeben hatten. Das war eine Auflehnung gegen den König, gegen das System des Absolutismus und gegen die Ständegesellschaft.

### Liberté, egalité, fraternité

→ 3 S. 205
→ 4 S. 206

Die Forderung nach Freiheit, Gleichheit, Brüderlichkeit („liberté, egalité, fraternité") wurde zur berühmtesten Losung der französischen Revolutionäre, und die Nationalversammlung in Versailles verabschiedete wichtige Beschlüsse, um sie in die Tat umzusetzen: In der Nachtsitzung vom 4. auf den 5. August schaffte sie die Leibeigenschaft und alle Privilegien ab, und am 26. August veröffentlichte sie die Erklärung der Menschen- und Bürgerrechte. Mit der amerikanischen Unabhängigkeitserklärung von 1776 hatten die französischen Revolutionäre bereits ein Vorbild vor Augen, doch formulierten sie ihre Menschenrechtserklärung viel grundsätzlicher und mit einem klaren Anspruch auf universelle Gültigkeit.

### Die Verfassung von 1791

→ 5 S. 206

Die Beschlüsse vom August 1789 bedeuteten einen Bruch mit dem Feudalismus und das Ende des „Ancien Régime". Noch fehlte jedoch eine neue Verfassung. Nach langen Beratungen trat sie schließlich am 3. September 1791 in Kraft. Damit war Frankreich eine konstitutionelle Monarchie geworden. Die Forderung nach Gleichheit erfüllte die Verfassung allerdings nicht, da aufgrund des Zensuswahlrechts nur eine Minderheit der Männer als „Aktivbürger" galt und politische Rechte hatte. Zwar waren viele waren mit dieser Lösung zufrieden und dachten, mit solch einer schriftlichen Festlegung der Grundlagen eines neuen Staates sei die Revolution beendet, habe eine neue stabile Ordnung begonnen; doch viele andere wiederum wollten die Revolution weitertreiben. Dazu gehörten vor allem die „Sansculotten", Vertreter der ärmeren Stadtbevölkerung von Paris, der kleinen Ladenbesitzer, Handwerker und Manufakturarbeiter, aber auch die „Jakobiner", Mitglieder eines neu gegründeten politischen Clubs von Revolutionären, der sich in einem ehemaligen Jakobinerkloster traf.

**Erstürmung der Bastille**
*am 14. Juli 1789*
*Die Angreifer führen den Kommandeur (r.) aus der Bastille, um ihn wenig später hinzurichten. Gemälde 1790er-Jahre*

## Die Gefangennahme des Königs

Der König andererseits hatte zunächst zwar immer wieder dem Druck der Revolution nachgegeben, arbeitete jedoch für eine Wiederherstellung der alten Ordnung und versuchte, die Arbeit der revolutionären Exekutive und Legislative zu behindern. Im Juni 1791 versuchte er sogar, verkleidet ins Ausland zu fliehen, wurde jedoch vor der Grenze erkannt und nach Paris zurückgebracht. Man verdächtigte ihn, mit den adligen Emigranten und den Monarchen des Auslands einen Krieg gegen Frankreich führen zu wollen. Schließlich erklärte Frankreich selbst 1792 Österreich den Krieg, aus Furcht vor einem möglichen Angriff ausländischer Truppen und adliger Emigranten, aber auch, um die Revolution ins Ausland zu tragen.

## Der Sturz des Königs – eine zweite Revolution

Die Sansculotten in Paris wurden unruhig: Der Kriegsverlauf war für Frankreich ungünstig, die Wirtschaftskrise wurde immer schlimmer, Brot war knapp und teuer, und sie als arme Handwerker und kleine Ladenbesitzer hatten kein Mitspracherecht in der Politik. Dann löste ein Aufruf des Herzogs von Braunschweig, der heftige Drohungen gegen die Pariser Bevölkerung enthielt, eine Art „zweite Revolution“ aus: Im August 1792 stürmten, besetzten und plünderten die Sansculotten die Tuilerien, das Schloss, in dem sich die königliche Familie aufhielt. Dabei fanden sie Briefe des Königs, die bewiesen, dass er auf eine Niederlage Frankreichs im Krieg hoffte. Ein neu gewähltes Parlament, das sich jetzt Nationalkonvent nannte, setzte den König ab und erklärte Frankreich am 21. September 1792 zu einer Republik. Der Konvent hielt nun einen Prozess gegen Ludwig XVI. ab und schließlich stimmte eine knappe Mehrheit für die Todesstrafe. Am 21. Januar 1793 wurde der König hingerichtet, am 16. Oktober 1793 auch seine Frau, die Königin Marie Antoinette.

## Diktatur der Jakobiner

→ 1 S. 232

Die konstitutionelle Monarchie war gescheitert und die Revolution nicht beendet, sondern in eine neue, zweite, radikale Phase eingetreten, in die von Terror geprägte Jakobinerherrschaft.

# 3.4 Menschenrechte für alle? – die Revolution und die Frauen

**1 Die Bäuerin in der Fron.**
*Radierung Juni 1789, 239 x 162 mm.*

### 2 Beschwerdehefte von Frauen – ein Ruf nach Emanzipation?

*a) Obwohl eigentlich nur Männer 1788 ihre Ständevertreter wählen und Beschwerdehefte (Cahiers de doléances) schreiben durften, haben durchaus einige, allerdings nur wenige, Frauen ihre eigenen Texte verfasst.*

*a) „Bittschrift der Frauen des Dritten Standes"*

In einer Zeit, da ein jeder bemüht ist, seine Ansprüche und Rechte geltend zu machen [...], sollte es da nicht auch den Frauen möglich sein, ihrer Stimme Gehör zu verschaffen? [...] Die Frauen des Dritten Standes werden fast alle ohne Reichtümer geboren; ihre Erziehung wird sehr vernachlässigt [...].

Wir bitten um Ausbildung und Beruf, nicht um uns die Befugnisse der Männer anzueignen, sondern um höher von ihnen geachtet zu werden und damit wir imstande sind, vor dem Elend geschützt zu leben. [...]

Wir bitten Euch inständig, Sire, kostenlose Schulen einzurichten, wo wir unsere Sprache von Grund auf erlernen können, die Religion und die geistigen und sittlichen Werte; eins wie das andere soll uns in seinem ganzen Umfang dargeboten werden [...].

*b) anonymes Beschwerdeheft, unterzeichnet mit „Madame B***B***"*

Wir trachten durchaus nicht nach den Würden des Regierungsamtes, noch nach dem Vorzug, in die Kabinettsgeheimnisse eingeweiht zu sein. Aber wir glauben, dass es den Frauen, den Witwen und Töchtern, die Ländereien oder anderes Vermögen besitzen, billigerweise gestattet sein muss, dem Thron ihre Beschwerden zu Füßen zu legen und dass es ebenso gerecht ist, ihre Stimmen zu zählen, da sie doch, wie die Männer, dazu verpflichtet sind, die königlichen Abgaben zu zahlen und den Verpflichtungen des Handels nachzukommen.

Man wird eventuell vorbringen, alles, was man ihnen gewähren könne, sei, ihnen zu gestatten, sich durch Bevollmächtigte in den Generalständen vertreten zu lassen. Man könnte dem entgegnen, es sei mit Fug und Recht erwiesen, dass weder ein Adeliger einen Nichtadeligen vertreten kann noch dieser einen Adeligen, ebenso kann, mit größerem Recht, kein Mann eine Frau vertreten, da doch der Vertreter völlig die gleichen Interessen haben muss wie der Vertretene. Folglich können Frauen nur von Frauen vertreten werden.

*Cahiers de doléances des femmes en 1789 et autres textes. Paris 1981, S. 25 ff., Zit. nach: Landesregierung NRW (Hrsg.): Geschichte auch für Mädchen. 1989, S. 20 f. und: Geschichte lernen. Sammelband Frauengeschichte. Velber 2002 S. 53 f.*

### 3 Olympe de Gouges' „Erklärung der Rechte der Frau und Bürgerin" – eine neue Revolution?

*Die Schriftstellerin Olympe de Gouges versuchte immer wieder, mit Streitschriften und Briefen an die Nationalversammlung Einfluss auf die Politik zu nehmen. Ihr berühmtester Text stammt aus dem Jahre 1791:*

Mann, bist du fähig, gerecht zu sein? Eine Frau stellt dir diese Frage; du wirst ihr doch nicht das Recht dazu absprechen wollen. Sag an, wer hat dir die selbstherrliche Macht verliehen, mein Geschlecht zu unterdrücken? Einzig der Mann [...] fällt in diesem Jahrhundert der Aufklärung und Vernunft in gröbste Unwissenheit zurück und glaubt, despotisch über ein Geschlecht verfügen zu können, das alle intellektuellen Fähigkeiten besitzt. [...]

Art. 1 Die Frau ist frei geboren und bleibt dem Manne gegenüber gleichberechtigt. Die sozialen Unterschiede können nur auf dem allgemeinen Nutzen gegründet sein.

Art. 2 Der Zweck jeder politischen Verbindung ist die Bewahrung der natürlichen und unverjährbaren Rechte der Frau und des Mannes; diese Rechte sind Freiheit, Eigentum, Sicherheit und vor allem das Recht auf Widerstand gegen Unterdrückung.

Art. 3 Der Ursprung aller Souveränität liegt letztlich in der Nation, die nichts ist als die Wiedervereinigung von Frau und Mann [...].

Art. 6 Das Gesetz soll Ausdruck des Willens aller sein; alle Bürgerinnen und Bürger sollen persönlich oder über Vertreter zu seiner Entstehung beitragen, für alle sollen die gleichen Bedingungen gelten.

Art. 10 Niemand darf wegen seiner Meinung, selbst in Fragen grundsätzlicher Natur Nachteile erleiden. Die Frau hat das Recht, das Schafott zu besteigen, gleichermaßen muss ihr auch das Recht zugestanden werden, eine Rednertribüne zu besteigen, sofern sie nicht in Wort und Tat die vom Gesetz garantierte öffentliche Ordnung stört.

Nachwort: Frau erwache! Die Stimme der Vernunft erschallt über unsern Erdball; erkenne deine Rechte! Das gewaltige Reich der Natur ist nicht mehr umlagert von Vorurteilen, Fanatismus, Irrglauben und Lüge.

*O. de Gouges: Schriften. Frankfurt a.M. 1980, S. 39 ff.*

**4 Der Marsch der Frauen nach Versailles am 5. Oktober 1798.**
*Radierung 1798.*

### 5 Bürgerrecht für die Frauen? – ein männliches Plädoyer

*Jean Antoine de Condorcet (1743–1794), Autor, Enzyklopädist und Politiker, Mitglied der Nationalversammlung, veröffentlichte diesen Text 1789 im „Journal de la societé". Über die Zulassung der Frauen zum Bürgerrecht:*

Die Menschen können sich an die Verletzung ihrer naturgegebenen Rechte so gewöhnen, dass unter denen, die sie verloren haben, keiner daran denkt, sie zurückzufordern, und nicht glaubt, ein Unrecht erlitten zu haben.

Einige diese Verletzungen sind sogar den Philosophen und Gesetzgebern entgangen, als sie sich mit dem größten Eifer damit befassten, die Grundrechte der einzelnen Glieder des Menschengeschlechts zu etablieren, die sie zur alleinigen Grundlage ihrer politischen Institutionen machten.

Haben sie z. B. nicht alle das Gleichheitsprinzip der Rechte verletzt, indem sie ganz einfach die Hälfte des Menschengeschlechts des Rechts beraubten, an der Gesetzgebung teilzunehmen, indem sie die Frauen vom Bürgerrecht ausschlossen? [...]

Da nun Frauen die gleichen Fähigkeiten aufweisen, haben sie notwendigerweise auch die gleichen Rechte. Entweder hat kein Glied des Menschengeschlechts wirkliche Rechte, oder sie alle haben die gleichen, und derjenige, der gegen das Recht eines anderen stimmt, mag er auch einer anderen Religion, einer anderen Hautfarbe oder dem anderen Geschlecht angehören, hat damit seine

Rechte verwirkt. Es dürfte schwer sein zu beweisen, dass Frauen unfähig sind, das Bürgerrecht auszuüben […] Über die Gleichheit der Rechte aller Männer in unserer neuen Verfassung hat es erhabene Reden und unendlich viele Witzeleien gegeben; aber bis heute hat noch niemand einen einzigen Grund dagegen vorbringen können. Und das liegt ganz sicher weder an mangelndem Talent noch an mangelndem Eifer. Ich möchte glauben, dass es mit der Gleichheit der Rechte zwischen den beiden Geschlechtern genauso sein wird. Es ist eigenartig genug, dass man in vielen Ländern Frauen für unfähig gehalten hat, ein öffentliches Amt zu bekleiden, nicht aber, den Königsthron zu besteigen; dass in Frankreich eine Frau Regentin, aber bis 1776 in Paris nicht Modehändlerin sein konnte.

*Hannelore Schröder (Hrsg.): Die Frau ist frei geboren. Texte zur Frauenemanzipation. Band I: 1789–1870. München 1979, S. 55 ff.*

**6 Republikanischer Frauenclub**

*Gemälde von Lesueur, um 1792. Während der Versammlung wird Geld für Arme gesammelt.*

**7 Das Verbot der Frauenclubs – ein Gebot der Natur?**

*Auf Vorschlag des Sicherheitsausschusses beschloss der von den Jakobinern beherrschte Nationalkonvent am 30. Oktober 1793 das Verbot der Frauenclubs.*

1. Dürfen Frauen politische Rechte ausüben und sich in Regierungsangelegenheiten einmischen? Regieren heißt, die öffentlichen Angelegenheiten durch Gesetze zu lenken, deren Abfassung ausgedehnte Kenntnisse, eine Hingabe und grenzenlose Ergebenheit, eine strenge Unempfindlichkeit und Verneinung seiner selbst verlangt. Regieren heißt darüber hinaus, die Handlungsweise der gewählten Vertreter zu lenken und zu berichtigen. Sind die Frauen für diese Bedürfnisse und Fähigkeiten, die sie erfordern, geeignet? Man kann ganz allgemein mit Nein antworten. Sehr wenige Beispiele dementieren dieses Urteil. Die politischen Rechte des Bürgers bestehen darin, zu diskutieren und Entscheidungen in die Wege zu leiten, Vergleiche anzustellen und der Unterdrückung zu widerstehen. Besitzen die Frauen die moralische und physische Kraft, die die Ausübung des einen wie des anderen dieser Rechte erfordert? Weltweit wird diese Auffassung verworfen.

2. Dürfen sich die Frauen in politischen Vereinigungen versammeln? Das Ziel volkstümlicher Vereinigungen besteht in Folgendem: die Manöver der Feinde der öffentlichen Ordnung zu entschleiern, die Bürger als Individuen wie auch die Beamten und selbst die gesetzgebenden Körperschaften zu überwachen, den Eifer der einen wie der anderen durch beispielhafte republikanische Tugenden anzustacheln, sich durch öffentliche und tiefschürfende Diskussionen über Mangel oder Reform der politischen Gesetze aufzuklären.

Können sich Frauen diesen nützlichen und mühseligen Aufgaben hingeben? Nein, weil sie dann gezwungen wären, wichtigere Aufgaben, zu denen die Natur sie ruft, dem zu opfern. Diese häuslichen Aufgaben, zu denen Frauen von Natur aus bestimmt sind, gehören selbst zur allgemeinen Ordnung der Gesellschaft. Diese soziale Ordnung resultiert aus dem Unterschied, der zwischen

Mann und Frau besteht. Jedes Geschlecht ruft nach einer ihm eigenen Art von Beschäftigung, bewegt sich in diesem Kreis, den es nicht überwinden kann. Denn die Natur, die dem Menschen diese Grenzen gesetzt hat, befiehlt gebieterisch und hält sich an kein Gesetz.

Der Mann ist stark, robust, mit einer großen Energie, mit Kühnheit und Mut geboren. Er meistert die Gefahren, die Rauheit der Jahreszeiten durch seine Konstitution. Er widersteht allen Elementen. Er ist für die Künste wie für die schwere Arbeit geeignet. Und da er fast ausschließlich für die Landwirtschaft, den Handel, die Schifffahrt, die Reisen, den Krieg bestimmt ist, zu all jenem, was nach Kraft, Intelligenz und Fähigkeit verlangt, so scheint auch er allein zu tief gehenden und ernsthaften Meditationen geeignet, die eine große Anstrengung des Geistes und lange Studien voraussetzen, denen sie nicht nachgehen können.

Welches ist der der Frau eigentümliche Charakter? Die Sitten und die Natur selbst haben ihr Aufgaben zugesprochen: die Erziehung der Menschen zu beginnen, den Geist und das Herz der Kinder auf die öffentlichen Tugenden vorzubereiten, sie von früh an zum Guten hin zu lenken, ihr Gemüt zu entfalten und sie im Freiheitskult zu unterweisen – darin bestehen ihre Aufgaben nach den Sorgen um den Haushalt. Natürlich ist die Frau auch dazu bestimmt, die Tugend liebenswert zu machen. Wenn sie all diese Aufgaben erfüllen, haben sie sich um das Vaterland verdient gemacht. Zweifellos ist es notwendig, dass sie sich selbst in den Grundsätzen der Freiheit unterrichten, um diese ihren Kindern nahezubringen. Sie können den Beratungen der Sektionen, den Diskussionen der Volksgesellschaften beiwohnen. Dürfen sie aber, die doch dazu bestimmt sind, die Sitten des Menschen zu mäßigen, aktiv an Diskussionen teilhaben, deren Hitzigkeit unvereinbar mit der Sanftmut und Bescheidenheit ist, die den Charme ihres Geschlechts ausmachen?

Wir müssen sagen, dass dies vor allem eine Frage der Sitten ist – und: ohne Sitten keine Republik. Erlaubt es die Sittsamkeit einer Frau, sich in der Öffentlichkeit zu zeigen und gemeinsam mit den Männern zu kämpfen, im Angesicht des Volkes über Fragen zu diskutieren, von denen das Wohl der Republik abhängt? Im Allgemeinen sind Frauen kaum zu hohen Vorstellungen und ernsthaftem Nachdenken fähig. […]

Wir glauben also, dass eine Frau nicht ihre Familie verlassen darf, um sich in Regierungsgeschäfte einzumischen.

*S. Petersen: Marktweiber und Amazonen. Frauen in der Französischen Revolution. Köln 1987, S. 221 ff.; auch in: Wochenschau für politische Erziehung, Sozial- und Gemeinschaftskunde, Sonderheft Dezember 1989, S. 34.*

**Arbeitsvorschläge**

- ○○● a) Benennen Sie den Adressaten und das Thema der Quelle (M 2).
- ○●● b) Charakterisieren Sie die Wortwahl und Sprache der Quelle (M 2).
- ●●● c) Diskutieren Sie, inwieweit die Autorinnen sich für die Gleichberechtigung der Frau einsetzen (M 2).
- ○○● d) Fassen Sie die Quelle M 3 zusammen, indem Sie die Autorin, die Adressaten, die Textform, die Entstehungszeit und das Thema benennen.
- ○●● e) Vergleichen Sie die Forderungen Olympe de Gouges' (M 3) mit der Erklärung der Menschen- und Bürgerrechte (➔ **Kap. 3.3, M 5**).
- ●●● f) Diskutieren Sie, ob die Forderungen von Olympe de Gouges heute noch aktuell sind (M 3).
- ○○● g) Fassen Sie die Argumente zusammen, mit denen das Verbot der Frauenclubs (M 7) begründet wurde.
- ○●● h) Kennzeichnen Sie das Verständnis von Frauen- und Männerrollen, die hinter diesen Argumenten sichtbar werden (M 7).
- ●●● i) Entwerfen Sie eine Antwort auf den Text, die sich mit den präsentierten Argumenten auseinandersetzt (M 7).
- ●●● j) Beurteilen Sie zusammenfassend die Aktivitäten von Frauen in der Französischen Revolution (M 2–M 6).
- ○●● k) Fassen Sie Condorcets Argumentation (M 5) zusammen und vergleichen Sie sie mit der Argumentation in M 7.

# Grundwissen: Menschenrechte für alle? – die Revolution und die Frauen

**Universalität der Menschenrechte?**

So universal die Menschenrechte auch formuliert waren, so war doch umstritten, ob sie wirklich für alle gelten sollten: auch für die Juden, für die Sklaven in den Kolonien, für die Frauen? 1791 beschloss die Nationalversammlung die staatsbürgerliche Gleichberechtigung der Juden, 1794 wurde die Sklaverei abgeschafft, allerdings nur, bis Napoleon sie 1802 wieder einführte, doch wie war es um die Frauen bestellt?

**Frauen im 18. Jahrhundert**

→ 1 / 2 S. 210

**Bemaltes Medaillon aus den französischen Kolonien**

Im 18. Jahrhundert waren die Frauen nirgendwo gleichberechtigt: Sie hatten kein Recht auf politische Mitsprache, waren privatrechtlich dem Mann unterstellt und wurden für ihre Arbeit schlechter entlohnt. Frankreich war da keine Ausnahme: Der „Dritte Stand des Dritten Standes" seien die Frauen, heißt es in einem der Beschwerdehefte. Frauen waren im „Ancien Régime" in allen Bereichen benachteiligt: Wenn sie – wie die meisten Frauen – erwerbstätig waren, weil der Verdienst ihrer Männer nicht ausreichte, bekamen sie nur bis zu 60 % des Lohnes eines Mannes mit einer vergleichbaren Arbeit. Schul- und Berufsbildung gab es für Mädchen nicht, so dass die Analphabetenrate unter den Frauen über 70 % betrug und damit um etwa 20 Prozentpunkte über der der Männer lag. Die besser bezahlten Berufe blieben den Frauen dadurch verschlossen. In Paris waren sie meist im Textilgewerbe als Näherinnen und Strickerinnen tätig, viele arbeiteten im Dienstleistungsbereich als Zimmermädchen, Wäscherinnen und Köchinnen oder waren in zahlreichen anderen ungelernten Berufen beschäftigt. Auch die Ehegesetze benachteiligten sie: Der Mann durfte z. B. allein über die Finanzen entscheiden und konnte seine Ehefrau verlassen, ohne ihr Unterhalt zahlen zu müssen. Eine Scheidung war in der Regel nicht möglich.

Besser war die Situation adliger Frauen, wenngleich das Eherecht auch für sie galt. Manche Frauen aus dem Adel waren hoch gebildet und hatten indirekt durchaus Einfluss auf das gesellschaftliche und politische Leben des Ancien Régime. Berühmt waren ihre Salons, in denen auch bekannte Aufklärer verkehrten.

**Beschwerdehefte von Frauen**

→ 2 S. 210

Die Beschwerdehefte sollten eigentlich nur von Männern verfasst werden; doch haben durchaus einige wenige Frauen diese Regel ignoriert und frauenspezifische Forderungen erhoben, um eine Verbesserung ihrer Situation zu erreichen. Zum überwiegenden Teil sind diese Texte nicht sehr revolutionär; häufig verlangten sie bessere Bildung und Arbeitsmöglichkeiten. Nur in Ausnahmefällen finden sich Forderungen nach politischer Partizipation. Dennoch kann allein die Tatsache, dass sich Frauen zusammenfanden und gemeinsam Beschwerden formulierten, als politische Aktion gewertet werden.

**Der Marsch nach Versailles**

→ 4 S. 211

Die Wirtschaftskrise und die hohen Brotpreise trafen die Frauen ganz direkt, denn meist waren sie für die Versorgung ihrer Familie und den Einkauf von Lebensmitteln zuständig. Die Sorge um das tägliche Brot löste die bedeutendste Aktion von Frauen während der Französischen Revolution aus, den Marsch der Frauen nach Versailles am 5. und 6. Oktober 1789. Im Verlauf dieser Aktion verknüpften sie die Forderung nach Brot mit einem eindeutig politischen Ziel: Sie wollten den König von Versailles nach Paris holen. Um ihre Entschlossenheit zu unterstreichen, bewaffneten sie sich mit Besen, Holzlatten, Piken und Pistolen, die jedoch im Ernstfall gegen einen Einsatz von Soldaten nicht ausgereicht hätten. Letztlich wurde tatsächlich eine

Delegation von sechs Frauen zu einer königlichen Audienz zugelassen; der König gab nach, versprach eine verbesserte Brotversorgung und zog mit seiner Familie nach Paris. Die Frauen triumphierten: Sie brachten „die Bäckerfamilie" nach Paris und die Nationalversammlung folgte. Mit dieser Aktion beteiligten sich Frauen de facto am politischen Leben, ohne das Recht auf politische Mitwirkung explizit gefordert zu haben.

## Frauenclubs

→ 5 S. 211
→ 6 S. 212
→ 7 S. 212

**Olympe de Gouges**
*(1748 – 1793)*

Im gleichen Jahr, 1789, entstanden überall in Paris politische Clubs, denen zunächst nur Männer angehörten. Doch bald trafen sich auch Frauen des liberalen Bürgertums in eigenen „Salons". Dort ging es meist um karitative Tätigkeiten und die Unterstützung der Männer in der Revolution; die Gleichberechtigung der Frau wurde dagegen nicht diskutiert. 1792/93 jedoch gründeten „Sansculottinnen" radikale politische Frauenclubs, die entschlossen und aggressiv die Revolution gegen ihre Feinde verteidigen wollten. Geschlechtsspezifische Forderungen waren aber auch für sie gegenüber dem Erfolg der Revolution nachrangig. Dennoch fanden diese Clubs bei den männlichen Revolutionären wenig Zustimmung und am 30. Oktober 1793 wurde der bedeutendste Frauenclub, die „Société des Citoyennes Républicaines Révolutionnaires", verboten.

So heterogen die Aktionsformen von Frauen auch waren, so waren sie doch Ausdruck weiblicher Partizipationsbemühungen. Sie nahmen am politischen Leben teil und verwirklichten damit Frauenrechte, die sie explizit nie gefordert hatten.
Eine Ausnahme war Olympe de Gouges. Sie wurde 1748 geboren und wuchs in ärmlichen Verhältnissen auf. Mit 17 Jahren wurde sie gegen ihren Willen verheiratet, bekam einen Sohn, wurde kurz darauf Witwe, zog nach Paris und wurde Schriftstellerin. In einem Theaterstück prangerte sie die Sklaverei in den Kolonien an. Der Bürgermeister ließ jedoch eine Aufführung nicht zu, da er fürchtete, sie könne Aufstände in den Kolonien auslösen. 1789 besuchte de Gouges regelmäßig die Sitzungen der Nationalversammlung und versuchte, mit Streitschriften und Briefen immer wieder Einfluss auf die Politik zu nehmen. Als scharfe Kritikerin Robespierres wurde sie 1793 hingerichtet. Ihre Erklärung der „Rechte der Frau und Bürgerin" fand 1791 zwar noch keine große Beachtung, wurde aber nachträglich zu einem „Klassiker" der Emanzipationsbewegung.

## Die Zementierung der Ungleichheit

Die Gleichberechtigung der Frau hat die Französische Revolution nicht verwirklicht. Schon in der Verfassung von 1791, die allerdings auch für Männer ein Zensuswahlrecht einführte, hatten die Frauen keinerlei Mitspracherecht. Auch in der Phase der Jakobinerdiktatur und des Direktoriums blieben sie von den Menschen- und Bürgerrechten weitgehend ausgeschlossen. Napoleons „Code Civil", das Gesetzbuch Frankreichs von 1804, gab den Frauen keinerlei Gleichberechtigung, sondern zementierte ihre Unterordnung unter den Mann in der Ehe und im bürgerlichen Leben.

# 3.5 Die Revolution als Vorbild? – Reaktionen in Deutschland

### 1 Ein Deutscher im revolutionären Paris – „Vertreter des Menschengeschlechts" oder ein Stück aus dem „Tollhaus"?

*Zwei Lexikonartikel informieren über das ungewöhnliche Leben eines deutschen Adligen, der sich „Anacharsis" nannte:*

*a) Brockhaus-Lexikon 1809*

*Anacharsis Cloots* war aus Kleve gebürtig und wurde von dem Departement de l'Oise zum Nationalkonvent als Deputierter geschickt. Ehemals hatte er den Gelehrten gespielt. (Diderots Umgang soll ihn zum Atheisten gemacht haben); aber durch die unsinnigen Motionen, die er gewöhnlich vorbrachte, gab er deutlich genug zu erkennen, dass er eigentlich in ein Tollhaus gehörte. Er hätte gern die ganze Welt in eine gemeinschaftliche Republik verwandelt, um darin als wahrer *Redner des Menschengeschlechts* (orateur du genre humain, wie er sich zu nennen pflegte) figurieren zu können. Es war am 19. Juni 1790, als verkleidete Türken und Araber mit Holländern, Engländern, Deutschen und Italienern, als Repräsentanten des Menschengeschlechts, durch Cloots, der das Wort führte, den Reformatoren Frankreichs Glück wünschten; eine Posse, auf welche ein wichtiger Auftritt, die Vernichtung des Adels u.s.f. folgte. Durch Cloots wurde der Bischof *Gobel* von Paris gezwungen, freiwillig der geistlichen Würde zu entsagen, welchem Beispiele die konstitutionellen Priester in allen Teilen des Reichs folgten. Die Faktion des Robespierre, welche bei der eben erwähnten Unternehmung nicht gefragt worden war, machte auf einmal alle seine Entwürfe scheitern; verdammte ihn mit der Partei des berüchtigten *Hebert* als einen Ultrarevolutionär, und zwang ihn (24. März 1794), mit ihr das Blutgerüste zu besteigen, nachdem er acht Tage vorher von den Jakobinern zu ihrem Präsidenten ernannt worden war.

*Brockhaus Conversations-Lexikon Bd. 1. Amsterdam 1809, S. 276 f.*

*b) Anacharsis Cloots in Wikipedia 2009*

*Johann Baptist Hermann Maria Baron de Cloots* (frz. Jean Baptiste Baron de Cloots du Val-de-Grâce), genannt Anacharsis Cloots (*24. Juni 1755 Schloss Gnadenthal bei Kleve, † (hingerichtet) 23. März in 1794 Paris [...] war ein Sohn des holländisch-preußischen Adeligen Thomas Franziskus de Cloots [...]

Nach Ausbruch der Französischen Revolution 1789 kehrte er zurück nach Paris. Er legte seinen Adelstitel sowie seine christlichen Vornamen ab und nannte sich fortan Anacharsis nach dem Naturphilosophen des sechsten vorchristlichen Jahrhunderts, den ein Roman von Jean-Jacques Barthélemy popularisiert hatte. Er schrieb für Zeitungen wie *La Chronique de Paris*, *Le Patriote français*, *Les Annales patriotiques* oder *Les Révolutions de France* und redete auch öffentlich, wodurch er langsam einem breiteren Publikum bekannt wurde. Am 19. Juli 1790 betrat Cloots die Pariser Nationalversammlung in Begleitung von 36 Bürgern, die als „Deputation des Menschengeschlechts" (*ambassade du genre humain*) aus einem Theaterfundus eingekleidet waren und bezeugen sollten, dass die Welt der Erklärung der Menschen- und Bürgerrechte vom 26. August 1789 Gefolgschaft leisten werde. Sie waren von Cloots für je 12 Francs engagiert worden. Seit diesem Spektakel war Cloots eine der prominentesten politischen Figuren Paris'. Fortan nannte er sich „Redner des Menschengeschlechtes" (*orateur du genre humain*).

Cloots erhielt im August 1792 das französische Bürgerrecht und wurde schon im September als Abgeordneter des Départements Oise in den Nationalkonvent gewählt. [...] Den Höhepunkt seiner politischen Karriere stellte die von ihm am 10. November 1793 organisierte atheistische Zeremonie in der Kathedrale Notre Dame de Paris dar, die er in einen „Tempel der Vernunft und der Freiheit" umgestaltete.

Ende 1793 begannen die offenen Angriffe auf Cloots. Am 12. Dezember 1793 erreichte der Revolutionsführer Maximilien de Robespierre, der Cloots sogar der Spionage

**2 Anacharsis Cloots**
*zeitgenössischer Stich von Charles F. Levachez*

im Auftrag des preußischen Königs verdächtigte, dessen Ausschluss aus dem Jakobinerklub. [...] Am 24. März 1794 starb er unter der Guillotine.
Eine späte Ehrung erfuhr Anacharsis Cloots durch Joseph Beuys[1], der ihn als Freigeist und Kosmopoliten verehrte und sich phasenweise „JosephAnacharsis Clootsbeuys“ nannte.

*1 avantgardistischer Aktionskünstler, Zeichner u. Bildhauer (1921–1986)*

*Wikipedia: Anarchasis Cloots, 10. März 2010*

## 3 Ein deutscher Aufklärer als „Revolutionstourist“ – „Frühling des allgemeinen Völkerwohls“?

*Joachim Heinrich Campe, 1746–1818, wurde in Deutschland als Pädagoge, Aufklärer, Schriftsteller und Begründer des heutigen Verlags Hoffmann und Campe bekannt. 1789 reiste er nach Paris, wo er Augenzeuge der Revolution wurde und an Sitzungen der Nationalversammlung teilnahm.*

Paris den 26ten Aug. 1789. Je länger ich hier bin, je aufmerksamer ich die Knospen, die Blüte und die Früchte der jungen französischen Freiheit betrachte, [...] desto inniger und fester wird meine Überzeugung, dass diese französische Staatsumwälzung die größte und allgemeinste Wohltat ist, welche die Vorsehung, seit Luthers Glaubensverbesserung, der Menschheit zugewandt hat.
Hier ist ein Volk, so aufgeklärt, so edel und mild, als es je eins gegeben hat; ein König, so sanft, so lenksam und ehrgeizlos, als je einer gewesen ist, eine aus zwölfhundert Köpfen bestehende Versammlung von Stellvertretern der Nation, deren größere Hälfte wenigstens aus sehr helldenkenden, geistvollen, kraftbegabten und mutigen Patrioten besteht; und, was das beste ist, diese drei Hauptfiguren in dem großen interessanten Gemälde – Volk, König und Nationalversammlung – umschlingen sich in schönster Harmonie und gehen, Hand in Hand gelegt, dem erhabenen Ziele zu. [...]
Wir werden zum ersten Mal ein großes Reich sehen, worin das Eigentum eines jeden heilig, die Person eines jeden unverletzlich, die Gedanken zollfrei, das Glauben ungestempelt, die Äußerung desselben durch Worte, Schriften und Handlungen völlig frei und keinem menschlichen Richterspruch mehr unterworfen sein wird; ein Reich, worin keine privilegierten, keine gebornen Volksbedrücker, keine Aristokratie, als die der Talente und der Tugenden, keine Hierarchie und kein Despotismus mehr stattfinden, wo vielmehr alle gleich, alle zu allen Ämtern, wozu ihre Verdienste sie fähig machen, fähig sein und nur Kenntnisse, Geschicklichkeiten und Tugenden einen Vorzug geben werden, ein Reich, wo Recht und Gerechtigkeit für alle auf gleiche Weise und *ohne alles Ansehen der Person* werden verwaltet, und zwar unentgeltlich verwaltet werden, und wo jeder, auch der armseligste Landmann, nicht etwa nur dem Scheine nach, wie in anderen Ländern, sondern *wirklich* in der gesetzgebenden Versammlung repräsentiert werden, also jeder, auch der armseligste Landmann, Mitregent und Mitgesetzgeber seines Vaterlandes sein wird. [...]
Und nun die Folgen, die das alles für Europa, für die Welt haben wird! Ich möchte, indem ich sie überdenke, aufschreien vor Freuden und [...] dem herannahenden Frühlinge des allgemeinen Völkerwohls entgegentaumeln.

*J. H. Campe: Briefe aus Paris zur Zeit der Revolution geschrieben. Hildesheim 1977 (Reprint), S. 324 ff. Zit. nach: Geschichte lernen 60 S. 59.*

## 4 Ein Mainzer Jakobiner – Die Revolution als Vorbild?

*Georg Forster, 1754–1794, war Naturforscher und Reiseschriftsteller, nahm 1772 bis 1775 an einer Weltumseglung James Cooks teil und war Mitbegründer der Mainzer Republik.*

*a) Rede Georg Forsters im Mainzer Jakobinerclub am 15. November 1792*

Es ist wahr, man hat dem Deutschen von Jugend auf eine Abneigung gegen seinen französischen Nachbarn eingeflößt; es ist wahr, ihre Sitten, ihre Sprachen, ihre Temperamente sind verschieden; es ist wahr, als die grausamsten Ungeheuer noch in Frankreich herrschten, da rauchte unser Deutschland auf ihr Geheiß, da ließ ein Marquis de Louvois, dessen Namen die Geschichte aufbewahrt, damit die Völker ihm fluchen mögen, die Pfalz in Brand stecken, und Ludwig der vierzehnte, ein elender Despot, lieh seinen Namen zu diesem verhassten Befehl. Lasst Euch aber nicht irre führen, Mitbürger, durch die Begebenheiten der Vorzeit; erst vier Jahre alt ist die Freiheit der Franken, und seht, schon sind sie ein neues, umgeschaffenes Volk; sie, die Überwinder unserer Tyrannen, fallen als Brüder in unsere Arme, sie schützen uns, sie geben uns den rührendsten Beweis von Brudertreue, indem sie ihre so teuer erkaufte Freiheit mit uns teilen wollen – und dies ist das erste Jahr der Republik! [...] Bürger! Brüder! die Kraft, die *uns so* verwandeln konnte, kann auch Franken und Mainzer verschmelzen zu Einem Volk!
Unsere Sprachen sind verschieden; – müssen es darum auch unsere Begriffe sein? Sind Liberté und Egalité nicht mehr dieselben Kleinode der Menschheit, wenn wir sie „Freiheit“ und „Gleichheit“ nennen? Der Rhein, ein großer, schiffbarer Fluss, ist die natürliche Grenze eines großen Freistaats, der keine Eroberung zu machen verlangt, sondern nur die Nationen, die sich ihm freiwillig anschließen, aufnimmt und von seinen Feinden für den so mutwillig von ihnen veranlassten Krieg eine billige Ent-

schädigung zu fordern berechtigt ist. Der Rhein wird, der Billigkeit gemäß, die Grenze Frankreichs bleiben [...].

*b) Brief Georg Forsters aus Paris an seine Frau, 16. April 1793*

Ich die Geschichte dieser gräuelvollen Zeit schreiben? Ich kann es nicht. Oh, seitdem ich weiß, dass keine Tugend in der Revolution ist, ekelt mich's an. Ich konnte, fern von aller idealischen Träumerei, mit unvollkommenen Menschen zum Ziel gehen, unterwegs fallen und wieder aufstehen und wieder gehen. Aber mit Teufeln, und herzlosen Teufeln, wie sie hier alle sind, ist es mir eine Sünde an der Menschheit, an der heiligen Mutter Erde und an dem Lichte der Sonne. Die schmutzigen unterirdischen Kanäle nachzugraben, in denen diese Molche wühlen. lohnt keines Geschichtschreibers Mühe. Immer nur Eigennutz und Leidenschaft zu finden. Wo man Größe erwartet und verlangt, immer nur Worte für Gefühl, immer nur Prahlerei und Schimmer für wahres Sein und Wirken – wer kann das aushalten!

Freiheit und Gleichheit? Mein ganzes Leben ist mir selbst der Beweis, das Bewusstsein meines ganzen Lebens sagt mir, dass diese Grundsätze mit mir, mit meiner Erfindungsart innig verwebt sind und es von jeher waren. Ich kann und werde sie nie verleugnen. [...] diese Achtung für die Rechte des andern, welche dem Philosophen so natürlich ist, findet in der wirklichen Welt noch nicht statt; sie ist noch nicht reif dazu – und die Herrschaft, oder besser, die Tyrannei der Vernunft, vielleicht die eisernste von allen, steht der Welt noch bevor. Wenn die Menschen erst die ganze Wirksamkeit dieses Instruments kennenlernen, welch eine Hölle um sich her werden sie damit schaffen! Je edler das Ding und je allmächtiger, desto fürchterlicher, und teuflischer ist der Missbrauch. [...]

Es ist nicht Bitterkeit, was mich so sprechen lässt, es ist Resultat der Beobachtung. Wo ich hier noch Tugend und Sinn fand, war es bei Leuten, die still ihren Gang gehen, fern vom Geräusch der öffentlichen Geschäfte.

*Wolfgang Lautemann/Manfred Schlenke (Hrsg.): Geschichte in Quellen. Amerikanische und Französische Revolution. München 1981, S. 473, S. 480.*

## 5 Gedenken an die Erstürmung der Bastille – revolutionäre Begeisterung in Hamburg?

*Intellektuelle Bürger in vielen Teilen Deutschlands verfolgten die Ereignisse in Frankreich mit wechselnden Gefühlen.*

*a) Brief der Frau Reimarus an ihren Bruder Hennings über ein Hamburger Fest zum ersten Jahrestag des Sturms auf die Bastille, 14. Juli 1790:*

Die jungen Mädchen, alle weiß gekleidet, hatten große Schleifen in den Nationalfarben am Hut und über die Schulter schräge Schärpen von dunkelblau, ponceau (rot) und weiß gestreiftem Bande – die jungen Frauen trugen sie um die Taille. Zum Frühstück versammelte sich alles in Harvestehude [...] und um 12 Uhr 30 Min. nach der Pariser Uhr um Mittag, wurde dreimal geschossen. Die jungen Damen stellten sich im Halbkreise, und das Lied, welches ich Dir mitschicke, wurde gesungen. Erst sangen wenige im Chor mit, bald aber alle, und es war fast kein Auge ohne Tränen. Es war, als ob eine Saite berührt wäre, in deren Ton alle einstimmten. Nachdem gab es eine Stille, als wenn jeder den Wert des Gutseins bei sich überdacht hätte, und war auch jeder für den Tag zur Freude gestimmt.

Die Musik dauerte fort, die jungen Leute fingen an zu tanzen, wir älteren gingen spazieren, setzten uns an einer schönen Stelle und baten Klopstock, von dem wir gehört hatten, dass er der Freiheit zwei Oden gedichtet, er möge sie uns vorlesen. Er sagte sie uns vor. [...] Bei dem Gesundheittrinken der Freiheit und ihrer Helden wurde immer geschossen. Am Ende der Mahlzeit verlangten alle das Lied wieder. Die jungen Sängerinnen standen auf, und der ganze Tisch sang mit. Ein Amerikaner, der mit uns war, wurde recht laut, schüttelte jedem, der ihm nahe kam, die Hand: Morgen schreibe ich das nach Amerika; solch ein Tag lohnt für manche Angst und Mühe, die man gehabt! Ehe wir vom Tisch aufstanden, gingen die jungen Frauen mit verdeckten Tellern herum und sammelten für die Armen und erhielten über 200 M.

*b) Tochter Reimarus, 14. Juli 1798:*

Heute ist der 14. Juli. Ob Ihr diesen Tag wohl noch in Hamburg feiert? Wie froh, wie selig haben wir ihn [...] miteinander gefeiert! Schon damals sangen wir: „Zwar auch Blut und Tränen flossen [...]" Ach wie wenig Blut war damals geflossen! Erst nachher kam die Schreckensepoche, die Zeit der Tränen und Seufzer! Wenn ich mich an alles das erinnere, was nachher kam, kann ich nur mit Mühe wieder den Weg zu jenen ersten schönen Tagen zurückfinden. Ich denke an die schöne, folgende Strophe unseres Liedes:

„Hebt den Blick! der ganzen Erde
Galt der Kampf und floss das Blut
Dass sie frei und glücklich werde
Aufgeklärt und weis und gut!"

Diese Zeilen können, müssen noch wahr werden, in ihnen allein liegt Trost und Hoffnung. Gute Menschen müssen eine große Sache, für die sie und andere so viel gelitten haben, nie verlassen, selbst die Leiden müssen sie fester daran ketten. Die Macht des Bösen wird dann vorübergehend sein und – die Tränen sind die Saaten hoher Freuden, großer Taten!

*H. Sieveking: Georg Heinrich Sieveking – Lebensbild eines Kaufmanns aus dem Zeitalter der Französischen Revolution. Berlin 1913, S. 48 ff. Zit. nach: Praxis Geschichte 1/1989 S. 36 f.*

**6 Reaktionen auf die Französische Revolution in Deutschland**

*(1) 1801 linksrheinische Gebiete von Frankreich besetzt, (2) 1806–1813 Rheinbund, (3) 1807–1813 Königreich Westfalen, (4) 1792/93 Mainzer Republik, (5) 1794 „Jakobinerverschwörung" in Österreich-Ungarn, (6) 1790er Jahre Hamburg: Sympathisanten der Französischen Revolution, gespalten in Anhänger der gemäßigten „Girondisten" und der radikalen „Bergpartei", (7) 1797 Ausrufung einer cisrhenanischen Republik in Koblenz, Köln und Bonn, (8) 1799 Basel: Flugschrift zur Schaffung einer gesamtdeutschen Republik, (9) innerstädtische Unruhen in Rothenburg, Augsburg, Ulm, Nürnberg, (10) 1790 Bauernaufstand in Kursachsen, vor allem Dresden, (11) 1790er Jahre Bauernaufstände in Schlesien und der Oberlausitz, (12) 1793 Gründung des – gemäßigten – Aachener „Klubs der Freiheit, Gleichheit und Bruderliebe", (13) 1791 Bildung eines demokratischen Clubs in Köln, in dem französische Zeitschriften gelesen wurden, (14) 1795 neue revolutionäre Zeitschrift „Brutus" in Köln*

**Arbeitsvorschläge**

○○● a) Stellen Sie die Fakten über Anacharsis Cloots aus beiden Artikeln zusammen (M 1).

○●● b) Vergleichen Sie die Aussagen beider Artikel und erklären Sie die Unterschiede.

●●● c) Diskutieren Sie die Ideen und das Auftreten des Anarchasis Cloots (M 1).

○○● d) Identifizieren Sie die Textstellen, in denen Campe Wertungen vornimmt (M 3).

○●● e) Ordnen Sie die Quelle M 3 anhand Ihrer Kenntnisse historisch ein und erläutern Sie, welche Erwartungen des Autors erfüllt haben oder enttäuscht wurden, und diskutieren Sie seine Grundhaltung.

●●● f) Fassen Sie die Hauptaussagen und Argumente beider Texte von M 4 zusammen, vergleichen Sie die Wertungen des Autors, erklären Sie die Unterschiede und beurteilen Sie die Positionen des Autors.

○●● g) Geben Sie die in den beiden Briefen (M 5) ausgedrückte Haltung zur Revolution wieder und erklären Sie die Veränderungen der Stimmung.

●●● h) Diskutieren Sie die Chancen einer Revolution in Deutschland.

# Grundwissen: Die Revolution als Vorbild? – Reaktionen in Deutschland

## Reform statt Revolution

→ 1 S. 216
→ 3 S. 217
→ 5 S. 218

**Georg Forster**

Anders als in Frankreich kam es in Deutschland nicht zu einer Revolution. Deutschland war kein einheitlicher Staat; vielmehr bildeten etwa 300 Einzelstaaten, von denen Preußen und Österreich die größten waren, das „Heilige Römische Reich Deutscher Nation". Das Bürgertum hatte sich ökonomisch und politisch noch nicht formiert und ein großer Teil des Bildungsbürgertums stand im Dienst der vielen Fürstenhöfe. Zudem hatte der in Preußen und Österreich praktizierte „Aufgeklärte Absolutismus" Friedrichs des Großen und Josephs II. dazu geführt, dass der Herrscher weitgehend nicht als Gegner, sondern als „erster Diener" seines Volkes galt, von dem man Reformen im Interesse aller durchaus erwarten konnte. Die deutsche Aufklärung beschäftigte sich mehr mit religiösen und kulturellen als mit politischen Themen und vertrat mehrheitlich eher gemäßigte Forderungen.

Viele Intellektuelle reagierten begeistert auf die Französische Revolution. Manche reisten nach Paris, um die revolutionären Ereignisse mit eigenen Augen zu sehen oder sogar an ihnen mitzuwirken, andere gründeten nach französischem Vorbild „Jakobinerclubs" oder revolutionäre Zeitschriften. Auf die Hinrichtung des Königs, die Jakobinerdiktatur und die Schreckensherrschaft reagierten die meisten deutschen Revolutionsfreunde aber enttäuscht oder sogar entsetzt. In manchen Gegenden spalteten sich die Aufklärer in eine gemäßigte und eine radikale Richtung, die von den staatlichen Behörden gleichermaßen verfolgt und bekämpft wurden.

## Die Mainzer Republik

→ 4 S. 217

Die Mainzer Republik von 1792/93 ist der bekannteste Versuch, die Revolution nach Deutschland zu tragen: Sie entstand unter dem Schutz der französischen Revolutionsarmee, die 1792 linksrheinische Gebiete Deutschlands erobert hatte. Ein von Vertretern der Bildungselite geleiteter Jakobinerclub arbeitete mit der französischen Armeeführung zusammen und führte – zum ersten Mal in Deutschland – ein nach allgemeinem, freiem und gleichem Wahlrecht gewähltes Länderparlament ein; allerdings waren auch hier die Frauen vom Stimmrecht ausgeschlossen und die Wahlbeteiligung der Männer betrug nicht einmal 10 %. 1793 beschloss dieser Konvent den Anschluss an Frankreich, doch noch im selben Jahr endete das Mainzer Experiment mit dem Einmarsch preußischer Truppen und der Rückkehr des geflohenen Kurfürsten.

In Deutschland hatte die radikale, jakobinisch inspirierte Variante der Revolution wenig Chancen. Napoleons Politik und der Widerstand gegen die französische Besetzung führten letztlich zu einer Kombination von Reformpolitik von oben und nationaler Begeisterung im Volk.

**Joachim Heinrich Campe (1746–1818)**
*Stahlstich 1797*

Schon 1792 hatte Frankreich zunächst Österreich den Krieg erklärt und dann bis 1801 alle Länder links des Rheins besetzt. Die „Koalitionskriege" des revolutionären, dann des napoleonischen Frankreich gegen verschiedene Bündnisse europäischer Mächte waren bis 1812 ganz überwiegend erfolgreich. Napoleon beendete die starke Zersplitterung Deutschlands, löste 112 Kleinstaaten und Reichsstädte auf und schlug sie größeren Fürstentümern zu. 16 süd- und westdeutsche Fürsten akzeptierten Napoleons Vorherrschaft, schlossen sich 1806 zum Rheinbund unter Napoleons Protektorat zusammen und verpflichteten sich ihm zur Heeresfolge. Kaiser Franz in Wien legte den Titel „Deutscher Kaiser" ab und beendete so ebenfalls 1806 das „Heilige Römische Reich Deutscher Nation".

**Napoleonischer Musterstaat Westfalen**

Im Rahmen seiner territorialen Neuordnung schuf Napoleon neue Staaten, u. a. 1807 das Königreich Westfalen mit der Hauptstadt Kassel. Unter der Regentschaft seines Bruders Jérôme sollte es ein Musterstaat nach französischem Vorbild werden. Es erhielt eine schriftliche Verfassung und als bürgerliches Gesetzbuch den auch Code Napoléon genannten Code Civil. Da es dem Rheinbund beitrat, musste es Frankreich ein Kontingent an Soldaten stellen. Nachdem Napoleons Russlandfeldzug 1812 in einer Katastrophe endete und russische, preußische, britische und österreichische Heere Napoleons Truppen in der „Völkerschlacht" von Leipzig 1813 besiegt hatten, lösten sich der Rheinbund und das Königreich Westfalen auf.

**Preußische Reformen**

Noch unter der napoleonischen Besatzung wurden in Preußen wichtige Reformen durchgeführt, die das Land modernisieren sollten: Die Erbuntertänigkeit der Bauern wurde aufgehoben („Bauernbefreiung"), eine neue Städteordnung gab den Städten mehr Selbstbestimmung, die Juden wurden rechtlich gleichgestellt („Judenemanzipation"), eine Bildungsreform regelte die Schulpflicht und den Gymnasialunterricht, und eine Heeresreform sah eine allgemeine Wehrpflicht vor und verbot die bisher übliche und bei den Soldaten gefürchtete Prügelstrafe. Diese Reformen wurden „von oben", von der Regierung erlassen und stellten die Monarchie nicht in Frage.

**Befreiungskriege und Nationalismus**

Die Niederlage der napoleonischen Armee gegen Russland stärkte in allen besetzten Staaten den Widerstand; im Rahmen dieser „Befreiungskriege" bildete sich in den europäischen Staaten, besonders in Preußen, ein nationales Bewusstsein. Der letztlich erfolgreiche Kampf „für das Vaterland", gegen die Fremdherrschaft ging mit nationaler Begeisterung für die Wiederherstellung des zerbrochenen Deutschen Reiches einher, und der Nationalismus wurde zu einer bestimmenden Kategorie im Denken des 19. Jahrhunderts.

**Europa unter französischer Vorherrschaft 1811**

# 3.6 Die Vereinten Nationen und die Menschenrechte zu Beginn des 21. Jahrhunderts

## Gründung der Vereinten Nationen (UNO)

**1 Flagge der Vereinten Nationen**
*Am 26. Juni 1945 gründeten 50 Staaten mit der Unterzeichnung der Charta der Vereinten Nationen – nach Scheitern des nach dem Ersten Weltkrieg gegründeten Völkerbundes – eine neue Internationale Organisation zur Sicherung des Weltfriedens und Einhaltung des Völkerrechts. 2010 gehörten der UN 192 Staaten an.*

**2 Allgemeine Erklärung der Menschenrechte, verabschiedet von der Generalversammlung der Vereinten Nationen am 10. Dezember 1948**

*Artikel 1:* Alle Menschen sind frei und gleich an Würde und Rechten geboren. Sie sind mit Vernunft und Gewissen begabt und sollen einander im Geiste der Brüderlichkeit begegnen. [...]

*Artikel 3:* Jeder hat das Recht auf Leben, Freiheit und Sicherheit der Person.

*Artikel 4:* Niemand darf in Sklaverei oder Leibeigenschaft gehalten werden; Sklaverei und Sklavenhandel sind in allen ihren Formen verboten.

*Artikel 5:* Niemand darf der Folter oder grausamer, unmenschlicher oder erniedrigender Behandlung oder Strafe unterworfen werden. [...]

*Artikel 7:* Alle Menschen sind vor dem Gesetz gleich und haben ohne Unterschied Anspruch auf gleichen Schutz durch das Gesetz. [...]

*Artikel 16:* (1) Heiratsfähige Männer und Frauen haben ohne jede Beschränkung auf Grund der Rasse, der Staatsangehörigkeit oder der Religion das Recht, zu heiraten und eine Familie zu gründen. Sie haben bei der Eheschließung, während der Ehe und bei deren Auflösung gleiche Rechte. (2) Eine Ehe darf nur bei freier und uneingeschränkter Willenseinigung der künftigen Ehegatten geschlossen werden. (3) Die Familie ist die natürliche Grundeinheit der Gesellschaft und hat Anspruch auf Schutz durch Gesellschaft und Staat.

*Artikel 17:* [...] (2) Niemand darf willkürlich seines Eigentums beraubt werden.

*Artikel 18:* Jeder hat das Recht auf Gedanken-, Gewissens- und Religionsfreiheit; [...]

*Artikel 19:* Jeder hat das Recht auf Meinungsfreiheit und freie Meinungsäußerung; [...]

*Artikel 20:* (1) Alle Menschen haben das Recht, sich friedlich zu versammeln und zu Vereinigungen zusammenzuschließen. (2) Niemand darf gezwungen werden, einer Vereinigung anzugehören.

*Artikel 21* [...] (2) Jeder hat das Recht auf gleichen Zugang zu öffentlichen Ämtern in seinem Lande.
(3) Der Wille des Volkes bildet die Grundlage für die Autorität der öffentlichen Gewalt; dieser Wille muss durch regelmäßige, unverfälschte, allgemeine und gleiche Wahlen mit geheimer Stimmabgabe oder einem gleichwertigen freien Wahlverfahren zum Ausdruck kommen.

*Artikel 22:* Jeder hat als Mitglied der Gesellschaft das Recht auf soziale Sicherheit und Anspruch darauf, durch innerstaatliche Maßnahmen und internationale Zusammenarbeit [...] in den Genuss der wirtschaftlichen, sozialen und kulturellen Rechte zu gelangen, die für seine Würde und die freie Entwicklung seiner Persönlichkeit unentbehrlich sind.

*Artikel 23:* (1) Jeder hat das Recht auf Arbeit, auf freie Berufswahl, auf gerechte und befriedigende Arbeitsbedingungen sowie auf Schutz vor Arbeitslosigkeit.
(2) Jeder, ohne Unterschied, hat das Recht auf gleichen Lohn für gleiche Arbeit. [...]

*Artikel 24:* Jeder hat das Recht auf Erholung und Freizeit und insbesondere auf eine vernünftige Begrenzung der Arbeitszeit und regelmäßigen bezahlten Urlaub.

*Artikel 25:* (1) Jeder hat das Recht auf einen Lebensstandard, der seine und seiner Familie Gesundheit und Wohl gewährleistet, einschließlich Nahrung, Kleidung, Wohnung, ärztliche Versorgung und notwendige soziale Leistungen, [...]

*Artikel 26:* (1) Jeder hat das Recht auf Bildung. Die Bildung ist unentgeltlich, zum mindesten der Grundschulunterricht und die grundlegende Bildung. [...] (2) Die Bildung muss auf die volle Entfaltung der menschlichen Persönlichkeit und auf die Stärkung der Achtung vor den Menschenrechten und Grundfreiheiten gerichtet sein. [...]

*Zit. nach: Reinhard Pohanka: Dokumente der Freiheit. Wiesbaden 2009, S. 172–180 (gekürzt durch die Verfasserin).*

### 3 Überblick über die wichtigsten UN-Konventionen zum Schutz der Menschenrechte

- 1948 die Konvention über die Verhütung und Bestrafung des Volkermordes,
- 1951 die Genfer Flüchtlingskonvention (Abkommen über die Rechtsstellung der Flüchtlinge),
- 1953 über die politischen Rechte von Frauen,
- 1965 das Internationale Übereinkommen zur Beseitigung jeder Form von Rassendiskriminierung,
- 1979 das Übereinkommen zur Beseitigung jeder Form von Diskriminierung der Frau,
- 1984 die UN-Antifolterkonvention (Übereinkommen gegen Folter und andere grausame, unmenschliche oder erniedrigende Behandlung oder Strafe),
- 1989 die Konvention über die Rechte des Kindes,
- sowie 1990 die Konvention zum Schutz der Rechte aller Wanderarbeiter und ihrer Familienangehörigen, die am 1. Juli 2003 in Kraft trat.

*Axel Herrmann: Informationen zur politischen Bildung 297: Menschenrechte. Bonn 2007, S. 16.*

## Menschenrechtsdiskussion in der islamischen Welt

### 4 Der Rechtsphilosoph Ottfried Höffe schreibt zur Aufnahme der Menschenrechte in nicht westlichen Kulturen

Einige Kritiker nennen die Menschenrechte abschätzig die Zivilreligion der Moderne. Andere fürchten von ihr einen Rechtskulturimperialismus. Tatsächlich gehören sie zu jener Rechtsmoral, zu deren Ansätze sich in vielen Kulturen finden. Ein unverzichtbarer Teil der Freiheitsrechte wird sogar beinahe von allen Rechtskulturen anerkannt. Deren Strafrecht hält Verstöße gegen das Recht auf Leib und Leben, auf Eigentum und auf einen guten Namen („Ehre") für strafwürdige Delikte. Allerdings gibt es die Schwierigkeit, dass man die Menschenrechte allen Kulturen zumutet. Der Diskurs[1] über sie wird aber noch immer vornehmlich innerhalb einer Kultur, der des Westens, geführt. Infolgedessen droht der befürchtete Rechtskulturimperialismus – und anstatt den Kern einer universalen Rechtsmoral auszumachen, sinken die Menschenrechte zu einem „Exportartikel westlicher Kultur" herab.

*1 Diskussion über ein Thema*

*Otfried Höffe: Menschenrechte im interkulturellen Diskurs, Dossier Menschenrechte. Zit. nach: http://www.bpb.de/themen/6UBP3W,0,0,Menschenrechte_im_interkulturellen_Diskurs.html (12.10.2009)*

### 5 Der Islamwissenschaftler Ralph Ghadban in einem Interview zum Thema Menschenrechte im Islam in der Zeitung „Das Parlament"

*Das Parlament:* Hat der Islam, wie er von vielen Muslimen gelebt wird, Schwierigkeiten mit unseren Freiheitsrechten?

*Ralph Ghadban:* Die überwiegende Mehrheit der Muslime hat eher Schwierigkeiten mit der verfehlten Integrationspolitik als mit dem demokratischen System. […] An sich schreibt der Islam aber kein politisches System vor. […]

*Das Parlament:* Wo verläuft die Konfliktlinie?

*Ralph Ghadban:* Wir haben Verfassungen, deren Grundrechte sich aus den Menschenrechten ableiten. Die Würde des Menschen oder der Grundsatz Freiheit, Gleichheit, Solidarität sind darin fest verankert […]. Im Islam gilt das Gottesrecht, dessen Vollstrecker der Mensch ist. Als Sachverwalter Gottes auf Erden hat der Mensch keine Rechte, sondern Pflichten.

*Das Parlament:* Welches Menschenbild hat der Islam?

*Ralph Ghadban:* In säkularen Gesellschaften hat der Mensch durch seine bloße Existenz eine Würde, aus der sich Grundrechte wie Freiheit und Gleichheit herleiten lassen. Im Christentum ist die Würde des Menschen in seiner Natur als Ebenbild Gottes begründet […]. Im Koran ist der Glaube der entscheidende Aspekt in der Natur des Menschen, nicht aber die Würde. Die Würdigsten für Gott sind die Frömmsten, die gläubigen Muslime. Der Koran verlangt die bedingungslose Unterwerfung unter die Allmacht Gottes und die Umsetzung seines Gesetzes, der Scharia.

*Das Parlament:* Nun wird der Koran heute nicht mehr buchstabengetreu gelebt […]

*Ralph Ghadban:* Das wurde er nie! Der Islam hat sich verschiedenen Kulturen angepasst […]. Die Masse der Muslime hat die modernen Werte der Menschenrechte weitgehend verinnerlicht, der offizielle orthodoxe Islam hat diese Entwicklung allerdings nicht begleitet. Und der politische Islam bekämpft die Modernisierung. […]

*Das Parlament:* Wie interpretieren Sie islamische Erklärungen zu den Menschenrechten?

*Ralph Ghadban:* Solche Erklärungen sind mit dem Kern, aber nicht dem Gesamtbestand der Menschenrechte einverstanden. Das Recht auf Leben […] ist nicht absolut, sondern kann verwirkt werden. Die Scharia setzt die Grenzen und verhindert die bedingungslose Annahme der Menschenrechte. 1980 wurde von der „Islamischen Weltliga"[1] eine „Islamische Welterklärung" über die Menschenrechte verabschiedet, die aber jede politische Ordnung, die den Koran nicht als Verfassung akzeptiert, ausschließt. Auch die „Kairoer Erklärung" von 1990 ist nicht anders. Sie legt fest, dass alle Rechte und Freiheiten der Scharia unterliegen. Die Charta des „Zentralrates der

Muslime“[2] folgt dieser Vorgabe. Nur die liberalen Reformer brechen aus diesem Zirkel aus, versuchen eine Reformierung des Islams, die eine Abschaffung der Scharia zum Ziel hätte und Staat und Religion trennen würde.

*Das Parlament:* Wie schafft man es, dass der Islam sich reformiert?

*Ralph Ghadban:* Man braucht eine neue Ethik. Die Grundlagen des islamischen Glaubens müssen nicht geändert werden, auch nicht sein Menschenbild. Allein die Verpflichtungen des Menschen sollten sich nicht mehr nach der Scharia, sondern nach ethischen Werten richten. Das aber bedeutet die Umwandlung des Gottesrechtes in ein ethisches System. […] Eine ständig neue Koran-Auslegung wäre erforderlich. […]

*1 1962 gegründete große islamische Nichtregierungsorganisation*
*2 einer der wichtigsten Dachverbände islamischer Dachverbände in Deutschland*

*„Den Islam neu denken“, Interview von Regina Mönch mit dem Islamwissenschaftler Ralph Ghadban. In: Das Parlament Nr. 32/33 vom 6. August 2007. Zit. nach: Informationen zur politischen Bildung 297: Menschenrechte. Bonn 2007, S. 6.*

## 6 Universeller Anspruch

***Die Politikwissenschaftlerin Anne Duncker schreibt zum Thema Menschenrechte und Islam:***

Die Menschenrechte, wie sie die Allgemeine Erklärung der Menschenrechte (AEMR) der Vereinten Nationen von 1948 festschreibt, erheben den Anspruch, überall auf der Welt, zu jeder Zeit und für alle Menschen gleichermaßen gültig zu sein. In den Jahren nach der Herausgabe der Erklärung mehrten sich jedoch kritische Stimmen, die in der Deklaration ein spezifisch westliches Ideal von Menschenrechten verwirklicht sahen. Neben Kritikern aus asiatischen und afrikanischen Staaten waren es vor allem muslimische Vertreter, die die Allgemeingültigkeit des Dokuments in Frage stellten. Mit der „Allgemeinen Erklärung der Menschenrechte im Islam“, herausgegeben 1981 vom Islamrat für Europa, und der „Kairoer Erklärung der Menschenrechte im Islam“, 1990 veröffentlicht von der Organisation der Islamischen Konferenz, wurden zwei islamische Gegenentwürfe zur UN-Deklaration vorgelegt. Die islamischen Erklärungen stellen die *Scharia*, das islamische Recht, als Grundlage und Auslegungshorizont über alle anderen Rechte. In beide Erklärungen wird Kollektivrechten ein wesentlich höherer Stellenwert eingeräumt als in der Erklärung der Vereinten Nationen. […] Problematisch ist, dass zahlreiche Vorschriften der Scharia im Gegensatz zur Allgemeinen Erklärung der Menschenrechte stehen. Dies gilt zum einen für den Geltungsbereich der Rechte: Wie bereits erwähnt, gehen konservative Interpreten davon aus, dass die Scharia über allen anderen Rechten steht und diese beschränken kann. Das Wesensmerkmal der Unteilbarkeit der Menschenrechte wird somit verworfen. Auch der Anspruch der Egalität, das heißt, dass alle Menschen ohne Unterschied die gleichen Rechtsansprüche haben, wird durch die Scharia in Frage gestellt. Konkret zeigen sich die Unterschiede vor allem in den Bereichen der Religions- und Meinungsfreiheit, der Gleichberechtigung der Religionen sowie der Gleichstellung von Frauen und Männern. […] Muslimen und Nicht-Muslimen kommt laut Scharia eine unterschiedliche Rechtsstellung zu. In den meisten islamischen Staaten, das heißt in Staaten, deren Gesetzgebung auf der Scharia basiert, können Nicht-Muslime keine hohen Ämter in Politik oder Verwaltung einnehmen. […] Da im Islam die Religionszugehörigkeit des Mannes an die Kinder übergeht, dürfen muslimische Frauen keine Nicht-Muslime heiraten, muslimische Männer hingegen dürfen auch jüdische oder christliche Frauen ehelichen. Auch die Beschränkung der Meinungsfreiheit betrifft Nicht-Muslime stärker: Insbesondere die Verbreitung von Ansichten, die möglicherweise die *umma*[1] schwächen könnten, sind verboten. Ein Missionsverbot lässt sich daraus ebenso ableiten wie ein Verbot kritischer Äußerungen über den Islam. […] Ebenfalls sind Männer und Frauen im islamischen Recht nicht gleichgestellt. Dem Mann wird „Vollmacht und Verantwortung“ (Sure 4,34) seiner Frau gegenüber zugeschrieben. Sie muss ihm gehorchen und jederzeit – auch sexuell – zur Verfügung stehen (Sure 2,223). Gehorcht eine Frau ihrem Mann nicht, soll er sie bestrafen. Dem Mann werden auch größere Pflichten auferlegt. Ihm kommt es zu, die Familie zu ernähren. Deshalb ist für Männer auch ein größerer Erbteil vorgesehen als für Frauen. […] Im Islam wird die Ehe als verpflichtend angesehen. Abweichende Lebensentwürfe sind nicht vorgesehen, Homosexualität wird geächtet. In Staaten mit überwiegender Scharia-Gesetzgebung wie Jemen, Iran, Saudi-Arabien oder Teile des Sudan und Nigerias steht auf homosexuelle Handlungen die Todesstrafe. Andere islamische Staaten wie Pakistan, Ägypten oder Marokko sehen Haftstrafen vor. In Ländern wie der Türkei oder Jordanien – die zwar islamisch geprägt sind, das staatliche Recht jedoch nicht auf der Scharia basiert – steht Homosexualität nicht unter Strafe. Sie wird dennoch von vielen Familien und weiten Teilen der Gesellschaft verfemt. Bekennenden Schwulen und Lesben droht nicht selten der Verlust des Arbeitsplatzes, der Bruch mit der Familie oder gar Verfolgung und körperliche Bedrohung.

*1 religiöse Gemeinschaft aller Muslime*

*Anne Duncker: Menschenrechte und Islam. Dossier Menschenrechte der Bundeszentrale für politische Bildung. Zit. nach: http://www.bpb.de/themen/53W2AC,0,0,Menschenrechte_und_Islam.html (20.10.2009)*

### 7 Frauenverfolgung durch die Taliban

*In Afghanistan errichteten die radikalislamischen Taliban Mitte der 1990er Jahre einen „Gottesstaat". Dieser war durch eine massive Missachtung der Menschenrechte geprägt.*

Die Errichtung eines Terrorregimes in Afghanistan durch die Taliban in einem bis dahin nie gekannten Ausmaß zeichnete sich insbesondere durch die weitere Verschärfung der von ihren Vorgängern eingeführten Einschränkungen für Frauen aus. Die Frauenverfolgung erreichte eine in der afghanischen Geschichte nie dagewesene Dimension und Brutalität. Sie wurde regelrecht zur Staatsdoktrin erhoben. Das Berufs- und Arbeitsverbot für Frauen, das Schulbesuchsverbot für Mädchen bedeuteten die vollständige Verbannung der Frauen aus dem öffentlichen Leben und den Ausschluss von jeglichem kulturellen Zugang. Dem gesamten afghanischen Volk beschnitt das Verbot u. a. von Musik, von Drachensteigen lassen, oder von Schachspielen, die Schließung der Badehäuser, die Einführung eines Bart- und Turbanzwanges für Männer, die Vernichtung von Kulturgütern die noch – wenn auch minimale – verbliebene Lebensfreude. Die Missachtung elementarster Menschenrechte, eine nie dagewesene Unterdrückung und Verfolgung ethnischer und religiöser Minderheiten, die Verhängung und Vollstreckung grausamster, mittelalterlich anmutender Strafen wie Handabhacken, Aufhängen, Steinigung etc. waren abschreckende Merkmale ihrer Herrschaft. Hinzu kam ihre völlige Unfähigkeit, die Grundversorgung der Bevölkerung mit Nahrungsmitteln und im Gesundheitsbereich zu gewährleisten.

*Matin Baraki: Islamismus und Großmachtpolitik in Afghanistan. In: Aus Politik und Zeitgeschichte B (8/2002). Zit. nach: ttp://www.bpb.de/publikationen/ZSMPG5,0,0,Islamismus_und_Gro%DFmachtpolitik_in_Afghanistan.html#art0 (Stand 20.04.2010)*

## Menschenrechtsdiskussion nach dem 11. September 2001

### 8 Der 11. September als Zäsur

*Der Politikwissenschaftler Peter J. Opitz schreibt zur gegenwärtigen Menschenrechtssituation:*

Die Ereignisse vom 11. September 2001 bilden in verschiedenster Hinsicht eine Zäsur. Ob dies auch für den Bereich der Menschenrechte und des internationalen Menschenrechtsschutzes gilt, wird kontrovers diskutiert. Unbestritten ist jedoch, dass die weltweit einsetzende Bekämpfung des internationalen Terrorismus in vielen Ländern zu Lasten der Menschenrechte ging. Und unbestritten ist leider auch, dass es dabei zu massiven Menschenrechtsverletzungen kam, nicht nur in Ländern, deren Menschenrechtsbilanz ohnehin seit Langem schlecht ist, sondern in zunehmendem Maße auch in westlichen Demokratien. Im Mittelpunkt der Anklagen nationaler und internationaler Menschenrechtsorganisationen steht dabei jenes Land, das Opfer der Terroranschläge vom 11. September 2001 war und das sich auch seitdem als Ziel und Zentrum terroristischer Bedrohungen sieht – die USA. Das Spektrum der gegen die Bush-Administration erhobenen Anklagen und Anschuldigungen ist breit. Es reicht von der Verletzung grundlegender Menschenrechte von Personen, die in Verdacht geraten sind, die nationale Sicherheit der USA zu bedrohen, über die Relativierung völkerrechtlicher Schutzrechte und die Missachtung der Genfer Konventionen, die rechtlose Internierung von Personen, die Verharmlosung von Folter durch Umdefinition und den Transfer von Verdächtigen in Länder, die als Folterstaaten bekannt sind bis hin zu gezielten Tötungen. Guantanamo und Abu-Ghraib wur-

### 9 Die Taliban beschneiden in ihrem Machtbereich die Frauenrechte scharf

*Mit Burkas ganzkörperverschleierte Frauen im zerstörten Kabul, Foto 2002* den zu Symbolen schwerster Menschenrechtsverletzungen [...] Hinzu kommt, dass Washington sich in seinem weltweiten Kampf gegen den Terror der Unterstützung zahlreicher autoritärer Regime in Asien und im mittleren Osten bedient und, um diese Zusammenarbeit nicht zu gefährden, gezwungen ist, über deren schwere Menschenrechtsverletzungen hinwegzusehen.

*Peter J. Opitz: Menschenrechte – Glanz und Elend einer Idee. In: Mir A. Ferdowsi: Weltprobleme. Bonn 2007, S. 117.*

## 10 Guantanamo

*Unter der Überschrift „Ein Schandfleck als Erbe" berichtete die Süddeutsche Zeitung im Dezember 2008 über das Gefangenenlager der USA für Terrorverdächtige in Guantanamo Bay auf Kuba.*

Seit sechs Jahren steht das Gefangenenlager „Camp X-Ray" auf Kuba als Sinnbild für den Krieg der Amerikaner gegen den Terror. Aber vor allem steht es für den moralischen Verfall der Führungsmacht der freien Welt. Seit sechs Jahren leben Terror-Verdächtige und Unschuldige in einem rechtlichen Vakuum, das das Hochsicherheitsgefängnis darstellt – außerhalb der Reichweite von Rechtsstaatlichkeit oder internationalem Völkerrecht, ohne Anspruch auf ihre Menschenrechte. Mehr als 250 Menschen werden noch heute ohne Anklage, ohne Rechtsbeistand oder faires Gerichtsverfahren auf Kuba festgehalten. Amnesty International widmet den Umständen in Guantanamo regelmäßig ein eigenes Dossier, die internationale Staatengemeinschaft macht ebenfalls keinen Hehl daraus: Mit dem Gefängnis für Terrorverdächtige auf Kuba sind die Vereinigten Staaten von Amerika in ihrem Kampf gegen den Terror viel zu weit gegangen, so der Tenor. Auch in Amerika prangern unzählige Menschenrechtsorganisationen die schiere Existenz des Gefängnisses an.

*Zit. nach: Gökalp Babayigit. In: http://www.sueddeutsche.de/politik/858/317732/text/ (17.12.2008)*

## 11 Innere Sicherheit und Menschenrechte

*Auch in der Bundesrepublik Deutschland sind die Menschenrechte aufgrund der Bedrohung durch den Terror in Frage gestellt. Der Rechtsphilosoph Kay Waechter äußert sich dazu in einem Interview der Zeitung „Das Parlament":*

*Das Parlament:* Was bedeutet der Kampf gegen den internationalen Terrorismus für den demokratischen Rechtsstaat und die Zivilgesellschaft in Deutschland?

*Kai Waechter:* Eine Zivilgesellschaft kann grundsätzlich – auch unter dem Eindruck von Anschlägen – eine Stärke gegenüber terroristischen Bedrohungen entwickeln. Diese Stärke kann den Staat entlasten, wenn sie darin besteht, Terroristen einerseits sozial auszugrenzen und andererseits auf erfolgreiche Anschläge gefasst zu reagieren. Demokratie und Rechtsstaat sind zur Abwehr des Terrorismus ebenso gut geeignet wie zum Kriegführen – was die Vergangenheit gezeigt hat. Der Staat darf sich aber nicht zu Überreaktionen hinreißen lassen.

*Das Parlament:* In welchem Verhältnis stehen innere Sicherheit und Menschenrechte?

*Kai Waechter:* Mehr innere Sicherheit begünstigt die Menschenrechte derjenigen Menschen, die dadurch vor Straftaten geschützt werden, und verkürzt die Menschenrechte der Personen, die Straftaten begehen. So weit, so einfach. Innere Sicherheit wird aber auch erzeugt, indem Maßnahmen gegenüber jedermann ergriffen werden, wie zum Beispiel bei der Videoüberwachung im öffentlichen Raum. Das führt zu Rechtseinbußen auch bei rechtstreuen Bürgern. Natürlich ist angesichts von Gefahren jeder zur Solidarität verpflichtet. Es muss für solche Solidarpflichten aber eine Grenze geben. Diese ist nach Meinung des Bundesverfassungsgerichts überschritten, wenn der Staat fordert, dass Unbeteiligte ihr Leben geben, um eine größere Zahl anderer Unbeteiligter zu retten – wie bei der Entscheidung zum Luftsicherheitsgesetz, das den möglichen Abschuss entführter Maschinen regeln sollte.

[...] Der Datenschutz wurde in den vergangenen Jahren reduziert, die Überwachung von Telefon und Internet ist stark ausgeweitet worden. Besonders in öffentlichen Räumen und auch beim Geldverkehr findet deutlich mehr Überwachung statt als früher. [...]

*Das Parlament:* Wie hat sich das Werteverständnis innerhalb der Politik verändert?

*Kai Waechter:* Die Bundesrepublik Deutschland hat sich lange Zeit als ein staatlicher „Gutmensch" und ein vorbildliches Land wahrgenommen. Die Grundwerte unserer Verfassung wurden nicht ernsthaften Fragen ausgesetzt. Leider erzwingt die terroristische Bedrohung jetzt eine solche Infragestellung. Beispiel: Luftsicherheitsgesetz. Sofort zeigt sich, dass in Wahrheit der Konsens über die Höchstwerte höchst brüchig ist, sobald es um konkrete Fragen geht. Vielleicht wäre das ein Wandel im Verfassungsverständnis: Eine größere Nüchternheit; weniger absolute Überzeugungen. Das klingt gut, aber Vorsicht: Die Staatsräson hat sich für ihre Grausamkeiten immer auf Nüchternheit berufen, die lange danach dazugekommenen Menschenrechte auf das Pathos von Würde, Freiheit und Gleichheit. [...]

*„Die Zivilgesellschafl ruft wieder nach der starken Hand", Interview von Tobias Asmuth mit dem Rechtsphilosophen Kay Waechter. In: Das Parlament Nr. 32/33 vom 6./13. August 2007*

**12 Weltweite Demonstrationen gegen Guantanamo**

*In orangefarbenen Häftlingsanzügen demonstrieren Menschen 2008 wie hier im australischen Sydney, aber ebenso in Lima (Peru), Jakarta (Indonesien), London und vielen anderen Städten.*

## 13 Obamas neuer Weg

***Die Wochenzeitschrift „Die Zeit" vermeldete am 8. April 2009 die geplante Schließung des Gefangenen-Lagers auf Guantanamo durch den neuen US-Präsidenten Barack Obama:***

Mit seinem Erlass räumt Obama konsequent mit weltweit kritisierten Methoden im Anti-Terror-Kampf auf. Nur zwei Tage nach seinem Amtsantritt löste er zudem eines seiner Hauptwahlversprechen ein. Das Verbot umstrittener Verhörmethoden umfasst auch das sogenannte Waterboarding, dem Simulieren von Ertränken. Daran soll sich künftig auch der Geheimdienst CIA konsequent halten müssen. In einem weiteren Schritt wies Obama zudem die Armee an, den Abzug aus dem Irak voranzutreiben. Auch mit geheimen CIA-Gefängnissen soll Schluss sein. Insgesamt will Obama Berichten zufolge alle Praktiken im Umgang mit Terrorverdächtigen und jeden Einzelfall prüfen lassen. Obama sagte bei der Unterzeichnung des Papiers, damit sollten die Grundwerte im Bereich der Menschenrechte gestärkt werden. Es gehe darum, „Kernstandards" zu entsprechen, „nicht nur wenn es leicht ist, sondern auch, wenn es schwierig ist". Sein Dekret sieht vor, Guantanamo so schnell wie möglich, jedoch spätestens in einem Jahr zu schließen. Vor welchen Gerichten geplante Terroristen-Prozesse stattfinden und wohin Gefangene entlassen werden sollen, soll nun eine dafür gebildete Arbeitsgruppe klären. UN-Menschenrechtskommissarin Navi Pillay begrüßte Obamas Schritt. Nun müssten diejenigen zur Rechenschaft gezogen werden, die für Folter und ungesetzliche Verhörmethoden verantwortlich sind. Sie gehe davon aus, dass Verfahren gegen die Häftlinge vor ordentlichen Gerichten und nicht vor Militär-Sondertribunalen stattfinden würden. Pillay appellierte an Obama, sich auch die Lage in vergleichbaren Gefangenenlagern in Afghanistan und im Irak anzuschauen.

*Zit. nach: http://www.zeit.de/online/2009/05/obama-schliesst-guantanamo (dpa/Reuters) (Stand 21.04.2010)*

**Arbeitsvorschläge**

●●● a) Überlegen Sie, welche Menschenrechte Sie bereits kennen. Vergleichen Sie Ihr Vorwissen dann mit den Artikeln der UN-Menschenrechtserklärung (M 2). Von welchen Aspekten wussten Sie nicht, dass es sich um Menschenrechte handelt? Erstellen Sie eine Umfrage bei Ihren Eltern, Freunden oder Bekannte, welche Menschenrechte sie kennen.

○●● b) Untersuchen Sie anhand der Liste der UN-Konventionen fest, in welchen Bereichen die Menschenrechte gefährdet waren und deshalb gesondert geschützt werden mussten. (M 3)

○●● c) In manchen Kulturen gibt es eine andere Vorstellung von Wert und Würde des Menschen, als in der Menschenrechtserklärung dargestellt. Charakterisieren Sie anhand von M 5 und M 6, welche Position der Islam zum Thema Menschenrechte einnimmt.

●●● d) Diskutieren Sie, warum die Menschenrechtserklärung nicht in allen Kulturkreisen begeistert Aufnahme findet. (M 4)

●●● e) Vergleichen Sie die in M 6 dargelegten Grundsätze der Scharia mit den Artikeln der Menschenrechtserklärung (M 2) und erstellen Sie eine kontrastierende Aufstellung der unterschiedlichen Gesichtspunkte.

○●● f) Arbeiten Sie heraus, gegen welche zentralen Menschenrechte das Taliban-Regime in Afghanistan verstieß (M 2, M 7).

●●● g) Gegen die USA wird der Vorwurf erhoben, sie würde beim Umgang mit Gefangenen aus dem „Krieg gegen den Terror“ gegen Menschenrechte verstoßen. Vergleichen Sie die Beschreibungen in M 8 und M 11 sowie das Bild M 12 mit den entsprechenden Artikeln der Menschenrechts-Charta der UN (M 2).

○●● h) Erläutern Sie, wie durch die Ereignisse des 11. September 2001 die Menschenrechte in der westlichen Welt in Frage gestellt werden (M 8, M 10).

○○● i) Erarbeiten Sie aus M 10, welche grundsätzlichen Herausforderungen im Bezug auf die Menschenrechte bestehen.

○●●/●●● j) Projekttipp: Es gibt die UN-Kinderrechtskonvention und die Konvention gegen die Diskriminierung der Frau. Stellen Sie mit Ihrer Klasse eine Wandzeitung zusammen, in der über diese beiden Konventionen informiert wird. (**Online-Link** 430075-0306)

# Grundwissen: Die Vereinten Nationen und die Menschenrechte zu Beginn des 21. Jahrhunderts

## Die UN – die Welt-Staatengemeinschaft und die Erklärung der Menschenrechte

→ 2 S. 222
→ 3 S. 223

Nach dem Ende des Zweiten Weltkrieges standen die Staaten vor der Aufgabe, eine stabile internationale Friedensordnung herzustellen. Dafür sollte eine neue internationale Organisation geschaffen werden. So unterzeichneten am 26. Juni 1945 fünfzig Staaten die sogenannte Charta der Vereinten Nationen. Aufbauend auf der Erkenntnis, dass Friede und Freiheit nicht bewahrt werden kann ohne eine menschenwürdige Existenz für jeden einzelnen Menschen, war bereits in der UN-Charta eine allgemeine Verpflichtung auf die „Grundrechte des Menschen" erwähnt. Doch als Reaktion auf die über 50 Millionen Opfer des Weltkrieges und das Bekanntwerden der nationalsozialistischen Verbrechen entstand eine eigene, am 10. Dezember 1948 verabschiedete „Allgemeine Erklärung der Menschenrechte". Im Gegensatz zu früher entstandenen, nur national geltenden Menschenrechtserklärungen ist die Charta das erste international vereinbarte Dokument individueller Menschenrechte.

## Spezifizierung der Menschenrechte

→ 4 S. 223
→ 5 S. 223 f.
→ 6 S. 224

Die Formulierung der Menschenrechte erfolgte auf einer sehr allgemeinen Basis, um von möglichst vielen Staaten eine Zustimmung zu erhalten. Die bereits 1946 gegründete UN-Menschenrechtskommission ist bis heute damit befasst, die Rechte zu präzisieren und die Durchsetzung in den Unterzeichnerstaaten zu erreichen. Dafür wurden in den vergangenen Jahrzehnten immer wieder Deklarationen verabschiedet, die sich mit einzelnen Bereichen bzw. Zielgruppen befassten, z. B. zum Schutz von Kindern oder gegen die Diskriminierung von Frauen. Allerdings werden die verschiedenen Menschenrechtskonventionen häufig nicht von allen UN-Mitgliedsstaaten unterzeichnet. Auch ist das westliche, auf Vorstellungen der Aufklärung basierende Verständnis von Menschenrechten nicht in allen Kulturen einfach vermittelbar. Gerade in Staaten wie China oder im islamischen Kulturkreis, in dem der Mensch einen völlig anderen Stellenwert besitzt, steht die Durchsetzung der Menschenrechte noch vor großen Problemen.

## Kampf gegen Menschenrechtsverletzungen und neue Herausforderungen

→ 7 S. 225
→ 8 S. 225 f.
→ 9 S. 225
→ 10 S. 226
→ 11 S. 226
→ 12 S. 227
→ 13 S. 227 f.

Trotz aller Menschenrechtserklärungen werden in vielen Gebieten der Erde Menschen wegen ihres Geschlechts, ihrer Hautfarbe, ihres Glaubens, ihrer ethnischen Herkunft, ihrer politischen Überzeugung oder aus anderen Gründen diskriminiert, verfolgt und getötet. Die UNO versucht darauf zu reagieren, indem sie Verletzungen der Menschen anprangert, internationale Friedenstruppen („Blauhelme") zum Schutz der Zivilbevölkerung in Krisengebiete entsendet oder eklatante Menschenrechtsverletzungen in internationalen Strafgerichtshöfen ahndet. Gerade vor dem Hintergrund der Anschläge vom 11. September 2001 zeigt sich, dass der Umgang mit dem Menschenrechten immer wieder vor neuen Herausforderungen steht. Angesichts des „Krieges gegen den Terror" geschehen zahlreiche Menschenrechtsverletzungen an tatsächlichen oder vermeintlichen Terroristen, auch und gerade in demokratischen, westlichen Staaten wie den USA. Die Behandlung Terrorverdächtiger in Gefangenenlagern auf der US-Militärbasis Guantanamo auf Kuba oder im Irak erregte weltweit Empörung. Ebenfalls mit der Terrorbekämpfung in Verbindung steht die Frage, inwiefern ein Staat zum Schutz der Bürger in Freiheitsrechte, z. B. durch Telefon- oder Internetüberwachung, eingreifen darf. Hinzu kommt das Problem, ob die Rechte oder sogar das Leben Einzelner oder einer kleinen Gruppe Unschuldiger zugunsten des Schutzes einer größeren Gruppe bzw. der Allgemeinheit geopfert werden darf, z. B. im Fall einer Flugzeugentführung wie am 11. September.

# Teste dich selbst

## Leitfragen

a) Beantworten Sie eine der Leitfragen des Kapitels Ihrer Wahl in Form eines Kurzessays (➔ S. 238).
b) Legen Sie eine Mindmap (➔ S. 239) mit dem Thema „Volksherrschaft" und zwei Hauptzweigen an. Beschriften sie den einen Zweig mit „attische Demokratie", den anderen mit „moderne Parteiendemokratie". Strukturieren Sie dann die im Unterricht zur attischen Demokratie gewonnenen Erkenntnisse und ziehen Sie für den Zweig zur Parteiendemokratie Informationen aus dem Politik- bzw. Sozialwissenschaftenunterricht heran.

## Methodentraining

a) Analysieren Sie den Auszug aus den Memoiren Ludwigs XIV. (➔ M7, S. 196), indem Sie die im Methodenteil „Quelleninterpretation" (➔ S. 180 f.) vorgegebenen Analyseschritte a bis g ausführen und die Ergebnisse in die Matrix übertragen.
b) Untersuchen Sie die Äußerungen des Königs kritisch in Hinblick auf die beabsichtigte Neuorganisation im absolutistischen Sinne. Führen Sie dazu die Schritte h bis k der Methodenseite aus.
c) Nehmen Sie aus heutiger Sicht zu den Prinzipien Ludwigs XIV. Stellung. Beginnen Sie bei der Aussage des Königs, er habe kein Interesse an Mitarbeitern mit hervorragenderen Eigenschaften, und ziehen Sie weitere Aspekte Ihrer Wahl heran (Arbeitsschritt l).

| | | |
|---|---|---|
| **a)** | Autor | |
| **b)** | Textsorte | |
| **c)** | Adressat | |
| **d)** | Thema | |
| **e)** | Intention | |
| **f)** | Ereigniszusammenhang | |
| **g)** | Inhalt | |

| | | |
|---|---|---|
| **h)** | Einordnung | |
| **i)** | Objektivität?/ sprachliche Mittel | |
| **j)** | Sachurteil | |
| **k)** | Werturteil | |

### Beherrschen Sie den Umgang mit den Operatoren „zusammenfassen, einordnen, beurteilen“?

Wenden Sie in drei Beispielen den Operator „zusammenfassen“ an:

a) Fassen Sie zusammen, was Sie über die Ursachen der Französischen Revolution wissen.

| | |
|---|---|
| wirtschaftliche Ursachen | |
| gesellschaftliche Ursachen | |
| ideologische Ursachen | |

b) Fassen Sie zusammen, welche Reaktionen es in Deutschland auf die Französische Revolution gab.

| positive Reaktionen | negative Reaktionen |
|---|---|
| | |

c) Fassen Sie die Argumente für und gegen die Gleichberechtigung der Frau aus Kapitel 3.4 zusammen.

| Argumente für die Gleichberechtigung | Argumente gegen die Gleichberechtigung |
|---|---|
| | |

Wenden Sie an zwei Beispielen zur Französischen Revolution den Operator „einordnen“ an:

a) Ordnen Sie folgende Personen historisch ein:

| Name | Zeit | historische Bedeutung, Rolle, Funktion |
|---|---|---|
| Ludwig XVI. | | |
| Maximilian Robespierre | | |
| Olympe de Gouges | | |
| Georg Forster | | |
| Johann Heinrich Campe | | |

b) Ordnen Sie folgende Texte historisch ein:

| Text | Verfasser | Zeit | Inhalt |
|---|---|---|---|
| Beschwerdebriefe | | | |
| Déclaration des droits de l'homme et du citoyen | | | |
| Code Civil | | | |

Beurteilen Sie abschließend die Bedeutung der Französischen Revolution damals und heute.

### Weitere Übungsvorschläge

○○● a) Bereiten Sie eine Podiumsdiskussion „Pro und Kontra Französische Revolution“ vor, in der Sie arbeitsteilig die Rollen der Befürworter bzw. Gegner übernehmen.

○●● b) Beurteilen Sie die Bedeutung der Französischen Revolution für unsere Zeit, indem Sie überlegen, welche Ideen und Ergebnisse noch heute eine Rolle spielen.

# Probeklausur: „Französische Revolution“

## Klausurentraining

In Klausuren der Oberstufe müssen drei Anforderungsbereiche (AFB) abgedeckt werden: Der AFB I zielt auf die Wiedergabe von Sachverhalten, der AFB II auf das selbstständige Erklären, Bearbeiten und Ordnen bekannter Sachverhalte sowie die Anwendung des Gelernten auf vergleichbare Sachverhalte, und der AFB III auf selbstständige Begründungen, Folgerungen, Deutungen und Wertungen.

Beispiele für die Zuordnung von Arbeitsaufträgen oder „Operatoren“ zu den Anforderungsbereichen:

| **AFB I** | **AFB II** | **AFB III** |
|---|---|---|
| nennen | untersuchen | beurteilen |
| aufzählen | begründen | bewerten |
| bezeichnen | charakterisieren | Stellung nehmen |
| schildern | einordnen | diskutieren |
| zusammenfassen | erklären | überprüfen |
| wiedergeben | erläutern | vergleichen |
| | gegenüberstellen | |

Im Laufe der Oberstufe wird erwartet, dass Schülerinnen und Schüler eine Quelle selbstständig „analysieren“ und „interpretieren“ können. Zur Analyse (➔ S. 180 f.) gehört erstens eine kurze Vorstellung des Autors, die Identifikation der Textsorte, die Benennung des Themas, der Entstehungszeit und des Entstehungsortes der Quelle sowie der Adressaten. Zweitens soll der Text strukturiert wiedergegeben werden, d.h. geordnet nach zentralen Aspekten oder der Argumentationsstruktur der Quelle. „Interpretieren“ verlangt eine Auseinandersetzung mit den Intentionen des Verfassers, eine Einschätzung und Beurteilung seiner Aussagen und die Formulierung einer eigenen Stellungnahme.

### 1 Maximilien Robespierre: Der Despotismus der Freiheit.

*Auszüge aus der Rede Robespierres am 5. Februar 1794 vor dem Nationalkonvent*

Welchem Ziel streben wir zu? Dem friedlichen Genuss der Freiheit und der Gleichheit, der Herrschaft jener ewigen Gerechtigkeit, deren Gesetze nicht in Stein und Marmor, sondern in die Herzen aller Menschen eingegraben sind, selbst in die Brust des Sklaven, der sie vergisst, oder des Tyrannen, der sie leugnet.

Wir wollen eine Gesellschaftsordnung, in der alle niedrigen und grausamen Leidenschaften unbekannt sind, alle gemeinnützigen und hochherzigen Leidenschaften durch die Gesetze geweckt werden, wo der Ehrgeiz zu dem Wunsche wird, Ruhm zu gewinnen und dem Vaterland zu dienen; wo Auszeichnungen nur aus der Gleichheit hervorgehen; wo der Bürger der Verwaltung, die Verwaltung dem Volke und das Volk der Gerechtigkeit untersteht, wo das Vaterland das Wohlergehen jedes Einzelnen sichert und so jeder Einzelne mit Stolz und Gedeihen und am Ruhm des Vaterlandes teilnimmt; wo alle Seelen sich weiten im ständigen Ausdruck republikanischer Gedanken, im Bedürfnis, die Achtung eines großen Volkes zu gewinnen, wo die Künste zum Schmuck der Freiheit dienen, die sie adelt; wo der Handel zur Quelle des öffentlichen Reichtums wird und nicht nur die ungeheuerliche Üppigkeit weniger Familien ermöglicht. [...]

Welche Regierung kann solche Wunder verwirklichen; allein die demokratische oder republikanische; beide Worte bedeuten trotz des Missbrauches, den die Alltagssprache damit treibt, dasselbe.

[...] Die Demokratie ist ein Staat, in dem das souveräne Volk, von den Gesetzen bestimmt, die sein Werk sind, durch sich selbst alles vollbringt, was es gut verrichten kann, und durch seine Vertreter das, was es nicht selbst zu tun vermag. [...] Aber um unter uns die Demokratie zu begründen und zu festigen, um zur friedlichen Herrschaft der verfassungsmäßigen Gesetze zu gelangen,

**Maximilian Robespierre**
*Zeitgenössischer Kupferstich von Gabriel Fiesinger*

müssen wir den Krieg der Freiheit gegen die Tyrannei beenden und glücklich die Stürme der Revolution überstehen; das ist das Ziel des revolutionären Systems, das Ihr organisiert habt. Ihr müsst euer Verhalten doch nach den stürmischen Umständen einrichten, in denen sich die Republik befindet, und der Plan eurer Verwaltung muss das Ergebnis des Geistes der revolutionären Regierung in Verbindung mit den allgemeinen Grundsätzen der Demokratie sein.

Welches ist nun der entscheidende Grundsatz der demokratischen Volksregierung, d.h. die Haupttriebfeder, die sie hält und in Bewegung setzt? Das ist die Tugend, und zwar die öffentliche Tugend, die in Griechenland und Rom Wunder erzeugte und die im republikanischen Frankreich noch viel erstaunlichere vollbringen wird; jene Tugend, die nichts anderes ist als die Liebe zum Vaterland und zu seinen Gesetzen.

Da aber das Wesen der Republik oder Demokratie die Gleichheit ist, so folgt daraus, dass die Liebe zum Vaterland notwendigerweise die Liebe zur Gleichheit in sich schließt [...] Es folgt ferner, dass die erste Regel Eurer politischen Haltung die sein muss, Eure sämtlichen Handlungen auf die Erhaltung der Gleichheit und die Förderung der Tugend zu richten: denn die erste Sorge des Gesetzgebers muss auf die Stärkung des Regierungsprinzips gerichtet sein. So müsst Ihr alles, was die Liebe zum Vaterland wecken, die Sitten reinigen, die Seelen erheben, die Leidenschaften des menschlichen Herzens erziehen will, ergreifen oder dementsprechende Maßregeln treffen [...]

Hier könnten wir die Entwicklung unserer Theorie beenden, wenn wir das Schiff der Republik nur bei Windstille zu steuern hätten; aber der Sturm braust und der Zustand der Revolution, in dem wir uns befinden, erlegt uns eine andere Aufgabe auf [...] Wenn die Triebkraft der Volksregierung im Frieden die Tugend ist, so ist in revolutionärer Zeit diese Triebkraft zugleich die Tugend und der Schrecken, die Tugend, ohne die der Schrecken unheilvoll wäre, der Schrecken, ohne den die Tugend ohnmächtig bliebe. Der Schrecken ist nichts anderes als die rasche, strenge, unbeugsame Gerechtigkeit; er ist also ein Ausfluss der Tugend; er ist weniger ein besonderes Prinzip als eine Folge des allgemeinen Prinzips der Demokratie in seiner Anwendung auf die dringendsten Bedürfnisse des Vaterlandes [...] Die Regierung der Revolution ist der Despotismus der Freiheit im Kampf gegen die Tyrannei.

*Zit. nach: Hartig: Die Französische Revolution. Stuttgart 1984, S. 99 f.*

**Arbeitsvorschläge**

- ○○● a) Benennen Sie den Autor und die Entstehungszeit der Quelle und formulieren Sie das Thema. (AFB I)
- ○●● b) Fassen Sie die Hauptthese des Autors und die wichtigsten Argumente zusammen. Benennen Sie die Begriffe, die er positiv und negativ bewertet. (AFB I)
- ●●● c) Ordnen Sie die Quelle in den historischen Kontext ein. (AFB II)
- ○○● d) Beurteilen Sie die Position des Autors. (AFB III)

Alternativ könnte die Aufgabe lauten:
Analysieren und interpretieren Sie die vorliegende Quelle. (AFB I, II, III)

# Methode: Geschichte lernen mit einem Lerntagebuch und Portfolio

Geschichte ist heute schon längst kein Paukfach mehr. Es geht beim Geschichtslernen auch nicht mehr in erster Linie um den Erwerb von historischem „Wissen", d. h. die Kenntnis von Namen, Jahreszahlen, Ereignissen, Begriffen. Der Umgang mit Geschichte bedeutet die kritische Auseinandersetzung mit Quellen und Darstellungen und die Fähigkeit, diese historisch zu deuten und zu beurteilen („reflektiertes Geschichtsbewusstsein"). Eine solchermaßen gewandelte Sicht auf den Geschichtsunterricht bedingt natürlich, dass die Formen des Arbeitens, des Nachdenkens über Lernprozesse und der Feststellung von Leistungen sich verändern. Gefordert sind jetzt Vorgehensweisen und Aufgaben, die Neugier und Entdeckerfreude stärken

- Aufforderungscharakter besitzen
- eigene Erfahrungen und Interessen aufnehmen
- eigenverantwortliches Arbeiten unterstützen und Lernerfolge würdigen
- „Fehler" und misslingende Lernstrategien als Chance für eine Besinnung auf neue, alternative Lösungswege nutzen

Es gibt heute einige methodische Vorschläge, um das Lernen auch im Fach Geschichte auf diese zeitgemäße Weise zu gestalten. Hierbei sind im Besonderen das Portfolio und das Lerntagebuch zu nennen. Beide verfolgen denselben Zweck, nämlich längere Lernprozesse zu dokumentieren, anstatt einfach nur einmalige Leistungen abzuprüfen. So lässt sich die Beherrschung bestimmter Kompetenzen nachweisen, noch bestehende Schwächen werden aufgedeckt und Stärken gezielt gefördert. Gemeinsam ist beiden Methoden daneben, dass sich die Selbstständigkeit des Umgangs mit der Geschichte im Laufe der Zeit erhöht und dass vor allem anderen das „Lernen des Lernens" geübt werden soll.

## Lerntagebuch

Das Lerntagebuch ist zunächst ein richtiges Tagebuch: Regelmäßig, am besten wie der Name sagt: täglich, unter Umständen nur ein bis wenige Male in der Woche, werden die persönlichen Lernerlebnisse, die gemachten Fortschritte, die aufgetauchten Schwierigkeiten aufgeschrieben. In der Reinform erfährt die Lehrkraft nichts von diesen Eintragungen, bewertet das Tagebuch auch keinesfalls mit einer Note, denn dieses bleibt voll und ganz im Privatbesitz des Lernenden. Jedoch übt die Lehrerin oder der Lehrer doch eine Steuerungsfunktion aus, indem vorab bestimmte Leitfragen (in Ich-Form) vereinbart werden, zu denen im Anschluss an den Unterricht Überlegungen angestellt werden sollen. Es ist nämlich daran gedacht, dass nach Ablauf einer gewissen Zeit ein zielführendes Gespräch (manchmal als „Konferenz" bezeichnet) über die Lernfortschritte stattfindet, das sich dann an den Leitfragen orientiert. Diese könnten in allgemeiner Form beispielsweise lauten:

- Was habe ich (in der Unterrichtsstunde, der Unterrichtseinheit) getan?
- Was habe ich in kommunikativen Situationen (Unterrichtsgespräch, Partner-/Gruppenarbeit) beigetragen?
- Wie bin ich beim Erwerb neuen Wissens, von Methoden und Kompetenzen vorgegangen?
- Wo bin ich (vermutlich aus welchem Grund) auf Lernhindernisse gestoßen? Wie konnte ich diese überwinden, was blieb bis zum Ende unverständlich? Wo muss ich noch nacharbeiten?

- Wie habe ich mich während des Unterrichts gefühlt?
- Wie bewerte ich den Verlauf des Lernprozesses?

Auf diese Weise tragen Lerntagebücher zur Eigenbeobachtung sowie zur Klärung von Gedanken und Gefühlen bei, die mit dem Lernen verbunden sind, fördern die Selbstkontrolle der Arbeit, üben in produktive Lernhaltungen ein und geben Aufschluss über Wege zum Lernerfolg. Insbesondere auch der (empfundene) Schwierigkeitsgrad gestellter Arbeitsaufgaben sollte notiert, ggf. visualisiert werden, z. B. durch „Smilies". So wird die eigene Lernentwicklung zur individuellen Lerngeschichte. Auf dieser Basis wird es möglich, sich realistische Arbeitspensen vorzunehmen, eigene Ziele zu formulieren und Zusammenhänge zwischen Anstrengungen und Erfolgen herzustellen. Folgende Leitfragen können nützlich sein:

- Inwiefern war der Unterrichtsstoff für mich neu? Wurde der Fortgang einer geschichtlichen Entwicklung betrachtet, spielten neue Begriffe eine Rolle oder wurde eine ungewohnte Perspektive auf das im Grunde bekannte Geschehen eingenommen?
- Habe ich neue Methoden im Umgang mit historischen Medien gelernt, bereits vertraute Umgangsweisen verfeinert oder aber bemerkt, dass ich bekannte Verfahren nicht auf alle Medien gleichermaßen anwenden kann?
- War ich mit dem angebotenen Lernmaterial einverstanden? Hätte ich mir z. B. mehr oder andere Quellen, einen einfacheren Verfassertext, Bilder, audiovisuelle oder digitale Medien gewünscht? Was hätte ich mir davon versprochen? Und was hätte ich angesichts knapper Unterrichtszeit im Austausch weggelassen?
- Falls zutreffend: Warum habe ich ein historisches Thema nicht zur Genüge verstanden? War z. B. der behandelte Zeitraum unüberschaubar, waren zu viele Personen beteiligt, wurden die Vorgänge nicht nachvollziehbar erklärt, war die Fachsprache zu schwierig?
- Gab es während des Unterrichts Momente (in Bezug auf den Lesetext, das Gespräch, die Auswertung), bei denen ich mit den (von der Lehrkraft, von Mitschülern) vorgebrachten Argumenten nicht einverstanden war? Würde ich die Geschichte anders erzählen und warum? Würde ich z. B. die Bedeutung bestimmter Vorkommnisse anders gewichten, abweichende Perspektiven einnehmen, unterschiedliche Erklärungsmöglichkeiten vergleichen und gegeneinander abwägen?
- Falls zutreffend: Warum hat mich etwas nicht interessiert? Fand ich z. B. das Thema unwichtig oder abwegig, hatte es keinen Bezug zu mir und meiner Lebenswelt? Waren die Aufgaben zu leicht oder zu schwer? Konnte ich keinen Zusammenhang zum bereits früher im Unterricht Behandelten herstellen?

Alle diese Fragen dienen insbesondere dazu, die subjektive Bedeutsamkeit und den Konstruktcharakter von Geschichte (➔ **vgl. Kap. Geschichtsbewusstsein**) sowie das Prinzip Multiperspektivität zu ihrem Recht kommen zu lassen.

---

**Portfolio**

Das Portfolio ist eine Sammlung oder Zusammenstellung von Dokumenten, die einen Lernprozess oder ein produktives Arbeitsergebnis beschreiben. Es soll persönliche Lernwege in Bezug auf grundlegende Lernziele kenntlich machen. Ein wesentlicher Unterschied zum Lerntagebuch besteht darin, dass das Portfolio weniger eine Lernchronologie wiedergibt, auch keine spontanen Niederschriften enthält, sondern im Rahmen des Vereinbarten auf einer systematischen, längerfristig angelegten Auswahl von „vorzeigbaren" Materialien durch den Lernenden beruht. Das ist der Grund, warum es sowohl als Reflexionshilfe, zur Evaluation des Lernergebnisses

wie als direkte Leistungsvorlage für die Notenfindung (Prüfungsportfolio) eingesetzt werden kann. Darüber hinaus ist es oft Produkt einer Gemeinschaftsarbeit.
Als Vorbild des Portfolios dienten Werkmappen, die wohl erstmals im Italien der Renaissance (➔ vgl. Kap. 1) von Berufskreativen wie Bildenden Künstlern und Architekten angefertigt wurden und Arbeitsproben enthielten (daher der italienische Ursprung des Wortes, das übersetzt „Blattträger" bedeutet). Später wurde der Begriff ebenso zur Bezeichnung einer Zusammenstellung der Finanzinvestitionen in Wirtschaftsbetrieben verwendet („Unternehmensportfolio"). Seit den 1980er Jahren gehört das Portfolio zu den wichtigen Themen in Erziehung und Unterricht in den USA. In Japan kennt man es sogar schon im Grundschulbereich.
Wie so oft, gibt es für die Portfolio-Arbeit keine festen Regeln, eher Empfehlungen. Variabel, d.h. der jeweiligen Situation anzupassen sind z.B. die Bearbeitungszeit, die Zahl der Lernpartner, der Lernort (Klassenraum, Zuhause, Museum, ...). Immer jedoch geht es darum, einen ganzen Lernprozess darzustellen. Dafür ist natürlich eine bestimmte Berichtsstruktur notwendig, die vorab vereinbart und organisiert werden muss. Welche Teile ein vollständiges Portfolio im Geschichtsunterricht enthalten sollte, wird durch folgendes „Inhaltsverzeichnis" deutlich:

1. Allgemeine Zielvorgaben/Aufgabenstellung
2. Arbeitspläne (verschiedene, aktualisierte Arbeitsstände)
3. Exposé (d.h. knapper Überblick zu Sachstand, Arbeitsweg, erwartetem Ergebnis)
4. Protokoll der Recherche (z.B. Datum des Bibliotheksbesuchs, der Internetsuche)
5. Exzerpte, Regeste zu verwendeten Quellen, Literaturauszüge
6. Entwürfe, Zwischenberichte, provisorische/verworfene Ergebnisse
7. Arbeitsprozessbericht (s. unten)
8. Ergebnispräsentation, z.B. in Form einer schriftlichen Ausarbeitung (Erzählung, Argumentation, Beitrag für eine Veröffentlichung), einer Ausstellungsskizze, eines Filmdrehbuchs, einer Internetseite
9. Literaturverzeichnis
10. Präsentationsmedien, Präsentation in digitaler Form, Thesenpapier für eine Diskussion

Die Arbeitspläne werden immer wieder aktualisiert, Zwischenberichte gehen aus verschiedenen Phasen der Arbeit in die Sammlung ein und die Recherche kann mehrmals von vorn beginnen. Das heißt also, reale Tätigkeiten werden in der Darstellung gerafft oder neu angeordnet.
Das Herzstück des Portfolios ist der eigentliche Arbeitsprozessbericht, der die Lernbemühungen, Entscheidungsfindungen, Alternativabwägungen, Fortschritte wie Rückschritte bei der Arbeit erkennbar machen soll. Dafür hilft, wie beim Lerntagebuch, die Orientierung an bestimmten Leitfragen, die beispielsweise lauten können (statt ich/mir kann auch wir/uns gelesen werden):

**1. Thema**

- Wie habe ich das Thema gefunden, was hat mich angeregt, wer hat mir zu Beginn Hilfestellung geleistet?
- Über welche Alternativen habe ich nachgedacht? Warum habe ich mich gegen sie entschieden?

**2. Fragestellungen**

- Welche Fragen wollte ich im Verlaufe der Bearbeitung des Themas beantworten?
- Welche Vorannahmen („Hypothesen") hatte ich hinsichtlich der Beantwortung dieser Fragen?
- Welche Fragen schienen mir uninteressant? Warum?

**3. Recherche**

- Wo habe ich recherchiert (Archiv, Fachliteratur, Experten, Zeitzeugen, Internet, ...) und warum gerade dort?
- Was habe ich getan, um die Güte/Zuverlässigkeit der gefundenen Informationen zu sichern?
- Was hat mich ermuntert, weiter zu fragen, was hat mich verwirrt, frustriert?
- Wann hatte ich das Gefühl, eine weitere Suche lohnt sich nicht mehr („Sättigung")?

**4. Ordnung durch Darstellung bzw. Erzählung**

- Nach welchen Kriterien habe ich meine Informationen geordnet (z. B. rein chronologisch, entlang der Arbeitsfragen, „dramatisch", d. h. mit erzählerischen Höhepunkten)?
- Wie habe ich aus den Quellen eine Darstellung gemacht (durch Erzählen, den Einbezug von Hintergrundinformationen, d. h. Kontexten, die Beschränkung auf eine Person/Gruppe, Hinzufügung einer besonderen Perspektive, ...)?
- Welche Art von Geschichte habe ich über mein Thema erzählt, z. B. eine erklärende, kritische, mahnende, lustige, traurige? Welche Perspektive habe ich dabei eingenommen?
- Wie bin ich mit dem umgegangen, was ich nicht verstanden oder nicht akzeptiert habe?

**5. Reflexion/Bewertung**

- Welche Ausgangsfragen habe ich beantwortet, welche Vorannahmen haben sich bestätigt?
- Wie bewerte ich, was ich herausgefunden habe, zunächst in einer zeitgenössischen Perspektive, dann mit heutigen Maßstäben (Sach- und Werturteil)?
- Wie bewerte ich meinen eigenen Lernfortschritt, meine Leistung, meine Erfolge und Fehler?
- Wie bewerte ich die gestellte Aufgabe, die in Anspruch genommene Hilfe, den Sinn des Unterfangens?

Es ist leicht einzusehen, dass auch diese Leitfragen dem Konstruktcharakter von Geschichte beim Lernen und dem Erzählen als der eigentlichen historischen Tätigkeit Rechnung tragen. Die Standortabhängigkeit und Vorläufigkeit der historischen Erkenntnis sollen deutlich werden.

Unbestreitbar verändert die systematische Arbeit mit Lerntagebuch sowie Portfolio (und anderen, ähnlichen Lernmethoden) die Unterrichts- und Lernkultur. Beide erfordern Zeit, verlagern den Schwerpunkt der Schulorganisation auf offene Formate (z. B. Projektarbeit, Wochenpläne) und bedingen, dass Lehrende Verantwortung für Lernprozesse an Lernende abgeben. Die Selbstbeurteilung erhält eine gleichberechtigte Bedeutung zur Fremdbeurteilung (durch die Lehrkraft), und die Individualität jedes Lerners, sein eigenes Tempo, sein Vorwissen sowie die persönlichen Vorlieben werden zunehmend anerkannt. Kompetenzorientierte, zukunftsgerichtete Gespräche über das Geschichtslernen werden durch Lerntagebuch und Portfolio in besonderer Weise ermöglicht.

# Der Essay – ein Versuch

Eine im englischsprachigen Raum weit verbreitete und auch in Deutschland zunehmend beliebte Darstellungsform ist der Essay. Was bei seiner Abfassung hilfreich ist, schildert der folgende Essay über den Essay:

Der Begriff kommt aus dem Lateinischen von „exagium", auf Deutsch die Probe oder der Versuch. Und probiert werden darf viel, denn als Darstellungsform erscheint der Essay bunt und vielfältig, keineswegs durch Regeln so eingeengt wie eine wissenschaftliche Arbeit. Er zeichnete sich aus „durch eine gewisse Leichtigkeit, stilistische Ausgefeiltheit, Verständlichkeit und einen nicht zu unterschätzenden Witz" – so lese ich zur Zeit unter dem Stichwort Essay bei Wikipedia.

**a) Da steh ich nun, ich armer Tor**

Und jetzt ein Essay über den Essay? Das ist keine leichte Aufgabe. Vielleicht hilft ja ein Vergleich zwischen dem Essay und einem festlichen Drei-Gänge-Menü mit Vorspeise, Hauptgericht und Nachtisch? Die Einhaltung des vergleichbaren Dreischritts aus Einleitung, Hauptteil und Schluss stellt jedenfalls eine bewährte Vorgehensweise dar, zwingend ist sie beim Essay allerdings nicht.

Wenn man auf sie zugreift, dann geht es in der Einleitung jedenfalls darum, Neugier zu wecken auf den Sachverhalt, der im Essay behandelt wird. Beim Menü wären wir jetzt bei der Vorspeise, die Appetit machen soll auf das, was folgt.

**b) Aller guten Dinge sind drei**

Die Aufgabe des Hauptgerichtes ist es, satt zu machen. Wenn der Essay lesenswert werden soll, muss auch er in seinem Hauptteil auftrumpfen. Hier ist der Platz für die Darstellung, das Argumentieren und Gewichten.

Die Zutaten für ein gutes Hauptgericht sollen sorgsam vorbereitet sein und das gilt für den Essay auch. Liegt für ihn eine Materialgrundlage vor, will diese gründlich erschlossen sein – die Methodenseiten in diesem Buch helfen dabei. Sollte hingegen ein freies Abwägungsthema zu behandeln sein, wofür sich die Form des Essays übrigens besonders gut eignet, dann hilft eine vorgeschaltete Mindmap beim Strukturieren der Gedanken.

Wie das Gericht von seinen Köchen geprägt wird, so dürfen Essays nicht nur, sondern sie sollen subjektive Züge tragen und das gilt auch für ihren Sprachstil. Wenn alles gleich schmeckt, ist das Essen langweilig. Und mit dem Essay ist es nicht anders, unschöne Sprache würde den Gesamteindruck verderben. Was beim Essen die harmonische Abstimmung der Zutaten bewirkt, bringt dem Essay das schwungvolle Schreiben. Es vermeidet Wortwiederholungen und verwendet stattdessen Synonyme, also Formulierungen mit gleicher oder ähnlicher Wortbedeutung. Denn niemand muss ein Thema ständig „behandeln", es lässt sich vielmehr auch „betrachten", „ausführen" oder man kann etwas „anmerken". Der Thesaurus einer Textverarbeitung ist übrigens ein elektronisches Wörterbuch voller Synonyme.

**c) Ende gut, alles gut**

Regelmäßige Übung wird sich als intellektuelles Fitnessstudio erweisen, denn von Mal zu Mal werden die Ergebnisse vorzeigbarer und besser. Eine süße Aussicht – wie das Dessert nach einem guten Essen am Ende unseres Drei-Gänge-Menüs aus Einleitung, Hauptteil und Schluss.

Im Essay fasst der Schuss zusammen und verklammert mit der Einleitung. Ein Blick über den thematischen Tellerrand hinaus, in einer geschichtlich angelegten Arbeit etwa in Form eines gelungenen Vergleichs mit der Gegenwart oder einer anderen historischen Phase, erweist deren Autor als kreativen Kopf, ähnlich wie eine überraschende Kombination beim Dessert. Solchen Köpfen steht auch Selbstkritik gut zu Gesicht und sie dürfen ruhig die Schwierigkeiten thematisieren, vor die sie sich gestellt sahen und die aufgrund fehlender Materialien oder Kenntnisse nur ansatzweise gelöst werden konnten.
Auch dieser Essay nähert sich dem Schluss und es fehlt - die Selbstkritik. Der Essay über den Essay erweist sich als schwierige Aufgabe und bleibt eben auch ein Versuch. Dass er seinem Autor neben einer Menge Kopfzerbrechen auch Freude gemacht hat, liegt daran, dass er hier - im Essay halt - auch selbst einen schwungvolleren Sprachstil benutzen durfte als in seinen Verfassertexten.
Und das alles, damit die Leserin und der Leser gnädiger urteilen als Kurt Tucholsky 1930 in der Weltbühne: „Versuche, einen Roman zu schreiben. Du vermagst es nicht? Dann versuch es mit einem Theaterstück. Du kannst es nicht? Dann mach eine Aufstellung der Börsebaissen (des Abschwungs am Aktienmarkt) in New York. Versuch, versuch alles. Und wenn es gar nichts geworden ist, dann sag, es sei ein Essay."

## Eine Mindmap über die Mindmap

Eine sinnvolle Struktur in Überlegungen und erste Arbeitsergebnisse zu bringen, ist eine wichtige Voraussetzung, um anschließend zu einer überzeugenden Darstellung zu gelangen. Die Mindmap zur Erstellung einer Mindmap zeigt auf, wie das mit dieser Methode gelingen kann:

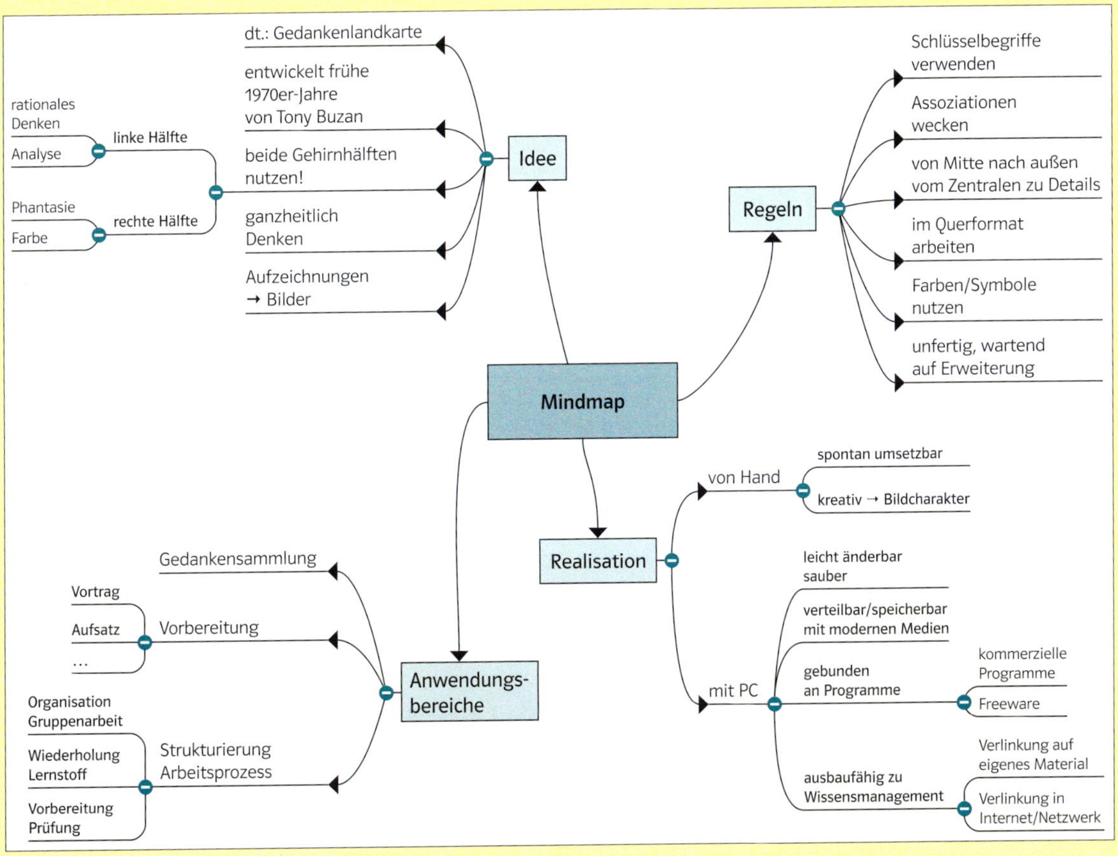

## Präsentation

Haben Sie etwas zu sagen – oder benutzen Sie nur PowerPoint? Die böse Frage stellt sich bei manchen schlecht gemachten Umsetzungen. Unsere Präsentation zum Thema Präsentation zeigt, was unbedingt zu beachten ist. Die folgenden Abbildungen vermitteln einen kleinen Eindruck davon, das Original kann heruntergeladen werden unter **Online-Link** 430075-0008.

# Verzeichnis der Namen, Sachen und Begriffe

### Wichtige verwendete Abkürzungen

amerik. = amerikanisch; arab. = arabisch; athen. = athenisch; burg. = burgundisch; byzant. = byzantinisch; chin. = chinesisch; christl. = christlich; dän. = dänisch; dt. = deutsch; engl. = englisch; europ. = europäisch; fläm. = flämisch; fränk. = fränkisch; frz. = französisch; griech. = griechisch; humanist. = humanistisch; internat. = international; irak. = irakisch; iran. = iranisch; islam. = islamisch; islamist. = islamistisch; ital. = italienisch; Jh. = Jahrhundert; jüd. = jüdisch; K = Karte; makedon. = makedonisch; niederl. = niederländisch; norweg. = norwegisch; osman. = osmanisch; polit. = politisch; poln. = polnisch; port. = portugiesisch; preuß. = preußisch; röm. = römisch; schweiz. = schweizerisch; span. = spanisch; stauf. = staufisch; westl. = westlich

**Hinweis**
Bei Herrschern und kirchlichen Amtsträgern werden soweit möglich die Regierungs-/Amtsdaten, bei allen anderen Personen die Lebensdaten angegeben.

# Bildnachweis

**Cover** Picture-Alliance (epa/Danny Rose), Frankfurt; **8** shutterstock (Kurhan), New York, NY; **11** shutterstock (Brian Chase), New York, NY; **12** Ullstein Bild GmbH (united archives), Berlin; **13** Ullstein Bild GmbH (Granger Collection), Berlin; **15** Picture-Alliance, Frankfurt; **16** Klett-Archiv (Dr. Christian Hecker), Stuttgart; **17.li** Klett-Archiv (Cornelia Meyer), Stuttgart; **17.re** Klett-Archiv (Guido Pauling), Stuttgart; **18.li** Klett-Archiv (Thomas T. Müller), Stuttgart; **18.re** Klett-Archiv (Silke Köhler), Stuttgart; **19** Klett-Archiv (Dr. Björn Opfer-Klinger), Stuttgart; **20** Getty Images (The Bridgeman Art Library), München; **21** Ullstein Bild GmbH (NMSI/Science Museum), Berlin; **22.Mi** BPK, Berlin; **22.ob** Corbis (John Heseltine), Düsseldorf; **22.unt** Corbis (Bettmann), Düsseldorf; **23.ob** AKG (akg-images), Berlin; **23.unt** AKG, Berlin; **24.1** AKG, Berlin; **26.1 ob** Ullstein Bild GmbH (Granger Collection), Berlin; **26.1 unt** Ullstein Bild GmbH (heritage), Berlin; **33.9** Interfoto, München; **37** Bridgeman Art Library Ltd., Berlin; **38** Ullstein Bild GmbH (Granger Collection), Berlin; **39.ob** Ullstein Bild GmbH (AISA), Berlin; **39.unt** Ullstein Bild GmbH (Granger Collection), Berlin; **40.1 li; 40.1 re** Dr. Christoph Bühler, Heidelberg; **43.4** AKG (Erich Lessing), Berlin; **47.10** Ullstein Bild GmbH, Berlin; **51** Ullstein Bild GmbH (heritage), Berlin; **52.1** AKG (Erich Lessing), Berlin; **52.2** Corbis (Pascal Deloche/Godong), Düsseldorf; **53.4** Ullstein Bild GmbH (Granger Collection), Berlin; **54.5** Corbis (The Gallery Collection), Düsseldorf; **56.10** BPK, Berlin; **58.12** Museum Catharijneconvent, Utrecht; **60** AKG, Berlin; **61** AKG, Berlin; **62.2** BPK, Berlin; **63.4** Ullstein Bild GmbH (AISA), Berlin; **64.7** Ullstein Bild GmbH (KPA), Berlin; **65.9** AKG, Berlin; **68** Gutenberg-Museum, Mainz; **69** AKG (akg-images), Berlin; **71** AKG, Berlin; **73.4** AKG (British Library), Berlin; **76.7** nach: Hermann Kinder/Werner Hilgemann: dtv-Atlas Weltgeschichte, Band 1. Grafische Gestaltung: Harald und Ruth Bukor. © 1964 Deutscher Taschenbuch Verlag, München.; **78.11** AKG, Berlin; **80.14** BPK, Berlin; **83** Ullstein Bild GmbH, Berlin; **89.8** Ullstein Bild GmbH (Granger Collection), Berlin; **91.12** Salzgeber & Co. Medien GmbH, Berlin; **95** Ullstein Bild GmbH, Berlin; **96** AKG, Berlin; **99.2** AKG, Berlin; **102.1** shutterstock (ayazad), New York, NY; **102.ore** shutterstock (Sufi), New York, NY; **102.unt** AKG (Bibliotheque Nationale), Berlin; **103.Mi** Ullstein Bild GmbH (Granger Collection), Berlin; **103. ob** shutterstock (Benjamin Haas), New York, NY; **103.unt** shutterstock (Kiselev Andrey Valerevich), New York, NY; **107.5 li; 107.5 re** © Kunsthistorisches Museum mit MVK und ÖTM; **108.6** Bibliothèque nationale de France (FOL 41, ARABE 3929), Paris; **109.9** The Chester Beatty Library, Dublin; **110.13** Bridgeman Art Library Ltd., Berlin; **113** Focus/Rapho/Roland & Sabrina Michaud; **116.1** Bridgeman Art Library Ltd., Berlin; **118.7** The Chester Beatty Library, Dublin; **120.14** Bayerisches Nationalmuseum/Depositum Orban-Sammlung der Ludwig Maximilians-Universität München; **123** shutterstock (Natalia Bratslavsky), New York, NY; **125.6** AKG, Berlin; **127.10** Rheinisches Bildarchiv, Köln; **128.13** AKG, Berlin; **131** AKG, Berlin; **134.7; 134.8** AKG, Berlin; **135.10** Staats- und Universitätsbibliothek Hamburg, Cod. hebr. 37, 27R; **137** AKG, Berlin; **142.7** AKG Berlin/British Library; **145.12** AKG, Berlin; **154** AKG (British Library), Berlin; **155** Corbis (Brooks Kraft), Düsseldorf; **157.3** Getty Images (SSPL), München; **158.6** Wellcome Images Wellcome Library (Wellcome Library, London, Wellcome Images, Or Arabic MS 155), London; **159** Bibliothèque nationale de France, Paris; **160.1** VISUM Foto GmbH (Rainer Hackenberg), Hamburg; **167.15** Ullstein Bild GmbH (ddp), Berlin; **169.19** Picture-Alliance (EPA), Frankfurt; **171** Ullstein Bild GmbH, Berlin; **172** Ullstein Bild GmbH (Granger Collection), Berlin; **176** Ullstein Bild GmbH (Roger Viollet), Berlin; **177** Erich Schmidt Verlag GmbH, Berlin; **178** BPK, Berlin; **179.ob** AKG, Berlin; **179.unt** Dream Maker Software (RF), Colorado; **184.7** SCALA GROUP S.p.A., Antella (Firenze); **184.9** Bridgeman Art Library Ltd. (Boltin Picture Library), Berlin; **185.12** Bernisches Historisches Museum, Bern; **186.15** BPK, Berlin; **193** AKG (Brüning), Berlin; **195.3** iStockphoto (Hulton Archive), Calgary, Alberta; **196.8** AKG, Berlin; **204.1** AKG, Berlin; **205.3** AKG, Berlin; **209** AKG, Berlin; **210.1** BPK (Bulloz), Berlin; **211.4** Bridgeman Art Library Ltd., Berlin; **212.6** AKG, Berlin; **214** AKG, Berlin; **215** Bridgeman Art Library Ltd. (Musee Carnavalet), Berlin; **216.2** Ullstein Bild GmbH (Granger Collection), Berlin; **220. ob** AKG (Museum für Völkerkunde), Berlin; **220.unt** BPK, Berlin; **222.1** Dream Maker Software (RF), Colorado; **225.9** Ullstein Bild GmbH (Unkel), Berlin; **226.10** Picture-Alliance (epa/Shane), Frankfurt; **227.12** Picture-Alliance (epa/Danny Rose), Frankfurt; **233** AKG, Berlin

**Sollte es in einem Einzelfall nicht gelungen sein, den korrekten Rechteinhaber ausfindig zu machen, so werden berechtigte Ansprüche selbstverständlich im Rahmen der üblichen Regelungen abgegolten.**

# Europa um 1550